인간의 도덕

윤리학과 인지과학

Morality for Humans

Ethical Understanding from the Perspective of Cognitive Science

by

Mark Johnson

인간의 도덕

윤리학과 인지과학

마크 존슨 지음
노양진 옮김

서광사

이 책은 Mark Johnson의 *Morality for Humans: Ethical Understanding from the Perspective of Cognitive Science* (Chicago: The University of Chicago Press, 2014)를 완역한 것이다.

인간의 도덕
윤리학과 인지과학

마크 존슨 지음
노양진 옮김

펴낸이 | 김신혁, 이숙
펴낸곳 | 도서출판 서광사
출판등록일 | 1977. 6. 30.
출판등록번호 | 제 406-2006-000010호

(10881) 경기도 파주시 회동길 77-12 (문발동)
대표전화 (031) 955-4331 팩시밀리 (031) 955-4336
E-mail : phil6161@chol.com
http://www.seokwangsa.co.kr | http://www.seokwangsa.kr

제1판 제1쇄 펴낸날 — 2017년 9월 20일

ISBN 978-89-306-2561-6   93160

내가 아는 가장 따뜻하고 사랑스러운 사람 샌드라(Sandra McMorris Johnson)에게

1980년대에 출발했던 '체험주의'(experientialism)는 30여 년이 지난 지금도 여전히 신생의 철학처럼 보인다. 영어권의 철학적 논의에서 중심적 논의에 자리를 차지하지 못하고 있으며, 한국에서의 상황은 더더욱 그렇다. 그러나 체험주의에 대한 인식 변화가 전혀 없었던 것은 아니다. 체험주의는 오히려 철학 이외의 다양한 학문 영역에서 훨씬 더 넓고 직접적인 영향을 미치고 있으며, 이런 상황은 지속적으로 확산될 것으로 보인다.

체험주의는 철학적 논의에서 초월이나 선험을 거부한다는 점에서 적극적인 자연주의적 시각을 유지하고 있으며, 그 사실은 소위 사변적 전통의 고고한 철학자들이나 인문학자들의 눈에 철학과 인문학의 위상을 훼손하거나 적어도 철학과 인문학의 논의의 입지를 축소시키는 것으로 보일 수 있다. 그러나 그것은 사실이 아니다. 체험주의는 '사변'이라는 덫에 갇힌 철학적 전통을 넘어서서 새로운 담론의 가능성을 열어 주고 있기 때문이다. 체험주의에 대한 유보적 태도가 오해에서 비롯된 것이든 철학적 관성에서 비롯된 것이든 그것은 유독 체험주의에 국한된 문제가 아니라 자연주의에 속하는 모든 철학적 이론들이 직면한 문제로 보인다.

　레이코프(G. Lakoff)와 함께 체험주의를 창도했던 존슨(M. Johnson)의 철학적 작업은 체험주의적 시각을 철학의 핵심적 영역들로 확장함으로써 점차 구체화하는 형태로 이루어지고 있다. 『마음 속의 몸』(*The Body in the Mind*, 1987)과 『도덕적 상상력』(*Moral Imagination*, 1993), 『몸의 의미』(*The Meaning of the Body*, 2007)는 존슨의 전반적인 철학적 윤곽을 그려 주는 3부작이다. 여기에 덧붙여 새롭게 출간된 『인간의 도덕』(*Morality for Humans*, 2014)은 체험주의적 시각을 토대로 도덕적 근본주의(moral fundamentalism)에 대한 급진적 비판과 함께 자연주의적 윤리학(naturalistic ethics)을 옹호하는 적극적 논의를 담고 있다. 존슨은 서양윤리학의 전통을 이끌어 왔던 도덕적 근본주의가 인지적으로 비현실적인 가정에 근거하고 있으며, 동시에 도덕적 숙고와 대화의 가능성을 가로막는다고 주장한다. 이러한 관점에서 이 책은 고전적인 도덕철학적 문제들이 자연주의적 관점에서 어떻게 해소되며, 또 어떻게 재구성될 수 있는지를 훨씬 더 구체적으로 보여 준다.

　옮긴이의 박사과정 지도교수인 존슨 교수의 가르침은 지난 20여 년 동안 옮긴이의 철학적 작업을 이끌어 준 원동력이 되었다. 옮긴이에게 미국 유학에서 존슨 교수와의 첫 만남은 그저 예기치 않았던 행운이었지만, 이후의 학문적 여정에서 존슨 교수의 철학에 대한 옮긴이의 지속적 관심은 그 행운 때문만은 아니다. 체험주의는 '초월'이나 '선험'에 의지하는 사변적 전통을 넘어서서 열리게 될 새로운 철학적 가능성을 열어 주고 있으며, 옮긴이는 그것이 단순히 우리 시대가 우연히 마주치게 된 지적 조류의 문제라고 생각하지 않기 때문이다.

　번역 과정에서 독자의 편의를 위해 원저에서 본문에 병기된 주석이나 미주는 모두 해당 페이지에 각주로 처리했다. 칸트의 저작 중 『윤리형이상학 정초』의 인용 부분은 백종현 교수의 우리말 번역서를 사용했다. 이 지면을 통해 백종현 교수의 노고에 감사드리고 싶다. 섬세한 교열을 통해 많은 잘못을 바로잡아 준 전남대학교 철학과의 전경진 박사와 대학원의 김용은 님, 김혜영 님, 그리고 서광사 편집부의 한소영 님에게도 큰 감사를 표한다. 이 책을 우리말로 옮길 수 있도록 적극적으로 권고해 주신 서광사의 김찬우 상무님, 철학이라는 전문 분야가 안고 있는 여러 가지 제한된 여건에도 불구하고 여전히 새롭고 낯선 책의 출간을 허락해 주신 서광사의 김신혁 사장님에게도 깊은 감사를 드린다.

2017년 여름

옮긴이

| 차례 |

『의미에 대한 인간의 탐구』(*Man's Search for Meaning*, 1946)에서 프랑클(V. Frankl)은 자신이 아우슈비츠(Auschwitz)와 다하우 (Dachau)의 수용소에서 직접 경험했던 야만적 타락과 극한적 고통의 3년을 기록하고 있다. 프랑클이 유명해진 것은 대규모적 악이 무엇인 지 아마도 끝내 이해할 수 없을 우리에게 그런 공포의 경험이 어떤 것 이었는지를 설명하려고 했다는 점에서 당연한 것이다. 그러나 더 중 요한 것은 사람들이 희망을 지켜야 할 아무런 이유도 없어 보이는 상 황에서 삶의 의미에 대한 이해에 의지함으로써 어떻게 그런 고통을 감내할 수 있었는지를 우리에게 이해시키려고 했다는 점이다.

수용소 간수들의 심리에 관해 이야기하는 장에서 프랑클은 인간이 어떻게 다른 인간에게 그처럼 참혹한 고통을 가할 수 있는지 묻는다. 그러나 그는 동시에 이 일상적인 잔인성 속에서도 비교적 친절하고 배려하는 수용소 간부들이 있었다는 사실을 인정한다. 수용소 해방 이후에 수용소장이 수감자들의 의약품을 위해 실제로 자신의 돈을 지 불했으며, 그가 '단 한 번도 수감자들에게 적대적이지 않았다'는 사 실이 분명하게 밝혀졌다고 프랑클은 기록하고 있다. 반면에 같은 수용소의 감독관은 번번이 수감자들을 구타함으로써 가학적 쾌감을 즐 겼다. 프랑클은 이렇게 결론짓는다.

> 이러한 사실을 통해 우리는 이 세계에 두 가지 종족, 품위있는(decent) '종족'과 상스러운(indecent) '종족'이라는 두 가지 종족만이 존재한다 는 사실을 알 수 있다. 두 종족은 어디에서나 볼 수 있다. 그들은 모든 사 회집단에 스며들어 있다. … 수용소에서의 삶은 인간 영혼을 열어젖혀 그 심층을 드러낸다. 그 심층에서 우리가 다시 본성상 선과 악의 혼성물 이라 할 수 있는 인간만의 속성을 보게 된다는 것이 놀라운 일인가? 선 과 악을 가르는 간극 — 모든 인간을 관통하는 — 은 최심층에 닿아 있으 며, 수용소에서 드러나는 심연의 바닥에서조차 명백하게 드러난다.[1]

프랑클의 간단한 분류는 품위있는 인간과 상스러운 인간이라는 단 지 두 유형의 인간만을 설정한다. 그들은 어떻게 구별될 수 있을까? 애매한 사례들은 항상 있지만 대체로 누가 어떤 유형에 속하는지는 너무나 선명하다. 수용소에서의 삶에 대한 프랑클의 이야기를 들으면 우리는 품위있다는 것이 다른 사람을 배려하고, 존중하고, 가장 필요 할 때 도와주고, 인간 — 당신과 마찬가지로 고통 받으며, 신체적·정 신적 성장을 필요로 하며, 사랑을 필요로 하며, 삶에서 의미를 찾는 — 으로 대접하는 것임을 알 수 있다.

품위있는 행동의 경계를 어떻게 설정하든 모든 문화가 정확하게 동 일한 선을 긋지 않는다는 사실을 피할 수는 없다. 따라서 우리가 기대

---

1   Viktor Frankl, *Man's Search for Meaning* (Boston, Mass.: Beacon Press, 1946/2006), pp. 137-38.

할 수 있는 최대치는 인간적 행위의 매우 일반적인 이상들일 뿐이다. 프랑클은 수용소 안에서의 품위가 다른 사람을 위해 목숨을 바치는 것을 요구하지는 않을 것이라고 설명한다. 그러나 그것이 적어도 의도적으로 자신의 빵 한 조각을 위해 다른 사람을 해치지 않아야 한다는 것을 요구한다는 것은 분명하다. 우리가 이해할 수 있는 것처럼 품위와 상스러움의 경계에는 넓은 중간지대가 있을 것이다. 신의 명령을 통해서든 보편적인 도덕적 이성의 법칙을 통해서든 우리는 이 애매성을 완전히 제거할 수는 없다. 품위 개념으로부터 유일하게 명시된 일련의 규정과 금지된 도덕적 행동을 이끌어 내는 연역추론은 있을 수 없다.

품위와 상스러움에 대한 프랑클의 구분을 옹호하려는 것이 이 책의 주된 관심사는 아니다. 대신에 내가 초점을 맞추려는 것은 도덕적 옳음과 그름을 구획하기 위해 과연 우리가 절대적 가치나 원리의 초월적 원천을 설정해야 하는지의 문제다. 많은 사람들은 만약 절대적인 도덕적 가치나 원리의 원천이 없는 것으로 드러난다면 품위와 상스러움, 옳음과 그름, 좋은 것과 나쁜 것을 구분하는 원리화되고 지성적인 방식이 사라질 것이라고 전적으로 확신한다. 나는 이 견해가 심각하게 잘못된 것이라고 본다. 나는 인간이 과거에도, 그리고 지금도 그런 절대적 원리에 도달한 적이 없다고 주장할 것이다. 나는 인간의 인지, 평가, 숙고에 관한 탐구가 제공하는 증거들을 통해 내 주장을 옹호할 것이다. 이어서 나는 그런 절대의 부재가 도덕적인 것과 부도덕한 것을 지성적으로 구분하는 데 아무런 장애도 되지 않는다고 주장할 것이다. 품위, 또는 도덕적 가치나 기준이라고 가정된 모든 것은 항구적인 것, 초월적인 것, 초자연적인 것 등의 개념에 의존하지 않고서도 전적으로 인간의 필요나 가치, 문화적 제도와 연관될 수 있다.

도덕적 숙고 과정은 도덕적 평가를 정당화하기 위해 신비하거나 비교(秘敎)적이거나 초월적인 어떤 것도 요구하지 않는다. 우리 자신이 어떤 인간이 되어야 하는지, 타인을 어떻게 대해야 하는지와 관련된 우리의 도덕적 품위 개념은 인간의 본성, 인간의 필요, 인간의 사고, 인간의 사회적 상호작용, 유의미하고 성공적인 삶을 향한 인간의 욕구에 근거한, 전적으로 인간적인 개념이다. 우리는 도덕적 인지와 가치에 대한 심리학적으로, 또 철학적으로 적절한 해명 — 선량한 사람을 특정한 방식으로 대하는 것이 왜 옳지 않으며, 그들의 기본적인 신체적·심리적 평안을 위해 보살피고 배려하는 것이 왜 좋은 것인지에 대해 이유를 제시하는 것처럼 우리의 도덕적 평가를 정당화할 수 있게 해 주는 — 을 전개할 수 있다.

나는 도덕적 정당화 문제에 관한 한 우리에게 주어진 것은 최선의 이유들을 제시하고, 품성이나 행동의 특정한 이상들을 실현하는 삶이 어떤 것인지를 드러낼 수 있는 적정한 능력뿐이라고 주장할 것이다. 이것은 궁극적 정당화나 도덕적 확실성 주장, 도덕적 지식의 소위 초인간적 토대에 대한 믿음의 문제가 아니다. 우리는 매우 제한된 상상적 지성의 안내에 따라 도덕적으로 불확실한 풍경을 항해해 나아가야 하는, 유한하고 오류 가능한 인간 존재라는 조건에 묶여 있다.

이 책에서 내 주장의 중요한 국면은 내가 **도덕적 근본주의**(moral fundamentalism)라고 부르는 견해 — 절대적인 도덕적 가치나 원리, 사실을 가정하는 것으로서 — 가 인지적으로 방어될 수 없다는 것을 드러내려는 것이다. 그것이 마음에 관한 현대의 탐구와 현저하게 괴리되기 때문이다. 더 나쁜 것은 내가 주장하려는 것처럼 도덕적 근본주의가 부도덕하다는 점인데, 그것은 우리가 긴박한 윤리적 관심사에 직면할 때 도덕적 근본주의가 우리에게 가장 절실하게 필요한 지적인 도덕적 탐구의 과정 자체를 차단하기 때문이다. 도덕적 근본주의는 도덕적 문제를 지적으로 다루려는 모든 사람에게 최악의 전략이다.

그렇지만 도덕적 확실성과 절대적 원리 주장에 대한 비판에 덧붙여서 나는 인지과학의 관점에서 도덕적 숙고의 과정이 어떤 것이 될지에 대해 적극적이고 건설적인 해명을 제시해야 한다. 나는 좋은 도덕적 숙고가 문제 해결의 한 형태—그 안에서 어떤 상상된 방향이 실제 도덕적인 문제를 가장 잘 해결할 것인지를 결정하기 위해 우리가 취할 수 있는, 상상적으로 가능한 행위 방향들을 투사하는—라고 주장할 것이다. 이처럼 조건화되고 상상적인 도덕적 탐구는 절대적 토대를 요구하지 않는데, 그것은 좋은 일이다. 인간은 결코 절대에 도달한 적이 없으며, 도달할 수도 없을 것이기 때문이다.

도덕적 숙고는 기껏해야 현재 우리가 직면하고 있는 도덕적인 문제 상황을 해결하는 방식으로 우리 경험을 재구성하는 과정일 뿐이다. 그러한 과정은 '인간에게 가능한 초월'이라는 적정한 초월 개념, 즉 우리 자신과 세계의 어떤 부분을 창조적으로 개조하기 위해 현재의 사고와 행위의 습관을 넘어서는 능력만을 포함한다. 그런 과정에는 마치 우리 자신이 도덕적 절대를 창조할 수 있는 작은 신이라도 되는 듯이 우리의 한계를 넘어서서 우리를 이끌어 가는 어떤 것도 없다. 대신에 상상적인 도덕적 숙고는 우리의 변화하고 유연한 경험 안에 내재화되고(embedded), 신체화되고(embodied), 행화되어(enacted) 있다. 이 모든 변형적 활동은 모든 측면에서 전적으로 인간적이며, 거기에는 초자연적인 근거 또는 소위 순수이성이나 순수의지라는 능력에 의존하고 있다는 징후는 없다. 따라서 그렇게 드러나는 도덕성은 '인간의(에게 맞는) 도덕'이다.

윤리적 자연주의의
필요성

　많은 사람들은 악성적인 이전투구의 도덕적 상대주의(moral rela-tivism)를 피하는 유일한 길이 항구적이고 보편적인 가치—그 원천이 인간 존재의 유한성과 변화를 넘어선 어떤 것에 있어야 하는—와 원리를 받아들이는 것이라고 믿는다. 나는 바로 그런 초월적이고 절대적인 시각 속에서 양육되고 교육받았지만, 오랜 시간에 걸쳐, 또 정서적이고 지적인 동요 속에서 이 시각을 지탱해 주는 도덕적 근본주의에 대한 믿음을 잃게 되었다. 나는 인간의 개념과 이해, 추론에 관해 더 많은 연구를 할수록 도덕성에 관해 초월적으로 근거지어진 견해들이 가정하는 경험과 사고, 가치의 구도가 심각한 문제를 안고 있다는 사실을 점차 더 분명하게 깨닫게 되었다. 나는 인간의 의미와 개념화, 추론에 대한 인지과학적 탐구에 대한 관심을 통해 도덕적 기준이나 이상을 포함한 우리의 가치가 어떤 초월적 영역에서 오는 것이 아니라 우리의 신체화되고, 대인관계적이며, 문화적으로 조건화된 세계 내 존립으로부터 창발한다는 인식에 이르게 되었다.

　놀랍게도 이런 인식은 나를 도덕적 상대주의로 이끄는 것이 아니라 도덕적 기준이 비교적 안정적이지만 항상 잠정적이며 교정 가능한 규

범들이라는 생각으로 이끌어 주었다. 더욱이 그것은 지성적인 도덕적
탐구의 열쇠가 상상적 과정—그것을 통해 의미의 성장, 그리고 인간
적 번영의 풍부한 가능성에 이르기 위해 우리의 경험이 재구성되는
—을 통해 이루어지는 도덕적 숙고라는 이해를 가져다주었다. 나는
이것을 심리학적으로 현실적인 인간의 도덕(morality for humans)이
라고 보게 되었다. 즉 그것은 제한되고 오류 가능한 인지적·정서적
능력을 가진 실제 인간 존재에 부합하는 도덕을 말한다.

1. 자연화된 윤리학을 향하여

이 책에서 나는 가치와 도덕적 숙고에 대한 자연주의적 탐구를 전개
하려고 했다. 그러한 탐구는 지난 30여 년 동안의 인지과학이 밝혀 준
신체화되고 조건화된 의미와 이해에 대한 해명과 양립 가능한 것으로
보인다. 나는 하인드(R. Hinde), 다마지오(A. Damasio), 하우서(M.
Hauser), 플래너건(O. Flanagan), 처칠랜드(P. Churchland), 키처
(P. Kitcher), 하이트(J. Haidt) 등이 제시하는 도덕심리학에서의 영
향력 있는 현대적 해명과 관련해서 내 입장을 설정하려고 한다.[1] 이

1 Robert Hinde, *Why Good is Good: The Sources of Morality* (London: Rout-
ledge, 2002); Antonio Damasio, *Looking for Spinoza: Joy, Sorrow, and the
Feeling Brain* (Orlando, Fla.: Harcourt, 2003); Marc Hauser, *Moral Minds:
How Nature Designed Our Universal Sense of Right and Wrong* (New York:
HarperCollins, 2006); Owen Flanagan, *The Really Hard Problem: Meaning in
a Material World* (Cambridge, Mass.: MIT Press, 2007); Patricia Church-
land, *Braintrust: What Neuroscience Tells Us about Morality* (Princeton, N.J.:
Princeton University Press, 2011); Philip Kitcher, *The Ethical Project* (Cam-
bridge, Mass.: Harvard University Press, 2011); Jonathan Haidt, *The Righ-
teous Mind: Why Good People Are Divided by Politics and Religion* (New

연구들은 도덕 판단과 숙고에 관해 매우 완고하게 고착된 일부 견해들에 대한 급진적인 재고를 요구한다. 특히 그것들은 소위 '순수한', 감정이 없는 실천이성이라는 개념과 함께 무조건적인 도덕원리라는 연관된 개념을 포기하라고 요구한다. 따라서 그것들은 모든 형태의 도덕적 절대주의 또는 도덕적 근본주의를 인간이 실제로 이해하고 추론하는 방식과 양립 불가능하다는 점에서 거부한다.

이 그릇된 절대주의에 대한 나의 대안은 상상적 문제 해결의 한 형태로서의 도덕적 숙고 개념이다. 두 가지 도덕적 인지 과정 — 무의식적이고 신속한 감정적인 직관적 평가의 과정과 의식적이고 느리며 반성적인, 사후 정당화적 형태의 추론 과정 — 을 구분하는 최근의 실험적 연구에 덧붙여, 나는 반성적이고 비판적이며 상상적인 도덕적 숙고에 중요한 역할이 있다고 주장할 것이다. 이 세 번째 도덕적 인지 과정은 정서적으로 추동되면서도 여전히 합당성(reasonableness)의 평가가 가능하다. 나는 이 세 번째 과정을 인지과학의 최근 성과의 관점에서 서술하고 설명할 것이다. 내 목표는 가상적인 도덕적 확실성의 탐구라는 매혹적인 주문에 묶인 채 우리가 되고 싶어 하는 인간이 아니라 우리가 알고 있는 인간에 부합하는 도덕적 인지의 이해를 서술하는 일이다. 인간에게 부합하는 도덕철학은 인간을 도덕적 문제 해결의 상상적 과정을 수행할 수 있는, 신체화되고, 문화적으로 내재화된, 고도로 복잡한 유기체로 간주할 것이다. 이 자연주의적 시각에서 떠오르는 견해는 반절대주의적이며 오류주의적이지만, 여전히 우리가 어떤 종류의 인간이 되기 위해 애써야 하는지, 또 어떤 세계를 실현해야 할 것인지에 관해 안내해 줄 수 있다.

York: Pantheon, 2012) 참조.

도덕적 인지에 대한 나의 탐색은 자연주의적이다. 에델(A. Edel)은
내가 전개하려는 유형의 윤리학에 대한 자연주의적 접근이 무엇을 포
괄하는지를 훌륭하게 요약해 준다.

윤리적 자연주의, 또는 자연주의적 윤리학은 도덕성을 우리가 자연에
대해 탐구하는 다양한 방식을 통해 이해해야 할 자연 세계 안의 현상으
로 본다. 그 일반적 특성은 초현실적이지도 비현실적이지도 않으며, 현
실적이다. 도덕은 인간의 생존을 연장하고, 공동체를 유지하며, 관계들
을 효율적으로 유지하기 위해 그것들을 조정하는 역할을 한다. 도덕은
제도를 개선하거나 지탱해 줄 수 있으며, 인간 능력을 확장해 주며, 목표
추구의 방향성으로서 이상들을 형성해 준다. 만약 자연주의 윤리학에 명
시적인 형이상학이 있다면 그것은 유물론과 함께 물질, 나아가 자원, 한
계, 결정 요인으로서 물질의 양상들에 대한 관심을 공유하지만, 전형적
으로 의식의 속성이 자연 세계의 밖에 존재한다는 환원주의나 이원론적
가정은 거부한다.[2]

나는 우선 내가 '자연주의적'이라는 말을 어떻게 이해하고 있는지
에 관해 언급해 두려고 한다. 일상적 담화는 종종 자연적 사건이나 과
정, 그리고 문화적 제도나 실천 사이에 명확한 존재론적 구분을 확립
하려는 잘못을 드러낸다. 전자는 인과적 필연성에 의해 지배되는 것
으로 간주되며, 따라서 자연과학적 방법을 통해 탐구되는 반면, 후자
는 인간의 자유와 의미의 문제로 간주되며, 따라서 특별한 비인과적,

2 Abraham Edel, "Nature and Ethics," in *Encyclopedia of Ethics*, eds., L. Becker
and C. Becker, 2nd ed. (London: Routledge, 2001), p. 1217.

해석적 탐구 방법을 요구한다.

내가 전개하려는 견해에서는 자연과 문화 사이의 근본적인 이원론적 구분—마치 한 사람 안에 공존하며 상호 관련된 '자연적'(신체적이고 물리적인) 자아, 그리고 그것과 뚜렷하게 다른 '문화적'(사회적이고 도덕적인) 자아가 있는 것처럼—의 근거가 없다. 문화는 단순히 순수한 것으로 가정되는 물질적인 유기체적 존재의 상층부를 이루는, 공유된 의미와 가치, 실천의 외피가 아니다. 생물학적 유기체로서 우리의 본성은 우리의 문화적 존립과 불가분하게 얽혀 있으며, 나아가 그 본성은 그것을 활성화해 주는 생물학적 존재가 없이는 실현될 수 없다. 따라서 우리가 살아가고, 활동하고, 생물학적인 동시에 문화적 존재로서 우리의 존립을 실현하는 것은 우리 인간 본성의 일부다.

때로 생물학적 특성에 일차적 초점을 맞추는 것이 유용한 경우가 있으며, 또 우리 생존의 생물학적 국면을 탐색하는 충분히 안정되고 생산적인 방법들(물리학, 화학, 생물학, 신경과학, 인지심리학 등)이 있다. 때로 우리는 어떻게 우리의 문화적 가치나 실천, 제도 등이 우리가 누구인가, 우리는 어떻게 사고하고 행동하는가를 규정하는지에 더 큰 관심을 갖는다. 여기에는 마찬가지로 문화적 층위를 탐색하기 위한 풍부한 탐구의 전통들(사회심리학, 인지신경과학, 사회학, 인류학, 경제학, 철학, 사학 등)이 있다. 요약하면, 우리가 도덕적 존재로서 우리의 본성에 대해 적절하게 이해하려고 한다면 이 모든 설명 방법과 양식들이 필요하다.

도덕의 자연주의적 해명에 대한 주된 도전의 하나는 현재의 우리를 만들어 주는 관계들의 복합적인 생물학적-문화적 모형을 유지하면서도, 환원주의적 분석—생물학적인 것을 문화적인 것으로부터 존재론적으로 분리할 수 있으며, 문화에 의지하지 않고 모든 것을 설명할 수 있다고 보는—의 유혹을 피하는 길이다. 그 주장은, 우리의 생리학적 체계에 거의 또는 전혀 직접적으로 의존하지 않는 문화적 실행이 있는 것처럼 우리가 의미나 가치, 실천의 공동체 안에서 타인과 접촉한다는 사실과 거의 또는 전혀 상관이 없는 생물학적 유기체의 측면들이 있다는 것이다.

이 때문에 앞으로의 논의에서 '자연적'이라는 말은 '문화적'이라는 말과 대비되는 것이 아니라 '초자연적'(supernatural)이라는 말과 대비되는 것이다. 내가 전면적으로 거부하려는 설명 방식들은 우리의 신체화되고, 대인관계적이며, 문화적인 상호작용의 세계를 넘어서서 존재한다고 가정되는 초월적 가치를 설정하는 것들이다. 초자연적 해명을 거부하는 핵심적 이유는 앞으로 논의하겠지만, 그것이 아무것도 설명하지 않기 때문이다. 대신에 그것은 초월적 세계의 실재성에 대한 믿음의 표현일 뿐이다. 초월적 세계는 자연적 세계와 우리 삶의 모든 국면을 지배하지만 그것에 관한 어떤 기술도 지식도 설명도 불가능한 세계다.

나는 초자연적 실재에 근거한 도덕적 절대나 도덕적 확실성을 주장하는 사람들을 설득할 수 있다는 환상을 갖고 있지 않다. 그러나 나는 인간의 마음이 인지적으로나 실제적으로 유용한 의미에서 도덕적 절대에 이를 수 없다고 주장할 것이다. 나는 또한 가치의 절대적 토대에 대한 우리의 상식적 믿음에도 불구하고 인류사를 통해 우리가 결코 절대적인 도덕적 기준에 도달한 적이 없으며, 또 우리가 그 반대로 생각하도록 미혹되어 왔다고 주장할 것이다. 그런데도 사실상 도덕적 절대에 대한 도덕적 근본주의자의 믿음은 도덕적 둔감성이나 진정한 도덕적 탐구의 회피에 대한 처방으로 제시된다. 그래서 그것은 도덕의 적이다.

분명한 것은 내가 여기에서 전개하려는 견해가 엄격한 규칙, 명료한 결정 과정, 명백한 정의, 또는 위계적으로 서열화된 도덕적 좋음의 도덕이 아니라는 것이다. 그렇지만 그것은 진정한 도덕적 이해와 심리학적으로 현실적인 도덕적 안내의 가능성을 제시할 것이다. 그것은 지성적인 도덕적 숙고가 어떤 것인지에 관한 해명을 통해 이러한 안내를 제공할 것이다. 앞으로 드러나겠지만 우리가 도덕철학에서 극복해야 할 가장 큰 유혹의 하나는 궁극적인 도덕적 가치나 원리, 덕의 목록을 제시함으로써 우리를 안내하는 도덕 이론에 대한 희망이다. 대신에 나는 우리가 도덕 이론에서 기대해야 할 것은 지성적인 도덕적 탐구에 대한 심리학적으로 현실적인 해명이라고 주장할 것이다.[3]

2. 도덕적 혼동에 관한 짧은 이야기

도덕적 탐험 이야기에서 시작해 보자. 이 이야기는 자전적이며 약간은 사적이기는 하지만 내가 직면했던 몇몇 도덕적 문제들, 그리고 내가 고민했던 우리의 도덕적 가치나 실천의 본성에 관한 몇몇 물음들이 인간의 도덕적 이해의 본성에 대한 적절한 비판적 반성 안에서 다

3　나는 플래너건의 '최소주의 심리적 실재론(minimal psychological realism)의 원리'를 받아들이는데, 그것은 "도덕 이론을 구성하거나 도덕적 이상을 투사할 때 품성, 결정 과정, 행동이 우리와 같은 존재에게 가능하거나 가능한 것으로 지각되어야 한다는 점을 분명히 하라"고 말한다. Flanagan, *Varieties of Moral Personality: Ethics and Psychological Realism* (Cambridge, Mass.: Harvard University Press, 1991), p. 32. 나는 도덕철학 안에서 우리에게 주어진 믿을 만한 유력한(압도적이지는 않더라도) 증거에 따르면 우리의 인지, 정서적 반응, 평가, 동기, 결정 과정 등과 양립 불가능한 가치나 원리, 덕을 서술하는 것이 거의 또는 전혀 근거가 없다고 본다.

루어져야 할 문제이기를 기대한다. 도덕적 근본주의의 거부에 이르기까지 내 개인적인 행로에는 다음과 같은 두 가지 기본적 국면이 있었으며, 또 지금도 그렇다. (1) 내가 문화적으로 전승했던 절대주의적인 도덕적 틀의 적절성에 대한 심각한 실존적 회의, (2) 인간의 인지와 판단, 동기의 본성에 대한 과학적 탐구에 근거한 논증이 그것이다.

　　나는 미국 중서부, 캔자스에서 태어나고 자랐는데, 캔자스는 미국의 지리적 중심부를 차지하고 있으며 스스로 미국의 진정한 '심장부'라는 점을 자랑한다.[4] 우리는 우리의 중서부적 가치—우리 생각에는 신의 가치—가 모두의 가치로서 적합하다고 생각했다. 나의 부모는 나를 좋은 루터주의자로 길렀으며, 또 내가 좋은 공화당원이 되기를 바랐다. 나는 이 두 가지 면에서 모두 실패했다. 이 '실패'는 결과적으로 인간의 도덕적 가치의 원천에 관한 견해와 함께 인간적이라는 것의 의미가 무엇인지에 관한 내 모든 관념을 재고하는 기회가 되었다.

　　좋은 루터주의자—케일러(G. Keiler)가 『프레리 홈 컴패니언』(*Prarie Home Companion*)이라는 주간 라디오 프로그램에서 찬양하면서도 애정 어리게 희화화하는—는 적어도 명목상으로는 인간 본성에 대해 다음과 같은 입장을 견지한다. (1) 인간은 전지전능하고 성스러운 신—인간이 전적으로 의존하는—이 창조했다. (2) 모든 인간은 타락한(원죄를 지닌) 채로 태어났으며 신의 은총이 없이는 스스로를 구원할 수 없다. 누구도 자신이 이룬 행적을 통해서는 구원을 얻을

4　물론 이것은 농담이다. 미국의 반—동부의 오하이오에서 서부의 콜로라도까지, 또는 북부의 미네소타에서 남부의 텍사스까지—을 여행해 본 사람은 여러 지역에서 스스로를 '심장부'—미국인라고 불리는 사람들의 진정한 도덕적, 영적, 정치적 중심—라고 자랑스럽게 말하는 것을 듣게 될 것이다.

수 없다. 모든 것은 믿음과 선의지의 내적 순결의 문제다. (3) 인간은
신의 명령을 따르고 도덕적으로 옳은 것을 행하려는 우리의 의지를
정화하고 규율하려고 애씀으로서 우리 삶(그리고 신의 창조)에 관한
신의 목적을 실현하는 도덕적 의무를 지니고 창조되었다. (4) 결과적
으로 도덕적 삶은 신의 목적을 실현하기 위한 정화와 자기 규율의 여
정으로 해석된다. (5) 아마도 타락하고 어리석은 인간이 할 수 있는
최선은 신이 내린 도덕적 기준들(성서에 기록되고 예수의 행적을 통
해 구현된)을 추구하는 일이며, 나아가 그 기준들에 따라 겸손하고 충
실하게 살기 위해 최선을 다하는 일이다. 모든 개별적 인간은 잘못을
저지를 수밖에 없지만 심성의 순수함과 선한 의도는 신이 정한 최고
선을 실현하지 못한 무능력을 만회하는 우회적인 길을 열어 준다.

  나는 루터주의적 양육을 받았지만 그 핵심적 가정은 문화적으로 다
른 모든 도덕체계들과 공유할 수 있는 것이라는 점을 제안하고 싶다.
이 토대적 가정은 인간이 오류 가능한 존재이며, 그의 최고 목표는 특
정한 도덕적 가치들을 발현하고 절대적으로 강제적인 도덕원리에 따
라 살아가는 강한 도덕적 품성을 함양하는 것이다. 잠시 기독교의 원
죄나 구원, 천국, 지옥과 같은 개념의 특이한 형이상학을 제쳐 두면
방금 서술했던 일반적인 윤리적 성향에는 추천할 만한 많은 것들이
포함되어 있다는 것을 알 수 있다. 기본적으로 요구되는 것은 온당한
존중(그것이 어떻게 정의되든)으로 자신과 타인을 대해야 한다는 것
이며, 자신과 타인의 영혼의 평안을 돌보아야 한다는 것이다. 사랑하
라. 어려운 이웃을 도우라. 신념을 지켜라. 자신의 본심을 지켜라. 오
만하거나 불손하지 말라. 세상이 당신 위주로 돌아가지 않는다는 사
실을 깨달으라. 세상이 더 자애롭고 친절하고 조화로운 곳이 되도록
힘쓰라. 이것은 매력적인 도덕적 이상들이며, 상이한 역사와 문화를

통해 신학적 관점에 근거하든 그렇지 않든 상관없이 수많은 도덕적
전통들이 공유하는 시각이다.

종교적 뿌리를 둔 도덕성의 이 심장부 구도는 내 안에 도덕적 정직
성과 책무에 대한 강한 의식을 형성해 주었다. 인간은 창조될 때 주어
진 자신의 특유한 자리, 그리고 그것이 자신과 타인에게 어떤 심오한
도덕적 책임을 부여하는지를 깨달아야 한다. 고유한 합리성을 통해
우리 인간만이 자유의지를 지니며, 그것은 모든 인간을 그들이 지닌
본유적 자유와 존엄에 의해 주어지는 존중으로 대해야 한다는 도덕적
책임을 부과한다. 물론 이러한 양육은 왜 내가 대학과 대학원에서 쉽
사리 칸트적 도덕 이론에 빠져들게 되었는지를 설명해 준다. 즉 칸트
적 도덕 이론은 기본적으로 보편적 강제성을 갖는 유대-기독교적인
도덕적 명령 개념의 합리주의적 버전이다. 칸트는 대부분의 신학적
윤리학이 지니고 있다고 생각했던 타율적 성격을 거부했다. 그것은
우리 자신을 타자(즉 신)에 의해 주어진 제약 아래 설정하는 것이기
때문이다. 칸트는 신의 도덕적 명령의 타율성을 자율성(실천이성의
활동으로서 우리 스스로에게 도덕법칙을 부과하는)과 같은 적극적 자
유라는 이념으로 대체했다. 칸트는 그러한 자기 입법만이 진정한 인
간의 자유를 구성할 수 있다고 주장한다.

도덕적 입법의 궁극적 원천에 관한 이러한 중요한 차이에도 불구하
고 칸트는 여전히 유대-기독교 윤리학의 핵심적 요소를 유지하고 있
다. 즉 도덕의 근거를 무조건적 도덕법칙 위에 설정하는 것이다. 이런
의미에서 볼 때, 칸트의 합리적 도덕은 신적 이성이 보편 이성에 대한
칸트의 이론으로 대체되고 있다는 점에서 전통적인 기독교적 도덕 이
론의 '탈신학화된' 버전이 된다. 결과적으로 신적 명령의 타율성과
보편 이성의 자율성 사이에는 중요한 차이가 있지만 두 견해는 모두

도덕적 가치와 원리의 초월적 원천을 가정하고 있는 것이다. 그래서 기독교 신학적으로 근거지어진 도덕체계의 불확실한 존재론적 가정에 반발하는 사람(나처럼)에게 자율적으로 도출된, 보편적으로 적용 가능한 도덕법칙에 대한 칸트의 시각은 반가운 대안이었다.

불운하게도 이 절대주의적 세계관에는 벗어날 수 없는 문제가 있었다. 나는 아주 소박한 비판적 반성 능력을 가진 토박이 소년이었지만 내가 자라난 종교적 전통과 칸트적인 비신학적 대안 시각—내가 여전히 의지하고 있었던—이 제시하는 도덕적 지침 개념에 모두 큰 문제가 있다는 것을 곧 알게 되었다. 그것은 고상한 형이상학적 문제(나중에 그 일부가 그렇다는 것을 알게 되기는 했지만)가 아니라 우리가 어떤 행위나 삶의 방식이 옳거나 그른지를 어떻게 결정해야 하는지에 관한 간단한 문제였다.

첫 번째 큰 문제는 내 종교적인 도덕적 전통 또는 그 칸트적 대리물이 과연 청소년들이 흔히 직면하는 일련의 현실적인 도덕 문제에 대처하기 위한 지침을 줄 수 있는가 하는 것이었다. 과거 고등학교나 대학 시절에 나는 나의 종교적 시각이 조금만 반성적인 사람이라면 물었을 것 같은 모든 심중한 실존적 물음들에 답을 줄 수 있을 것으로 기대했다. 그것은 나의 실존적 조건에 대한 표준적인 '삶의 의미' 문제였다. 신은 있는가? 신이 있다면 그것은 내 삶의 방식에 어떤 차이를 불러올까? 신이 없다면 그것은 내 삶의 방식에 어떤 차이를 불러올까? 사랑이란 무엇이며, 사랑하는 법(나아가 이기적으로 사랑을 찾거나 사랑을 받는 법)을 어떻게 알 수 있는가? 나는 왜 여기에 있는가? 내 삶을 통해 무엇을 해야 하는가? 도대체 나는 누구인가? 말하자면 도대체 이 모든 인간 드라마란 무엇인가?

현실의 본성과 의미 있는 삶에 대한 인간적 추구와 관련된 이 큰 문제들에 덧붙여 아주 구체적이고 섬세한 도덕적 관심사들이 있다. 예를 들어 '3구역'(three-zones)이라는 심층적이고 긴박한 문제가 있다.[5] 아마도 여러분은 내가 무슨 말을 하려는지 모두 잘 알고 있을 것이다. 1구역은 목 윗부분을 말한다. 2구역은 어깨에서 배꼽에 이르는 부분을 말한다. 그리고 3구역이 있다. 이 구역은 젊은이들이 놀라운 무지, 도덕적 불확실성, 나아가 거의 광적 집착을 드러내는 구역이다. 선량한 심장부 기독교인에게 이 3구역은 이야기는 고사하고 생각조차도 하지 않아야 하는 구역이다. 그것은 그래서 보통의 청소년의 관심에 큰 비중을 차지한다. 핵심적 문제는 이 3구역에 대해서 (도덕적으로) 무엇을 할 수 있는지에 관한 것이다. 이것은 3구역이 매우 심각한 문제였던 것은 1960년대 중반, 즉 1968년의 '사랑의 여름'(Summer of Love, 샌프란시스코에서 열렸던 히피들의 대규모 집회—옮긴이 주) 이전의 이야기다. 그 시절에 우리가 성에 관해 얼마나 엄격했는지 너무나 쉽게 잊어버린다. 그 시절에 여성은 거들을 입었으며, 사람들은 성에 관해 이야기하지 않아야 했다. 로 대 웨이드 (Roe v. Wade, 낙태를 부분적으로 허용하는 미국 대법원의 최초 판결—옮긴이 주) 판결은 아직 입법화되지 않았기 때문에 낙태는 불법이었으며, 『플레이보이』와 시어스로벅(Sears Roebuck, 미국의 대형 통신판매회사—옮긴이 주) 카탈로그의 란제리와 속옷 섹션은 젊은 남

---

5 어떤 사람들은 '1루 진출' '2루 진출' '3루 진출' 등을 이야기하는 것처럼 잘 알려진 야구 유비를 좋아하는 것 같다. 그러나 과연 그것이 구역이나 루(壘)인지, 또 우리 대부분에게 그 3루라는 것이 애무 영역(petting sphere) 안에서의 국한된 성취를 가리키는 말인지, 아니면 그 이상을 말하는지는 매우 불분명하다. 그렇다면 루 진출 유비에는 불확실한 불완전성이 있다. 내가 아는 한 누구도 '본루 진출'이라는 말을 사용하지 않기 때문이다.

성들에게 성적 이(오)해와 환상의 주된 원천이었다.

대부분의 사람들은 당신이 원하는 1구역 모든 곳에 키스할 수 있다고 생각했다. 흔히 키스와 '프렌치' 키스 사이에서 주저하기는 하지만. 어떤 사람들은 2구역은 더 모호하다고 생각했다. 그러나 나는 왜 그런지 의문이 들었다.

몸을 만지는 것(2구역)과 누군가와 차창에 김이 서릴 정도로, 다음 날 혀가 아릴 정도로 긴 키스를 하는 것(1구역)의 도덕적 차이는 무엇일까? '애무'가 키스보다 더 나쁘다는 가정은 어디에서 오는 것일까? 결국 키스는 손 대신에 혀를 사용할 뿐 애무의 한 종류는 아닐까? '진한' 애무는 '가벼운' 애무보다 더 나쁜 것일까? 아마도 그것은 '가벼운'에서 '진한'으로 옮겨갈 때 당신이 점차 신비하고 금지된 3구역에 더 근접하기 때문일 것이다! 당신은 얼굴, 입술, 입에서 시작하여, 점차 정말로 문제가 될 수 있는 곳으로 내려간다.[6]

나는 인간의 성 윤리—나아가 도덕 일반—라는 관념이 편재적이고 도전받지 않은 마음-몸 분리라는 이원론적 형이상학에 근거하고 있다는 사실을 후일에야 깨닫게 되었다. 나는 대개 목사의 설교나 교리 시간을 통해 인간이 마음/영혼과 몸으로 분리된 존재라는 것을 배웠다. 영혼—우리의 진정한 내면이며 도덕적 중심인—은 가장 고귀하고 가장 본질적인 자아인 동시에 신이 부여한 자유의 터전으로 가정된다. 영혼은 우리의 특유한 합리적 능력의 원천이며 자유의지의

6　그런 은유적 이동—지성의 장소(머리)인 위에서 생식의 장소(성기)까지 내려가는, 가벼운 애무에서 진한 애무로—의 중요성은 은유가 어떻게 우리의 삶과 가치를 구조화하는지에 관한 30여 년의 연구를 수행하기 이전의 나에게도 예외가 아니었다. 명백하게 가치 의존적인 위-아래 지향성이 있는데, 여기에서 아래는 결정적으로 부정적인 함축을 지닌다.

소재다. 결과적으로 영혼은 도덕적 중심이며 양심의 원천이다. 반대
로 몸은 정화되고 훈련된 도덕적 의지를 통해 극복되어야 할 숙제다.
몸은 느낌, 감정, 욕구, 그리고 가없은 인간이 종속된 '살의 유혹'의
원천이다. '선하게' 된다는 것은 합리적 영혼으로서 참된 소명을 실
현하기 위해 신체적이고 동물적인 본성을 넘어서 나아간다는 것이다.
그 이상은 영혼의 '순수성'이며, 우리는 타락한 세계 안에서 이 순수
성을 유지하기 위해 최선을 다하는 것이다.

　내가 강조하려는 것은 그 근본적 뿌리까지 내려가면 내가 방금 기
술했던 도덕에 대한 신학적 해명이 내가 겪었던 성적 문제의 긴박한
관심사들에 관해 어떤 통찰도 제시해 주지 않는다는 것이다. 어떤 사
람들은 '부정한'(그 의미가 무엇이든) 여성과 함께 있는 것 또는 남색
(그 의미가 무엇이든) 등과 같은 신비하고 금기시된 행위에 대한 구
약성서의 생소한 금지를 끌어올지도 모른다. 그러나 애무의 윤리에
관한 좋은 지침을 기대한다면 성서에서 그것을 찾을 수는 없을 것
이다.

　합리적으로 도출된 명령의 체계를 통해 기본적인 도덕적 책무를 명
시할 수 있다고 주장하는 칸트(I. Kant)의 도덕철학 또한 별반 다르지
않다.[7] 칸트는 성에 관해서도 많은 논의를 하고 있지만 잘 알려진 것
처럼 그 어느 것도 소위 순수실천이성에서 직접적으로 도출되는 것으

7　칸트의 『윤리형이상학』은 이 사람 저 사람의 개별성(나이, 성, 권한, 사회적 지위 등)
　으로부터 벗어나서 합리적 존재 자체에 적용되는 의무 일반을 체계적으로 다룬다
　고 주장한다. 윤리형이상학은 "대부분 심리학에서 도출되는 행위나 인간의 의지
　작용이 아니라 가능한 순수의지의 이념과 원리를 탐구해야 한다." Immanuel
　Kant, *Metaphysics of Morals*, trans. James Ellington, in Warner Wick, ed.,
　Ethical Philosophy (Indianapolis, Ind.: Hackett, 1797/1983), p. 4.

로 정당화하기 어렵다. 칸트의 선언은 그의 시대와 지역(18세기 쾨니히스베르크)의 전형적인 북유럽 기독교인 남성의 것이며, 결코 모든 합리적 존재가 보유하는 소위 순수실천이성의 명령으로 보이지 않는다. 예를 들어 당시 모범적인 독일 신교도로서 칸트는 자위(그가 무절제한 '자기 학대'라고 부르는)를 하지 않아야 한다고 주장했으며, '마치 레몬을 빨아먹고 버리는 것처럼' 타인을 성적 쾌락의 대상으로 이용하지 않아야 한다고 주장했고, 혼외 성행위를 하지 않아야 한다고 주장했다.

칸트에 따르면 유일하게 정당화되는 성행위는 일부일처제 안에서의 성행위뿐이다. 그는 성행위가 자신을 하나의 대상으로서 타인이 이용할 수 있도록 타인에게 내주는 것(도덕적으로 허용 불가능한)이며, 결혼을 통해서 타인이 자신을 우리에게 되돌려 줄 때에만 우리 자신을 되찾을 수 있다고 '추론했다'![8] 바꾸어 말하면 자신을 단순한 성적 대상으로 격하하지 않는 유일한 길은 결혼이라는 계약을 통해 자신을 되찾는 것이다. 즉 당신은 자신을 그들에게 내주며, 그들은 그들 자신을 당신에게 내줌으로써 당신을 되돌려 준다. 이러한 시각 또는 그의 다른 보수적 견해가 인간의 성적 본성과 목적에 관한 전통적 개념과 아무리 많이 합치한다 하더라도 그것들은 소위 보편적인 '순수' 실천이성의 산물은 아니다.

요약하면, 일상적인 도덕적 상황의 실천적 차원에서 유대-기독교

---

8 나는 칸트 도덕철학의 이 부분이 '옳은' 도덕적 견해가 무엇이어야 하는지 미리 알 수 있으며, 그것이 아무리 부자연스럽고 받아들이기 어려운 것이라 하더라도 그것을 그 이후에 정당화하는 것이라는 철학자의 믿음을 보여 주는 완벽한 사례라고 오랫동안 생각해 왔다. 나는 이것이 철학자들만의 편견이 아니라 일반적인 인간적 유혹이라고 본다.

나 칸트의 도덕법칙 이론은 매우 추상적이고 모호한 도덕적 지침 외
에는 논증에 근거한 어떤 진지한 도덕적 지침도 제공하지 않는다. 가
끔 어떤 이론이 좀 더 구체적인 명령을 제시한다고 주장할 때, 나는
다수의 확신 있는 주장은 있지만 강력한 논증은 전무하거나 거의 없다
는 것을 알게 된다. 더 나쁜 것은 체계적인 도덕적 지침의 다른 주요
후보들(이기주의, 금욕주의, 공리주의 등) 또한 구체적 지침 문제에
이르러서는 별반 다르지 않다는 점이다. 도덕이라는 영역 안에는 무
엇인가가 썩어 가고 있다. 나아가 그것은 모든 것을 매우 심한 악취로
물들인다. 그런데도 사람들은 냄새를 맡을 수만 있다면 우리의 도덕
적 이해가 장미로 가득 차 있는 것처럼 가장하고 있다.

　도덕적으로 책임 있는 사람은 무엇을 행해야 하는가? 히브리나 기
독교의 성서도, 『윤리형이상학』과 『윤리학 강의』(*Lectures on Ethics*,
1930)에서 전개된 칸트의 도덕체계도 실제적인, 또는 상상적인 도덕
문제들에 대해 완결된 체계적 대응의 가능성을 제시할 수 없다. 성서
적 지침을 찾는 것으로는 우리의 문제를 해결할 수 없다. 상상할 수
있는 모든 성적 행위(또는 그와 관련된 다른 유형의 행위)에 관한 완
전한 명세(明細)는 있을 수 없으며, 더욱이 소위 도덕적 명령의 정확
한 해석을 위한 알고리즘도 있을 수 없기 때문이다.

　도덕원리의 구체성 문제를 생각해 보자. 타인과 자신을 사랑하고
존중해야 한다는 것을 아는 것만으로는 충분치 않다. 우리는 대인관
계의 중요한 세부사항이라는 측면에서 이 말이 무엇을 뜻하는지를 알
고 싶어 한다. 우리는 과연 자위를 하는 것이 괜찮은지, 마음속으로
애무를 상상하는 것이 괜찮은지, 배우자 아닌 사람과 성행위를 하는
것이 괜찮은지를 알고 싶어 한다. 구약이나 신약성서에 "애무를 하지
말라"는 구절이 있는가? 혼전 성교를 금지하는 구절이 있는가? 그 답

은 결코 분명치 않다.

혼전 성행위가 부도덕하다고 믿는 사람들은 사도행전(15: 20), 고린도전서(7: 2, 6: 13, 6: 18), 고린도후서(12: 21), 에베소서(5: 3), 데살로니가전서(4: 3), 히브리서(13: 4), 유다서(7) 등을 인용한다. 그렇지만 '성적 부도덕'에 대한 이 금지들은 이 개념을 정의하지 않고 있으며, 그것은 종종 문제시되는 금지가 주로 간통이나 다양한 성적 '도착들'로 주장되는(그러나 거의 명시되지는 않은) 것과 관련되는 맥락에 의해서만 암시되고 있다.

아무튼 그런 성서가 혹시 있다 하더라도 핵심적 문제는 애무(또는 혼외 성행위)를 구체적으로 금지하거나 허용하는 구절이 있는지의 문제가 아니라, 무엇이 '애무'의 요건이며, '혼외 성행위'가 무엇을 의미하는지를 어떻게 알 수 있는지의 문제다.[9] 말하자면 우리는 어떻게 폭이 넓은 원형적 도덕법칙을 어수선한 일상의 구체적 실천으로 번역할 수 있을까? 그런 규칙을 당면한 구체적 상황에 정확히 적용하는 데 어떤 고려들이 관련이 있는가? 1구역이나 2구역, 3구역을 애무하는 것은 정사인가, 그리고 왜 이 세 구역의 어느 것이 금지의 대상으로 간주되는가? 당신이 키스하는 사람의 얼굴이나 목을 만지는 것은

---

9 어떤 사람들은 '혼외 성행위'가 무엇인지가 자명하다고 생각할지도 모른다. 그러나 다음 장에서 살펴볼 것처럼 유대-기독교 성서에서 이 구절의 의미는 전혀 분명치 않다. 예를 들어 '성행위'가 단순히 성기의 삽입을 의미하는가? 그렇다면 최근 뉴스를 통해 알려진 것처럼 '좋은' 기독교 여성은 자신의 남자 친구를 만족시키기 위해 엄격한 혼전 '성행위'의 도덕적 금지를 위반하지 않고 구강 섹스를 해 줄 수 있다. 더욱이 성기 삽입이라는 성행위의 정의가 간통에 어떤 함축을 갖는지를 고려해 보라. 내가 내 이웃의 아내와 '잠자리'를 함께 하지 않는 한 친밀하게 지내도 괜찮은가? 나는 이웃 사람이 그렇게 생각하리라고 믿지 않는다. 그러나 만약 성행위가 성교만을 의미한다면 이런 행동을 도덕적으로 허용할 수 없게 만드는 것은 무엇인가?

괜찮으며, 목 아래의 어느 부분을 만지는 것은 안 되는가? 왜 그런
가? 또 어떤 부분이 그런가?

더욱이 상대방을 신체적으로나 정서적으로 해치는 것은 고사하고
특정한 종류의 친밀한 관계를 금지하는 데 어떤 정당화가 가능한가?
어떤 성적 금지가 신의 절대 명령(또는 다른 도덕적 권위의 명령)이
아니라면 그것은 정당화를 필요로 하며, 그것은 다시 전반적인 도덕
적 세계관을 전제하는 정당화의 틀을 필요로 한다. 그렇다면 우리에
게는 인간의 본성과 의지, 행위, 감정, 행위 구조 등에 대한 해명의 정
당화를 포함해서 선호하는 도덕적 틀에 대한 정당화가 필요하다. 회
상해 보면 이런 종류의 정당화 틀에 대한 논증은 대학 기숙사에서 과
열된 심야 논쟁의 주제였다. "소위 섹스의 '자연적' 목표나 목적은 무
엇인가?" "어떤 증거들이 실천의 '자연적임'을 결정해 주는가?" "왜
'자연적임'은 애당초 도덕적 가치로 간주되는가?" "자연 신학 외에도
또 다른 관련된 고려들이 있는가?"

젊은 시절, 나는 이 모든 애매성과 혼동이 아마도 도덕적 사유자로
서 나의 개인적 결함 때문일 것이라고 생각했다. 나는 옳은 방식, 즉
무지의 베일을 거두어 주고 정확히 어떤 조건에서 무엇이 허용되고
무엇이 금지되는지를 말해 주는 구속력 있는 도덕법칙의 눈부신 명료
성을 열어 줄 방식으로 사고하지 못하는 것이 나의 혼동 또는 나의 무
능력 때문이라고 생각했다. 그러나 나는 곧 나를 괴롭히는 유형의 바
로 그 문제들이 단지 나의 혼동의 문제가 아니라 모든 지각 있고 반성
적인 사람들이 도덕성 자체의 본성과 관련해서 다루어야 할 심오한
철학적 문제들을 대변하고 있다는 것을 깨닫게 되었다.

내가 사람들에게 자신들의 견해를 견지하기 위해 의지하는 근거
(신학적, 합리적, 문화적, 또는 과학적)에 상관없이 자신들의 도덕적

주장을 정당화하라고 요구할 때, 어느 누구도 실제로 그 답을 갖고 있
지 않다는 것을 깨닫기 위해 섬세한 관찰이 꼭 필요한 것은 아니다.
나는 여기에서 흔히 반복되는 패턴을 발견하게 되었다. 누군가 드러
나는 자신감을 갖고 도덕적 진리를 주장할 때 그들은 전형적으로 어
떻게 비순환적 방식으로 자신들의 주장을 정당화할 것인지에 대해 거
의 모르고 있다.[10] 절대적인 도덕적 진리를 주장하고 그 진리에 대해
표면적으로 확고한 자신감을 드러낸다는 것이 자신들이 실제로 신빙
성 있는 정당화를 갖고 있거나 심지어 적극적으로 설명하는 견해들에
대한 진지한 이해를 갖고 있다는 것을 의미하지는 않는다. "성경은 그
렇게 말한다" "이것이 바로 신이 명령하는 것이다"(성경 구절이 의미
하는 것에 동의한다 하더라도) 등은 합리적 방어가 아니라 텍스트―
그 자체로 오류 가능한 인간의 해석을 요구하는―의 권위와 명료성
에 대한 충실한 확인일 뿐이다. 성서가 무엇을 함축하는지를 결정하
는 것은 핵심적 개념과 구절―흔히 텍스트 안에서 아주 암시적이며,
우리의 현재 상황과는 매우 다른 역사적·문화적 맥락에서 발생했을
수 있는―에 대한 신빙성 있는 해석을 구성하는, 난삽한 해석적 과정
이다.

  성은 큰 문제다. 그러나 내 경우 월남전과 관련해서 상황은 더 심각
한 것이 되었다. 나는 앞서 『도덕적 상상력』(Moral Imagination,
1993)에서 월남전과 관련된 내 개인적인 딜레마를 이야기했다. 기본
적인 문제는 참전과 관련해서 양심적 인간이 무엇을 해야 하는지의

---

10 사후적인 도덕적 정당화라는 편재적 형태에 관한 연구는 Haidt, *The Righteous
Mind*에 잘 요약되어 있다. 사람들은 자신들이 어떤 합리적인 정당화도 할 수 없
는 도덕적 직관들에 대해 거의 신빙성이 없는 도덕원리나 가치에 대한 설명을
만들어 내는 성향이 있다는 것을 보여 주는 많은 증거가 있다.

문제였다. 나는 마음속으로 "살인하지 말라"라는 말을 받아들이면서
도 전쟁 중인 나라에 충성해야 한다는 상충적 의무를 느끼는 요크 병
장(Sergeant York)과 같은 느낌이었다. 우리는 요크 병장처럼 군대 복
무를 통해 나라에 충성하는 것을 정당화하기 위해 시저의 것은 시저
에게, 신의 것은 신에게 되돌려야 한다는 성서를 인용할 수도 있다(마
태복음, 22:21). 아니면 예수의 복음을 따라 그 반대 방향으로 갈 수
도 있다. "눈은 눈으로, 이는 이로 갚으라 하였다는 것을 너희가 들었
으나 나는 너희에게 이르노니 악한 자를 대적하지 말라. 누구든지 네
오른편 뺨을 치거든 왼편도 돌려 대며"(마태복음, 5:38-39). 이어서
"내가 너희를 사랑한 것 같이 너희도 서로 사랑하라"(요한복음, 15:
12)는 구절이 있다. 우리는 인간을 사랑하면서 그들과 함께 전쟁에
나가 그들을 죽일 수 있는가? 여기에 하나의 옳은 답이 있는가?

　나는 청년에 불과했지만 『요크 병장』이라는 영화에서 젊은 요크(게
리 쿠퍼 분)가 신의 가르침을 얻기 위해 산에 오르고, 바람이 불어와
'시저의 것' 구절이 있는 성경의 페이지를 열어 주었다는 것이 얼마
나 편리한 장치인가라고 생각했던 기억이 난다. 신적 사건은 분명히
게리 쿠퍼가 연기했던 요크 병장의 물음에 답했다. 그러나 나는 여전
히 그것으로는 확신할 수 없었다. 나는 이런 생각이 들었다. 물론 시
저의 것은 시저에게, 신의 것은 신에게 되돌려야 한다. 그러나 무엇이
시저의 것이며, 무엇이 신의 것인가? 그 구절이 도대체 무엇을 해결
할 수 있는가? 무엇이 누구의 것인지의 문제를 어떤 근거로 답할 수 있
을까?

　예수의 평화주의적 가르침에 마음이 끌린 나는 톨스토이(L. Tol-
stoy)의 『천국은 우리 안에』(*The Kingdom of God Is within You*,
1894)—악에 대한 비폭력 무저항이라는 간디(M. Gandhi)의 시각에

깊은 영향을 준 것으로 알려진 — 에서 평화주의에 대한 신학적으로
근거지어진 열정적인 논변을 읽게 되었다. 그렇지만 나는 목사와 전
쟁의 도덕성에 관해 이야기하면서 완전히 다른 시각을 접하게 되었
다. 그는 궁극적인 선을 실현하기 위해 종종 잔혹한 행위를 할 수밖에
없다고 말해 주었다. 자신의 아들과 관련된 개인적인 이야기로 그것
을 설명해 주었는데, 그의 아들은 공군 조종사였으며, 적들이 숨어 있
던 월맹의 교회를 폭격하라는 명령을 받았다. 나는 그럴 수도 있을 것
이라는 생각이 들었지만 과연 어떤 신학적 근거, 또는 어떤 윤리적 근
거로 교회를 폭격하는 것이 허용될 수 있을까? 많은 평화주의자들은
어떤 행위가 단적으로 특정한 목표나 가치, 도덕적 책무와 근본적으
로 양립 불가능하다고 주장한다. 예를 들어 우리가 타인에게 폭력을
행사하는 방식으로는 신의 사랑, 또는 칸트의 인간성 존중조차도 표
현할 수 없다는 것이다.[11]

　아마도 당신은 이 문제를 철없는 젊은이의 두서없는 공상으로 치부
할 것이다. 그것은 물론 그렇다. 그 시대에 내가 전형적인 청소년 —
순박하며, 자신의 편협한 경험과 꿈에 사로잡힌, 또 사랑, 인생, 자유,
그리고 행복 추구 등의 문제로 상당히 혼란스러운 — 이었다는 것은
분명하다. 그렇지만 내가 직면했던 문제들은 단순히 나만의 개인적이
고 특이한 유령들이 아니라, 무조건인 원리나 법칙, 명령, 가치 기준
을 통해 윤리적 지침을 제시한다고 주장하는 모든 도덕 교의나 이론
과 관련된 기본적 문제들을 드러내고 있다.

　내가 신학적이든 세속적이든 도덕철학 분야에서 당시에 유포되고

11　이 논증은 "평화를 위해 싸우는 것은 순결을 위해 섹스를 하는 것"(Fighting for
　　Peace Is like Fucking for Chastity)이라는 유명한 반전 스티커의 원천이다.

있는 문제들의 진정한 깊이를 깨닫기 시작한 것은 1970년대 초 대학원 과정에서였다. 그 당시 나는 전승된 이론들을 부분적으로 수정하거나 다듬는 것으로는 해결책이 될 수 없으며, 도덕적 인지의 본성, 나아가 도덕 이론 일반의 핵심과 목적에 대한 근본적인 재인식이 필요하다는 생각에까지 이르지는 못했다.

도덕법칙의 부여자로서 신 개념을 동반한 나의 루터주의적 성장 배경을 감안하면 앞서 이야기했듯이 내가 1960년대에 캔자스대학교에 진학했을 때 보편적이고 무조건적인 강제적 도덕법칙을 설정하는 칸트적 도덕 이론에 쉽사리 기울게 된 것은 놀라운 일이 아니다. 윤리적 상대주의를 피하는 유일한 길은 보편적 도덕법칙, 또는 적어도 보편적인 도덕적 가치(예를 들어 존중 같은)―순수실천이성에서 도출 가능하며, 모든 합리적 존재에 대해 강제성을 갖는―에 의지하는 것이라는 생각은 옳은 것으로 보였다. 그렇지만 나는 지식과 가치에 대한 칸트의 견해를 뒷받침하는 일종의 궁극적 토대의 존재에 대해 점차 더 큰 의구심을 갖게 된, 타락해 가는 칸트주의자였다.

시카고대학교 대학원에 진학했을 때 나는 그 당시 철학계의 거의 모든 사람들이 그랬던 것처럼 롤스(J. Rawls)의 유사 칸트주의적 정의 이론, 그리고 그것이 도덕 이론의 본성에 대해 지니는 함축들로 무장했다. 칸트가 유대-기독교적 윤리학을 탈신학화하려 했다고 할 수 있다면 롤스는 순수실천이성의 절대적 토대에 대한 칸트의 주장을 제거하면서도 여전히 칸트의 도덕적 비전을 유지하는 방식으로 칸트를 탈선험화하려고 했다.[12] 이렇게 나는 당분간 롤스의 칸트적 식단으로

---

12 롤스의 기획에 대한 이러한 해석은 John Rawls, "Kantian Constructivism in Moral Theory," *Journal of Philosophy*, 77-9 (1980)에 묶인 세 편의 중요한 글을 통해 분명하게 드러난다.

연명했는데, 그것은 스스로를 근거지어 주는 절대적 토대가 없는, 기본적인 합리적 정의 원리(내 생각에 부수적으로 도덕의 원리)와 다르지 않다. 롤스가 도덕법칙의 원천으로서 칸트가 '순수실천이성'이라고 불렀던 것을 제거함으로써 칸트를 탈선험화했다고 말하는 것은 바로 이런 뜻이다.

하지만 도덕적 절대주의는 이미 손상을 입었으며, 나는 어떤 형태로든 도덕적 근본주의로 되돌아갈 수 없었다. 롤스는 도덕적 가치에 대한 토대주의적이고 근본주의적이며 절대주의적인 견해를 의심해야 한다고 가르쳤으며, 우리의 도덕적 직관을 자명한 것으로 받아들여서는 안 된다고 가르쳤다. 이러한 논변들을 명료하게 이해하게 되면서 나는 인간의 확실성, 초월적 토대, 순수하고 비경험적인 진리와 가치의 원천에 대한 탐구가 인간의 이해의 한계를 감안할 때, 특히 쿤(T. S. Kuhn)과 콰인(W. V. O. Quine), 과학철학자들, 듀이(J. Dewey), 그리고 후일 인지과학의 경험적 연구 등에 접하게 된 이후로 결코 성공할 수 없다고 강하게 확신하게 되었다. 더욱이 이것은 단순히 실패한 기획이 아니다. 더 나쁜 것은 그러한 도덕성 개념에 대한 집착이 (우리 삶에 더 잘 부합하는) 인간적으로 더 적절한 자연주의적 개념으로부터 멀어지게 하는 해악을 불러온다는 것이다.

이 모든 것을 고려할 때 나는 스스로 이렇게 자문해야만 했다. "절대적이고 초자연적이며 비경험적 토대를 갖지 않는다면 도덕은 어디에서 오는가?" 물론 그 답은 우리가 도덕성의 자연적 원천을 탐색해야 한다는 것이다. 나는 다음 장들에서 매우 포괄적인 자연주의적 윤리학의 방향성을 개관하려고 한다. 내가 생각하는 윤리적 자연주의는 인간이라는 도덕적 주체가 인간적 동물—그의 가치가 신체적, 대인관계적, 문화적 환경과의 지속적인 상호작용에서 창발하는—이라는 가정에서 출발한다. 우리의 가치는 본체적 세계에서 오는 것이 아니다. 우리의 가치는 순수실천이성의 명령이 아니다. 순수실천이성 같은 것이 없기 때문이다. 아마도 가장 충격적인 사실은 윤리적 자연주의가 윤리적 추론을 문제 해결의 한 형태이며, 따라서 일상적 삶의 구조를 구성하는 다른 유형의 가설적 추론이나 문제 해결과 다르지 않다는 점일 것이다. 도덕적 숙고는 도덕적으로 불확실한 상황을 경쟁적 목표들이나 믿음들을 조화시키는 방식으로 전환하는 과정이다.

모든 자연주의적, 비절대주의적 도덕 개념의 가장 선명한 과제는 옳음과 그름, 좋음과 나쁨을 전적으로 문화체계의 구성물로 간주하는 도덕적 상대주의를 어떻게 피할 것인지의 문제다. 이런 유형의 상대주의는 특정한 도덕체계나 전통의 장점을 평가하는 초월적인 비판적 입장을 추구하는 것이 무의미하다는 것을 함축한다. 특정한 전통을 판단할 외재적인 포괄적 관점이 존재하지 않기 때문이다. 나는 마음과 사고, 가치에 관한 실험적 탐구를 따라 모든 형태의 토대주의를 거부하게 되었지만, 도덕적 이상이나 원리에 대한 어떤 비판은 여전히 가능하다고 주장할 것이다. 왜냐하면 우리는 우리가 전승한 도덕적 틀에 갇힌 죄수만은 아니기 때문이다. 더욱이 신적 관점을 갖지 않더라도 우리는 특정한 숙고적 과정이 다른 대안적 과정에 비해 어느 정도 더 합당하다(reasonable)고 말할 수 있다. 그 합당성은 선재하는 것으로 가정되는 보편적 합리성과의 대응 문제가 아니다. 그것은 오히려 특정한 숙고적 과정이 이전에 경쟁적이었던 목표나 가치를 실제로 조화시키고, 긴장을 해소하며, 협력적이고 구성적인 인간 활동을 함양하는 데 기여하는지를 결정하는 문제에 다름 아니다. 합당한 도덕체계나 실천의 다원성을 피할 수 있는 길은 없으며, 따라서 우리는 조건화되고 오류 가능한 비판적 관점이 어떻게 합당한 도덕적 평가를 할 수 있도록 해 주는지에 초점을 맞추어야 한다. 누스바움(2000), 하인드(2002), 플래너건(2007) 처칠랜드(2011), 맥콜리(2011) 등과 마찬가지로 나는 엄격한 본질주의에 빠지지 않으면서도 인간 본성에 관한 몇몇 일반적 사실들을 이야기하는 것이 가능하다고 본다.[13] 인간 본성에 대한 축소된 개념은 인간의 동기, 감각운동 능력, 인지 과정, 감정, 욕구, 사회적 기술, 문화적 가치 등에 관한 주장들을 포함한다. 인간 본성의 그러한 최소적 개념 안에서 우리는 인간의 평안과 우리와 같은 존재에 최선인 도덕적 숙고에 대한 일반적 해명을 제시할 수 있다. 따라서 내 기획은 단순히 가치나 제도, 실천에 대해 기술하는 데 그치지 않고, 비판적인 규범적 차원을 포함한다.

3. 도덕적 가치의 두 가지 대립적 개념: 비자연주의 대 자연주의

내가 재구성했던 도덕적 지침의 원천과 본성을 이해하려는 나의 개인적 노력에 대한 서사는 핵심적으로 내가 왜 좀 더 자연주의적인 시각을 위해 이전의 비자연주의적 견해를 거부했는지에 관한 이야기다. 이 두 가지 대립적 견해들 사이의 선택에서 무엇이 중요한 문제인지를 해명하기 위해 나는 이 두 가지 기본적 성향이 각각 무엇을 함축하는지에 관해 좀 더 상세한 사실들에 초점을 맞추려고 한다.

비자연주의적 이론들은 도덕적 규범과 원리의 원천을 자연 세계를

---

13 Martha Nussbaum, *Women and Human Development: The Capabilities Approach* (Cambridge: Cambridge University Press, 2000); Hinde, *Why Good Is Good*; Flanagan, *The Really Hard Problem*; Churchland, *Braintrust*; Robert McCauley, *Why Religion Is Natural and Science Is Not* (Oxford: Oxford University Press, 2011) 참조.

넘어서는 것으로 가정되는 어떤 실재에서 찾는다. 그 절대적 가치와 원리들은 경험에서 도출되는 것은 아니지만 경험에 주어져서 구체적 행위, 도덕원리, 품성의 특성, 제도 등을 평가하는 근거를 제시하는 것으로 간주된다.

반면에 자연주의적 이론들은 도덕적 가치나 기준을 자연 세계 안의 우리 경험—생물학적, 대인관계적(사회적), 문화적 층위를 포괄하는 —에서 생겨나는 것으로 본다. 도덕적 규범의 '순수한' 선험적 근거 는 없으며, 따라서 규범은 생존, 개인과 집단의 조화, 개인적·집단적 번영, 인간적 의미와 목적의 완결의 기본적 필요성에서 발생해야 한다.

1) 비자연주의적 도덕 이론

비자연주의적 성향과 자연주의적 성향 사이의 논란에서 핵심적 문 제가 무엇인지를 이해하는 한 가지 유용한 길은 도덕적 지침의 원천 과 본성에 관한 기본적 차이로 구체화될 수 있다. 나는『도덕적 상상 력』에서 비자연주의적 견해들이 무조건적인 도덕적 제약, 그리고 우 리의 태도와 행동의 제어에 그릇되게 집착하고 있다고 주장했다. 그 래서 그것들은 내가 '도덕성의 도덕법칙 통속 이론' 이라고 부르는 형 태를 띠고 있다.[14] 이것은 도덕 이론의 일차적 목적이 어떤 행위가 허 용될 수 있는지, 어떤 행위가 허용될 수 없는지, 어떤 행위가 도덕적 으로 의무적인지에 관한 규칙을 명시함으로써 우리 행위를 제어하는 것이 되어야 한다는 입장이다. 간략하지만 제어 이론은 이렇다.

---

14 Mark Johnson, *Moral Imagination : Implications of Cognitive Science for Ethics* (Chicago : University of Chicago Press, 1993), 1장 참조.

「도덕법칙」 통속 이론

① 인간은 분할된 본성—정신적(또는 영직) 차원과 물리적(신체적) 차원의 독특한 결합—을 지닌다.

② 우리는 신체적 욕구나 욕망에 의해 만족이나 쾌락을 추구하도록 추동된다. 우리의 열정과 욕망은 본유적으로 합리적이지 않기 때문에 모든 인간에게서 상위적(합리적) 자아와 하위적(신체적) 자아 사이에 기본적인 도덕적 긴장이 생겨난다.

③ 도덕 문제는 자유의지('상위적' 자아의 일부인) 능력을 가진, 우리와 같은 인간에게만 생겨난다. 우리는 이 자유의지를 통해 필요할 때 신체적 충동을 이겨 내고 행위를 통제할 수 있으며, 따라서 그 행위에 대해 책임이 있다.

④ 도덕적 제약은 계시나 보편적 인간 이성, 또는 어떤 초월적(초자연적) 원천으로부터 제공되는, 보편적으로 구속력 있는 문자적인 도덕원리에서 비롯된다.

⑤ 따라서 도덕적으로 옳은 행동은 (a) 특정한 상황에서 도덕법칙 또는 도덕원리가 무엇을 요구하는지의 문제이며, (b) 어떤 유혹이나 영향이 법칙을 따르지 않도록 이끄는 경우에도 도덕원리가 요구하는 것을 행하려는 강한 의지를 갖는 문제다.

　「도덕법칙」 통속 이론의 핵심은 도덕이 일차적으로 일련의 초월적 근거를 갖는 보편적 도덕원리나 도덕적 속성(가치)—비상대주의적 도덕의 유일한 근거로서—이라는 생각이다. 비자연주의의 상이한 버전들은 규범적 제약의 원천을 다양하게 설정한다. 그러나 세 가지 가장 유력한 원천은 신, 보편적 이성, 비자연적 속성들의 초월적 세계다. 도덕에 관한 비자연주의적 견해들에서 무엇이 핵심적 문제인지를

이해하기 위해 지난 두 세기 동안 도덕철학에 심중한 영향을 미쳤던
이 세 가지 주요 버전을 간략히 살펴보자.

(1) 전통적인 신학적 (비자연주의) 윤리학

- (전지전능하며 모든 존재의 성스러운 창조자인) 신은 모든 합리적 존
  재(이성과 자유의지를 가진 존재)를 속박하는 절대적인 도덕적 명령
  을 내린다. 여기에는 두 가지 버전이 있다. ① 명령이 단적으로 절대적
  인 신적 요구라는 버전, ② 명령이 신적 마음의 합리적 표현이며, 따라
  서 합리적 반성에 열려 있다는 버전.
- 도덕적 추론이란 이 무조건적인 도덕법칙들을 식별하고 그것들을 정
  확히 구체적 상황에 적용하는 문제다.
- 이처럼 도덕법칙의 소재와 기원은 초자연적(여기에서는 신적)이며,
  따라서 도덕은 인간의 능력이나 전통, 동기, 가치 등에 대한 경험적 지
  식에서 비롯될 수 없다. 반대로 인간 경험의 모든 것은 이 초월적 가치
  나 원리에 의해 판정되어야 한다.

나는 초자연적인 개념에 의존하지 않는 종교적 윤리학이 있을 수
있다는 사실을 부인하려는 것이 아니다. 사실상 나는 그런 견해들(예
를 들어 몇몇 유형의 불교)이 있다고 생각하는데, 그것들은 비자연주
의적이 아니라 자연주의적이다.

도덕이 신이 내린 도덕법칙의 명령 체계라는 생각은 근원적인 대화
중단자다. 만약 어떤 행위가 단순히 신이나 야훼, 알라, 람세스 2세가
그렇게 명령하기 때문에 (더 이상 말이 필요 없이) 의무적이라면 그
것이 이야기의 끝이며, 더 이상 어떤 합리적 논의도 불필요하거나 불
가능하게 된다. 도덕철학에서 신성 개념에 의존하는 것이 이런 사고

의 원형적 사례다. 그저 어떤 인격이나 성질, 사태가 신성하다고 주장
하는 것은 그것에 모든 도전과 비판을 벗어난, 소위 특유하고 전적으
로 확정적인 도덕적 위상을 부여하는 일이다. "인간(신의 형상을 따
라 창조된)은 신성하다"라는 주장은 도덕을 논의나 비판, 진지한 반
성 너머에 설정하는 일이다. 어떤 것이 신성하다고 말하는 것은 결과
적으로 그 신성한 것을 평정이나 판단에서 우리의 일상적 방식에 따
른 평가로부터 분리하는 일이다.[15] 합리적 판단과 비판의 가능성은 확
정적이며 토대적인 도덕적 실재인 신성한 것과의 관계를 넘어서서,
도덕적 제약과 책임을 산출하는 '신성한 것'이 과연 무엇인지를 물을
때에만 생겨난다.

전능한 신의 계시된 명령에 대한 의구심은 신이 사실상 도덕적 책
무의 절대적 원천이 아닐 수도 있다고 가정한다. 그것은 플라톤의 『에
우티프론』(Euthyphro)에서 소크라테스가 제안하는 것처럼 신(들)조
차도 넘어설 수 없는 독립적인 도덕적 기준이 있다고 주장하는 것과
다르지 않다. 서양철학에서 이것은 신학적으로 근거지어진 도덕체계
에서 비신학적으로 근거지어진 도덕체계로 이행해 가는 기본적 행보
다. 그 이행의 핵심은 특정한 명령이 신의 명령이기 때문에 무조건적

15　레비나스(E. Levinas)의 '타자의 얼굴'(face of the other)에 대한 강조는 비자
연주의적 도덕 이론에서 이런 유형의 '논증'의 고전적 사례다. Emmanuel Levi-
nas, *Totality and Infinity: An Essay on Exteriority*, trans. Alphonso Lingis
(Pittsburgh, Penn.: Duquesne University Press, 1969) 참조. 타자의 얼굴은
우리 행위의 절대적 한계와 함께 우리와 직면하며, 우리에게 타자에 대한 무조
건적인 도덕적 책무, 즉 소극적으로는 그들을 죽이거나 해치지 않아야 하며, 적
극적으로는 삶의 과정에서 그들을 부양하고 도와야 한다는 책무를 부과하는 것
으로 가정된다. 타자와의 대면에서 생겨나는 우리의 도덕적 책임은 원형적인 도
덕적 실재이며 분석이나 정당화의 대상이 아니다. 그것은 이론적 주장이 아니라
절대적 도덕적 관계의 소위 거부할 수 없는 실현이기 때문이다.

구속력이 있다는 생각을 넘어서서 신의 명령이 인간이 (인간적 이성을 통해) 접속할 수 있는 신적 이성의 표현이라는 생각으로 옮겨 가는 데 있다. 그 명령이나 도덕법칙이 합리적 원리라는 위상을 얻게 될 때에만 합리적 반성의 대상이 된다. 전통적인 유대-기독교 도덕법칙 이론에서 (이성에서 비롯된) 도덕적 명령이라는 칸트적 개념으로의 이행은 이렇게 이루어졌다.

(2) 칸트의 보편적 도덕법칙 이론

칸트의 도덕철학은 서양철학에서 합리주의적인 비자연주의적 윤리학의 최고의 전형이다. 칸트는 자신이 전승한 유대-기독교적 전통의 정신과 교훈이 대부분 옳다고 가정했다. 그러나 도덕원리의 원천을 신의 명령(또는 심지어 신적 이성)에서 찾는 대신 도덕을 순수실천이성에서 주어지는 절대적 도덕법칙의 체계로 보았다. 바꾸어 말해서 도덕 명령의 궁극적 근거로서 신적 정신 또는 신적 이성을 모든 합리적 존재가 보유한 보편적 이성으로 대체한다. 이 대체를 통해 전통적인 유대-기독교적 도덕의 여타의 것들은 대부분 큰 변화 없이 수행될 수 있다.

기독교 윤리학과 칸트 윤리학에서 도덕원리의 소재와 기원은 여전히 초월적인 것으로 남아 있으며, 그래서 경험에서 도출될 수 있는 것이 아니다. 따라서 칸트는 경험적 고려는 기본적 도덕원리의 위상과 본성에 관련이 없다고 주장한다.[16] 여기에서 다음과 같은 사실이 도출

---

16 칸트의 『윤리형이상학 정초』의 첫 두 소절은 "그러니까 책무의 근거는 여기서 인간의 자연본성이나 인간이 놓여 있는 세계 내의 정황에서 찾아서는 안 되고, 오로지 순수 이성의 개념들 안에서 선험적으로 찾아야 한다"는 주장을 지겹도록 반복하고 있다. Kant, *Grounding for the Metaphysics of Morals*, trans. James Ellington, in Warner Wick, ed., *Ethical Philosophy* (Indianapolis, Ind.:

된다. 칸트는 자연과학이 아무리 도덕심리학이나 도덕인류학을 구성하는 데 유용하다 하더라도 이 경험적 탐구들은 고유한 도덕 이론에 보조적이거나 전적으로 종속적이라고 본다. 고유한 도덕 이론은 "정언적 명령의 가능성을 전적으로 선험적으로 연구하지 않으면 안 될 것이다. 이 경우 우리에게는, 그러한 명령의 현실성이 경험에 주어져 있〔는〕…편익이 없기 때문이다."라는 것이다.[17]

칸트 도덕 이론에 대해 더 많은 논의를 할 생각이지만 지금 핵심적 쟁점은 칸트가 무조건적인 보편적 도덕법칙의 원천으로 가정되는 보편적 이성을 동물로서 우리 자신의 본성이나 유기체적 존재의 발달, 사회적 존재로서 문화화의 산물로 생각하지 않는다는 점이다. 칸트 이론의 비자연주의는 소위 본체적 존재성의 일부로서 인간이 이성을 보유하지만 이성은 (신체화되고 물리적인) 현상적 존재로서 우리의 본성에 의해 구성되거나 형성되지 않는다는 것이다.

칸트 도덕철학의 가장 특징적인 교의 —내가 다음에 비판하게 될 —는 도덕법칙만이 (무조건적인) 정언명령일 수 있다는 것인데, 그것은 '순전한' 경험에서 도출된 모든 것으로부터 벗어난 순수한 것으로 가정된다. 바로 이 때문에 칸트는 잘 알려진 것처럼 과학 또는 다른 모든 경험적 탐구 형태들이 고유한 도덕적 이해에 중요한 기여를 할 수 없다고 주장한다.

Hackett, 1785/1983), 389절.

17 같은 책, 420절. 순수실천이성 이상의 것에 대한 여백을 인정하는 것으로서 칸트의 체계에 대한 의욕적이며 심층적 식견을 갖춘 폭넓은 견해에 관해서는 Robert Louden, *Kant's Impure Ethics: From Rational Beings to Human Beings* (Oxford: Oxford University Press, 2000) 참조. 라우든은 칸트적 지향에 대한 더 섬세하고 경험적으로 적절한 해석의 필요성에 대해 강력한 주장을 제기하지만 도덕이 순수이성에 근거한다는 칸트의 주장을 부정하지는 않는다.

(3) 무어: 비자연주의와 자연주의적 오류

끝으로 무어의 『도덕 원리』(*Principia Ethica*, 1903)에 대한 간략한
고찰이 도움이 될 것이다. 그는 가장 강력한 윤리적 비자연주의를 제
안하고 있기 때문이다. 그의 전 이론은 다음과 같은 두 가지 가정에
의해 구조화된다.

① 윤리학은 좋음(이어서 '옳은 행위'를 좋음을 산출하는 것으로 정의한
다)을 탐구한다.
② '좋음'은 정의될 수 없다. '좋음'은 단순하며, 분석 불가능하며, 특정
한 사태의 비자연적 속성이기 때문이다.

이러한 견해에 대한 무어의 고전적 서술은 이렇다.

그렇다면 '좋음' —만약 그것이 우리가 어떤 사물에 속한다고 주장하
는 바로 그 성질을 의미하며, 그 사물이 좋은 것이라고 말할 때— 은 정
의할 수 없다. … 이런 의미에서 '좋음'에는 어떤 정의도 없다. 그것은
단순하며 부분들을 갖지 않기 때문이다. 그것은 그 자체로 정의될 수 없
는 수많은 사고 대상 중의 하나다. 그것들은 그 자체로 정의 불가능하다.
그것들은 정의 가능한 모든 것이 그 개념에 의거해서 정의되는 궁극적
개념이다. … 따라서 '좋음'이 단순하고 정의 불가능한 성질을 가리킨다
는 주장에는 어떤 내재적 난점도 없다.[18]

---

18 G. E. Moore, *Principia Ethica* (Cambridge: Cambridge University Press,
1903/1968), pp. 9-10.

'좋음'을 정의하려는 모든 시도는 무어가 말하는 '자연주의적 오류'(naturalistic fallacy)를 범하게 된다. 왜냐하면 '좋음'은 자연적 대상이나 속성이 아니기 때문이다. 잘 알려진 것처럼 무어는 비자연적 속성을 '노랑'이라는 속성을 통해 예증한다. 무어는 우리가 실제로 '노랑'을 경험하지만 '노랑'은 다른 어떤 것에 의해서도 정의되지 않는다고 주장한다. 마찬가지로 무어는 '좋음'이 특정한 사태가 지니는 속성이며, 따라서 우리가 경험할 수는 있지만 다른 어떤 자연적 속성에 의해서도 정의되지 않는다고 주장한다.

내가 생각하기에 극단적이며, 또 지나치게 허술한 무어의 견해를 거론이라도 하는 유일한 이유는 무어의 작업이 20세기 영어권의 도덕 이론에 미친 부정적 영향을 과소평가할 수 없기 때문이다. 결과적으로 무어는 지난 반세기 넘는 기간 동안 도덕에 관한 구성적 도덕 이론과 경험적 작업을 가로막았다. 내 생각으로는 무어의 메타윤리학적 입장은 도덕철학의 침체를 대변하며, 나는 이것이 오늘날 도덕 이론에서도 여전히 주목받고 있다는 데 곤혹스러움을 느낀다.[19]

나는 여기에서 이 문제를 논의할 생각은 아니다. 그러나 나는 무어의 견해가 우리에게 정의할 수 없는 것으로 가정되는 도덕적 성질 자체의 영역을 제시하고 있지만, 우리가 왜 그 사태가 좋음이라는 성질을 드러내는지 합리적으로 설명할 수 없는데도 그것을 특정한 사태에 종속시키고 있다는 워녹(G. J. Warnock)의 지적에 동의한다.[20] 이 지적은 궁극적 가치에 대한 도덕적 논의를 무의미한 것으로 만든다.

---

19 예를 들어 무어에 대한 우호적인 평가는 Russ Shafer-Landau, *Moral Realism: A Defence* (Oxford: Oxford University Press, 2003), 3장 참조.

20 G. J. Warnock, *Contemporary Moral Philosophy* (Oxford: Oxford University Press, 1967) 참조.

나는 또한 우리가 비자연적 속성으로서 특정한 사태에 우연히 날아 앉게 된 무어의 '좋음' 개념이 완전히 무용하다는 것을 알게 된다면 신의 마음에 초자연적 기원을 둔 도덕에 대해서도 마찬가지로 심각한 의문을 제기하게 될 것이라는 점을 덧붙이고 싶다. 이러한 견해들은 분석이나 비판, 정당화를 위한 해명이라는 관점에서 동일한 것이기 때문이다. 앞서 제안했던 것처럼 그것들은 모두 비판이나 합리적 반 성으로부터 벗어나 있다. 오래전에 플라톤이 생각했던 것처럼 어떤 것이 도덕적인 이유는 신이 그렇게 선언했기 때문이거나, 그에 대한 어떤 근거가 있기 때문이다. 그리고 적절한 근거를 제시하기 위해서 는 공유된 정당화의 틀에 대한 가정이 요구된다.

2) 윤리적 자연주의에서 과학의 역할

내가 세 가지 비자연주의 버전들을 간략하게 요약한 것은 그것들이 공유하는 핵심적 특성을 부각하기 위한 것이다. 즉 그것들은 우리의 도덕적 가치나 원리가 자연 세계의 인과적 과정이나 제약을 넘어선 것으로 가정되는 어떤 것에 자리 잡고 있다는 생각을 공유한다. 도덕 성의 원천이 신이든, 순수실천이성이든, 또는 정의 불가능한 속성들 의 불가해한 초자연적 도덕 영역이든 그 핵심은 과학적 탐구의 어떤 경험적 방법도 도덕적 가치나 덕, 원리를 설명하고 궁극적으로 정당 화하려는 시도와 관련될 수 없다는 것이다. 비자연주의적 입장은 과 학이 자연 세계와 그 인과적 과정만을 탐구하기 때문에 과학적 지식 은 규범적 평가와 관련될 수 없다고 주장한다. 과학은 사실과 인과적 설명만을 다루며, 윤리학은 규범적 원리와 판단을 다루는 것으로 가 정된다.

결과적으로 윤리적 자연주의를 전개하면서 넘어서야 할 가장 큰 숙

제는 규범들을 독립적이고 비자연적인 가치 영역의 구성요소로 기술
하지 않으면서도 자연 세계의 과정 안에서 그 규범적 힘에 이르는 방
식을 찾는 일이다. 다음 장들에서 나는 도덕적 가치의 여러 가지 자연
적 원천을 개관하고, 경험적 탐구가 어느 정도 도덕적 정당화에 기여
하며 뒷받침하는지를 탐색할 것이다. 여기에서 나는 이러한 작업이
도덕적 반성이나 숙고의 필요성을 배제하는 것이 아니라 도덕적 평가
과정에서는 물론 이상들을 도덕적 행동에 투사하는 데 경험적 탐구
(특히 과학적 탐구) 방법의 핵심적 역할을 인정하는 것이라는 점만을
상기해 두고 싶다.

　　윤리적 자연주의자들은 전형적으로 과학적 탐구에 근거한 증거들
을 통해 도덕적 인지의 본성에 관한 자신들의 주장을 뒷받침한다. 따
라서 여기에서 과학의 위상에 관해 논의할 것인데, 그 이유는 특히 다
음에 우리가 도덕적 인지를 어떻게 이해하며, 또 그것을 어떻게 수행
하는지와 관련된 과학적 증거들의 유형을 열거할 것이기 때문이다.
무엇보다도 강조해 두어야 할 것은 과학적 탐구의 성과들이 결코 토
대적이거나 수정 불가능한 절대적 지식을 구성하지 않는다는 점이
다.[21] 지난 수십 년 동안 과학적 지식에 관한 철학적 논쟁에서 제기되
었던 수많은 주장들을 재론하는 대신 나는 단지 오늘날 과학철학이라
고 알려진 전 영역이 1930년대에 성숙한 과학(물리학과 같은)의 경험
적 주장의 토대적 근거를 발견하려는 시도와 함께 출발했다는 점만을
상기해 두고 싶다.

　　과학적 지식의 위상에 대한 지속적인 논쟁의 역사 대부분은 모든

21　Thomas Kuhn, *The Structure of Scientific Revolutions*, 2nd ed. (Chicago: University of Chicago Press, 1970); Hilary Putnam, *Reason, Truth and History* (Cambridge: Cambridge University Press, 1981) 참조.

유형의 인식적 토대주의에 대한 확산되는 공격으로 채워져 있다. 자료가 이론 의존적 — 즉 설명되어야 할 현상으로 간주되는 것과 적합한 증거로 간주되는 것은 선험적으로 주어지지 않으며, '검증되어야 할' 특정한 이론의 배후에 있는 개념체계나 가정들에 의존하고 있다 — 이라는 사실을 받아들이게 되면 확실하고 절대적이며 무가정의 토대적 지식은 더 이상 설 자리가 없다. 대신에 우리는 과학 이론을 증거적 근거의 폭, 단순성, 우아성, 포괄성, 그리고 우리가 특정한 탐구의 맥락 안에서 우연히 중요하거나 적절하다고 받아들이게 된 다른 기본적 가치들에 의해 평가한다. 바꾸어 말하면 가치중립적인 과학 또는 과학적 관점은 없으며, 특정한 가치들을 절대적인 것 — 모든 이론적 설명에 적절한 것으로 가정되는 — 으로 확립할 수 있는 방법도 없다.[22]

　모든 과학 이론 또는 설명적 가설의 적합성은 절대적이거나 맥락 독립적인 방식으로 서열화될 수 없는, 또 문제시되는 가치들을 적용하는 방식을 명시할 알고리즘을 확립할 수 없는 다수의 요인들에 의존하고 있다. 더욱이 벡텔(W. Bechtel)이 보여 준 것처럼 인지나 인간 심리에 초점을 맞춘 대부분의 과학 이론은 실제로 보편 법칙("모든 X는 Y를 하며, Z는 X의 사례이기 때문에 모든 Z는 Y를 한다"와 같은)을 추구하지 않는다.[23] 대신에 대부분의 인지과학 이론은 연구자가 관심을 갖는 관찰된 행동을 산출하는 비환원적인 인지적 기제를

22　Richard Rorty, *Philosophy and the Mirror of Nature* (Princeton, N.J.: Princeton University Press, 1979); *Consequences of Pragmatism* (Minneapolis, Minn.: University of Minnesota Press, 1982) 참조.

23　William Bechtel, *Mental Mechanisms: Philosophical Perspectives on Cognitive Neuroscience* (New York: Psychology Press, 2009) 참조.

모형화하려고 한다.

요약하면, 특정한 과학적 설명을 유용하게 만들어 주는 것은 다른 방법이나 실험적 기술을 통해 주어진 증거들과 합치하는, 실험적으로 조작 가능한 증거를 산출하는 가능성이다. 종종 그것은 유사 법칙적 원리를 포함하지만 그것은 흔히 인지적 모형을 통한 기계적 설명의 형태다. 항구적으로 확정되고 맥락 독립적이며 초월적인 지식은 존재하지 않기 때문에 우리가 취할 수 있는 최선의 탐구 전략은 다양한 방법들이 산출하는 수렴적 증거를 찾는 일이다. 불확실한 현상에 더 많은 설명적 방법들을 관련시킬수록, 또 그 방법들이 동일한 결론을 향할수록 우리가 적절한 설명적 경로에 서 있다는 확신이 커진다. 다양한 탐구 방법을 통해 주어진 수렴적 증거는 우리가 선호하는 방법이나 이론이 의존하고 있는 특정한 형이상학적, 인식적 가정들을 시험하는 유일한 길이다. 결과적으로 과학에는 절대주의적 담론을 위한 토대가 없지만 그럼에도 우리는 실험적 탐구가 다른 방법들에서 도출된 결과들과 합치하는 결과들을 산출할 때마다 확신을 얻는다. 과학적 탐구와 종교적 신화, 허구적 이야기, 또는 문화적 서사를 기본적으로 구별해 주는 것은 바로 이 실험적 검증의 상대적 방법이다.

그렇다면 과학은 최초의 어휘도 아니며 최종적 어휘도 아니다. 그러나 그것은 인간의 도덕적 경험과 인지, 판단을 이해하려는 시도에서 너무나 중요한 목소리(또는 목소리의 합창)다. 우리 주장의 근거를 과학적 결과에 두기 위해서 절대적인 과학적 진리—그것은 환상이다—를 믿어야 할 이유는 없다. 어떤 결과들은 매우 광범위하게 신빙성 있는 것으로 인정되어 (불가능한 것은 아니지만) 그것을 무너뜨린다는 것을 상상하기 어렵다. 예를 들어 우리에게는 다양한 방법들을 통해 얻어진 수많은 증거들이 있는데, 그것들은 두뇌가 연결도

(connectivity)와 활성화의 복잡한 신경세포 패턴을 통해 작동하며, 감정은 특정한 화학적 혼성물(호르몬 등)의 활성화를 통해 작동하는 신체적 반응이며, 우리 인지의 대부분은 어느 정도 자동적으로, 또 의식적 지각의 저변에서 발생한다는 것을 보여 준다.

이 모든 것을 포함해 더 많은 것이 다양한 원천과 방법들이 제공하는 증거들에 의해 뒷받침된다. 우리는 확실성이나 무오류성을 주장할 수는 없지만 그 증거들로부터 잠정적 결론들을 도출할 수 있다. 그렇지만 그것은 도덕적 문제에 관해 상대적으로 안정된 추론의 근거를 제시하는 데 충분하다. 예를 들어 두뇌 안에 단일한 실행 중추가 존재하지 않는 것으로 밝혀진다면(사실로 생각되지만) 과학적으로 인정할 만한 의지 개념은 상호작용하는 다수의 두뇌 영역들—병렬적이면서 함께 작동함으로써 행위자의 행위 개시를 구조화하는—을 포함해야 할 것이다. 의지의 근본적 자유를 주장하거나 의지가 자연 세계 내 인과관계를 완전히 넘어선다고 주장하는 모든 철학 이론은 인간의 선택에 관해 심리학적으로 타당한 해명을 제공할 수 없으리라는 점에서 매우 의심스러운 것이 될 것이다.[24]

그렇다면 내 핵심적 논점은 어떤 주장의 근거를 과학적 탐구에서 찾기 위해 과학을 절대적 지식이라고 받아들여야 할 이유가 없다는 것이다. 그렇지만 우리는 과학적 탐구가 항구적으로 새로운 방법과 실험적 증거의 측면에서 비판과 수정에 열려 있다는 사실 때문에 과학을 전적으로 무시할 수도 없다. 과학 이외에도 여전히 중요한 다른 형태의 증거들이 있다. 경험의 현상학적 기술, 소설과 단편의 서사적

---

24 Flanagan, *The Problem of the Soul: Two Visions of Mind and How to Reconcile Them* (New York: Basic Books, 2002) 참조.

해명, 인간사의 역사적 해명, 인간적인 것에 대한 통찰을 주는 예술작품 등이 그것이다. 그럼에도 과학적 방법은 검증 가능성, 부분적 확증, 간헐적인 반증, 가설 추론(예를 들어 '최선'의 설명을 위한 추론) 등을 통해 신빙성 있고 유용한 것이 된다. 물론 모든 증거적 뒷받침이 잠재적으로 반증 가능성을 안고 있지만 우리는 다양한 방법들을 사용해 가능한 모든 증거를 수집하고, 최선의 가설이 비정상 상황의 비중이나 새로운 탐구 방향 안에서 무너질 수 있다는 사실을 염두에 두고 분별 있고 신중하게 결론을 도출한다.

과학뿐만 아니라 이러한 맥락 안에 있는 다른 모든 형태의 지식에 대한 이러한 오류주의적 태도를 전제로 나는 비자연주의의 여러 가지 기본 가정들을 반박하는 것으로 보이는, 또 물리적·문화적 환경 안에 거주하는 인간적 동물로서 우리의 본성과 양립 가능한 도덕적 사유에 관한 견해를 제안하는 인지과학의 몇몇 주요 발견을 간략히 열거하면서 이 장을 마무리하려고 한다. 바꾸어 말하면 나는 인간의 능력, 사고의 양식, 평가의 과정에 관한 심각하게 잘못된 개념들에 의거해 서술되는 한, 윤리적 비자연주의가 왜 인간에게 부합하는 도덕이 아닌지 제안하려고 한다.

다음에 제시하는 것은 내 생각에 비자연주의 윤리학과 「도덕법칙」 통속 이론을 지탱하는 몇몇 기본 가정 — 흔히 그런 이론들의 핵심을 이루고 있는 — 을 반박하는 것으로 생각되는 주요 관심사들의 목록이다. 이후의 장들에서 나는 이 주장들을 지지하는 경험적 증거들을 더 심도 있게 다룰 것이기 때문에 여기에서는 왜 우리가 도덕적 인지에 관해 심리학적으로 더 적절한 자연주의적 해명을 전개하는 문제에 초점을 맞추어야 하는지를 드러내기 위해 그것들을 간략하게 요약할 것이다. 간략하지만 여기에 자연주의적으로 전환해야 할 일곱 가지 이유를 제시한다.

① 순수실천이성 능력 같은 것은 없다! 이런 주장에는 몇 가지 근거가 있지만 여기에서는 세 가지만 제시할 것이다.

첫째, 두뇌 안에는 추론에 개입되는 모든 것을 담당하는 단일한 영역—피질이나 피질하 영역 같은—은 없다. 두뇌는 포괄적인 병렬적 기능 체계이며, 「도덕법칙」 통속 이론이 의지하는 18세기 계몽의 능력심리학은 두뇌에 대한 현재 우리의 이해에 합치하지 않는다.

둘째, 소위 '합리적 능력'을 인정한다 하더라도 그것은 순수하고 탈신체화된 이성이 아닐 것이다. 추상적인 개념화나 추론 능력에서 감각운동 영역의 필수적 역할을 밝혀 주는, 인지에 관한 연구들이 확장되고 있다.[25] 요약하면, 마음은 신체화되어 있으며, 우리는 자아를

---

25 George Lakoff and Mark Johnson, *Philosophy in the Flesh: The Embodied Mind and Its Challenge to Western Thought* (New York: Basic Books, 1999); Lawrence Barsalou, "Perceptual Symbol Systems," *Behavioral and Brain Science*, 22 (1999): 577-660; Antonio Damasio, *Descartes' Error: Emotion, Reason, and the Human Brain* (New York: G. P. Putnam's Sons, 1994); *The Feeling of What Happens: Body and Emotion in the Making of Consciousness* (New York: Harcourt Brace, 1999); *Looking for Spinoza: Joy, Sorrow, and the Feeling Brain* (Orlando, Fla.: Harcourt, 2003); *Self Comes to Mind: Constructing the Conscious Brain* (New York: Pantheon, 2010); Raymond Gibbs, *Embodiment and Cognitive Science* (Cambridge: Cambridge University Press, 2006); Gerald Edelman, *Wider than the Sky: The Phenomenal Gift of Consciousness* (New Haven, Conn.: Yale University Press, 2004); Jerome Feldman, *From Molecule to Metaphor: A Neural Theory of Language* (Cambridge, Mass.: MIT Press, 2006); Johnson, *The Meaning of the Body: Aesthetics of Human Understanding* (Chicago: University of Chicago Press, 2007); Don Tucker, *Mind from Body: Experience from Neural Structure* (Oxford: Oxford University Press, 2007) 참조.

구성하는 유기체-환경 상호작용의 복잡한 과정을 포착하기 위해 듀이를 따라 오히려 '몸-마음'에 관해 이야기해야 할 것이다.[26] '마음'과 '몸'은 두 가지 다른, 독립적인 형이상학적 실체나 차원이 아니다. 그것들은 오히려 인간과 환경의 관계의 신체화된 흐름으로부터 다양한 목적 때문에 우리가 만든 추상물들이다.

'순수이성'이라는 독단을 포기하는 세 번째 이유는 인간의 추론이 감정이나 느낌과 불가분하게 묶여 있다는 점인데, 감정이나 느낌은 자기 조정이나 가치의 핵심에 자리 잡고 있다. 감정이 사회적·실천적 추론에서 결정적 역할을 한다는 사실을 보여 주는 연구가 급속히 증가하고 있다.[27] 따라서 도덕을 감정이나 느낌, 욕구에 대한 이성의 승리로 보는 것은 심각한 잘못이다.

② 능력심리학은 낡고 그릇된 것이다. 「도덕법칙」 통속 이론은 18세기 능력심리학에 의지하고 있는데, 그것은 21세기 인지과학과는 본질적으로 거리가 있다. 낡은 계몽 이론은 차별적이고 독립적인 마음의 '능력' 또는 '힘'(지각, 이해, 이성, 상상력, 느낌, 의지 등)을 가정하며, 그것들이 결합하여 상이한 유형의 판단(과학적, 기술적, 도덕적, 종교적, 미학적 판단 등)을 산출한다고 주장한다. 현대 인지과학은 능

---

26 John Dewey, *Experience and Nature: The Later Works, 1925-1953*, Vol. 1, ed. Jo Ann Boydston (Carbondale, Ill.: Southern Illinois University Press, 1925/1981) 참조.

27 Damasio, *Descartes' Error*; *Feeling of What Happens*; *Looking for Spinoza*; *Self Comes to Mind*; Joseph LeDoux, *Synaptic Self: How Our Brains Become Who We Are* (New York: Viking, 2002); Jesse Prinz, *Gut Reactions: A Perceptual Theory of Emotion* (Oxford: Oxford University Press, 2004); Tucker, *Mind from Body* 참조.

력심리학을 받아들이지 않는데, 우리는 오늘날 몇몇 인지적 '모듈'이
있기는 하지만 그것들은 매우 범위가 좁고, 매우 구체적인 기능(시각
체계에서 운동 감지 또는 방향성 감지 세포 등)이며, 전통적인 능력심
리학이 가정하는 어떤 대규모 인지 기능이나 운동 기능과도 연관되지
않는다는 것을 보여 주는 방대한 증거를 갖고 있다.[28]

③ 의지라는 단일한 능력은 없다. 구획되는 인지적 능력이 없다면 의
지라는 별개의 능력도 없다는 것이 자명하다. 인지와 행위에 관한 증
가하는 증거들은 행위가 출발하는 단일하고 통일된 중추가 존재하지
않는다는 쪽으로 향하고 있다. 단일하고 통일된 자아 또는 '나' ─ 우
리 자신인 ─ 는 단적으로 존재하지 않는다! 우리는 물론 우리 자신을
존재성과 행위의 통일된 중심으로 경험한다. 그러나 두뇌 안에는 행
위를 조직화하는 단일한 수행 영역은 존재하지 않는다.[29]

④ 근본적 자유의지(free will) 같은 것은 없다. 의지라는 단일한 능력
은 없기 때문에 근본적 자유가 없다는 것은 놀라운 일이 아니다. 모든 인
간적 자유는 제약되어 있으며 매우 제한적이다.[30] 선택의 자유란 단순
히 '내적 해소'라고 불리는 것의 문제가 아니라 현재 상황과 과거 역

---

28 Tucker, *Mind from Body*; Feldman, *From Molecule to Metaphor*; Bechtel, *Mental Mechanisms:* Edelman, *Bright Air, Brilliant Fire: On the Matter of Mind* (New York: Basic Books, 1992); Gerald Edelman and Giulio Tononi, *A Universe of Consciousness: How Matter Becomes Imagination* (New York: Basic Books, 2000) 참조.

29 Edelman and Tononi, *A Universe of Consciousness*; Bechtel, *Mental Mechanisms* 참조.

30 Flanagan, *The Problem of the Soul*; Paul Thagard, *The Brain and the Meaning of Life* (Princeton, N.J.: Princeton University Press, 2010) 참조.

사의 객관적 조건을 포함한다. 듀이는 우리가 '의지'라고 부르는 것
은 사실상 사고와 행위 습관의 퇴적물이라고 보았다. 소위 '자아'나
'품성'은 지금 이 순간 우리 자신을 정의하는 '습관들의 상호침투'
다.[31] 결과적으로 의지함(willing)은 복합적인 습관의 상호침투('우선
적인' 신경적 연결도의 패턴으로서 구현되는)의 산물—우리가 '자신
의 것'이라고 생각하는 행동, 즉 우리가 행했던 일로 이끌어 가는—
보다도 덜 자유로운 작용이다.[32]

⑤ 보편적 도덕원리의 요소로 사용될 수 있는 일련의 보편적인 문자적
개념은 없다. 「도덕법칙」 통속 이론은 도덕 '법칙들'을 옳은 행위의
객관적이고 문자적인 원리로 규정한다. 모든 유의미한 개념들이 문자
적이어야 한다고 요구하는 문자주의적인 객관주의적 의미 이론은 크
게 잘못된 것이다. 지난 25년 간 인지언어학 분야의 탐구는 우리의 거
의 모든 추상적 개념들이 때로는 비정합적인 다수의 은유들에 의해
정의된다는 것을 밝혀 냈다.[33] 그래서 자연스럽게 다음과 같은 귀결이

---

31 Dewey, *Human Nature and Conduct: The Middle Works, 1899-1924*, Vol.
14, ed. Jo Ann Boydston (Carbondale, Ill.: Southern Illinois University
Press, 1922/1988) 참조.

32 내 생각으로 자연주의적 시각에서의 의지와 선택, 책임 문제에 관한 가장 탁월한
논의는 Flanagan, *The Problem of the Soul*의 "Free Will" 장에서 볼 수 있다.

33 Lakoff and Johnson, *Metaphors We Live By* (Chicago: University of Chicago
Press, 1980); *Philosophy in the Flesh*; Zoltan Kovecses, *Metaphor: A Practi-
cal Introduction*, 2nd ed. (Oxford: Oxford University Press, 2010); Charles
Forceville and Eduardo Urios-Aparisi, *Multimodal Metaphor* (Berlin: Mou-
ton de Gruyter, 2009); Gibbs, *The Poetics of Mind: Figurative Thought, Lan-
guage, and Understanding* (Cambridge: Cambridge University Press, 1994);
Gibbs, *Embodiment and Cognitive Science*; Steven Winter, *A Clearing in the
Forest: Law, Life, and Mind* (Chicago: University of Chicago Press, 2001)

따른다. 도덕적 개념들이 근본적으로 은유적이기 때문에 도덕 판단은 문자적인 도덕적 개념을 실제 상황에 적용 — 마치 어떤 상황이 정확하게 문자적인 선결 원리에 속하는 것으로 판단하기 위해 상황에 대한 정확한 문자적 기술을 발견하는 것처럼 — 하는 문제가 아니다.[34]

⑥ 더욱이 전통적인 「도덕법칙」 통속 이론은 기본적인 도덕적 개념들이 필요충분조건에 의해 확정될 수 있고 명시될 수 있다는 그릇된 견해를 요구한다. 그 반대로 로쉬(E. Rosch)를 비롯한 많은 심리학자, 인류학자, 언어학자들의 수년 동안의 연구는 우리 개념들 대부분이 원형 효과를 드러낸다는 사실을 밝혀 주었다.[35] 범주에는 중심적 인지 모형에 합치하는 중심적 구성원들이 있지만 흔히 중심적 모형의 모든 특성들을 드러내지는 않는 다수의 비중심적 구성원들이 있다.[36] 따라서 우리에게 매우 중요한 개념들조차도 단일한 일의적 정의는 존재하지 않는다. 이것은 도덕적 추론(다른 모든 추론과 마찬가지로)이 불가피하게 개방적이고, 맥락 의존적이며, 핵심적인 도덕적 범주들 — 그 일부는 역사적으로 변화한다 — 의 내적 구조에 상대적이라는 것을 의미한다.[37] 정확한 도덕적 추론이 일차적으로 구체적 사례를 더 일반적인

참조.

34　Johnson, *Moral Imagination*; Winter, *A Clearing in the Forest* 참조.

35　Eleanor Rosch, "Natural Categories," *Cognitive Psychology*, 4 (1973): 328-50; Rosch, "Human Categorization," in Neil Warren, ed., *Studies in Cross-Cultural Psychology*, Vol. 1 (London: Academic Press, 1977); Lakoff, *Women, Fire and Dangerous Things: What Categories Reveal about Human Mind* (Chicago: University of Chicago Press, 1987) 참조.

36　Gibbs, *Embodiment and Cognitive Science*; Feldman, *From Molecule to Metaphor* 참조.

37　Winter, *A Clearing in the Forest* 참조.

규칙이나 원리에 포섭시키는 문제라는 생각은 도덕적 사고의 상상적 과정을 포착하기에는 너무나 단순한 것이다.[38] 이것이 사실이라면 도덕적 문자주의나 도덕적 근본주의는 그릇된 것이다.

⑦ 도덕적 근본주의는 심각하게 잘못된 것이다. 좋음에 대한 절대적 관념 또는 절대적인 보편적 도덕원리의 추구가 아무리 이해할 만한 것이라 하더라도 인간의 앎에 대한 압도적인 우선적 증거들은 그런 견해들과 충돌한다. 다양한 철학적·과학적 관점에서 모든 형태의 토대주의와 절대주의, 판단의 가치중립성을 반박했다는 것은 20세기 철학의 위대한 유산이 될 것이다. 대륙철학이나 분석철학, 실용주의 철학에서 모두 지식의 무전제적이거나 선험적이거나 순수한 토대의 가능성에 대한 지속적인 도전이 제기되었다.[39] 다음에 살펴보겠지만 인간으로서 우리는 이런 유형의 토대적 지식을 가질 수 없으며, 이 세계 안에서 어느 정도 성공적으로 활동하기 위해 그것을 필요로 하지도

---

38   Johnson, *Moral Imagination*; Steven Fesmire, *John Dewey and Moral Imagi-nation: Pragmatism in Ethics* (Bloomington, Ind.: Indiana University Press, 2003) 참조.

39   프랑스에서는 Jean François Lyotard, *The Postmodern Condition: A Report on Knowledge*, trans. Geoff Bennington and Brian Massumi (Minneapolis, Minn.: University of Minnesota Press, 1979), 분석철학에서는 Ludwig Witt-genstein, *Philosophical Investigations*, trans. G. E. M. Anscombe (Oxford: Blackwell, 1953); W. W. O. Quine, *Word and Object* (Cambridge, Mass.: MIT Press, 1960); Kuhn, *The Structure of Scientific Revolutions*, 실용주의 철학에서는 Dewey, *Experience and Nature*; *Logic: Theory of Inquiry: The Later Works, 1925-1953*, Vol. 12, ed. Jo Ann Boydston (Carbondale, Ill.: South-ern Illinois University, 1938/1991; Putnam, *Reason, Truth and History*; *The Many Faces of Realism* (La Salle, Ill.: Open Court, 1987); Rorty, *Philosophy and the Mirror of Nature*; *Consequences of Pragmatism* 등을 들 수 있다.

않는다. 이제 우리는 도덕적 숙고에 관한 자연주의적 시각을 어떻게 구성할 것인지에 관해 제안할 수 있는, 수십 년에 걸친 탈초월적이며 비토대주의적인 도덕 이론의 역사를 갖고 있다.[40]

이 일곱 가지 주장의 대부분은 다음 장들에서 훨씬 더 상세하게 다루어질 것이다. 지금으로서는 그것들을 논증되지 않은 주장의 형태로 요약했는데, 그것은 이 중 일부만이라도 중요한 정도로 옳은 것이라면 도덕에 관해 대부분 당연하게 받아들여 왔던 가정들의 근본적인 부적절성에 관해 심각하고 강력한 문제들이 제기될 것이다. 자연주의적 접근이 필요하다는 인식에 이르는 과정에 관한 내 이야기의 핵심적 의도는 도덕 이론에서 이 논쟁의 역사를 알고 있는 사람들에게 도덕성에 관한 절대주의적 사고에 대한 비판의 핵심적 논점들—반드시 고려되어야 할—을 상기시켜 주려는 것이다. 위의 일곱 가지 논점은 나로 하여금 절대적 도덕의 꿈을 포기하게 만들어 준, (실존적이기보다는) 더 연구 중심적인 고려들의 일부일 뿐이다. 우리가 반대편 극단의 급진적 주관주의나 상대주의, 또는 자의성으로 완전히 선회하지 않는 한, 현재 최선의 마음 과학과 합치하는 유일하게 비중 있는 대안 개념은 모종의 윤리적 자연주의인데, 그것은 가치나 원리를 유한하고 우연적인 인간 경험에서 창발하는 것으로 본다.

---

40 Dewey, *Human Nature and Conduct*; Rawls, *A Theory of Justice* (Cambridge, Mass.: Harvard University Press, 1971); Putnam, *Ethics without Ontology* (Cambridge, Mass.: Harvard University Press, 2004); Rorty, *Contingency, Irony, and Solidarity* (Cambridge: Cambridge University Press, 1989); Flanagan, *The Really Hard Problem*; Hinde, *Why Good Is Good?* 참조.

따라서 이 책의 핵심적 논제의 하나는 무조건적인 도덕법칙에 의한 도덕적 지침이라는 믿음에 대해 내가 방금 제기했던 문제들이 진지하고 심층적이며, 적절히 반성적인 사람에게 사실상 피할 수 없는 유형의 문제들이라는 것이다. 도덕적 절대주의는 우리 삶에서 절실하게 필요로 하는, 경험적 지식을 받아들이는 윤리적 탐구를 가로막는다는 점에서 부도덕하다. 더욱이 도덕적 절대주의는 도덕적 동기와 사고, 평가에 관해 우리가 알게 된 것들과 극단적으로 배치된다. 최선의 대안—방대하고 성장하는 과학적 탐구가 뒷받침해 주는—은 도덕적 숙고가 복합적인 상상력, 감정, 추론의 과정이라는 것을 보여 준다. 내 해명의 대부분은 도덕적 사고의 본성과 원천, 한계에 대한 경험적으로 책임 있는 설명을 시도할 것이다. 도덕적 숙고에 대한 새로운 대안적 개념은 도덕적 지침에 관해 중요한 함축을 갖는다. 그것은 무조건적 도덕원리나 가치, 덕에 관한 그릇된 견해에 의지하지 않고 우리가 일상적으로 직면하는 문제들을 지성적으로 대처할 수 있다는 최선의 희망을 제시해 주는 신중한 태도의 관점에서 중요하다. 따라서 내가 제시하려는 해명은 일차적으로 도덕적 숙고, 그리고 우리가 직면하는 도덕적 문제들에 대처하기 위해 함양해야 할 성향들을 지닌다는 것이 무엇을 의미하는지를 밝혀 준다는 점에서 규범적(normative)이다.

이러한 자연주의적 시각은 가능할 뿐만 아니라 대부분 현대의 윤리적 자연주의자들에 의해 이미 전개되고 있다. 그래서 우리는 이제 그러한 도덕철학이 무엇을 포괄하게 될 것인지에 관한 총체적인 윤곽을 그릴 수 있다.

제1장

경험적 탐구로서의
도덕적 문제 해결

　자연화된 윤리학(naturalized ethics)은 도덕적 가치를 우리의 일상적인 물리적, 대인관계적, 문화적 경험 안에서 찾아야 하며, 그래서 그것을 순수한 도덕적 규칙이나 원리라는 가정된 영역에서 찾지 않아야 한다. 자연화된 윤리학이 넘어서야 할 큰 장애의 하나는 도덕적 추론이 일상에서의 문제 해결 과정과 다른, 완전히 특유한 형태의 판단이라는, 널리 확산된 문화적 가정이다. 현실적인 문제 해결은 단순히 주어진 목표나 욕구된 사태에 이르는 방법에 관한 수단-목표 추론인 반면, 도덕성은 무조건적인 가치와 보편적 구속력을 갖는 원리들을 규정하는 것으로 생각되기 때문에 특별한 것으로 받아들여진다. 결과적으로 자연화된 윤리학의 일차적 과제는 문제 해결의 한 형식—특별하거나 특유한 도덕적 가치의 영역에 의존하지 않는—으로서 도덕적 추론이라는 개념을 정당화하는 일이 되어야 한다.

1. 왜 도덕적 문제 해결이 특유한 방법을 요구한다고 생각해야 하는가?

왜 많은 사람들은 일상적으로 직면하는 평범하고 실제적인 상황에서 사용하는 문제 해결 방식들이 도덕적 문제를 다룰 때에는 부적절하다고 생각하는 것일까? 사람들은 왜 우리가 일상에서 수행하는 다른 모든 형태의 규범적 판단과 기본적으로 다른 유형으로 구분되는 것으로서 '도덕적' 또는 '윤리적' 판단이라고 알려진 것에 특별한 위상이 있다고 생각하는 것일까? 왜 '도덕적' 문제는 그 해결을 위해 특별한 종류의 방법, 특별한 형태의 추론과 판단, 특별한 유형의 규범성을 요구하는 것처럼 보이는 것일까?

　도덕적 구속에 흔히 특유한 위상이 주어지는 한 가지 이유는 우리가 도덕적 명령이 다른 모든 다양한 규범적 판단—예술작품의 평가, 좋은 토마토를 기르는 최선의 방법에 관한 주장, 의료 시술에서 무엇이 미덕의 요소인지에 관한 논쟁 등과 같은—을 압도한다고 믿는 경향이 있기 때문이다. 예를 들어, 송아지 파르마치즈에 대한 당신의 미학적 선호가 감각이 있는 동물의 도살과 소비를 금하는, 표준적인 도덕적 명령과 충돌할 때 당신의 도덕적 책무는 단순히 미학적이거나 권고적인 가치보다 더 중요한 것으로 간주된다.

　나는 도덕적 고려의 실존적 중요성 또는 비중—나는 이것을 부인하지 않는다—이 가치의 특유한 원천, 특유한 유형의 경험, 특유한 형태의 판단을 요구하지 않는다고 주장할 것이다. 바꾸어 말하면 우리는 도덕적 힘의 근거를 독립적인 도덕적 명령을 산출하는 도덕 능력이라는 가정 위에 설정하지 않고서도 도덕적 명령의 중요성과 특별한 힘을 분명히 인정할 수 있다는 것이다. 또한 우리가 경험하는 도덕적 책무를 산출하는 특별한 위상의 고양된 원천 — 우리의 일상적 경험을 넘어서는 — 을 필요로 하지도 않는다.

나는 도덕적 추론이 특유한 동시에 전적으로 독립적인 사고의 형태라는 생각으로 많은 철학자들을 이끌어 갔던 것이 도덕적 물음은 특유한 동시에 전적으로 독립적인 경험 유형 — 즉 미학적, 종교적, 정치적, 경제적 경험 등과 대립되는 — 이라는 잘못된 믿음이라고 본다. 그들은 도덕적 물음이 무조건적으로 행해야 할 것, 즉 옳은 행위에 관한 명령을 산출하는 규범들에 관한 물음이라고 생각한다. 그 경우 '당위'는 우선적인 힘을 갖는 것으로 가정된다. 도덕적 규범들은 도덕적 권리나 책임, 행위와 관련되어 있으며, 단순히 특정한 결과나 바라는 상태("큰 토마토의 맛을 내려면 닭똥 거름을 주어야 한다"처럼)에 이르기 위해 해야 하는 것을 명시하는 기술적 규범이 아니다. 결과적으로 이 도덕적 규범이나 원리는 다른 경험이나 판단에서 찾아볼 수 없는 특별한 규범적 힘을 갖는 것으로 간주된다. 이들은 그 규범이 순수한 원천에서 와야 한다고 주장한다. 즉 신적 정신, 즉 소위 보편적 순수실천이성에서 오거나, 아니면 아마도 또 다른 초월적 원천 — 어떤 행위가 도덕적으로 허용되고, 어떤 행위가 허용되지 않으며, 어떤 행위가 의무적인지에 관해 이성의 명령을 산출하는 원천 — 에서 와야 한다는 것이다.

나는 도덕 판단의 힘을 근거짓기 위해 규범성의 특별한 초월적 원천을 설정해야 할 이유가 없다고 본다. 도덕적으로 '우선적인' 모든 힘은 일차적으로 특정한 일들이 우리와 타인의 평안에 필요한 것으로 생각되기 때문에 우리에게 더 중요하다는 사실에서 비롯된 귀결이다. 내 주장은 도덕적 숙고가 도덕적 불확실성과 충돌에서 발생하는 문제 해결의 과정이라는 것이다. 나는 우리가 규범적 추론이라는 특별한 형식—가치가 문제시되는 일상적 경험 안에서 다른 문제들을 다루는데 이미 사용하고 있지 않은—을 필요로 한다는 확정적 증거를 찾지 못했다. 우리는 도덕적 문제만을 다루도록 의도된 특별한 도덕 능력을 필요로 하지 않는다. 대신에 도덕적 탐구는 뛰어난 재배 기술, 모범적인 의료 시술, 미학적으로 감동적인 작품에 관한 판단과 유사한 종류의 평가나 평정을 포함한다. '사실적'(factual) 주장은 규범적 층위나 규범적 함축을 갖지 않는다는 그릇된 생각은 일찍이 극복되었어야 한다. 그렇다면 이 장에서 나는 내가 '도덕적 규범성의 자율성(자기 입법)'이라고 부르는 발상, 그리고 특유한 도덕적 가치에 근거한, 특유한 도덕적 추론이나 판단을 요구하는 특유한 도덕적 경험 또는 문제가 존재한다는 부수적 발상을 비판할 것이다.

『인간의 본성과 행위』의 끝부분에서 듀이(J. Dewey)는 이렇게 말한다.

> [나의] 가장 중요한 결론은 도덕이 다른 대안적 가능성들이 개입되는 모든 활동과 관련되어 있다는 것이다. 그것들이 개입할 때마다 더 나은 것과 더 나쁜 것의 차이가 발생하기 때문이다. 행위에 대한 반성이란 불확실성, 그리고 어떤 경로가 더 나은가를 결정해야 할 후속적 필요성을 의미한다.[1]

도덕적 숙고는 지각된 경쟁적 가능성들 중 어떤 것이 더 나으며, 어떤 것이 더 나쁜지를 결정해야 하는 불확실한 상황에 직면할 때 발생

---

1 John Dewey, *Human Nature and Conduct: The Middle Works, 1899-1924*, Vol. 14, ed. Jo Ann Boydston (Carbondale, Ill.: Southern Illinois University Press, 1922/1988), p. 193.

한다. 잘 알려진 것처럼 듀이는 이러한 도덕적 문제 해결이 행위 방향의 가능한 대안들에 대한 상상적 탐색의 숙고적 과정이라고 말한다.

> 우리는 숙고가 다양하고 경쟁적인 가능한 행위 노선들에 대한 드라마적 리허설(상상 안에서의)이라는 개략적 주장에서 출발한다. 그것은 과거 습관, 그리고 이와 관련되어 새롭게 분출된 충동과의 충돌에서 비롯된, 유의미한 외현적 행위의 장애에서 출발한다. 외현적 행위의 일시적 중단에 개입된 모든 습관, 모든 충동은 차례차례 시험된다. 숙고는 가능한 행위의 다양한 노선들이 과연 어떤 것인지를 찾아내는 실험이다.[2]

이 두 구절에서 드러나는 입장은 너무나 분명해서 누구도 문제 제기를 할 것으로 생각되지 않는다. 그렇지만 지난 두 세기 동안의 도덕철학 안에서 이 견해에 대한 몇몇 해석은 개략적이고 거친 방식을 통해 반복적으로 반박되었다. 나는 뒤에서 '상상적인 도덕적 숙고'라는 이름으로 내가 전개하는 듀이의 견해를 제시할 것이다. 지금으로서는 도덕적 추론이 우리가 일상적 경험에서 항상 사용하는 것과 동일한 유형의 기본적인 규범적 판단을 사용하는 문제 해결 활동의 한 방식이라는 주장을 설명하고 옹호하려고 한다. 나는 우리가 도덕적 문제 해결을 한다는 사실을 진지하게 부인하는 사람을 상상할 수 없다. 어떻게 행위할 것인지에 관해 우리가 직면하는 최소한의 명백한 문제가 없다면 숙고조차도 필요치 않을 것이기 때문이다. 따라서 중요한 것은 도덕적 추론이 문제 해결의 한 형태인지가 아니라 도덕적 문제에 어떤 형태의 탐구가 적절한지의 문제다. 내가 반박하려는 것은 도덕적

---

2 같은 책, p. 132.

판단이 우리의 일상적 문제 해결 활동과 관련된 것들을 넘어선 특유한 가치의 원천, 그리고 다른 기본적 유형의 탐구의 요소가 아닌 특유한 추론 방법을 요구한다는 생각이다.

먼저 문제 해결의 일상적 형태를 살펴보자. 저녁 식사에 필요한 맛좋은 토마토를 재배하려고 한다고 하자. 당신은 경험과 지식이 풍부한 농부에게 땅을 어떻게 준비하며, 어떤 기후 조건에 어떤 종류의 토마토가 잘 자라는지, 파종을 어떻게 할 것인지, 그것들을 어떻게 돌볼것인지, 어떤 비료를 얼마나 주는 것이 좋은지, 병충해를 어떻게 막을것인지, 물을 얼마나 줄 것인지, 언제쯤 수확할 것인지 등에 관해 조언을 들을 수 있다. 이 모든 전문적 지식의 배후에는 수년 또는 수세기에 걸친 축적된 과학적(특히 식물학적) 지식과 함께 경험 많은 실천가(농부)의 노하우가 있다.

농업은 매킨타이어(A. MacIntyre)가 '실천'이라고 부르는 것으로, 그는 그것을 이렇게 설명한다.

[실천은] 사회적으로 확립된 협력적 인간 활동의 모든 정합적이고 복합적인 형태를 말하며, 그것을 통해 그 형태의 활동에 내재적인 좋음은 탁월성의 기준 — 그 활동에 부합하며, 또 그 활동을 부분적으로 정의하는 — 에 도달하려는 노력의 과정에서 실현된다. 그 결과는 탁월성에 도달하려는 인간의 능력, 그리고 관련되는 목표와 좋음의 인간적 개념이 체계적으로 확장된다.[3]

---

3 Alasdair MacIntyre, *After Virtue*, 2nd ed. (Notre Dame, Ind.: University of Notre Dame Press, 1984), p. 187.

농업의 적절한 목표와 목적은 성공적인 농업이 무엇이며, 그것이 잘 행해졌을 때 무엇을 얻을 수 있는지를 이해하게 된 숙련된 실천가(즉 농부)의 긴 역사를 통해 확립된다. 농부는 농업이라는 실천에 내재적으로 정의된 좋음이나 목표를 바탕으로 자신의 실천에 대한 모범적 수행을 인식하고 평가하는 방법을 배운다. 그것은 다시 그 특정한 실천에 부합하는 목표를 실현하는 데 필요한 덕의 목록을 산출한다. 좋은 농부의 덕(탁월성)은 일반적으로 농업을 성공(모범적인 성취)으로 이끌어 가는 몸과 마음의 특성—신체적이고 정신적인 기술과 성향—이다.

실천은 정적이지 않고 동적이다. 실천은 그것에 참여하는 사람들의 창조적 활동, 즉 재료와 기술의 지속적인 실험, 그 실천을 정의하는 목표들의 변형, 목표와 탁월성의 확장된 개념이나 전적으로 새로운 개념의 창발을 통해서 진화한다. 인간 활동에 대한 그런 개념 안에서 좋은 실천의 가치나 기준은 발전하는 실천 안에서 생겨나거나 또는 조정될 수 있다. 물론 다양한 실천의 전통들에 걸쳐서 드러나는 '비본질적' 목표나 목적, 가치(돈을 벌고, 존경을 받고, 유명해지는 것 등)가 있을 수도 있지만 실천의 가치나 기준은 실천 자체의 밖으로부터 부과되는 것은 아니다.[4]

---

4 그래서 매킨타이어는 실천에 '내재적'(internal) 또는 '본유적'(intrinsic) 목표(맛있고 건강한 토마토를 재배하는 것 등)와 '외재적' 또는 '비본질적' 목표(재배를 통해 돈을 벌거나 토마토를 파는 것 등)를 구분한다. 내재적 목표나 덕은 그 실천의 특유한 특성을 정의하는 반면, 외재적인 것들은 단순히 다른 다양한 실천에도 적용될 수 있는 부가적인 것(다양한 실천을 통해 돈을 벌 수 있다)이기 때문에 어떤 구체적 실천의 본질을 정의할 수 없다. 매킨타이어는 우리가 얼마나 쉽사리 비본질적 목표에 사로잡혀 실제로 그 실천과 관련된 본유적 목표나 가치의 중요성을 망각할 수 있는지에 주목한다. 프로 스포츠 경기가 결승전에 이르게 되면 선수

따라서 모든 실천은 최소한 그 실천을 수행할 때에, 또 적응을 요구하는 경우에 그것을 재구성할 때에도 인지된 탐구와 실험의 과정을 낳는다. 이 모든 경우에 명백하게 이런저런 형태의 탐구가 수행되며, 탁월한 수행에 적절한 기술이 사용되고, 구체적 문제 해결에 관련되는 경험적(흔히 과학적) 지식에 의존하게 된다. 또 종종 그 실천을 확장하거나 재정의하는 활동의 새로운 양식을 창출하는 혁신이 이루어진다.[5]

매킨타이어의 실천 개념은 도덕적으로 모범적인 삶이 필수적인 덕의 계발, 적절한 형태의 탐구 수행, 자신이 속해 있는 사회·문화적 지형을 통과하는 데 필수적인 기술들의 실행을 요구한다는 생각으로 이어진다. 처칠랜드(P. Churchland)는 도덕적 지식을 이렇게 서술한다.

기술의 체계. 도덕적으로 식견이 있는 성인은 물론 지각적이거나 인지적인 기술의 정교한 체계를 습득했을 것이다. 그 기술 덕택에 그는 자신의 사회·도덕적 상황, 그리고 자신의 공동체 내 타인의 사회·도덕적 상황에 대한 명확한 이해를 갖게 된다. 마찬가지로 도덕적으로 분명하게 식견이 있는 성인은 **행동적**이고 **조작적**인 기술의 복잡한 체계를 습득했으며, 그 기술은 공동체 안에서 타인과의 성공적인 사회·도덕적 상호작용을 가능하게 해 준다.[6]

들이 '돈 때문이 아니라' '경기에 대한 애정'과 그 특정한 스포츠 경기에 본유적인 탁월성의 가치 때문에 경기를 한다는 점을 우리와 그들 자신들에게 납득시키는 데 스포츠 해설자들이 얼마나 집중하는지 주목하라.

5 미식축구, 야구, 농구, 농업, 의료 등의 실천은 조직화의 규칙, 또는 종종 그 실천에 본유적인 목표와 탁월성 개념이 시간에 따라 변형을 겪는다.

6 Paul Churchland, "Toward a Cognitive Neurobiology of the Moral Virtues,"

　　매우 복잡한 사회적 지형을 거치는 데 필요한 기술의 중요한 부분
은 자신이 전승한 도덕적 전통에 대한 비판적이고 재구성적인 시각을
상상하는 능력이다. 그렇게 함으로써 우리는 그 가치나 실천을 단순
히 재생산하는 데서 벗어날 수 있다. 이 기술이 없이는 지성적인 도덕
적 성장이나 변형은 있을 수 없다. 이 비판적이고 창조적인 차원에 관
해서는 나중에 도덕적 숙고에 관한 논의 과정에서 다룰 것이다. 지금
은 도덕적 함양이 도덕적으로 불확실한 상황을 해소할 수 있게 해 주
는 덕과 기술, 태도의 습득이라는 생각에 초점을 맞출 것이다.[7]

---

in his *Neurobiology at Work* (Cambridge: Cambridge University Press, 2007),
pp. 40-41.

7　나는 '기술'(technology)이라는 말을 매우 넓은 의미로 이해하기 때문에 도덕적 지
　식을 기술의 한 형태로 보는 것이 환원주의적이라고 생각하지 않는다. 주어진 목표
　나 사태의 실현을 위해 재료를 구성하는 신체적 기술(목표를 실현하기 위한 수단의
　조작)의 적용이라는, 지나치게 좁은 전통적 기술 개념을 넘어설 수 있다면 기술 일
　반을 경험의 변형을 위한 모든 지성적이고 숙련된 수단으로 이해할 수 있을 것이다.
　이것이 듀이가 이해했던 '기술'에 대한 넓은 의미다. "'기술'은 인간의 필요를 충
　족하기 위해 자연과 인간의 에너지가 향해지고 사용되는 수단이 되는 모든 기교를
　말한다. 그것은 외적이고 비교적 기계적인 형태에 국한되어서는 안 된다." Dew-
　ey, "What I Believe," in *The Later Works, 1925-1953*, Vol. 5, ed. Jo Ann
　Boydston (Carbondale, Ill.: Southern Illinois University Press, 1930b/1988),
　p. 270.
　　성공적인 도덕적 추론 또한 정확하게 이런 방식으로 수행되지 않는가? 즉 그것
　은 더 나은 것을 위해 인간의 지성을 경험이 수정되는 과정과 정교하게 연관시켜
　주며, 그렇게 함으로써 적어도 일시적으로 어떻게 행동할 것인가라는 구체적 문제
　를 '해결'해 준다. 많은 사람들은 도덕적 추론이 문제 해결이라는 제안에 반발하
　는데, 그 주된 이유는 그들이 문제 해결을 주어진 목표 달성의 수단으로만 생각하
　기 때문이다. 그렇지만 일부 유형의 문제 해결이 주어진 목표에 대한 수단의 조잡
　하고 단순한 계산이라고 해서 모든 문제 해결이 이런 종류의 추론으로 한정된다는
　것을 의미하지는 않는다. 듀이가 말하는 '충족'은 우리의 목표가 항상 주어져 있
　으며, 기술은 그 목표를 달성(즉 충족)하는 것을 의미하지 않는다. 오히려 목표들
　이 미리 확정적으로 명시되지 않는 기술이 있으며, 나아가 여기에서 목표들은 지

실천에 대한 매킨타이어의 해명은 탐구와 문제 해결의 형태들이 어떻게 실천에 외재적인 원천에서 비롯되는 지침을 요구하지 않고 그 자체로 탁월성의 기준과 함께 실천 안에서 창발하는지를 보여 준다. 문제는 이렇다. 과연 도덕적 탐구의 방법과 기준이 도덕 공동체 안의 실천의 전통에서 창발할 수 있는가, 아니면 우리의 평가와 행동을 지도하는 규범의 외재적 원천을 필요로 하는가? 나는 다음에 도덕적 가치와 원리의 그런 외재적, 초월적, 초자연적 원천이 존재하지 않으며, 설혹 존재한다 하더라도 우리가 우리의 도덕적 숙고에 그것들을 필요로 하지 않는다고 주장할 것이다.

복잡한 실천 안에 묶여 있으며, 또 그 실천으로부터 창발하는 탐구 개념―탐구를 그 실천으로 회귀시키고 그 실천을 수정할 수 있는 능력을 포함해서―을 받아들이면 우리는 이제 내가 이 장의 첫머리에서 제기했던 물음으로 되돌아갈 수 있다. '도덕적' 문제라고 부르는 것에 관해서 우리는 왜 일상의 문제 해결을 위해 수세기에 걸친 각고의 실제적 대처를 통해 발전시켜 온 동일한 탐구와 실험의 방법을 거부하려 하는가? 왜 소위 '도덕적' 문제는 다른 다양한 실제적 문제들과 본질적으로 다른 유형의 것으로 받아들여져야 하는가? 특히 왜 우리는 그 문제들을 해결하는 데 완전히 다른 방법을 필요로 하며, 성공 또는 옳은 행위에 대해 완전히 다른 기준이나 가치를 필요로 하는가?

이 기본적 물음에 대한 답은 우리가 윤리적 물음을 그 자체로 존립

적 기술의 작동을 통해 불확실한 상황을 더 나은 것으로 변형하는 데 도움이 되는 방식으로 변화할 수 있다. 힉맨(L. Hickman)은 인간 삶의 모든 영역에서 지적 탐구와 문제 해결의 방법들을 통합하는 것으로서 듀이의 기술 개념에 대한 자신의 넓고 확장적인 해석을 제시한다. Larry Hickman, *John Dewey's Pragmatic Technology* (Bloomington, Ind.: Indiana University Press, 1990) 참조.

하는 것으로, 따라서 세속적인 문제 해결과는 기본적으로 다른 특유한 기준이나 규범, 추론의 양식을 요구하는 것으로 받아들이는 잘못된 견해를 물려받았다는 것이다. 그런 견해는 도덕적 확실성—지금까지 존재했던 모든 도덕체계들의 상대적 장점들을 평가할 수 있게해 주는 보편적이고 초월적이며 무조건적으로 강제적인 가치나 원리에서만 생겨날 수 있는 것으로 생각되는—에 대한 우리의 이해할 만한 욕구에서 비롯되는 잘못이다.

이 특유한 경험 유형, 그리고 그에 따른 특유한 판단 형식이라는 전통적 개념에 대한 나의 응답은 이렇다. (1) 우리는 다른 유형의 경험(기술적, 과학적, 미학적, 종교적 경험 등)과 본성상 근본적으로 다른 독자적인 '도덕적' 경험(또는 문제)이 존재한다는 생각을 포기해야한다. (2) 우리는 이 특유한 유형으로 가정된 경험이 우리가 어떻게 행위해야 하는지를 식별하기 위해 그에 따른 특유한 유형의 판단이나 추론을 요구한다는 생각을 포기해야 한다.

나는 듀이의 안내를 따라 실제적인 자연주의 윤리학의 가능성이 도덕적 추론을 주어진 최선의 탐구 방법과 최선의 실험적 절차를 이용해야 하는 문제 해결의 한 형태로 인식하는 데 달려 있다고 주장할 것이다. 불운하게도 우리는 경험적으로 근거지어진 문제 해결이라는 발상을 도덕적 추론의 고유한 개념에 대한 저주로 받아들이는, 수세기에 걸친 도덕철학의 전통에 짓눌려 있다. 자연주의 윤리학의 생명력에 반대하는 논변들은 대부분 특유한 윤리적 추론 형식—실체적 문제들에 관한 다른 유형의 추론들과 본질적으로 다른—을 요구하는 특유한 도덕적 경험이 존재한다는 주장의 이런저런 버전에 의존하고있다. 따라서 왜 '윤리적인 것의 자율성'이 그처럼 상식이나 철학적이론에 마찬가지로 깊숙이 뿌리박고 있는지를 이해할 필요가 있다. 상

황의 유형과 판단의 유형에 대한 이 기본적인 차별화가 어떻게 생겨났
는지 안다는 것은 특정한 유형의 도덕철학이 어디에서 잘못되었으며,
왜 윤리적 자연주의가 오늘날 여전히 무어(G. E. Moore)가 말했던,
소위 파국적인 '자연주의적 오류'(naturalistic fallacy)를 범하는 것으
로 비난받는지 안다는 것이다.

2. 도덕적 경험의 특유성 신화

하우서(M. Hauser)는 자신의 『도덕적 마음』(Moral Minds)의 앞부분
에서 두 가지 다른 행위, 도덕적 행동과 실제적(하우서가 '상식적'이
라고 부르는) 행동에 대해 아버지로부터 꾸중을 듣는 어린 소녀에 관
한 가상의 이야기를 전해 준다.[8] 첫 번째 경우 소녀는 모래놀이통에서
노는 것을 막는 소년을 때린다. 두 번째 경우 소녀는 자신의 입에 모
래를 집어넣는다. 두 경우 모두 아버지는 화를 내며 그 행위를 크게
꾸짖는다. 하우서는 그 소녀가 두 행동에 관해서 아버지의 노여움과
꾸중을 경험하지만 소녀는 그 꾸중의 이유가 기본적으로 다른 종류의
두 가지 행동과 관련되어 있다는 것을 깨닫는다고 주장한다. 하나는
도덕적인 문제이며 다른 하나는 위생 문제(그래서 실제적이며 상식적
인 문제)다. 하우서는 이렇게 결론짓는다.

동일한 감정에 다른 결론이 있다. 때리는 것은 도덕적 함축을 갖는다.
모래를 먹는 것은 그렇지 않다. 아이의 감정이 어떻게 한 행동을 도덕감

---

8 Marc Hauser, *Moral Minds: How Nature Designed Our Universal Sense of
Right and Wrong* (New York: HarperCollins, 2006) 참조.

으로 연결해 주며, 다른 행동에는 상식으로 연결해 주는가?[9]

하우서의 사례는 몇몇 독립적인 종류의 경험이 있기 때문에 각각의 경험이 특유하게 관련된 추론과 평가를 요구한다는, 널리 공유된 직관을 드러내 준다. 여기에서 핵심적 논점은 인간의 경험이 특유한 형태로, 즉 이론적, 기술적, 도덕적, 미학적, 정치적, 종교적 경험 등으로 다르게 주어진다는 것이며, 또한 우리가 명시적인 지침을 통해서가 아니라 흔히 부모나 교사, 전문가, 동료 등을 통한 삶의 경험 안에서 그것을 범주화하는 방법을 배운다는 것이다. 상이한 종류의 경험이 있다는 생각은 많은 문화에서 매우 흔하게 나타나며, 적어도 그런 생각을 뒷받침해 주는 몇몇 증거가 있다. 예를 들어 서구적 전통에서 우리는 흔히 어떤 행위나 판단을 윤리적인 것(낙태, 거짓말, 살인, 이타주의 등)으로 어떤 것을 이론적인 것(금의 원자량, 명왕성은 행성인가, 타목시펜은 유방암 재발을 막아 주는가 등)으로, 어떤 것을 기술적인 것(폭탄을 해체하는 법, 빵 만드는 법, 병을 치료하는 법 등)으로, 어떤 것을 미학적인 것(심포니가 더 고전적인가 더 낭만적인가, 조각이 아름다운가, 모네의 어떤 건초가리 그림이 더 나은가 등)으로 분류하는 편이다. 따라서 우리 경험은 다른 종류와 공유하지 않는 각각의 독특한 특성을 갖고 다양한 종류로 미리 분류되어 있는 것처럼 보이게 된다.

더욱이 다양한 문화 안의 어린아이들이 도덕 발달의 초기에 본성상 도덕적인 행위와 단순히 사회적 규약의 문제를 구별한다는 주목할 만한 일련의 연구가 있다. 이 분야의 주도적 연구자인 튜리얼(E. Turi-

---

9 같은 책, p. 30.

el)은 "20여 년 동안 어린아이들이 도덕적 영역과 규약적 영역을 따라 구분되는 판단을 한다는 논제를 뒷받침하는 100여 건에 달하는 연구가 수행되었다"[10]고 주장한다. 그런 연구들로부터 도출되는 기본적 발상은 어린아이들이 신체적이든 심리적이든 자신 또는 타인에게 잠재적 해악을 초래하는 행위를 규제하는 도덕적 제약과 사회적 권위나 집단의 권위에 의해 확립된 사회적 규약을 구분하는 법을 초기에 배운다는 것이다. 튜리얼은 그 구분을 다음과 같이 요약한다.

규약은 공유된 행동(획일성, 규칙) ─ 그 의미가 그 규약이 자리 잡고 있는 사회 체계에 의해 정의되는 ─ 이다. 따라서 규약의 타당성은 현존하는 사회 체계와의 연결 관계에 달려 있다. 도덕 또한 사회 체계에 적용되지만 현존하는 획일성에 의해 결정되지 않는다는 점에서 규약과 대비된다. 도덕철학자들이 그렸던 것처럼 도덕적 규범은 주어진 사회에 따라 특정된 것이 아니다. 그것은 합의에 의해 정당화되지 않는다. 그것은 사적인 선호나 개별적 성향에 의해 결정되지 않는다는 점에서 공평하다.[11]

튜리얼은 다섯 살짜리 소년과의 인터뷰를 통해 이 구분을 예증한다. 소년은 어린아이들이 유치원에서 서로를 때릴 수 있는 상황과 더운 날 옷을 입지 않아도 되는 상황에 관해 질문을 받는다. 소년은 때리는 것이 '옳지 않다'고 주장한다. 그 이유를 묻자 "그것은 다른 사람들을 불행하게 만드는 일이기 때문이다. 그것은 사람을 해치는 일

---

10   Elliot Turiel, *The Culture of Morality* (Cambridge: Cambridge University Press, 2002), p. 110.

11   같은 곳.

이다. 그것은 다른 사람을 해치며, 해치는 것은 옳지 않다"[12]고 답한다. 나아가 어린아이들은 교사 혹은 다른 권위자가 다른 아이들을 때리는 것이 가능하다고 말한다 하더라도 이런 종류의 도덕적 제약이 강제적이라고 받아들이는 경향이 있다. 바꾸어 말하면 도덕적 책무의 원천은 특정한 사회적 혹은 규약적 권위를 넘어서는 것으로 보인다.

대조적으로 그 소년은 어떤 제약이 (공동체적 합의를 통해) 특정한 규약적 틀 안에서 그 제약을 시행할 권한이 주어진 권위자에 의해 단순히 사회적 또는 규약적으로 부과된다고 생각한다. 따라서 다섯 살짜리 아이는 만약 정당하게 위촉된 학교 당국에 의해 결정된 것이라면 옷을 입지 않는 것이 괜찮다고 추론한다. "우두머리가 원하는 것이 그것이라면 그렇게 할 수 있다."

그렇다면 도덕 판단과 규범은 사회적 관습이나 실천을 넘어선다는 결론이 도출되는 것으로 보인다. 어린아이들은 설혹 어떤 개인적 권위나 집단적 권위가 윤리적 규범을 넘어선다고 주장한다 하더라도 특정한 종류의 해악은 도덕적으로 허용되지 않는다는 것을 판단하는 법을 익힌다.

어린아이와 청소년은 도덕적 책무가 규칙이나 권위에 우연적이지 않고, 사회적 맥락들을 넘어서 적용될 수 있다고 판단한다. 폭력이나 도둑질 같은 도덕적 위반은 규칙의 현존이나 권위자의 지침, 일상적으로 받아들여진 실천(예를 들어 한 문화에서 받아들여진다 하더라도 그 행위는 그른 것이다)에 의해 판정되는 것이 아니다. 도덕 문제와 관련된 규칙은 합의에 의해 변경될 수 없는 것으로 판단되며, 그런 행위는 그것을 규제

---

12 같은 책, p. 109.

하는 규칙들이 없다 하더라도 여전히 그른 것이다.[13]

　나는 이 연구의 타당성, 유아나 청소년에게서조차도 실천이나 규범에서 도덕적인 것과 규약적인 것을 구분한다는 점과 관련된 이런 유형의 발견의 안정성, 평가에 관련된 교차 문화적 증거에 대해 의심하지 않는다.

　그렇지만 나는 도덕적인 것과 규약적인 것 사이의 그러한 구분이 다양한 문화에 걸쳐 광범위하게 현전한다고 해서 그 구분이 경험의 유형에 대한 존재론적이거나 인식론적 차이를 드러내는 구분이라는 주장을 정당화하는 것으로 받아들여질 이유는 없다고 주장할 것이다. 우리는 어떤 유형의 행위가 우리 자신과 타인의 평안에 심대한 영향을 미치는 것으로 이해하며, 이 행위는 전형적으로 도움, 해악, 보살핌, 정의, 존중 등의 개념을 포함한다. 다른 행동들은 단지 사회적으로 인정된 실천의 문제들, 아마도 보편적이지 않으며, 도덕적 책무 앞에서 그 우선성을 잃게 되는 문제들이다.

　나는 이 도덕적/규약적 구분이 정도의 문제이며, 따라서 기껏해야 문화적으로 우연적인 연속성을 갖는 문제라고 본다. 즉 한 극단에 명백하게 도덕적인 문제(살인하지 말라 등)가, 다른 극단에 명백하게 규약적인 규범(칼로 콩을 먹지 말라, 입에 음식을 담고 말하지 말라 등)이 있으며, 이 양극단 사이에 방대한 중간적 사례들(여성의 경우 모자를 쓰지 않고 교회나 사원에 들어가지 말라, 연장자를 공경하라, 공공장소에서 노출이 심한 옷을 입지 말라, 공직 선거에 투표해야 한다, 춤을 추지 말라 등)이 있다. 어린아이(또는 성인)가 도덕적/규약

13　같은 책, pp. 111-12.

적 구분을 유지하면서 깨닫게 되는 것은 어떤 태도나 행동은 개인이
나 공동체의 평안에 더 중요하며, 어떤 것은 대부분 공동체 안에서의
사회적 실천과 관련된 집단적 선호의 문제라는 것이다. 아무튼 이 두
유형의 경험을 엄격하게 구분할 수 있는 가치중립적이거나 절대적이
고 비순환적인 방법은 없다.

　나는 또한 우리가 실제로 그러한 구분을 한다는 사실을 부인하려는
것이 아니다. 우리는 습관적으로 "그녀는 정말로 어려운 윤리적 선택
에 직면해 있다" "결혼 선물로 얼마나 많은 돈을 쓸 것인지는 **실용적**
(또는 실제적) 문제일 뿐이다" "그것은 단지 집에 유성 페인트를 쓸
것인지 라텍스 페인트를 쓸 것인지에 관한 기술적 문제다" "반 고흐를
좋아하는지 워홀을 좋아하는지는 미적 선호의 문제다" '도덕적' '실
용적' '기술적' '미적' 등과 같은 한정적 개념들은 특정한 행위 맥락
안에서 주로 상황의 지배적 성질을 드러내는 데 사용될 경우 거의 문
제를 불러오지 않는다. 예를 들어 상황의 지배적 성질이 자신과 타인
의 평안(해악 개념, 정의, 권리, 보살핌 등)을 포함할 때, 우리는 그것
을 미적이거나 기술적이라고 부르지 않고 '도덕적'이라고 부르는 편
이다. 좋은 도덕 이론은 왜 다양한 공동체가 어떤 유형의 고려들은 단
지 규약적이며 사회적으로 우연적인 것으로 간주하고, 어떤 유형의
고려들은 무조건적 강제력을 갖는 것으로 간주하는지를 설명할 필요
가 있다. 아무튼 이것은 순수한 도덕적 규범의 영역에 의지하지 않고
서도 가능하다.

　이러한 가정된 **종류**들은 특정한 경험의 본질적 성격에 고유한 것이
아니다. 경험은 지울 수 없는 형이상학적 잉크로 찍힌 '유형'으로 미
리 분류되어 주어지지 않는다. '미학적' '도덕적' '기술적' '예절 문
제' 등과 같은 차별적 형용사들은 주어진 맥락 안에서 우리에게 중요

한 것에 관해 우리가 문화적 영향 속에서 선별한 결과물이며, 이 선별
은 흔히 특정한 시점에 우리가 가장 큰 관심을 갖는 것에 상대적이다.
그것은 '사물의 본성 안에' 항구적으로 각인된 본질적인 존재론적 구
조가 아니라 우리의 관계와 관심에 상대적인 강조의 문제다.

　더욱이 다양한 행위를 분류하는 방식은 문화에 따라 다를 수 있다.
한 문화에서 '순전히 미적인 문제'로 간주되는 어떤 행위가 다른 문
화에서는 심각한 도덕적 함축을 갖는 경우가 있다. 예를 들어 미국에
서는 공공장소에서 옷을 입는 문제가 단순히 스타일 문제나 미적 선
호의 문제로 생각될 수 있다. 그러나 이슬람 문화에서 그것은 심각한
도덕적 함축을 가질 수 있다. 튜리얼은 소녀 시절, 모로코의 후궁에서
자랐던 머니시(F. Mernissi)의 해명을 인용한다.[14] 그곳에서는 여성
이 껌을 씹거나 라디오를 듣는 것, 춤추는 것은 '혁명적 태도'로 간주
되어 남성들에 의해 금지되었으며, 단순히 미적이거나 사회적인 선호
로 간주되지 않았다. 껌을 씹거나 라디오를 듣는 것이 본유적으로 또
는 본질적으로 도덕적인 문제인가, 아니면 그 도덕적 심각성이 문화적
우연의 문제인가? 상이한 문화들이 흔히 '도덕적' 고려를 상이하게
인식한다는 상당한 증거가 있다.[15] 하이트(J. Haidt)가 결론짓는 것처

14　같은 책 참조.

15　Richard Shweder and E.dmund Bourne, "Does the Concept of Person Vary
　　Cross-Culturally?" in Richard Shweder and Robert LeVine, eds., *Cultural
　　Theory: Essays on Mind, Self and Emotion* (Cambridge: Cambridge Univer-
　　sity Press, 1984); Shweder et al., "Culture and Moral Development," in
　　Jerome Kagan and Sharon Lamb, eds., *The Emergence of Morality in Young
　　Children* (Chicago: University of Chicago Press, 1987); Shweder et al.,
　　"The 'Big Three' of Morality (Autonomy, Community, and Divinity), and
　　the 'Big Three' Explanations of Suffering," in Allan Brandt and Paul Rozin,
　　eds., *Morality and Health* (New York: Routledge, 1997); Joe Henrich et al.,

럼 "도덕 영역은 문화에 따라 다양하다. 그것은 고학력의 개인주의적 서구 문화에서 이례적으로 좁다. 공동체 중심적 문화들은 삶의 더 많은 국면들을 포괄할 수 있도록 도덕적 영역을 확장한다."[16]

　동일한 문화 안에서도 흔히 특정한 행위를 어떻게 분류할 것인지에 관해 폭넓은 불확실성이 있다. 이웃사람이 레저용 자동차나 긴 화물 트럭을 앞뜰에 주차하는 것이 실용적 결정인가, 미적 선호인가, 아니면 도덕적 문제인가? 미국에서 어떤 유형의 주거 지역에서는 그것이 이 모든 차원 이상의 것과 관련되는 것으로 보인다. 흡연의 자유가 정치적 문제인가, 건강 문제인가, 미학적 문제인가, 또는 이 모든 것의 문제인가? 나는 최근 지방 신문에서 자신의 집을 물방울무늬로 칠한 사람 이야기를 읽은 적이 있다. 시에서는 개발을 위해 그의 집을 사들이겠다고 약속했지만 그 약속을 속행하지 않았다. 그는 이제 시가 매입을 시작할 때가 되었다고 말하며, 원래 가격보다 50,000달러나 더 많은 돈을 요구하고 있다. 그 기사는 이웃들이 그의 행위를 달가워하지 않는다는 언급으로 마무리되고 있다. 그의 행동은 미적인가, 정치적인가, 경제적인가 도덕적인가? 그 답은 이렇다. "그 모든 것이다."

　사실은 경험 발달 대부분의 경우가 다중적 차원을 포함하며, 그것은 흔히 불가분하게 묶여 있다. 그래서 어떤 하나의 기술적 범주를 선택하는 과정에서 주어진 경험의 풍부함이나 복잡성, 깊이를 놓치기 쉽다. 예를 들어 우리가 보통 '건강' 문제라고 부르는 것은 한 경험의 경제적, 분별적, 도덕적, 미학적, 심리적, 사회적 측면을 고려하지 않

"The Weirdest People in the World?" *Behavioral and Brain Sciences*, 33 (2010): 61-83 참조.

16 Jonathan Haidt, *The Righteous Mind: Why Good People Are Divided by Politics and Religion* (New York: Pantheon, 2012), p. 26.

고서는 이해될 수 없다.[17] 건강관리와 관련된 일에 종사하는 사람은 누구나 '건강' 문제가 전형적으로 경제적, 사회적, 미학적, 심리적, 영적, 정치적 차원과 연관되어 있다는 것을 알고 있다. 경험의 유형을 선택하는 것이 강조와 선별적 관심의 문제라고 주장하면서 듀이가 말하고자 하는 것은 우리가 어떤 상황에서 우리에게 중요하게 인식되는 어떤 목표나 가치, 관심, 목적과의 관계 속에서 부각되는 것으로서 그 상황의 특정한 성질과 차원을 선택한다는 것이다.

서구 문화 안에서 우리는 보통 우리 자신과 타인의 해악이나 평안 문제가 특정한 순간에 우리의 우선적 관심사라는 것을 강조하기 위해 어떤 경험을 '윤리적' 또는 '도덕적'이라고 부른다. 우리는 일차적으로 어떤 상황(석양, 예술작품, 건물 등)의 질적 측면에 초점을 맞추기 위해 그 경험을 '미적'이라고 부르는 편이며, 또 큰 공동체나 사회 조직에 영향을 미치는 공적 제도나 실천에 관심이 있을 때 그 경험을 '정치적'이라고 부른다. 우리는 어떤 시점에 갖고 있는 선결된 목표나 조망된 목표에 일차적 관심을 가질 때 그 경험을 '실천적'(또는 기술적)이라고 부른다. 우리는 어떤 경험이 사람들의 행복과 관련되어 있을 때 '분별적'이라고 부른다.

여기에서 교훈은 우리 삶의 일상적인 일들의 흐름 속에서 우리가 주목하고 관심을 기울이는 모든 경험이 이 모든 차원들이 뒤얽힌 방식으로 주어지며, 나아가 그것이 살아진 경험(experience as lived)을 구성한다는 것이다. 듀이는 경험의 그러한 세 가지 측면에 대한 사례를 제시한다.

---

17 이 주장은 의사이자 철학자인 Gary Wright의 *Means, Ends and Medical Care* (Dordrecht: Springer, 2007)에서 설득력 있게 다루어지고 있다.

생생한 경험 안에서 실제적인 것, 정서적인 것, 지적인 것을 서로 구분하고, 한 측면의 속성들을 다른 측면의 특성들에 대해 우선성을 두는 것은 불가능하다. 정서적 국면은 부분들을 한데 묶어 단일한 전체로 만든다. '지적인 것'은 단순히 그 경험이 의미를 갖는다는 사실을 가리킨다. '실제적인 것'은 한 유기체가 그를 둘러싸고 있는 사건이나 대상과 상호작용한다는 사실을 가리킨다. 정교한 철학적, 과학적 탐구, 그리고 야심찬 산업적, 정치적 기획은 그 상이한 요소들이 통합적 경험을 형성할 때 미학적 성질을 갖는다.[18]

요약하면, 모든 구체적 경험은 다양한 차원을 드러내면서 주어진 상황에서 우리의 구체적 관심에 더 부합하거나 더 큰 관련성이 있는 관심사들로 뒤섞여 있다. 온전히 또는 오로지 '도덕적인' 경험 같은 것은 없다. 결과적으로 다음 절에서 보게 될 것처럼 소위 '도덕적' 경험에 유일하게 부합하는 특유한 유형의 판단이 존재할 가능성은 없어 보인다.

내 주장은 이렇다. 우리가 '도덕적인 것'과 '규약적인 것' (또는 다른 한정적 술어)을 꽤 적절히 구분한다 하더라도 우리가 '도덕적'이라고 부르는 것이 거의 대부분 다양한 다른 요소들(미학적, 분별적, 기술적, 정서적, 지적, 종교적, 정치적, 경제적 고려들)의 혼성을 포함할 수 있는 선별된 차원이나 국면들을 포괄하고 있다는 것이다. 바꾸어 말하면 비교적 확실해 보이는 일상에서의 경험 구획도 상황을 지나치게 단순화하여 그 복합성을 무시하게 되면 문제가 될 수 있다는

---

18 Dewey, *Art as Experience: The Later Works, 1925-1953*, Vol. 10, ed. Jo Ann Boydston (Carbondale, Ill.: Southern Illinois University Press, 1934/1987), p. 55.

것이다. 그 잘못은 선호하는 구분에 존재론적, 인식론적, 또는 현상학적 절대성이 있을 것이라는 생각에서 비롯된다.

특정한 유형의 행위가 타인이나 자신에 대한 해악의 문제라는 사실을 이해하는 것이 개인이나 사회의 평안을 결정해 주는 중요한 통찰이라는 것은 분명하다. 그렇지만 여기에서 도덕적 문제가 마치 형이상학적 다이아몬드에 항구적으로 새겨진 것처럼 모든 문화체계를 넘어설 것이라는 결론이 따라 나오는 것은 아니다. 대신에 내가 반박하려는 주장은 하우서를 비롯해서 철학사적으로 많은 사람들의 주장, 즉 특유한 도덕적 제약과 도덕 판단 과정의 특유한 형태를 요구하는 일련의 특유한 '도덕적' 문제들이 존재한다는 주장이다.[19] 내 생각에 그것은 근거 없는 이야기다. 왜냐하면 우리가 특정한 문제들을 우선적으로 도덕적이라고 간주한다는 사실이 그 문제들을 도덕적이라고 정의해 주는 것들이 인간 경험의 다른 차원들을 배제한다는 것을 의미하지는 않기 때문이다.

우리는 아이든 어른이든 특정한 행위가 도덕적으로 중요하며, 단순히 어떤 사회적 권위의 산물이 아니라는 것을 배운다고 기대하거나 희망한다. 그러나 우리는 이것을 토대로 주어진 상황의 복잡한 조직에 얽혀 있는 미학적, 종교적, 과학적, 기술적, 경제적, 정치적 차원들의 혼성체와 독립된 순수하게 '도덕적인' 경험이 존재한다고 추론해야 할 이유도 없으며, 또 그렇게 추론해서도 안 된다. 나는 경험을 특유한 유형으로 환원하는 것이야말로 구체적인 불확실한 상황—우리의 반성적 재구성을 요구하는—의 복잡성을 간과하거나 과소평가하도록 이끌어 가는 환원주의라고 주장할 것이다.

---

19 Hauser, *Moral Minds* 참조.

3. 도덕 판단의 특유성 신화

여기에서 내가 강조하려는 것은 경험을 특유한 종류로 분류하려는 우리의 관행이 탐구, 의사결정, 사회적 조정 등의 다양한 목적에 기여하지만 그 종류가 어떤 상황의 본질적 속성이나 절대적인 존재론적 구분, 마음 독립적이거나 초문화적인 객관적 특성을 드러내는 것은 아니라는 점이다. 이 점을 염두에 둔다면 우리는 소위 경험의 유형에 부합하는 독립적이고 자율적인 유형의 정신적 판단이 존재한다는 잘못된 믿음을 피할 수 있을 것이다. 일상적 사안에서 우리는 경험이 마치 미리 분류되어 주어지는 것처럼 습관적으로 이야기하며, 대부분의 경우 그것이 문제가 되지 않는다. 그러나 철학자나 심리학자가 이 가정된 경험의 특유한 유형의 특성의 근거로서 특유한 종류의 가치들을 사용하여 이 경험의 상식적인 범주화를 판단의 특유한 유형에 관한 이론으로 전환하려고 할 때에는 상당한 난점이 따른다.

개인이나 집단이 어떻게 경험을 분류하는지를 탐색해 보면 내가 다른 곳에서 반복적으로 '경험 유형의 통속 이론'(folk theory of Experiential Kinds)이라고 불렀던, 문제가 있는 일반적 틀을 발견하게 된다.

① 경험은 특유하고 분리된 독립적 유형(실제적, 도덕적, 분별적, 기술적, 지적, 미적 등)으로 구분되어 주어진다.

② 각각의 개별적인 경험 유형에는 그것에 부합하는 관련된 형태의 판단(기술적 판단, 윤리적 판단, 분별적 판단, 미적 판단 등)이 존재하는 것으로 받아들여진다.

③ 각각의 판단 형태는 구체적 관계 속에서 함께 작동하는 다양한 인지적 능력의 산물(지각, 상상력, 느낌, 이해, 이성, 의지 등)이다.

④ 각각의 판단 유형은 고유한 기준이나 가치를 사용한다. 예를 들어 숙
   고된 행위가 도덕적으로 허용 가능한지를 결정하는 것은 그것이 당신
   을 행복하게 만들어 줄지, 빠르고 쉽게 달성될 수 있는지, 미학적으로
   중요한지를 결정하는 것과는 매우 다르다.

⑤ 이 기준이나 원리, 가치들은 마음 안에(또는 마음을 넘어서) 각각의
   고유한 원천을 갖는다.

이 경험 유형의 통속 이론은 계몽시대에 전개되어 현재까지도 전승
된 능력심리학(faculty psychology)이나 판단 이론의 이런저런 형태
를 전제하는 거의 모든 주요 도덕 이론이 받아들이고 있다. 그것은 현
대 윤리학적 시각 안에 너무 깊이 뒤섞여 있어서 (사실상 특정한 계몽
적 시각의 부산물로서 역사적으로 우연적인 일련의 관심과 실천, 가
치의 맥락 안에서 생성된 것임에도 불구하고) 대부분 사람들에게 거
의 직관적으로 자명한 것처럼 보이게 되었다.

아마도 도덕 이론에 적용된, 이 통속 이론의 가장 급진적이며 가장
영향력이 있는 버전은 칸트(I. Kant)의 유명한 도덕철학일 것이다. 잘
알려진 것처럼 칸트는 후대 철학 대부분에 결정적 방향을 제시하는
방식으로 철학의 기본적 문제와 방법의 틀을 구성했다. 이러한 사실
은 도덕적 경험과 판단에 대한 칸트의 성격 규정이 도덕적 추론에 대
한 이후의 도덕철학의 이해 방식, 특히 윤리학 분야에 심중한 영향을
미쳤다는 측면에서 선명하게 드러난다.

간단히 말해서 칸트의 '비판철학'이라고 불리는 철학은 하나의 핵
심적 물음을 향하고 있다. 특정한 유형의 판단에서 가정된 특성(특정
한 경험 영역에 부합하는 것으로서)을 전제하면 그 유형의 판단의 가
능 조건과 한계는 무엇인가? 칸트는 사고의 기본적인 정신적 과정은

그가 '판단'이라고 부르는 것이며, 그 안에서 분리된 요소들(감각과 개념 같은)은 사고의 정합적 구조로 통합된다고 가정했다.[20] 각각의 판단 형식은 다양한 관계 안에서 정신 능력의 작용과 같은 그 가능성의 구체적 조건들에 달려 있으며, 다양한 유형의 대상들을 향하고 있다. 나아가 이 판단 유형들이 어떻게 가능하며, 그것들의 한계가 무엇인지를 밝히는 것이 비판철학의 과제다. 그래서 『순수이성비판』(1781)에서 설명과 정당화를 요구하는 판단 유형은 우리 세계에 대한 객관적 지식(특히 과학적 지식의 형태로)을 산출하는 판단이다. 『실천이성비판』(1787)에서 정당화를 요구하는 판단은 도덕 판단이며, 『판단력비판』(1790)은 미학적 판단과 자연에 대한 목적론적 판단에 초점을 맞추고 있다. 요약하면, 각각의 판단 유형은 정의적 특성─그 판단이 타당하다면 설명되고 정당화되어야 할 필요가 있는─을 드러내는 것으로 가정된다.

따라서 칸트는 『윤리형이상학 정초』(1785)에서 도덕 판단이 어떻게 가능한지, 그것들이 어떻게 보편적 타당성을 주장하는지, 또 그것들이 어떻게 인간과 모든 합리적 존재에게 무조건적 의무로서 절대적 강제성을 가질 수 있는지 등의 문제를 다룬다. 칸트 도덕철학에서 놀라운 측면은 도덕 판단에 대한 자신의 규정을 정당화하는 논증을 찾아볼 수 없다는 점이다. 예를 들어 『윤리형이상학 정초』의 「서문」에서 칸트는 '어떤 경험적인 것'에도 영향 받지 않고 순수실천이성에 근거

---

20 칸트는 이렇게 말한다. "모든 판단은 우리의 표상들을 통합하는 기능이다. … 이제 우리는 모든 이해 작용을 판단으로 수렴할 수 있다." Immanuel Kant, *Critique of Pure Reason*, trans. N. K. Smith (New York: St. Martin's Press, 1781/1968), B93-94.

한 '순수도덕철학'의 필요성을 단지 주장할 뿐이다.[21] 우리는 어떻게
이러한 토대주의적 통찰에 이르게 되는가? 칸트는 이렇게 답한다.

그러한 도덕철학이 있어야만 한다는 것은 의무와 윤리적 법칙들의 통
상적인 이념으로부터 저절로 밝혀지고 있기 때문이다. 누구라도 고백할
수밖에 없는 것은, 만약 법칙이 도덕적으로, 다시 말해 책무의 근거로서
타당해야 한다면, 그 법칙은 절대적 필연성을 동반해야만 한다는 것이
다. … 그러니까 책무의 근거는 여기서 인간의 자연본성이나 인간이 놓
여 있는 세계 내의 정황에서 찾아서는 안 되고, 오로지 순수 이성의 개념
들 안에서만 선험적으로 찾아야 한다. 한낱 경험의 원리들에 기초하고
있는 다른 모든 훈계는, 그리고 심지어 보편적인 규정조차도, 그것이 최
소한의 부분에 있어서라도, 아마도 오직 그 동인에 있어서만이라도, 경
험적 근거들에 의지하고 있는 한, 실천적 규칙이라고 일컬을 수는 있겠
지만, 결코 도덕 법칙이라고 일컬을 수는 없다.[22]

자, 만약 '모두가 인정해야 하는', 그리고 '자명한' 것을 모두가 인
정하게 만들 수 있다면 그것은 대단한 성취가 될 것이다. 그러나 그것
은 잘 알려진 것처럼 불가능하거나, 아니면 적어도 악명 높을 정도로
신빙성이 없다. 칸트가 '모두가 인정해야 한다'고 생각했던 것은 도

---

21 순수도덕철학에 관한 이러한 주장에 대한 칸트의 '논증'은 그의 판단 유형(경험적
인 것과 순수한 것)과 지식의 형식(선험적인 것과 후험적인 것)에 관한 일련의 구
분들에 대한 가정에 의지하고 있는데, 그것은 20세기 전반에 걸쳐 다양한 철학적
갈래들로부터 강력한 비판에 직면한다.

22 Kant, *Grounding for the Metaphysics of Morals*, trans. James Ellington in
Warner Wick, ed., *Ethical Philosophy* (Indianapolis, Ind.: Hackett,
1785/1983), 389절.

덕법칙이 절대적 필연성(무조건적인)을 지니고 명령하며, 그러한 필
연성은 단순히 경험에 대한 해명(그것은 사실을 기술하지만 사실이어
야 하는 것을 기술하지는 않는다)에서 도출될 수 없다는 것이다. 그렇
지만 당신이 도덕법칙이 필연성에 의해 특징지어진다는 사실에 동의
하지 않는다면 경험에서 도출되는 도덕성은 아예 도덕성이 아니라는
주장을 자명한 것으로 받아들이지도 않을 것이다. 칸트는 부인하겠지
만 칸트가 자신의 핵심적 명제에 대한 보편적 동의에 의지하는 것은
자신의 문화와 가치를 공유하는 사람들을 향한 것이다. 칸트가 옳다
는 것을 '인정해야 하는' '모두'는 적어도 칸트가 당연하게 받아들였
던 유대-기독교 문화에 각인된 핵심적 개념과 가치, 원리의 대부분을
공유하는 사람들이 될 것으로 보인다. 그것이 전부가 아니다. 그들은
판단의 유형과 본성, 정신적 능력의 본성, 앎의 양식에 관한 칸트의
가정 대부분을 공유해야 하기 때문이다.

　그렇지만 우리가 만약 (1) 도덕법칙은 절대적 필연성과 함께 무조
건적으로 명령하며, (2) 순수실천이성에서 선험적으로 도출된(그리
고 경험에서 도출되지 않은) 원리들만이 도덕법칙이 될 수 있다는 칸
트의 주장에 동의하지 않으면 어떻게 될까? 더욱이 인지과학의 최근
연구가 제시하는 것처럼 우리가 도덕원리들을 한 문화가 폭넓게 이해
된 도덕적 문제들을 다루는 데 성공적인 것으로 받아들이는 실천적
고려들의 요약이라고 받아들이면 어떻게 될까? 우리가 경험적 근거
에서 소위 '순수한'(비경험적) 실천이성의 존재를 부정하면 어떻게
될까? 우리가 지난 세기 동안의 다양한 철학적 경향에서 제기된 방대
한 비판적 분석에 근거해서 판단 유형과 이성의 본성에 대한 칸트의
견해를 거부하면 어떻게 될까? 그렇다면 칸트의 전 체계는 초월적으
로 근거지어진 일련의 도덕법칙들이 아니라 그가 문화적으로 전승한

유대-기독교 윤리학적 틀(몇몇 신학적 가정을 제거한)의 고도로 통찰적인 합리적 재구성이라는 점이 드러난다.[23] 내가 제안하는 것처럼 앞의 (1)을 거부하면 (2)를 아예 다루어야 할 이유가 없게 된다.

그렇지만 칸트의 논증이 지난 두 세기가 넘는 동안 그처럼 강력하게 우리를 어디로 이끌어 왔는지 이해하기 위해 그의 기본 가정들의 몇몇 함축을 검토해 보기로 하자. 앞의 가정 (1)과 (2)를 받아들이면 그 이후는 칸트적 역사가 된다. 만약 (a) 특유하게 도덕적인 종류의 경험(또 그에 따른 도덕 판단의 형식)이 있으며, 또 (b) 그것이 (인간만이 아닌) 모든 합리적 존재에게 무조건적으로 적용되는 원리들에 의해 지배되며, 또 (c) 오직 순수실천이성만이 그런 유형의 판단의 무조건적(보편적이고 필연적인) 성격을 산출할 수 있다면, 우리는 칸트의 유명한 절대적 도덕법칙 이론에 이르게 된다. 그 이론은 다음과 같은 두 가지 기본적 명령 유형의 구분에 의존하고 있다.

그런데 모든 명령은 가언적으로나 정언적으로 지시명령한다. 전자는 가능한 행위의 실천적 필연성을 사람들이 의욕하는 (또는 의욕하는 것이 가능한) 어떤 다른 것에 도달하기 위한 수단으로 표상하는 것이다. 정언적 명령은 한 행위를 그 자체로서, 어떤 다른 목적과 관계없이, 객관적으로-필연적인 것으로 표상하는 그런 명령이겠다.[24]

---

23 칸트가 특정한 도덕적 전통을 합리적으로 재구성한 것이라는 이러한 해석은 Richard Rorty, *Philosophy and the Mirror of Nature* (Princeton, N.J.: Princeton University Press, 1979); MacIntyre, *After Virtue*; Mark Johnson, *Moral Imagination: Implications of Cognitive Science for Ethics* (Chicago: University of Chicago Press, 1993); Hilary Putnam, *Ethics without Ontology* (Cambridge, Mass.: Harvard University Press, 2004) 등에서 찾아볼 수 있다.

24 Kant, *Grounding for the Metaphysics of Morals*, 414절.

　가언(조건)명령은 형식적으로 "만약 당신이 X를 원하거든(의욕하거든) Y(그에 따른 필연적이고 불가결한 수단으로서)를 행해야 한다"와 같이 규정될 수 있다. 정언명령은 형식적으로 "(당신이 생각하는 다른 목표들에 상관없이) Y를 의욕해야 한다"와 같이 된다. 칸트 이론의 핵심은 도덕법칙이 보편적이고 무조건적으로 타당할 때에만 정언명령이 될 수 있다. 그렇지 않으면 그것들은 단지 주어진 목표를 위한 필수적 수단을 명시하는 가언명령이 될 것이고, 단지 조건적이며, '모두가 인정해야 하는' 이라는 정의적 특성을 갖는 도덕원리들의 기원의 필수적 순수성을 결여하게 된다.

　칸트는 판단의 유형에 대한 이러한 그릇된 이분법에 근거해서 가언적 추론으로서 문제 해결을 위해 작동하는 모든 도덕적 사고 개념을 거부한다. 더 나쁜 것은 그가 인간의 본성과 사고, 동기에 대한 모든 경험적 탐구가 기본적으로 가언명령을 구조화하고 실현하지만 결코 보편적 도덕법칙을 결정하지 않는다고 생각했다는 점이다. 도덕원리/도덕법칙('유일한' 정언명령과 양립 가능한)은 순수실천이성으로부터 도출되어야 하며, 경험적인 어떤 것에도 근거하지 않는다. 그러므로 칸트에게 경험적 고려들은 (특정한 도덕법칙을 구체적 사례에 적용하는 것과는 상관이 있을지라도) 우리의 기본적인 도덕적 책무를 결정하는 것과는 아무런 상관이 없다.[25]

25　칸트 도덕 이론에서 경험적 고려들의 역할에 관해서는 Mary Gregor, *Laws of Freedom: A Study of Kant's Method of Applying the Categorical Imperative in the "Metaphysik der Sitten"* (Oxford: Basil Blackwell, 1963) 참조. 라우든 또한 그가 칸트의 '비순수 철학' 이라고 부르는 것 안에서 경험적 지식의 위상을 탁월하게 서술하고 있다. Robert Louden, *Kant's Impure Ethics: From Rational Beings to Human Beings* (Oxford: Oxford University Press, 2000) 참조. 『윤리형이상학』에서 칸트는 어떤 도덕법칙이 우리의 행동을 규정하는지를 결정하

칸트 이론에서 파괴적인 점은 그것이 가장 엄격하고 배타적인 사실/가치 이분법을 부과하고 있으며, 나아가 도덕적 추론에서 경험적 지식의 연관성에 대한 부정으로 나아가고 있다는 점이다. 칸트는 도덕적 판단이나 원리, 가치의 규범적 성격이 오직 순수실천이성으로부터만 도출될 수 있다고 주장한다. 따라서 우리에게는 명확하게 구분되는 두 가지 규범의 영역들, 비도덕적 영역과 도덕적 영역이 주어진다. 비도덕적 영역은 몸에 근거하고 있으며 경험적인 필요와 욕구에서 오며, 도덕적 영역은 유한한 인간의 우연적 특성들을 넘어서는 소위 순수이성으로부터 온다.

이 절대적 이분법으로 무장한 칸트는 그래서 모든 형태의 결과주의적 도덕 이론을 무너뜨릴 수 있다. 어떤 무조건적 도덕성도 인간의 우연적인 필요나 욕구에 의존할 수 없기 때문이다. 이러한 칸트의 구도 안에서 진화적 전승에 의해서든 우리가 획득할 수 있는 우연적 욕구에 근거해서든, 우리에게 주어진 어떤 필요나 욕구—비록 그러한 목표들이 "만약 X를 원하거든(의욕하거든) Y를 행해야 한다"라는 가언명령을 지탱해 줄 수는 있지만—도 도덕법칙의 원천이 될 수 없다. 칸트는 명령유형의 이러한 분류에 근거해서 '타율성'(heteronomy)을 식별할 수 있는데, 여기에서 우리의 행위를 지배하는 규칙은 "모든 유사 원리들의 원천"[26]으로서 '타자'(신, 타인, 국가, 심지어 자신의

기 위해 경험적 고려들을 점차적으로 도입하는 과정을 기술하고 있다. 그는 순수 윤리형이상학의 '부록'에 대해 언급하고 있는데, 그것은 "말하자면 순수 의무의 원리를 도식화하고, 도덕적으로 실천적인 사용에 대비하기 위해 경험의 사례를 적용하는 것"(Kant, *Metaphysics of Morals*, 468절)을 포함한다. 그렇지만 칸트에 따르면 경험적 지식에 부가되는 모든 것은 우리를 '불가결하게 필요한' 순수도덕철학으로부터 더 멀어지게 할 뿐이다.

26 Kant, *Grounding for the Metaphysics of Morals*, 441절.

신체적 욕구 등)로부터 온다. 경험적으로 근거지어진 원리들(가언명
령을 포함해서)이 강력한 비판의 표적으로 등장하는 것은 놀라운 일
이 아니다.

　　경험적 원리들은 그 위에 도덕법칙들을 기초세우는 데는 도무지 쓸모
　가 없다. 왜냐하면 그 때문에 도덕법칙들이 모든 이성적 존재자들에게
　차별 없이 타당할 보편성이, 즉 그로 인해 도덕법칙들에게 부과되는 무
　조건적인 실천적 필연성이, 만약 그것들의 기초를 인간의 자연본성의 특
　수한 조직이나 인간의 자연본성이 처해 있는 우연적인 상황에서 얻을 수
　있다면 사라져 버리기 때문이다.[27]

칸트의 운명적 행보와 함께 주사위는 던져졌으며, 그것은 도덕 판
단의 특유성, 그리고 가언명령과 정언명령의 근본적인 구분에 근거해
서 전개되어 두 세기 넘게 주류를 이룬 서구의 도덕철학으로 이어졌
다. 칸트의 탈신학적인 기독교적 구도 안에서 도덕원리들은 초월적
원천(즉 보편적 이성)을 가져야 하며, 도덕적으로 가치 있는 방식으
로 행동한다는 것은 우리가 본질적인 합리적 본성의 표현으로서 스스
로에게 자율적으로 부과하는 가치와 명령에 의해서만 절대적으로 구
속된다는 것으로 개념화되었다. 말하자면 우리는 스스로에게 부과한
도덕법칙에 구속될 때에만, 즉 자율적으로 의욕할 때에만 진정으로
자유로울 수 있다.

따라서 칸트의 시각에서 '자연주의' 윤리학은 모순어법(oxymo-
ron)이다. 문화적 실천이나 제도에 관한 순전히 기술적인 탐구가 아

27　같은 책, 442절.

니고서는 자연주의 윤리학 같은 것은 존재하지 않는다. 더욱이 경험
적 지식은 도덕원리의 규범적 힘이나 내용을 확립하는 데 관련될 수
없다. 우리에게 남은 것은 강한 형태의 비자연주의이며, 여기에서 도
덕 판단은 모든 타율적인 결정 요인들과 독립된, 순수실천이성의 활
동 자체다. 내가 주장하려는 것은 특유한 유형으로서의 도덕 판단이
라는 개념을 수반하는 이러한 형태의 비자연주의가 마음의 작용에 관
한 최근의 이해와 완전히 동떨어져 있다는 것이다.

4. 칸트의 불운한 유산

칸트 도덕철학의 위대하면서도 지속적인 적극적 가치는 자율성에 대
한 존중, 그리고 자신과 타인의 평안에 대한 강조다. 나는 우리 모두 칸
트가 합리적 존재에게만 부과된 것으로 간주했던, 타인에 대한 존중을
실천할 수 있다면 더 좋은 세상이 될 것이라는 칸트의 주장에 물론 동의
한다.[28] 유대-기독교적 도덕성을 합리적 토대 위에 칸트적으로 재구
성하는 것은 우리가 자신과 타인을 어떻게 대우해야 하는지에 관해
많은 것을 제안한다. 그렇지만 이 중요한 통찰에 대한 심각한 부정적
반작용은 칸트가 가언적 판단을 도덕적 추론의 형태에서 배제한다는
점이며, 모든 경험적 지식의 규범적 역할을 부정한다는 점이다.[29] 지

---

28 많은 사람들은 우리가 존중을 칸트가 말하는 '합리적 존재'에 국한하지 않아야 한
다고 주장한다. 칸트에 따르면 합리적 존재는 다른 동물, 나아가 아마도 일부 다른
사람조차도 배제한다. 어떤 사람들은 도덕적 토대로서 존엄성 개념을 다수의 동
물 또는 모든 동물, 나아가 생태계와 같은 무정적(non-sentient) 체계에까지 확
장해야 한다고 주장한다.

29 도너건이나 라우든 같은 많은 사람들은 칸트 도덕 이론에서 경험적 지식의 역할
을 인정한다. Alan Donagan, *The Theory of Morality* (Chicago: University of

난 30여 년 넘게 수십 차례 칸트 도덕 이론에 관한 과목을 가르치면서 나는 도덕적 가치들과 도덕원리들이 도덕적 불일치, 협력, 논증, 실험이라는 우리의 지속적인 공동체적 경험에서 발생하며 또 발생해야 한다는 사실에 대한 칸트의 거부— '비순수' 요소들에 대한 부정에 근거한—에 당황하지 않은 적이 없다.

나는 칸트의 『윤리형이상학』과 『윤리학 강의』에 주목하면 덜 형식주의적이고 덜 순수주의적인 시각을 찾을 수 있으며, 정언명령의 순수성에서 도덕법칙을 적용해야 할 구체적 상황의 얼크러진 세부사항으로 옮겨 가면 실제적 도덕 판단이 얼마나 어려운 것인지에 대한 칸트의 이해가 드러난다는 점을 부정하지는 않는다. 그렇지만 칸트는 여전히 도덕법칙의 본성과 토대에 관한 순수주의자다. 순수/비순수 이분법을 가정함으로써 칸트는 그의 시대의 인간이었지만, 오늘날에도 여전히 많은 사람들이 그를 우리 시대의 인간—우리가 그의 도덕적 절대주의와 순수주의의 전승자인 한—으로 간주하려는 것으로 보인다.

요약하면, 칸트는 우리에게 다음과 같은 매우 논쟁적인 일련의 가정들을 물려주었다. (1) 경험과 판단의 유형의 분류, (2) 도덕법칙을 무조건적으로 강제적인 것으로 규정, (3) 오직 순수실천이성만이 도덕성의 원천이라는 주장, (4) 도덕적 사고가 변형적인 문제 해결의 한 형태일 수 있다는 사실에 대한 강경한 부정, (5) 도덕의 토대에서 경험적 지식의 거부가 그것이다. 다음 장들에서 나는 조건화되고, 신체화되어 있으며, 상상적인 것으로서 완전히 다른 인간의 도덕 개념을

Chicago Press, 1977); Louden, *Kant's Impure Ethics* 참조. 그러나 그 지식은 기본적인 도덕원리 자체를 구성하는 데 관련되어 있는 것이 아니라 일차적으로 도덕원리를 구체적 사례에 작용하는 데에만 관련되어 있다.

열어 가기 위해 이 토대적 가정들에 도전하려고 한다.

5. 결론

지금까지 논의의 귀결은 도덕적 규범에 관한 칸트의 견해가 우리 경험을 독립적인 종류로 엄격하게 구획하고 각각의 경험들이 특유한 토대적 규범을 가져야 한다고 요구하는 그릇된 길을 열고 있다는 것이다. 칸트는 도덕적 문제 해결에서 경험적 지식의 핵심적 역할을 부정하며 공리주의자들이 그런 것처럼 가언적 추론을 수단-목표 계산 문제로 환원하려고 한다. 여기에서 바라는 목표는 주어진 것으로 가정되며, 우리는 어떻게 하면 그 목표를 가장 잘 달성할 것인지를 결정하기만 하면 된다. 이 견해에 따르면 이성은 규범들을 부과하기 위해 경험에 부가되는데, 칸트는 그 규범들이 결코 경험으로부터 도출될 수 없다고 주장한다.[30]

이와는 정반대로 윤리적 자연주의는 도덕적 규범에는 (가장 풍부하고 넓은 의미에서의) 경험 이외에 다른 어떤 원천도 없다고 주장한다. 따라서 윤리적 자연주의가 우리의 ('도덕적') 가치의 원천을 어떻게 이해하고 있는지를 살펴보아야 할 필요가 있다.

---

30 "사람들은 또한, 모든 [도덕성]을 자만으로 인해 자기 자신을 뛰어넘는 인간의 상상력의 한낱 환상이라고 비웃은 이들에게는, 의무의 개념들은 … 오로지 경험으로부터 도출될 수밖에 없다고 인정하는 것 외에 그들이 원하는 더 나은 봉사는 해 줄 수가 없다." Kant, *Grounding for the Metaphysics of Morals*, 407절. "또한 만약 사람들이 [도덕성]을 실례로부터 빌려오고자 한다면, [도덕성]에 대해 그것보다 더 나쁘게 조언할 수는 없을 터이다"(같은 책, 408절).

제2장

가치는 어디에서 오는가?
: 도덕적 규범의 원천

우리의 공상은 어디에서 오는지 말해 주오,

가슴에서? 아니면 머리에서?

– 셰익스피어, 「베니스의 상인」, Ⅲ, ii

앞 장의 핵심적 요지는 주류적 도덕 이론, 특히 칸트적 시각에 영향 받은 도덕 이론들의 기본적 가정과는 반대로 특별하고 특유한 도덕적 경험은 존재하지 않으며, 따라서 특유한 도덕 판단을 해명하기 위한 도덕적 규범의 특유한 원천의 필요성은 존재하지 않는다는 것이다. 내가 제시하려는 대안적인 자연주의적 견해는 경험을 명확하고 독립적인 유형들로 확정(劃定)되지 않는, 다차원적인 것으로 본다. 결과적으로 도덕적 평가나 판단이 근거해야 할 특유한 도덕적 규범이라는 특별한 부류에 대한 탐색은 불필요하다. 자연주의적 접근은 도덕적 숙고를 문제 해결의 한 형태, 즉 체험적으로 근거지어진 도덕적 탐구—그 안에서 연관된 가치들이 공유된 필요와 욕구, 실천으로부터 발생하는 —로 본다.

우리가 행하는 도덕적 숙고의 대부분은 우리가 양립 불가능한 가치와 관심을 갖게 될 때, 또는 우리의 가치가 다른 사람들의 가치와 충돌할 때 발생한다. 따라서 도덕적 가치 문제에서 긴장과 충돌을 다루는 데 기여하는 문제 해결 과정으로서의 도덕적 인지에 대한 설명에 앞서서 나는 우리의 가치가 만나(manna)처럼 하늘(즉 어떤 초월적 원천)에서 주어지는 것이 아니라면 과연 그것은 어디에서 오는지를 간략하게 언급하려고 한다. 여기에서 나는 생물학적/문화적 유기체로서 우리의 본성에서 발생하는 인간의 도덕적 가치의 기본적 유형들을 제시할 필요가 있다.

인간의 평안에 기여하는 기본적인 인간적 가치의 영역을 개관하는 것은 가능한 도덕체계에 관한 다원주의적 견해를 지탱해 주는 느슨한 방식이기는 하지만 적절한 인간의 도덕성에 한계를 설정해 준다. 그러나 여기에서 나는 가치의 목록을 총괄한다고 주장하려는 것이 아니라 다만 개괄적 방식으로 다양한 문화들에서 흔히 드러나며, 모든 도덕체계에서 현저하게 나타날 것으로 예상되는 가치의 기본 범주들을 제시하려고 한다. 이 개괄을 통해 나는 결국 도덕 이론에서 가장 중요한 문제가 가치는 어디에서 오는지의 문제가 아니라는 결론으로 나아갈 것이다. 왜냐하면 앞으로 분명히 드러나게 될 것처럼 모든 종류의 가치를 분류하는 것은 쉬운 일이기 때문이다. 오히려 더 중요한 문제는 상충되며 일견 양립 불가능한 가치와 기준이 드러나는 상황에서 어떤 가치가 우선성을 갖는지를 결정하는 문제다.

1. 가치의 본성

먼저 '가치'의 의미는 무엇인가? 일상적인 대화에서 우리는 흔히 가치를 마치 행위를 통해 얻거나 잃을 수 있는 대상이나, 물건, 또는 자원처럼 이야기한다. 예를 들어 우리는 존경이나 주목, 사랑을 '받는다'(gaining) 또는 '얻는다'(earning)라고 말한다. 우리는 또 존경을 '잃는다'(lose)고 말하며, 그리고 그것을 '되찾는다'(win it back)고 말할 것이다. 우리는 행복이 마치 사용하기 위한 가치 있는 상품인 것처럼 행복을 '추구하고' '발견하고' '차 버린다'고 말한다. 이처럼 편재적인 실체화 경향은 보통 일상적 대화에서 심각한 문제를 불러오지 않지만, 가치가 무엇이고 그것이 어떻게 우리 삶에 영향을 미치는지에 관해 심층적이며, 또 철학적으로 더 적절한 맥락을 다룰 때에는 매우 잘못된 것일 수 있다.

가치는 유사 대상(quasi-objects)이 아니다. 명사처럼 하나의 가치(*a value*)에 관해 이야기하는 대신 동사처럼 평가하기(*valuing*)라는 활동에 초점을 맞추는 것이 더 적절한 일이다. 평가하기는 우리가 행하는 어떤 것이다. 즉 실존적 상태의 성취를 향한 활동 또는 역동적 과정이다. 어떤 것이 '가치 있다'(valued)고 말하는 것은 어떤 유기체가 특정한 사태, 즉 '가치 있는', 또는 욕구하는 유기체-환경 상호작용의 상태를 실현하려는 성향을 갖는다는 것을 뜻한다. 따라서 가치는 상관적(relational)이다. 가치는 유기체와 그 유기체가 적극적으로 개입하는 환경 사이의 관계를 요구하기 때문이다. 어떤 사태는 특정한 유기체나 동물, 사람에게 가치가 있다. 결과적으로 정확히 말하면 어떤 것도 '그 자체로'(즉 어떤 관계와도 독립적으로) 가치 있는 것은 아니며, 어떤 것은 살아 있는 목적적 유기체나 유기체 집단에 어떻게 기여하는가와 관련해서만 가치가 있다.

일상적 대화에서 우리는 흔히 특정한 목적에 대해 가치(즉 외재적 가치)가 있는 사물이나 사태와 '그 자체로' 가치(즉 내재적 가치)가 있는 것들을 구분한다. 주어진 맥락에서 어떤 것을 다른 목표를 위한 수단으로 간주하지 않고 특정한 사태의 실현을 지향한다는 것을 뜻한다면 그것이 '스스로에게(for its own sake) 가치 있다'고 말하는 것은 그다지 큰 문제가 아니다. 그렇지만 사람들은 흔히 사물이 '스스로에게' 가치 있다는 것은 그 자체로 가치 있다(무조건적으로 가치 있다)는 것을 의미한다는 그릇된 가정에 묶여 있다. 칸트가 어떤 사태를 '무조건적으로 그 자체로 선하다'고 말할 때 이 말을 이런 의미로 사용했다. 그러한 절대적 가치 개념은 후속적인 도덕철학 대부분의 운명을 좌우하는 중요한 잘못이다. 그것은 심각한 잘못이다. 어떤 것도 그 자체로 가치 있는 것은 아니며, 오직 특정한 유형의 욕구, 열망, 활동적 유기체와의 상관성 속에서만 가치 있기 때문이다. 따라서 나는 단적으로 '본질적 가치'(intrinsic value)라는 말 자체를 포기하는 것이 최선이라고 본다. 본질적 가치라는 말은 환경 안에서의 활동을 통한 유기체의 모든 성장에 앞서서 본유적으로(innately) 주어진 가치라는 뜻을 함축하기 때문이다.

따라서 '본질적 가치'라는 말의 그럴듯한 의미는 다음과 같은 조건을 충족하는 경우가 될 것이다. (1) 유기체는 그 종의 진화적 역사의 결과로서 현재의 생물학적·문화적 구조를 나타낸다. (2) 유기체가 '정상적인' 학습 패턴을 통해 개체발생적으로 성장한다는 사실을 전제한다면, 연쇄적인 발전의 '정상적인' 시간 프레임에 따르면, 유기체는 생존과 번영을 지속하기 위해 충족되어야 할 특정한 생물학적, 대인관계적, 사회적 요구를 갖게 될 것이다. (3) 그러한 '정상적' 발달 조건 아래에서 유기체는 특정한 유기체-환경 상태를 추구하는 성향을 갖게 될 것이다.[1] 바꾸어 말하면 유기체는 그것이 실현하려고 하는 특정한 가치들을 갖게 될 것이다. 이 가치들 중 일부는 의식적으로 인지되고 추구될 수 있지만 대부분의 가치들은 유기체 안에서 자동적

---

[1] '정상적'을 강조한 것은 정상적이라는 것이 발단 단계의 엄격하고 획일적인 보편적 연쇄가 아니라 종 안에서 발달 패턴의 통계적 빈도일 뿐이라는 것을 강조하기 위한 것이다.

으로 기능하며, 의식 저변의 층위에서 작동할 것이다. '본유적'이나 '본질적' 같은 까다로운 용어는 그 실현을 위해 어떤 경험이나 활동을 필요로 하지 않는, 생물학적(발생적)으로 주어진 것이라는 함축을 갖는 한 아마도 그러한 평가하기를 기술하는 데 최선의 용어는 아닐 것이다. 그러한 견해는 가치를 전적으로 유기체 안에 설정하거나 그 자체로 완전한 플라톤적 형상의 영역 안에 투사하는 잘못에 이른다. 가치는 사실상 유기체-환경의 상관적 패턴의 결과로서만 창발한다.

'본유적' 또는 '본질적'이라는 개념을 피하기 위해 나는 맥콜리(R. McCauley)의 구분을 따라 '성숙적 자연성'(maturational natural-ness)을 드러내는 인지적 능력과 '숙련적 자연성'(practiced natural-ness)을 드러내는 인지적 능력을 구분할 것이다. 나아가 나는 이 구분을 가치의 습득 문제에 적용하려고 한다. 본유적 능력에 관해 이야기하는 대신에 맥콜리는 씹기나 걷기와 같은 '성숙적으로 자연적인' 인지적 능력을 자전거 타기나 글쓰기와 같은 '숙련된' 능력과 구별한다. 성숙적(성숙적으로 자연적인) 능력은 다음과 같은 특성을 갖는다.

(1) 누구의 발명품도 아니다. (2) 그 발현은 인공물(일부 문화에는 그 습득을 도와주는 인공물을 개발하기도 하지만)에 전혀 의존하지 않는다. (3) 인간은 자동적으로 그 능력을 수행한다. (4) 그 일부는 우리가 동물과 공유하는 일반적 형태를 갖는다. (5) 그 습득은 명시적인 교육이나 특별히 구조화된 학습 환경에 의존하지 않으며, 어떤 문화에 특유한 입력은 물론 심지어 문화적으로 차별성 있는 입력에도 영향 받지 않는다.[2]

2　Robert MaCauley, *Why Religion Is Natural and Science Is Not* (Oxford: Oxford University Press, 2011), p. 29.

나는 맥콜리의 '성숙적으로 자연적인' 능력 개념을 다른 동물과 부분적으로 공유하면서 거의 모든 인간이 공유하는 성숙적인 자연적 가치들이 존재한다는 생각으로 확장할 것을 제안한다. 성숙적으로 자연적인 가치들―유기체의 역동적 평형 유지, 삶의 기초 조건 지속 능력, 대인관계적 교호의 필요성 등―은 앞서 제시된 다섯 가지 기준을 충족한다. 이런 가치들은 성숙이라는 전형적인 계획에 따라 발달한 특정한 구조를 지닌 모든 유기체에게서 자연적으로 발생한다.[3]

더욱이 '숙련된' 능력이 있는 것과 마찬가지로 문화적으로 적절하게 매개된 실행을 통해 습득된 가치―어떤 문화적으로 정의된 맥락 안에서 윤리적으로 적절한 형태의 복장에 대한 제약 등―가 있다. 성숙적 가치와 숙련적 가치는 모두 (지각, 운동, 행위, 느낌에 관련된) 일련의 공통적인 생물학적 능력은 물론 문화화의 패턴을 공유하는 한 종(種)의 구성원 대부분에게서 나타나는 편이다. 이 공유된 가치들의 성숙적 특성을 감안하면 '가치'에 대한 술어로 '본질적' 또는 '본유적'이라는 개념을 사용하지 않는 것이 더 나을 것이다. 그 개념을 사용하는 것은 거의 필연적으로 가치가 생명체의 성숙적 과정과 독립적으로, 또는 적어도 유기체의 발달적 경험에 앞서서 (마치 본질적 소여로서 유기체에 내재해 있는 것처럼) 그 자체로 존재한다고 생각하는 경향을 낳게 되기 때문이다.

앞서 언급했던 것처럼 나는 듀이(J. Dewey)를 따라 (명사적인 '가치'라는 말 대신에) '평가하기'(valuing)라는 동사를 선호하는데, 그것은 환경 안에서 적절하게 기능하려고 하는 유기체의 역동적이고 지

---

3 여기에서 내가 말하는 '전형적'이라는 말은 단지 한 종 또는 집단의 거의 대부분의 구성원이 동일한 발달 단계를 거친다는 것을 의미한다는 점을 다시 한 번 강조해 두고 싶다.

향적인 활동을 강조하기 위한 것이다. 간단히 말해서 유기체-환경 상
호작용의 특정한 상태를 실현하려는 유기체의 선호적 지향성은 평가
적 과정이며, 유기체가 선호적으로 지향하는 그 '상태'는 (우리가 그
'가치들'을 추상적 실재로 전환하는 것을 자제하는 한) 선별적이고
추상적인 방식으로 그 유기체의 가치로 기술될 수 있다. 끝으로 이 가
치들 대부분은 성숙적으로 자연적인 한편, 다른 것들은 숙련적인(아
마도 문화적으로 특수한) 가치들일 것이다.

　유기체의 환경과의 관련 또는 환경에의 개입 안에서 유기체의 활동
으로서의 평가하기에 대한 이러한 견해는 몇몇 사태들이 '스스로 가
치있다'(valued for their own sake)라는 주장과 전적으로 양립 가능
하다. 앞서 살펴보았던 것처럼 이 주장은 단지 특정한 상황이나 맥락
안에서 유기체가 실현하려고 하는 사태—그 시점에 다른 목표를 성취
하려는 수단이라기보다는 그 유기체가 의미나 경험의 완성으로 평가
하는—가 있을 것임을 의미할 뿐이다. 그렇지만 '스스로 가치 있는'
사태(일상어에서 '본질적' 가치라고 불리는)는 무시간적이고 초월적
인 비상대적 가치가 아니다. 가치에는 항상 유기체와 환경의 관계가
개입되기 때문이다. 더욱이 우리는 종종 우리가 그 스스로의 목적 때
문에 추구하는 것으로, 원래 생각했던 가치가 후일 되돌아보면 더 큰
폭의 행위방식의 일부였으며, 따라서 그것이 사실상 또 다른 목표에
기여하는 어떤 것으로 드러난다는 사실을 깨닫게 된다. 듀이가 모든
목표는 확정된 최종적 목표가 아니라 사실상 '조망된 목표'(ends-in-
view)라고 주장한 것은 바로 이 때문이다.[4]

---

4 John Dewey, *Human Nature and Conduct: The Middle Works*, Vol. 14, ed. Jo
Ann Boydston (Carbondale, Ill.: Southern Illinois University Press, 1922/1988),
19장 참조.

평가하기에 대한 이러한 검토를 통해 우리는 절대적 가치가 그것을
중요하게 생각하는 존재와 상관없이 존재한다는 생각에서 벗어나야
한다는 결론에 이른다. 정확히 말하자면, 주어진 맥락에서 우리가 당
시에는 또 다른 목표를 위한 수단이라고 생각하지 않았던 목표들이
존재한다고 하더라도 어떤 것도 평가하는 유기체와의 관계를 벗어나
서 '그 자체로 좋은 것'은 아니다.

2. 가치의 기본 원천

평가하기의 역동적이고 상관적이며 상호작용적인 본성에 대한 이러
한 이해를 통해 우리는 가치의 주된 원천을 간략하게 탐색하기 위한
적절한 맥락에 이르게 되었다. 우리의 가치는 어디에서 오는가? 자연
주의적 대답은 가치가 자연적 상황(문화적 가치는 생물학적 필요로부
터 생겨나는 신체적 요구만큼이나 '자연적'이다)에서 창발한다는 것
이다. 그래서 내가 여기에서 제안하는 가치에 대한 계보학적 해명은
결코 어떤 초월론적 원천도 요구하지 않는다.

기본적인 자연주의적 논증은 다음과 같다. 인간은 환경과의 지속적
인 상호작용 속에 있는 복합적이고 다기능적인 유기체다. 우리는 발
달하는 생물학적/사회적 본성과 우리가 거주하는 환경—동시에 물리
적이고 대인관계적이며 문화적인—의 지속적인 상호작용의 복잡한
연쇄다. 인간은 생존과 성장을 추구하며, 이 모든 활동은 자연적으로
자연스럽게 대인관계적이며 문화적인 맥락 안에서 이루어진다. 많은
심층적 가치들은 식량, 물, 자연력으로부터의 피난, 신체적 해악으로
부터의 보호 등 유기체의 단순한 생존이 요구하는 것들로부터 온다.
그러나 타인들과의 상호작용 안에서 존속하는 존재—타인의 사랑과

배려를 필요로 하며, 자원 때문에 타인과 경쟁하며, 타인과의 협력적 활동을 통해 번성하는―라는 우리의 사회적 본성에서 비롯된, 좀 더 사회적인 방식으로 구성된 좋음이 있다. 이 모든 가치들은 인간의 번영과 관련된 가치들이다. 그것들은 초월적 토대를 요구하지 않는다. 그것들은 우리에게 일차적 자원들이고, 우리의 문제는 특정한 상황에서 이 자원들이 충돌하는 데서, 또는 어떤 자원 추구가 다른 사람의 자원 추구를 방해하는 데서 발생한다.

가치에는 다중적인 원천과 층위가 있으며, 그것은 우리가 거주하는 환경과 상호작용하는 과정에서 우리와 같은 존재에게 도덕적 의미를 갖게 된다. 우리가 지향하는 인간, 우리가 추구하는 물건, 우리가 실현하려고 하는 상황 등은 모두 지속적인 유기체-환경 상호작용 안에 조건화되어 있다. 신체적 구조의 복잡성, 대인관계의 복잡성, 환경의 복잡성 때문에 우리의 도덕적 추론에 영향을 미치는 가치는 최소한 다음과 같은 네 층위를 갖는다. [5]

1) 유기체적 기능이나 평안과 관련된 가치

생존과 성장은 생명체인 우리에게 일차적 우선성을 갖는다. 우리가 생존하고 발달하지 않으면 상위적 층위나 형태의 평안에 이를 가능성조차도 없다. 플래너건(O. Flanagan)이 훌륭하게 표현했던 것처럼 "적응 후에 번영"(fitness, then flourishing)[6]이라는 자연적 명령이 있

---

5 이 층위들이 차별적이고 독립적인 도덕적 경험의 차원들을 대변하는 것은 아니다. 그것들은 명백하게 서로 얽혀 있는데, 그것은 마치 밀접한 대인관계(모자관계 등)의 맥락에서 생겨나는 덕들이 상위적인 사회조직(지역 건강 프로그램의 가입과 참여 등)과 연관되는 것과 같다.
6 Owen Flanagan, *The Really Hard Problem: Meaning in a Material World*

다. 플래너건은 두 국면의 상보성을 다음과 같이 서술하고 있다.

  우리의 생득적인 의지적 본성은 우리를 적응을 추구하는 방향으로 이
끌어 간다. 이 생득적인 의지적 본성이 일련의 믿음으로 구성되어 있다
고 기술하는 것은 적절하지 않다. 그것은 인식론적으로 추동되는 것이
아니다. 동시에 그것은, 처음부터 주어진 것으로서, 합리적이거나 비합
리적인 것도 아니다. 귀납추론처럼 그것은 무합리적(arational)이다. 우
리는 그 목적을 우리 자신에게 합치시키거나 귀납추론을 사용하기 위해
합리적으로 받아들이는 것이 아니다. … 그다음에 오는 것은 마술적 속
임수다. 세상 모든 곳에서 적응이 이루어지면(좀 더 정확하게 말해서 현
재 이루어지고 있으면) 인간은 의미와 행복을 위해 분투하기 시작한다.
번영의 추구는 우리가 예외 없이 (현재와 같은 방식으로 진화해 온 사회
적 동물이라는 사실 덕택에) 좋음, 진리, 미를 발견하려는 플라톤적 성향
에 묶여 있다는 사실을 드러내 준다.[7]

  적어도 유기체 적응의 최소 층위는 모든 인간에게 진화적 명령이
다. 우리는 유기체적 몸으로 진화해 왔다. 그것은 생명 과정의 지속을
위한 기본적 조건들을 요구하며, 따라서 우리는 필연적으로 우리가
의식적으로 인지하는가에 상관없이 작동하는 신체화된 가치들을 갖
게 될 것이다. 거의 대부분의 경우 우리는 적응 가치들이 어떻게 우리
의 지속적인 경험과 행위를 구조화하는지 의식하지 못한다. 사실상
이 가치들의 작용은 자동적이며 무의식적인 방식으로 우리의 생존과

  (Cambridge, Mass.: MIT Press, 2007), p. 54 ff.
7 같은 책, pp. 55-56.

평안에 필수적이다. 만약 우리가 이 모든 신체적 사건과 조정을 의식적으로 처리해야 한다면 의식적으로 추적되는 인지체계는 과부하가 되어 삶의 조건을 처리하는 능력을 잃게 될 것이다.

몇 권의 중요한 책에서 다마지오(A. Damasio)는 가장 심층적이고 가장 보편적인 가치들의 생물학적 근거를 탐색한다.[8] 다마지오의 기본적 시각은 이렇다.

나는 가치가 불가분하게 삶과 연관되어 있는 것으로서의 필요와 연관되어 있다고 본다. 일상적인 사회적·문화적 활동에서 이루어지는 우리의 평가는 직접·간접적으로 항상성(homeostasis)과 연결되어 있다. 그 연결은 왜 인간 두뇌의 회로가 이득을 증진하고 손실을 두려워하는지는 말할 것도 없이 득실의 예측과 탐색에 과도하게 집중되어 있는지를 설명해 준다. 바꾸어 말해 그것은 가치의 할당에 대한 인간의 집착을 설명해 주는 것이다.

가치는 직·간접적으로 생존과 관련되어 있다. 특히 인간에게 있어서 가치는 평안이라는 형태의 생존의 질에도 관련되어 있다.[9]

그렇다면 심층적 가치란 무엇인가? 그것들은 유기체인 우리 삶의 지속과 성장에 필요한 모든 것이다. 『발생의 느낌』(*The Feeling of*

---

8 Antonio Damasio, *Descartes' Error: Emotion, Reason, and the Human Brain* (New York: G. P. Putnam's Sons, 1994); *The Feeling of What Happens: Body and Emotion in the Making of Consciousness* (New York: Harcourt Brace, 1999); *Looking for Spinoza: Joy, Sorrow, and the Feeling Brain* (Orlando, FL: 2003); *Self Comes to Mind: Constructing the Conscious Brain* (New York: Pantheon, 2010) 참조.

9 Damasio, *Self Comes to Mind*, pp. 47-48.

What Happens)에서 다마지오는 살아 있는 유기체의 지속을 위한 주
된 조건을 다음과 같이 제시한다. 유기체는 적어도 환경으로부터 자
신을 분리해 주는 동시에 지속적으로 접촉할 수 있게 해 주는 최소한
의 침투 가능한 경계를 확립해야 한다. 그래서 그 경계는 다마지오가
버나드(C. Bernard)를 따라 '내적 환경'(internal milieu)이라고 부르
는 것을 정의한다. 경계가 없으면 유기체의 통합성은 없다. 그러나 그
경계는 동시에 침투 가능해야만 음식(에너지)이 흡수될 수 있으며 노
폐물은 배출될 수 있다. 유기체는 동시에 지속적으로 그 '내적' 환경
의 상대적 안정성을 유지해야 한다. 다마지오는 생명 유지에 필요한
과정의 균형을 서술하기 위해 캐넌(W. Canon)의 '항상성'이라는 개
념을 빌려 온다. 다마지오는 생물학적으로 근거지어진 가치를 이렇게
요약한다. "그렇다면 모든 유기체에게 가치의 뿌리는 생존 가능한 항
상성의 범위 안에서 생체 조직의 생리학적 상태다."[10]

　슐킨(J. Schulkin)은 생명 유지 과정의 비교적 안정적이지만 역동
적인 국면을 드러내기 위해 '항상성' 대신에 '변형성'(allostasis)(변
화를 뜻하는 'allo'와 안정/동일을 뜻하는 'stasis'에서)을 선택한다.
변형성은 "유기체가 상태의 신체적 변형 — 생명에 필수적인 한계 내
에서 내적 행동의 범위를 유지하는 행동적·생리적 과정을 포함하는
— 을 통해 내적 생존력을 얻는 과정"[11]이다. 루(P. Luu)와 터커(D.
Tucker)는 항상성 안에서 유기체가 설정값(set point)을 확립하며, 원
래의 항상성이 무너질 때마다 그 설정값(유기체의 상태)으로 되돌아
오는 기제를 발달시킨다고 설명한다. "항상성 기제는 일탈을 교정하

---

10 같은 책, p. 49. (고딕은 원문의 강조.)
11 Jay Schulkin, *Adaptation and Well-Being: Social Allostasis* (Cambridge:
　Cambridge University Press, 2011), p. 6.

고 항상성 설정값으로 체계를 되돌리는 복원적 반응을 가동함으로써 설정값으로부터의 일탈에 반응한다."[12] 과열된 몸을 식히고 적응 가능한 폭으로 체온을 조절하는 자동 기제는 항상성 체계의 좋은 사례일 것이다.

대조적으로 변형성은 유기체와 환경의 변화에 따라 설정값을 현실적으로 변경할 수 있게 해 준다.

변형성은 시간적으로 역동적으로 이루어지는 동기적 설정값에 대응하는 다수의 변수(행동적 변수와 생리적 변수를 포함한)의 규제로 정의될 수 있다. … 변형성은 단순히 고정된 설정값으로부터의 일탈에 대한 대응이라기보다는 유기체가 필요를 예상하고 그 필요에 선제적으로 대처할 수 있게 해 주는 규제적 목표의 구도를 조정한다. … 본질적으로 변형성은 학습과 적응을 항상성 유지적 자기 규제의 과정에 통합시킨다.[13]

내 생각에 다마지오가 '항상성'이라는 개념을 사용할 때는 (항상 그런 것은 아니지만) 흔히 위에서 서술된 변형성의 더 역동적인 과정을 포함하는 것으로 보이며, 그래서 나는 '항상성'보다는 '변형성'이라는 개념을 더 자주 사용할 것이다.

역동적인 생물학적 변형성의 원형적 가치는 평안이라는 인간적 개념에 필수적인 수많은 하위적인 생물학적 가치를 산출한다. 이 보편

12 Phan Luu and Don Tucker, "Self-Regulation by the Medial Frontal Cortex: Limbic Representation of Motive Set-Points," in Mario Beauregard, ed., *Consciousness, Emotional Self-Regulation and the Brain* (Amsterdam: John Benjamins, 2003), p. 125.
13 같은 논문, pp. 125-26.

적인 생물학적 가치의 부분적 목록은 적어도 다음의 것들을 포함할
것이다.

- 생명 과정을 유지해 주는 음식
- 생명을 파괴할 수 있는 극단적인 더위나 추위를 벗어난 적정한 기후
- 충분히 맑은 공기와 물
- 맹수 등 사람에게 유해한 존재들로부터의 보호
- 신체적, 인지적, 정서적 능력이 적절히 형성되는 시점까지 적어도 발
  달 경로의 대부분을 관통하는 유아나 아동에게 필요한 보살핌과 양육
- 질병이나 상해, 심리적 기능장애 등에 대처하는 신체적 체계(면역체
  계 등)

　기본적인 생물학적 가치의 이 목록은 더 확장될 수도 있겠지만 현
재의 목록은 최소한의 생존과 평안을 위해서 주어져야 할 가능성 조
건의 방대한 폭을 밝혀 주기에 충분하다. 그러므로 세계 정의에 대한
'역량'(Capabilities) 접근법이라고 불리는 것에서 이것들을 포함한
생명 유지적 가치들이 기본 조건의 목록에 등장하는 경향은 놀라운
일이 아니다.[14] 그래서 그 가치들은 모든 지역 사람들이 생존하고 번
영하는 데 필요하다는 점에서 우리에게 그것들을 성취해야 할 도덕적
책무가 있다는 주장이 제기된다.
　다마지오는 가치의 궁극적인 생물학적 원천에 관한 자신의 주장을
명쾌하게 요약하고 있다.

14　Martha Nussbaum, *Women and Human Development: The Capabilities
Approach* (Cambridge: Cambridge University Press, 2000) 참조.

내 가설은 우리의 일상적 삶에서 마주치는 대상과 과정이 자연적으로 선택된 유기체적 가치의 이 뿌리를 참조함으로써 할당된 가치를 얻는다는 것이다. 대상이나 활동에 부여하는 가치들은 아무리 간접적이거나 멀더라도 다음 두 가지 조건과 어떤 관계를 갖는다. 먼저 현재의 맥락에 적합한 항상성의 폭 안에서 생체 조직의 총체적 유지, 둘째, 현재의 맥락에 관련된 평안과 결합된 항상성의 폭의 영역 안에서 요구되는 특정한 규제.[15]

2) 친밀한 대인관계와 관련된 가치

생존과 평안은 단순히 물리적 지속과 보호의 문제가 아니다. 그것들은 동시에 사회적(대인관계적) 상호작용의 문제다. 우리는 같은 종으로서의 타인과 사회적 합의에 참여하거나 같은 종으로서의 타인과 상호작용에 참여할 것인지의 여부, 또는 참여의 폭을 선택할 수 있는 자율적 행위자로 태어나는 것이 아니다.[16] 대신에 우리의 사회성은 진화적 필연성이며, 우리 존립의 불가결한 조건이다. 우리는 근원적으로 사회적 존재다. 즉 우리는 신체적, 심리적, 정서적, 사회적 평안에서 대부분 타인의 선의지와 배려에 의존하며, 특히 생물학적, 사회적 능력을 발달시키는 삶의 초기 20여 년 동안, 그리고 또 삶의 끝 부분에서도 흔히 그렇다.[17] 이 때문에 가치와 규범의 창발은 양육, 보살핌,

---

15 Damasio, *Self Comes to Mind*, p. 49.

16 물론 걸스카우트 참여, 교회나 유대교회, 이슬람교회 가담, 동호회, 운동부, 노조의 가입 등 부분적으로 우리가 선택하는 상호적이며 집단적인 관계가 존재한다. 내 주장은 (1) 우리가 본성상 사회적 존재이며, (2) 어떤 의미에서도 우리가 선택하지 않은, 우리 자신이 속해 있는 개인적 관계나 사회집단이 명백하게 존재한다는 것이다.

17 Daniel Stern, *Interpersonal World of the Infant: A View from Psychoanalysis*

교육, 사회적 상호작용의 필요성과 연결되어 있다. 이러한 근원적인 발달적 의존성은 지각과 행위의 신체적 능력에서부터 정서적 활동, 사회적으로 성숙된 차원의 협력적인 행동에 이르기까지 우리 존재방식의 모든 국면을 포함한다.

우리의 사회적 본성은 이론적 시각도 아니며, 타인에 대해서 갖는 반성적 태도도 아니다. 그것은 오히려 트레바튼(C. Trevarthen)이 '원시적 상호주관성'(primary intersubjectivity)이라고 부르는 것이다.[18] 아이는 곧바로 보호자와 안무 형태의 의사소통적 동작을 수행하는 놀라운 능력을 갖고 태어난다. 이 원시적인 교호는 공유된 지향성의 한 형태이며, 그 지향성 안에서 상호작용하는 당사자들은 서로 자신들의 의도, 즉 대상과 목표를 향한 방향성을 함께 조절한다. 트레바튼의 수십 년 동안의 연구는 유아가 어떻게 최초의 보호자의 표정이나 몸동작을 모방하고, 의사소통적 상호작용에서 차례를 지키며, 타인의 정서적 상태를 반영하고, 기본적 욕구와 의도를 전달하는지 등을 밝혀 준다. 이 모든 능력과 활동은 유아나 아동의 생존과 평안에 필요한 유대와 협력적 행동과 맞물려 있다.

사회적 참여의 필수적 조건은 우리 자신이 모두 그런 것처럼 타인을 마음을 가진 개별자—의식과 사고, 느낌을 경험하는—로 이해하는 일이다. '마음 이론' 연구로 불리는 분야는 어떻게 유아가 타인에

---

and Psychological Development (New York: Basic Books, 1985); Maxine Sheets-Johnstone, *The Roots of Morality* (University Park, Penn.: Pennsylvania State University Press, 2008) 참조.

18 Colwyn Trevarthen, "Communication and Cooperation in Early Infancy: A Description of Primary Intersubjectivity," in Martha Bullowa, ed., *Before Speech: The Beginning of Interpersonal Communication* (Cambridge: Cambridge University Press, 1979) 참조.

대해 '마음'과 다양한 '정신적 상태와 태도' —제한적이고 관점적인 지식을 포함하는—를 가진 존재라는 개념에 이르게 되는지에 초점을 맞춘다. 이 현상에 관해 이론 이론과 시뮬레이션 이론이라는 두 가지 주도적인 입장이 있다. 개략적으로 말하자면 이론 이론은 아동이 타인의 관점이나 행동을 해석하기 위해 이론적 태도와 유사한 것을 사용함으로써 타인의 마음에 관해 알게 된다고 주장한다.[19] 시뮬레이션 이론은 이론 이론('theory' theory)의 설명이 지나치게 이론적이며 사변적이라고 보며, 대신에 아동이 타인의 마음을 자신의 마음과 유사한 것으로 가정하며, 따라서 마치 자신이 타인의 상황을 동일하게 경험하는 것처럼 타인의 사고나 느낌을 시뮬레이션한다고 주장한다.[20]

잘 알려진 이 두 이론은 기본적인 사회적 상호연관성에 주목할 수 있게 해 주지만 갤러거와 휴토(S. Gallagher and D. Hutto)는 이 이론들이 원시적 상호주관성의 특징인 상호작용적 활동의 선반성적 심층을 포착하지 못하고 있다고 본다.[21] 대부분의 경우 우리는 마치 타인의 행동을 관찰한 다음, 그것을 이론적으로 우리 자신에게 설명하려는 것처럼 타인의 마음이 어떤지를 '짐작하려고' 하는 자아가 아니다. 또한 우리는 단순히 우리 안에서 행동을 시뮬레이션해 보고, 또

---

19 Alison Gopnik and Andrew Meltzoff, *Words, Thoughts, and Theories* (Cambridge, Mass.: MIT Press, 1997) 참조.

20 Robert Gorden, "Folk Psychology as Simulation," *Mind and Language*, 1 (1986): 158-71; Alvin Goldman, "Interpretation Psychologized," *Mind and Language*, 4 (1989): 161-85 참조.

21 Shaun Gallagher and Daniel Hutto, "Understanding Others through Primary Interaction and Narrative Practice," in Jordan Zlatev et al., eds., *The Shared Mind: Perspectives on Intersubjectivity* (Amsterdam: John Benjamins, 2008) 참조.

유비적 투사를 통해 다른 사람의 행동이 우리의 행동과 유사할 것이라고 가정하는 것도 아니다. 오히려 우리는 그저 공유된 의사소통적·수행적 상황을 창출하는 과정에서 상호주관적으로 타인과 함께 행위한다. 우리는 이 층위에서 우리의 의도와 관점의 섬세한 상호작용에 의해 직접적으로 타인 속에서, 또 타인을 통해서 실존한다. 때로는 시뮬레이션이 있으며, 때로는 원초적 이론화가 있다는 것은 사실이다. 그러나 대부분의 경우 우리는 공유된 지향성과 조정된 행동의 상호작용 안에서 타인과 함께 살아간다.

원시적 상호주관성을 공유하기 때문에 우리는 상호적으로 조정된 합의의 이러한 형태를 가능하게 해 주는 특정한 가치들을 획득한다. 대인관계와 사회성의 더 중요한 가치 중에는 다음과 같은 것이 있다.

(1) 보살핌/양육

명백한 것이지만 장기간에 걸쳐 상당한 정도 타인의 보살핌이나 양육이 없다면 유아나 아동은 생존과 성장에 필요한 '정상적인' 기능적 능력을 발달시키지 못한다. 우리가 필요로 하는 보살핌은 보호자의 입장에서 매우 포괄적이고, 큰 노력을 요구하며, 심리적으로 소모적이어서 그것이 이루어진다는 사실은 인간 종의 작은 경이에 가깝다. 생명 유지에 기본적인 양육의 부담은 너무나 커서 일부 진화심리학자들은 그것이 포괄적인 자기 이익의 관점에서 자녀를 보살피거나 심지어 혈연관계가 없는 사람을 보살피는 일이 어떻게 가능한지를 설명하는 데 평생의 작업이 필요할 것이라고 생각한다. 보살핌의 적절한 유형이나 수준에 대한 요구가 문화에 따라 매우 다양하다 하더라도, 보살핌과 양육이 모든 문화에서 기본적 가치라는 사실을 정당화하기 위

해 '이기적 유전자' 논쟁에 끼어들 필요는 없다.[22]

왜 우리처럼 이기적인 존재가 대체로 자신의 안락이나 만족, 평안을 희생하면서도 타인을 배려하는 것일까? 처칠랜드(P. Churchland)는 우리로 하여금 우리 자신과 우리 자신의 개인적 평안뿐만 아니라 타인의 평안 또한 보살피도록 만들어 주는 진화적이고 발달적인 차원을 탐색했다. 처칠랜드는 "보살핌이 신경계의 기저적 기능이며, 두뇌는 평안을 추구하고 불안의 제거를 추구한다"[23]는 사실에 대한 관찰에서 출발한다. (일부 동물과) 인간은 보살핌을 우리 자신의 복리에 대한 관심에서 선택된 다른 동종의 존재에 대한 관심으로 확장하는 방식으로 진화해 왔다. 처칠랜드는 초원들쥐(prairie voles) 같은 포유류의 일자일웅 관계(pair bonding)와 양육 행동에서 옥시토신(뇌하수체 후엽 호르몬의 일종—옮긴이 주)이나 아르기닌(아미노산의 일종—옮긴이 주) 바소프레신(신경성 뇌하수체 호르몬의 일종—옮긴이 주)과 같은 신경펩티드의 결정적 역할을 밝히고 있는 연구를 이렇게 요약한다.

　호르몬-두뇌 상호작용을 연구하는 신경내분비학에서의 일련의 강력한 증거는 포유류에서(아마도 군집적 조류에서도) 개별자가 스스로를 돌보게 하는 신경조직은 특정한 타자의 평안이라는 새로운 가치를 유도하도록 조정되었을 것이라고 제안한다.[24]

22　보편적인 보살핌에 관한 나의 주장은 보살핌과 관련된 '타인'이 문화에 따라 다르게 정의되어야 한다는 사실에 대한 분명한 이해를 수반한다. 더욱이 보살핌의 최소 수준을 구성하는 것 또한 상이한 사회나 하위집단에 따라 다양할 수 있다.

23　Patricia Churchland, *Braintrust: What Neuroscience Tells Us about Morality* (Princeton, N.J.: Princeton University Press, 2011), p. 30.

24　같은 책, p. 14.

처칠랜드는 "보살핌을 타인들로 확장하고, 그들과 가까이 하려고 하며, 그들과의 이별을 슬퍼하는 성향"[25]을 의미하는 애정이 모든 '정상적인' 인간 발달에 핵심적이며, 도덕성의 근거를 제공하는 것이라고 본다. 요약하면, 처칠랜드는 "도덕성은 애정과 유대의 신경생물학에서 출발하며, 포유류에서 옥시토신-바소프레신 연결망은 보살핌을 자신의 자녀를 넘어서 타자로까지 확장하도록 조정될 수 있으며, 나아가 그 연결망을 배경으로 각자의 사회적 삶에 대처하는 데 학습과 문제 해결이 동원된다는 관념에 의존하고 있다"[26]고 주장한다.

『좋음은 왜 좋은가?』(Why Good Is Good)에서 하인드(R. Hinde)는 인간에게 자기이익적 성향, 그리고 타자 지향적 성향과 정서, 행동을 모두 드러내는 성향이 있다고 본다. 하인드는 모든 문화나 인류 역사를 통해 나타난다고 주장되는 보편적 도덕원리의 목록을 "부모는 그들의 자녀를 보살펴야 한다"[27]라는 명령으로 시작한다. 이것이 보살핌과 감정이입이라는 기본적인 인간의 요구에 근거하고 있는 보편적 도덕원리로서 아무리 탁월한 후보로 보일지라도, 명백한 문제는 상이한 문화 안에서 '보살피다'라는 말이 무엇을 의미하는가다. 추정컨대 그것은 다음의 것들을 포함할 것이다. (1) 생명 유지해 주는 영양을 공급하는 것, (2) 거친 자연 조건, 그리고 생명 유지와 성장을 위한 잠재성을 손상하는 신체적 해악으로부터 아이를 보호하는 것, (3) 최소한의 애정과 사랑을 표현하는 것, (4) 아이가 생존하고 또 평안과 번영(나아가 '행복')이라는 의미에서의 목표를 추구하는 데 필요한

25　같은 책, p. 16.

26　같은 책, p. 71.

27　Robert Hinde, *Why Good Is Good: The Sources of Morality* (London: Routledge, 2002), p. 12.

삶의 기술을 발달시키도록 도와주는 형태의 교육과정을 확보해 주는 것. 자녀에게 그러한 최소 요건을 넘어서는 발달을 촉진하는 책무에 대한 기대는 아마도 문화에 상대적일 것이다. 여기에서 내 주장의 요지는 일정 수준의 애정, 보살핌, 양육은 우리가 상상할 수 있는 거의 모든 행복(평안, 번영) 개념에 필수적 요건이라는 점이다.

'보살핌의 윤리학'(ethics of care) — 흔히 길리건(C. Gilligan)의 『다른 목소리로』(In a Different Voice, 1982)를 그 출발점으로 보는 —은 타인에 대한 양육적 보살핌과 책임이 콜버그(L. Kohlberg)가 아동 도덕 발달에 관한 획기적 연구에서 발견했던 권리, 정의, 의무라는 가치와 대등한 중요성을 갖는다고 주장한다.[28] 초등학교 남자 아동에 관한 연구를 토대로 그는 도덕 발달의 여섯 가지 주요 단계를 설정했는데, 각각의 단계는 도덕적 책무의 원천에 대한 인식에서 상이한 관점을 드러냈다. 콜버그와 함께 초기 연구를 수행했던 길리건은 연구 대상을 여자 아동으로 확대했으며, 이들이 타인에 대한 보살핌과 사회적 조화나 협력 유지에 대해 더 큰 관심을 갖는다는 사실을 발견했다. 길리건은 권리와 정의 대 보살핌과 양육 성향 사이에 성별에 따른 엄격한 구분선을 긋는 대신에 여자 아동이 남자 아동에 비해 보호자로서의 역할에 대한 개념을 중심으로 사회화하는 경향이 더 크다는 점에 주목했다. 나딩스(N. Noddings)는 육아를 모든 도덕체계의 토대를 제공해야 하는 양육적 보살핌의 모형이라고 주장한다.[29]

---

28 Lawrence Kohlberg, *Essays on Moral Development, Vol. 1: The Philosophy of Moral Development* (New York: Harper and Row, 1981); *Essays on Moral Development, Vol. 2: The Psychology of Moral Development* (New York: Harper and Row, 1984) 참조.

29 Nell Noddings, *Caring: A Feminist Approach to Ethics and Moral Education*

그래서 보살핌의 윤리학의 몇몇 유형은 자기 이익을 포기하는 대신 자기희생을 지나치게 강조하려는 경향을 가지며, 이 때문에 보호자의 억압을 가중시킨다고 비판받는다.[30] 또 그것들은 육아나 양육의 본성에 대해 심리학적으로나 사회학적으로 비현실적인 가정이라고 비판받는다.[31] 그러나 보살핌의 윤리학은 오늘날 권리/정의/의무 접근법을 보완하고, 우리의 모든 도덕적 상호작용의 모형을 제공한다고 주장하는 하나의 주류적 경향이 되었다.[32]

생명 유지와 성장에 필수적인 보살핌의 역할이 아무리 일차적이라 하더라도 그것은 생명 유지의 기본 조건으로만 국한되지 않는다. 보살핌은 지적, 정서적, 미학적, 사회적 능력의 발달까지 확장되어야 한다. 그 능력은 (1) 아동이 발달적 능력을 자신의 삶의 활동을 이끌어 가는 데 사용할 수 있도록 해 주며, (2) 일차적인 유대로부터 좀 더 넓고 덜 개인적인 사회 집단의 참여에 이르는 사회적 관계에 적절한 방식으로 진입할 수 있게 해 준다.

(Berkeley, Cal.: University of California Press, 1984) 참조.

30 Jean Hampton, "Feminist Contractarianism," in Louise Anthony and Charlotte Witt, eds., *A Mind of One's Own: Feminist Essays in Reason and Objectivity* (Boulder, Colo.: Westview, 1993) 참조.

31 Sarah LaChance Adams, "The Ethics of Ambivalence: Maternity, Intersubjectivity, and Ethics in Levinas, Merleau-Ponty, and Beauvoir," Doctoral Dissertation, University of Oregon (2011) 참조. 애덤스는 육아에 관한 지나치게 낭만적인 다양한 견해들을 비판하지만 그것은 심리학적으로 좀 더 현실적인 보살핌의 윤리학 개념을 위한 것이다.

32 Virginia Held, *The Ethics of Care* (Oxford: Oxford University Press, 2005); Eva Kittay, *Love's Labor: Essays on Women, Equality and Dependency* (New York: Routledge, 1999) 참조.

(2) 감정이입

생존과 번영에 필수적인 보살핌은 대부분 타인의 상황을 경험하는 우리의 능력, 즉 타인과 함께 느끼거나 타인을 위해 느끼는 능력인 감정이입(empathy)의 가능성 측면에서 서술된다. 발(F. de Waal)은 감정이입을 다음과 같이 정의한다. "감정이입은 (a) 타인의 정서적 상태에 영향을 받고, 그것을 공유하며, (b) 타인의 상태의 이유를 평가하고, (c) 타인의 시각을 수용하고 자신을 타인과 동일시하는 능력이다. 이 정의는 많은 동물에게도 존재하는 것을 넘어서서 확장되지만 '감정이입'이라는 개념은 … 기준 (a)만이 충족될 때에도 적용된다."[33] 잘 알려진 것처럼 흄(D. Hume)은 『인성론』(*A Treatise of Human Nature*, 1739/1888)에서 도덕성은 이성이 아니라 느낌(즉 정열과 감정)에 근거하고 있다고 주장했으며, 자신이 '공감'(sympathy)(타인의 평안을 위한 느낌)이라고 불렀던 것을 도덕성의 가능성 자체가 근거하고 있는 최우선적인 도덕적 정서라고 보았다.

대부분의 사람들은 마음의 유용한 성질이 유덕한 것은 그 유용성 때문이라는 사실을 쉽게 받아들일 것이다. … 만약 이것을 받아들이면 공감의 힘은 필연적으로 인정되어야 한다. 덕은 목표를 위한 수단으로 간주된다. 목표를 위한 수단은 그 목표가 가치 있을 때에만 가치 있다. 그러나 타인의 행복은 공감을 통해서만 우리에게 영향을 미친다. 따라서 그 원리에 대해 우리는 승인의 감정을 할당해야 한다. 그 승인의 감정은 사회 또는 그 덕을 지닌 사람에게 유익한 그 모든 덕들에 대한 탐색으로부

---

33 Frans de Waal, "Putting the Altruism Back in Altruism: The Evolution of Empathy," *Annual Review of Psychology*, 59 (2008), p. 281.

터 생겨난다.[34]

홈이 말하는 공감적인 동료의식은 타인의 만족 또는 불만족 상태와 관련해서 타인을 위한, 또는 타인과 공유하는 감정이입 능력을 요구한다. 그러나 그것은 감정이입을 넘어 타인의 평안에 대한 적극적 관심으로 확장된다. 흄은 도덕적 관계의 모든 체계의 핵심이 첫째, 타인의 고통과 쾌락, 고난과 성공, 실패와 번영에 대한 기본적인 감정이입적 이해, 둘째, 타인의 삶에서 이 문제들에 대한 보살핌의 필요성을 포함한다는 사실을 인정했다는 점에서 옳았다. 따라서 흄이 타인을 향한 느낌 관계에 주목했다는 것은 소위 순수한 실천이성만이 도덕적 행위의 정당한 원천이라는 칸트적 주장과 정면으로 충돌한다.

오늘날 감정이입이 윤리학에 대한 현대의 자연주의적 접근의 핵심적 초점이 되었다는 것은 놀라운 일이 아니다. 호프먼(M. Hoffman)은 1980년대 초반부터 도덕 발달에서 감정이입의 핵심적 역할에 관해 일련의 논문을 썼으며, 이 시기는 서구의 주류적 도덕 이론 대부분이 여전히 느낌은 도덕성의 적절한 토대를 제공할 수 없다는 칸트적 주장의 영향 아래 있을 때였다.[35] 오늘날 감정이입은 일상적으로 도덕적 상호작용 근거를 이루는 일차적인 정서적 관계로 거론되며, 흔히 보

---

34 David Hume, *A Treatise of Human Nature*, ed. L. A. Selby-Bigge (Oxford: Clarendon Press, 1739/1888), pp. 618-19.

35 Martin Hoffman, "The Contribution of Empathy to Justice and Moral Judgment," in Nancy Eisenberg and Janet Strayer, eds., *Empathy and Its Development* (New York: Cambridge University Press, 1987); *Empathy and Moral Development: Implications for Caring and Justice* (Cambridge: Cambridge University Press, 2000) 참조.

살핌의 윤리학의 가능성에 대한 열쇠로 간주된다.[36]

　　인간과 몇몇 종 안에서 소위 '거울 뉴런'(mirror neuron)의 체계가 발견된 것은 감정이입 중심의 논의 경향에 또 다른 힘을 실어 주었다. 이 연구는 짧은꼬리원숭이가 다른 원숭이나 인간이 물건(땅콩이나 바나나 같은)을 잡는 것을 볼 때, 자신이 물건 잡는 동작을 할 때 운동피질의 일부가 활성화된다는 사실이 발견되면서 시작되었다.[37] 바꾸어 말하면 특정한 영장류가 특정한 대상에 대해 수행되는 구체적 행위를 관찰할 때 감각운동 시뮬레이션 처리가 이루어지는 것으로 보인다. 심화된 연구는 관련된 시뮬레이션의 유형(시각뿐만 아니라 청각이나 촉각에서도)을 확장시켰으며, 동시에 거울 뉴런 점화를 산출하는 행위에 대한 정확한 제약을 확인했다.[38] 이 연구는 곧 인간을 대상으로 확장되었으며, 거울 뉴런 체계가 수행된 구체적 행위에 대한 관찰로만 국한된 것이 아니라 그 행위에 대한 단어들의 듣기와 읽기, 그 행위의 수행에 대한 상상, 그 수행에 관한 꿈꾸기에서도 작동하는 것으로 보인다.[39]

　　거울 뉴런 체계는 타인에 대해 감정이입적으로 반응하는 능력과도

36　Carol Gilligan, *In a Different Voice: Psychological Theory and Women's Development* (Cambridge, Mass.: Harvard University Press, 1982); Noddings, *Caring* 참조.

37　Vittorio Gallese et al., "Action Recognition in the Premotor Cortex," *Brain*, 119-2 (1996): 593-609 참조.

38　Glacomo Rizzolatti and Laila Craighero, "The Mirror-Neuron System," *Annual Review of Neuroscience*, 27 (2004): 169-92 참조.

39　Jean Decety and Julie Grezes, "The Power of Simulation: Imagining One's Own and Other's Behavior," *Brain Research*, 1709 (2006): 4-14; Lisa Aziz-Zedeh et al., "Congruent Embodied Representations for Visually Presented Actions and Linguistic Phrases Describing Actions," *Current Biology*, 16-18 (2006): 1818-23 참조.

관련된다는 가설이 세워지고 있다.[40] 대부분의 사람들은 당신이 극심한 고통을 겪는 것을 보거나 들으면, 또는 당신이 우는 것을 보거나 들으면 그들은 직접적으로 당신과 '함께 느낀다'.[41] 이러한 감정이입적 경험은 타인의 행동에 대한 이론적 가설도 아니며, 내 경험을 당신에게 유비적으로 투사하는 것도 아니다. 그것은 오히려 내가 당신에게서 지각하는 행동과 직접적으로 관련된 감각적, 운동적, 감정적 처리 과정의 활성화다.

거울 뉴런 가설이 타인의 의도 파악, 모방 행동, 우리의 감정이입 능력에 대한 해명으로서 유망한 것이라 하더라도 처칠랜드는 거울 뉴런이 모든 도덕적 관계에 핵심이라는 과격한 주장들에 대해 전면적으로 회의적이지는 않지만 신중해야 할 충분한 이유를 제시한다.[42] 처칠랜드는 많은 연구를 정리하고 각각의 연구 유형에 대해 인간에게서 거울 뉴런의 작용에 대한 명료하고 강력한 결론을 이끌어 내는 데 주된 문제가 무엇인지를 개관한다. 유력한 증거가 존재하는 것은 사실이지만 결론적인 해명에 이르기까지는 아직 갈 길이 멀어 보인다. 현재로서 받아들일 수 있는 것은 기본적으로 거의 대부분의 인간에게 감정이입, 그리고 사회적 모방처럼 그것과 연결된 행동 능력이 있다는 것이며, 그것은 거울 뉴런 능력의 역할에 의존해 있는 것으로 보인다.

---

40 Jean Decety and Philip Jackson, "The Functional Architecture of Human Empathy," *Behavioral and Cognitive Neuroscience Reviews*, 3 (2004): 71-100; Gallese, "The Shared Manifold Hypothesis: From Mirror Neurons to Empathy," *Journal of Consciousness Studies*, 8 (2001): 33-50 참조.

41 최근 제시된 가장 잘 알려진 가설은 반사회적 인격장애를 특징짓는 것은 다름 아닌 감정이입 경험이 불가능하다는 점이다. 이들에게 타인은 단지 자신의 욕구나 의도를 충족하기 위해 사용해야 할 사물이 될 수 있다.

42 Churchland, *Braintrust* 참조.

3) 복잡한 사회적 상호작용이나 제도와 연결된 가치

대인관계적 활동(일대일 또는 면대면의 접촉)에서 출발한 것은 결과적으로 좀 더 큰 사회적 집단에서의 활동으로 확장되어 사회적 덕이라고 불리는 것을 낳는다. 사회적 집단과 제도는 공동체적 관계들을 조정하는 데 필요하며, 그렇게 함으로써 우리가 개인적인 목표와 공동체적으로 공유된 목표를 조화롭게 추구할 수 있다. 샌델(M. Sandel)을 비롯한 많은 공동체주의적 정치 이론가들은 사회에 관해 지나치게 단순화된 사회계약 이론들에 반대하여 인간이 독립적인 개별자로 태어나 자유롭게 자신이 참여하는 사회적 활동을 선택하는 것이 아니라고 주장한다. 대신에 우리는 탄생 이후(아마 그 이전에도) 삶의 출발점에서부터 사회적 존재—원시적 상호주관성에서부터 더 큰 사회적 집단에의 참여에 이르기까지—다. 여기에서 논점은 우리가 참여하는 집단(클럽, 이웃, 종교 조직, 학교, 정당, 사회 조직, 사회 운동 등)을 가끔 선택하지 않을 수도 있다는 것이 아니다. 오히려 논점은 우리가 본유적으로 사회적 존재이며, 도덕적 정체성은 사회적 상호작용의 대체로 거부할 수 없는 그물망으로부터 벗어날 수 없다는 것이다.

따라서 우리의 사회적 본성은 사회적 유대와 조화, 협력에 필요한 특정한 덕—품성의 성향—을 요구한다. 매킨타이어(A. MacIntyre)가 주장하는 것처럼, "덕은 그 보유와 실행이 우리로 하여금 실천에 내재적인 좋음을 성취할 수 있게 해 주며, 그 결여는 결과적으로 그러한 좋음의 성취를 가로막는, 습득된 인간적 성질이다."[43] 1장에서 보았듯이 사회적으로 확립된 협력적 활동—그 실천 안에서 성취할 수

---

43   Alasdair MacIntyre, *After Virtue*, 2nd ed. (Notre Dame, Ind.: University of Notre Dame Press, 1984), p. 101.

있는 좋음들을 낳는, 그리고 그 좋음들을 실현하려는 노력에 개입된 탁월한 수행 개념을 산출하는—의 복합적 형태로서 매킨타이어의 실천 개념을 상기하라. 따라서 구체적 덕들은 그것들이 탁월한 실천을 가능하게 하는 만큼 가치 있다. 관련된 실천은 특정 집단의 노력의 역사와 전통에 의해 그 형태가 주어지며, 사회적 덕은 이 노력의 본성에 의해 구체화된다.

만약 모든 유형의 실천에 필요한 덕들이 존재한다면 그것들은 그 본성상 매우 일반적일 것이다. 그렇지만 매킨타이어는 보편적 덕이 될 만한 소수의 사례(용기나 진실성 같은)를 인정하면서도 역사적으로 구체적인 장소나 시간과 결부된, 다수의 덕의 도덕적 전통이 있을 수 있다고 주장한다. 따라서 많은 경우에 이 역사적으로 조건화된 전통들은 상이한 내재적 좋음들을 낳으며, 이 실천의 좋음들을 향한 일차적 덕들의 목록을 산출할 것이다. 한 전통에 핵심적인 덕들이 다른 문화 체계에서는 덕의 목록에 들지 않는 경우는 매우 흔하다. 예를 들어 기독교 안에서 최상의 덕인 겸손은 용기나 교활, 충성을 우선적으로 강조하는 호메로스적 사회에서는 거의 설 자리가 없을 것이다. 아킬레스의 자존심은 과도한 것일 수 있지만 그의 동족 누구도 자신들의 지도자가 전장에서 진정으로 겸손하기를 기대하지 않는다. 반면에 기독교에서 겸손은 심지어 도덕적 좋음의 가능성의 기본적 조건이다. 또 우리는 프랭클린(B. Franklin) 시대에 미국에서 중시되었던 근면성의 등가물이 호메로스적 사회 안에 있을 것으로 기대하지 않는다.

요약하면, 덕의 완전한 목록은 매우 방대할 것이며, 누구도 모든 사회에서 중시되는 소수의 덕 이상을 발견하리라고 기대하지는 않을 것이다. 또 그 경우라 하더라도 그 보편적 덕들은 각각의 문화적 환경 안에서조차도 상이하게 이해될 가능성이 크다. 그럼에도 우리는 아마

도 거의 대부분의 사회 조직 개념에 부합하는 몇몇 대표적인 사회적
덕을 제안할 수 있을 것이다.

• 진실성

칸트는 진실한 대화와 약속 지키기에 대한 거의 광적인 집착을 서
술하고 옹호하는 데 엄청난 글을 썼다. 칸트의 도덕 인식론은 거짓말
에 대한 절대적 금지—합리적 행위자라는 개념 자체에서 선험적으로
추론될 수 있는—를 스스로에게 필연적으로 확립해야 한다는 짐을
지웠다. 그렇지만 우리는 어떤 대인관계도 어떤 사회 조직도 진실성
과 약속 지키기에 대한 신뢰 없이 존립할 수는 없다는 명제를 실현하
기 위해 칸트의 합리주의적 순수주의를 필요로 하지 않는다. 간단히
말해서 내가 내 입장이나 의도를 표현하려고 할 때 당신이 내가 말하
고 행동하는 것을 믿고 행동할 수 없다면 사회적 관계나 조정된 공동
체적 활동의 유대는 단절된다. 『윤리학 강의』에서 칸트조차도 다음과
같은 자신의 합당한 주장을 정당화하기 위해 순수실천이성이라는 악
명 높은 틀을 필요로 하지 않았다.

진실성이 없이는 사회적 교섭과 대화는 무가치하게 된다. 우리는 그가
이 생각들을 말할 때에만 그가 무엇을 알고 있는지 알 수 있으며, 그가
그 생각들을 말할 때 실제로 그렇게 말해야 한다. 그렇지 않으면 인간 사
회는 존립할 수 없다.[44]

44 Immanuel Kant, *Lectures on Ethics*, trans. Louis Infield (Indianapolis, Ind.:
Hackett, 1930/1963), p. 224.

• 통합성

통합성은 다른 사람들이 당신이 누구이며, 어떻게 행동할 것인지에 대해 알 수 있게 해 주는, 성품의 전체성, 통일성, 안정성이다. 통합성은 당신의 행동에서 드러나는, 특정한 가치나 행위의 원리에 대한 안정된 준수로 확장될 수 있다. 한 사람의 통합성이 진실성과 약속 지키기에서 드러날 때 우리는 그들과의 관계에서 어떻게 행위해야 하는지의 근거로서 그들이 말하고 행동하는 것에 대해 신뢰할 수 있다는 것을 알 수 있다. 이것의 장점은 모든 사회 집단에서 명백하게 드러난다. '약한' 성품에는 통합성이 없으며, 따라서 삶의 역경이나 도전 앞에서 성품의 통일성을 유지하는 능력이 없다.

• 용기

용기는 보편적 덕의 우선적 후보다. 왜냐하면 죽음의 위협이나 신체적·심리적 해악 앞에서 자신의 행위를 관철할 수 있는 온건한 힘은 사실상 억압이나 지속적인 해악의 위협으로부터 사회의 자유를 유지하는 데 필수적이기 때문이다. 삶은 우리에게 상시적으로 잠재적 해악을 불러오기 때문에 단순한 일상 속에서조차 어느 정도의 용기를 요구한다. 물리적 위험이나 도덕적 악의 실제적 편재성을 고려한다면 모든 사회는 최소한 구성원의 일부가 그 공동체와 그 구성원의 평안을 위협하는 사안에 대해 용기 있는 태도를 취할 준비가 되어 있어야 한다. 물리적 용기를 넘어서 우리 자신이나 우리 사회가 좋음과 옳음으로 받아들이는 것을 행하는 지적이고 도덕적인 용기를 필요로 한다.

• 권위의 인정

무한정한 자유와 자율을 향한 서구적 편향에도 불구하고 어떤 사회도 어느 정도 구속력 있는 권위에 대한 인정이 없이 장기간 지속될 수 없다. 이것은 종종 국가(왕, 수상, 대통령, 대표)의 권위에 대한 복종의 형태를 띤다. 그러나 오늘날 그것은 흔히 교환의 패턴, 사회적 상호작용의 형태, 대규모적인 공동체적 거래를 제약하고 이끌어 가기 위해 수립된 법의 강제적 본성을 인정하는 행태를 띤다. 이 법은 신적 권위에서, 보편적 이성의 권위에서, 또는 국가의 권위에서 오는 것으로 생각될 수 있다. 하이트(J. Haidt)는 더 나아가 위계질서와 권위가 완성된 형태의 도덕체계의 다섯 가지 핵심적 층위의 하나를 구성한다고 주장한다.[45]

• 충성심

로이스(J. Royce)는 충성심을 "어떤 신념에 대한 한 사람의 의지, 그리고 실천적이고 철저한 헌신"[46]이라고 정의한다. 여기에서 신념이란 단순히 한 사람의 사적 목표가 아니라 공동의 평안에 기여하는 것으로 대중이 공유하는 신념이다. 로이스는 다른 사람 또는 사람들에 대한 충성심을 공유된 신념에 대한 충성심으로 해석한다. 로이스는 어떤 신념에 대한 충성심을 우리의 도덕적 교호나 성취를 위한 필수 조건으로 간주한다. 이런 차원에서 그는 자신이 '충성심에 대한 충성심'이라고 부르는 것을 도덕성의 최고 원리의 위상으로까지 끌어 올린다. 그는 도덕적 행위는 충성심을 고양시키는 행위라고 주장한다.

45 Jonathan Haidt, "Emotional Dog and Its Rational Tail: A Social Intuitionist Approach to Moral Judgment," *Psychological Review*, 108 (2001): 814-34; *The Righteous Mind: Why Good People Are Divided by Politics and Religion* (New York: Pantheon, 2012) 참조.
46 Josiah Royce, *The Philosophy of Loyalty* (New York: Macmillan, 1908), p. 9.

우리는 인간의 평안을 증대하는 데 충성심의 중요성을 이해하기 위해 충성심에 대한 로이스의 포괄적인 개념—직접적인 개인적 관계로부터 가장 포괄적인 공동체적 실천에 이르기까지—을 상술할 필요는 없다. 따라서 충성심은 상호성/정의, 권위/위계질서 등 도덕체계를 결정해 주는 하이트의 네 가지 다른 요소들 중 일부와 연결된다.

• 시민의식

충분히 확장된 사회는 각자가 인식하는 자기 이익에 충실한 소수의 구성원들과 함께 존립하고, 나아가 번영할 수도 있지만 기본적인 사회 제도의 평안에 대한 일반적 관심과 사회적으로 협력적인 행위에 대한 신뢰는 활성화된 공동체의 유지에 선결조건이다.[47] 이 시민의식은 대인관계 차원에서 필수적인, 타인에 대한 보살핌과 관심이라는 더 큰 사회적 장치에 부가된 것이다.

• 그 외의 사회적 덕

사회적 층위에서 창발하는 가치와 덕의 포괄적 목록을 확립해야 할 필요는 없다. 근면성, 효율성, 명예, 수치, 재치, 약삭빠름, 인내, 이타성, 관용, 감수성 등 명백하게 비보편적인 가치를 포함하는 목록을 확장하는 것은 아주 쉬운 일이다.

4) 의미, 성장, 자기교화의 탐구와 연결된 가치

도덕성은 우리 자신, 타인, 그리고 어떤 사람들의 주장에 따르면 인

47　미의회 의원들에게서 드러나는, 우려할 만한 시민의식의 부재는 오늘날 미국 정부의 민주적 체계의 붕괴를 위협한다.

간 세계 이상의 것의 평안과 관련되어 있다. 생존과 성장을 위한 최소한의 적응 수준에 이른 인간에게 평안은 유의미하고 성취적인 존립에 대한 욕구를 포함할 것이다. 적응이 우선이고 그다음에 번영이 있다는 플래너건의 말은 이런 의미다. 우리는 개인적 성장과 유의미성에 대한 강한 충동을 갖고 있으며, 그것은 특정한 유형의 경험과 만족에 대한 욕구를 포함한다. 자신의 처형을 목전에 두고 감옥 안에서 소크라테스가 크리톤과 대화하면서 생생하게 표현했던 것처럼 "가장 중요한 것은 단순히 삶이 아니라 좋은 삶이며 … 좋은 삶과 아름다운 삶, 옳은 삶은 같은 것"[48]이다. 플래너건은 우리가 플라톤의 이데아론을 자연화(탈초월화)할 수 있다면 "'좋은' '참된' '아름다운'은 인간이 평안하고 의미 있게 세계 안에서, 또는 세계를 향한 자신의 방향성을 이끌어 가는 세 가지 기본적이고 보편적인 방식을 기술하거나 활동하는 방식들"[49]이라고 제안한다. 플래너건의 논점은, 우리가 자신을 지성적(지식 추구적), 도덕적, 미학적으로 지향된 존재로서의 잠재성을 깨달을 때, 우리가 삶을 위해 의미를 찾으려고 하며, 성취감을 느끼려고 한다는 것이다.

이러한 의미의 유의미성과 에우다이모니아(eudaemonia)은 정도에 따라, 문화에 따라, 한 문화의 사람들에 따라, 심지어 한 사람의 생애에 걸쳐서 극적으로 변화한다는 것이 명백하다. 우리는 장기간에 걸쳐 격렬한 활동, 격렬한 유의미성, 격렬한 에우다이모니아의 정점에서 질주하지 않으며, 또 그럴 수도 없다. 듀이가 자주 지적하듯이 삶은 흥망과 굴곡, 성쇠의 사건이다. 그렇지만 우리는 삶의 굴곡 속에서

---

48 Plato, *Crito*, 48b.

49 Flanagan, *The Really Hard Problem*, p. 40.

일시적이든 장기적이든우리가 의지하는 모종의 유의미한 활동을 어느 정도 안정적으로 필요로 한다. 이 활동은 정원 가꾸기에서 식사를 준비하는 것, 침구를 만드는 것, 컴퓨터 게임, 자녀 양육, 춤, 삶의 의미에 대한 철학적 성찰에 이르기까지 다양하다.

타가드(P. Thagard)는 유의미한 삶—우리가 처리해야 할 일, 추구해야 할 목표, 실행 중인 계획이 있기 때문에 매일 아침에 일어나 활동해야 하는 이유를 제시하는 삶—과 행복한 삶의 차이를 제시하기 위해 행복에 관한 경험적 연구에 의지한다. 유의미한 삶은 적어도 기본적인 삶의 계획들 중 일부가 어느 정도의 만족과 성취를 줄 수 있어야 한다는 것을 요구한다.

유의미한 삶은 단순히 목표를 성취할 때 이루어지는 어떤 것이 아니라, 추구해야 할 가치 있는 목표가 있는 삶이다. 사람들이 중시하는 대부분의 목표들—예를 들어 자녀를 양육하고 도전적인 일을 수행하는 것—이 항상 행복의 원천은 아니다. … 그래서 유의미한 삶은 당신의 모든 목표가 충족된 삶이 아니라 무엇인가를 행해야 할 이유를 제시하는 삶이다. 의미는 아직 충족되지 않은 목표의 추구를 요구하기 때문에 단순히 행복이나 평안에 의해 측정된 목표의 충족과 동일시될 수 없다. 유의미한 삶은 그것이 그 날, 그 주, 그 해에 당신을 행복하게 해 주지 않는다 하더라도 당신이 아직 해야 할 일이 있는 삶이다.[50]

타가드는 행복(성취와 충족이라는 의미의)과 유의미성(역동적인

---

[50]   Paul Thagard, *The Brain and the Meaning of Life* (Princeton, N.J.: Princeton University Press, 2010), pp. 148-49.

목표 추구라는 의미의)의 대비를 이렇게 요약한다.

> 행복은 삶의 의미가 아니다. 행복은 당신의 목표가 충족되었다는 것이
> 지만 의미는 나아가 충족될 수도, 충족되지 않을 수도 있는 가치 있는 목
> 표를 갖는다는 것을 포함한다.[51]

무엇이 사람들을 행복하게 만드는지, 다양한 문화가 '행복'이라는 말
로 무엇을 의미하는지, 무엇이 사람들의 삶에서 의미에 대한 이해를
제공하는지는 경험적으로 탐구되어야 할 문제다. 최근에 'eudaemo-
nia'(평안이나 번영)의 인지과학에는 급속히 성장하는 일련의 성과들
이 있다. 긍정심리학(positive psychology)이라고 알려진 분야의 극적
인 발전은 총체적 평안에 대한 이해와 의미에 대한 이해를 제공하는
활동과 조건에 대한 탐구에 집중하는 별도의 분야를 열어 주었다.[52]
긍정심리학의 모든 문헌을 검토했다고 말하지는 않지만 타가드는
그 주요 발견을 "삶의 의미는 사랑과 일, 놀이다"[53]라는 구호로 요약
한다. 관계들, 관심 있는 일, 그리고 우리의 환상을 사로잡는 놀이 활
동을 사랑함으로써, 항상 행복은 아니지만, 의미를 발견한다. 이것들
이 없이는, 또는 적어도 어느 정도 이것들에 대한 전망이 없다면 우리
는 더 나아갈 이유를 잃고, 병들고, 우울해지며, 방황하며, 나아가 강

---

51 같은 책, p. 149.
52 Martin Seligman and Mihaly Chikszentmihalyi, "Positive Psychology: An Introduction," *American Psychologist*, 55-1 (2000): 5-14; Shelly Gable and Jonathan Haidt, "What (and Why) Is Positive Psychology?" *Review of General Psychology*, 9-2 (2005): 103-110 참조.
53 Thagard, *The Brain and the Meaning of Life*, p. 165.

한 자극이나 순간적 만족을 찾아 종종 파괴적이고 결과적으로 불만족
스러운 행동에 의지하게 된다.

특정한 능력과 덕은 삶의 의미 추구에 도움이 된다. 더 유의미하고
성취된 삶에 도움이 되는 성격적 특성이나 경향은 그것이 삶의 질 문
제에서 드러내는 기능적 역할 때문에 중시된다. 에우다이모니아적
덕(eudaemonistic virtues)의 목록은 우리가 다른 차원에서 열거했던
가치들을 포함할 것이다. 소위 개인적 덕과 사회적 덕을 구분하는 명
확한 경계를 그을 수 없기 때문이다. 예를 들어 성취적 삶을 사는 것
은 사고 능력, 미학적 감수성, 도덕적 성향의 계발에 대한 믿음을 포
함하며, 이것들은 동시에 생물학적 평안의 추구, 또 마찬가지로 사회
적 상호작용과 조화의 필요성에 기여할 것이다.

• 지성

우리의 합리적 능력은 심지어 우리가 직면하는 매우 복잡한 삶의
문제들에 대해 비판적이면서 창조적으로 탐색할 수 있게 해 준다. 우
리는 합리성이 세계를 이해하고 그것에 참여하고 변형하는 지성적 방
식을 고안하는 데 실제로 다소간 진화적 장점을 준다는 사실을 인정
하기 위해 합리성을 초월적 이성(절대적 이성)으로 본질화하거나 원
리화할 필요가 없다.[54]

---

54 합리성과 지성에 대한 이러한 찬양은 다른 한편으로는 사회·정치적 관계, 환경,
직접적 관계들에 관해 우리 인간이 초래했던 광범위한 혼란을 인정하는 가운데
서 이루어진다. 나는 단지 추론과 문제 해결 능력 덕택에 우리가 그런 능력이 결
여되었을 때보다도 더 나을 수 있다고 주장하는 것뿐이다. 나는 더 나은 미래에
대한 최선의 희망으로서 인간 지성에 대한 듀이의 믿음을 공유하지만, 동시에
미학적·도덕적 감수성, 적절한 교육, 최소한 물질적 자원, 타인에 대한 선의지,
그리고 수많은 다른 덕들과 번영의 기본적 조건이 없이 이성(만약 그런 것이 존

• 미학적 감수성

'미학적'이라는 말은 예술작품의 성질, 또는 '미학적 경험'이라는 말로 알려진 것에 국한되어선 안 된다. 오히려 내가 말하는 '미학적'이라는 말은 유의미한 경험의 가능성에 개입하는 모든 것을 포괄한다. 그것은 영상, 성질, 도식(schema), 모형, 개념, 느낌, 정서, 또는 서사처럼 더 큰 해석적 구조를 포함한다.[55] 결과적으로 미학적 감수성은 우리가 경험과 행동을 통해서 실제로 일어나거나 일어날 가능성이 있는 것에 대해 의식하거나 참여하거나 개입할 수 있게 해 준다. 적절한 감수성은 도덕적 지각이 있는 방식으로 타인과 교호할 수 있게 해준다. 그것은 단순히 타인의 동기나 의도를 읽게(즉 경험하고 해석하게) 해 줄 뿐만 아니라 현재 당신의 상황에서든 당신의 장기적 삶의 과정에서든 깊이 있고 풍부한 의미를 주는 데 기여할 것이다.

• 개방적 태도/유연한 사고

지성은 폐쇄적 태도 안에서 작동하게 되면 무용하거나 심지어 비도덕적일 수 있다. (지적, 도덕적, 종교적) 근본주의는 인간 존립에 대한 항구적인 문제들에 대한 지적 탐구에 가장 치명적인 위협이다. 나는 다음 장에서 이 주장에 대한 논변을 제시할 것이다. 지금으로서는 단지 우리가 타인에 대해서는 주저 없이 열광적으로 내세우는 동일한 비판적 엄격성을 자신의 가정이나 가치에 적용하지 않는 것은 인류를 괴롭히는 가장 큰 잘못의 하나라는 것을 지적해 두려고 한다. 인지적 사후경직(rigor mortis)에 대한 평형추로서 사고의 적절한 유연성을

재한다면)만으로는 그 과제에 적절하지 않다는 그의 인식을 공유한다.

55   Mark Johnson, *The Meaning of the Body: Aesthetics of Human Understanding* (Chicago: University of Chicago Press, 2007) 참조.

수반하는 마음의 가소성은 종종 우리가 너무나 안이하게 안주하는 사고, 느낌, 가치평가의 퇴적된 습관을 넘어설 수 있게 해 준다. 이 유연성이 없다면 우리는 상황을 비판하고 재구성할 능력을 갖지 못하며, 따라서 우리의 고착된 습관이 경험의 변화하는 조건에 대해 작동할 때 전향적 변화를 위한 동력을 잃게 될 것이다.

• 창조성

개방적 태도는 인간에게 특유한 것으로 보이는 창조성에 필요조건이기는 하지만 충분조건은 아니다. 다시 말해서 나는 다른 동물에게 창조적인 문제 해결(기초적인 도구 사용 같은) 가능성이 있다는 사실을 부인하지 않는다. 그렇지만 나는 신경 구조의 가소성을 수반하는 인간의 언어 사용 능력(그리고 다른 형태의 상징적 상호작용)이 비판적 탐구와 그에 따른 창조적 문제 해결 능력이라는 측면에서 우리에게 예외적인 우월성을 준다는 사실을 누구도 부정할 수 없다고 확신한다. 현재의 진화적 단계에서 인간 두뇌의 신경적 가소성은 다른 모든 동물을 능가한다. 이는 일차적으로 일방적이면서 요형(re-entrant)인 신경 연결 고리에 의해 대규모적으로 연결된 신경 무리(neuronal cluster) 층들―비교적 짧은 시간대에서 병행적으로 작동하는―을 갖는 우리 두뇌 신경 구조의 경이로운 복잡성에서 비롯된다.[56] 이 방대하게 상호연관된 기능 체계에서 비롯되는 창조성의 창발은 우

---

56 Gerald Edelman, *Bright Air, Brilliant Fire: On the Matter of Mind* (New York: Basic Books, 1992); Don Tucker, *Mind from Body: Experience from Neural Structure* (Oxford: Oxford University Press, 2007); Jerome Feldman, *From Molecule to Metaphor: A Neural Theory of Language* (Cambridge, Mass.: MIT Press, 2006) 참조.

리의 고착된 사고와 느낌의 패턴이 변화하는 경험의 요구에 부합하지 않을 때 새로운 관념과 전략을 낳는 유일한 가능성이다.

가치의 다른 세 가지 주요 원천과 마찬가지로 이 네 번째 원천(즉 의미와 성장의 추구와 연결된 가치)도 우리의 번영을 돕는 폭넓은 능력과 성향을 포함하는 방식으로 확장될 수 있다. 여기에서 나는 인내심(각오), 근면성(노력), 사회성, 유희성, 그리고 다른 사소한 덕들을 생각하고 있다.

3. 하이트와 도덕체계의 여섯 가지 토대

여기에서 도덕적 가치와 덕의 이러한 사중적 분류에 대해 무엇을 말해야 하는가? 먼저 이것은 명백하게 내가 도덕적 가치의 주요 원천이라고 생각하는 것을 파악하기 위한 부분적이고 선별적인 목록일 뿐이다. 둘째, 이 모든 가치들은 인간에게 자연적으로 발생한다. 즉 그것들은 대부분 성숙적으로 자연적이며, 따라서 초자연적이거나 초월적인 원천이나 근거를 필요로 하지 않는다. 셋째, 가치나 덕의 대표적목록을 정돈하는 데 또 다른 탁월한 방식들이 있으리라는 것은 분명하다. 나는 가치의 완전한 목록을 제공하려는 시도가 무용하다고 본다. 일견 보편적인 것으로 보이는 가치들에 대해 그것들을 분류하는 수많은 방식들이 있으며, 문화적으로 다른 수많은 해석들이 있기 때문이다. 예를 들어 핀콥스(E. Pincoffs)는 70여 개의 덕들을 열거하며,[57] 매킨타이어는 영웅주의적 사회에서부터 아리스토텔레스적인 폴

---

57 Edmund Pincoffs, *Quandaries and Virtues: Against Reductionism in Ethics*

리스, 중세적 공동체, 식민지 미국 등에 이르기까지 상이한 역사
적·문화적 맥락 안에서 발생하는 수많은 덕들을 개관한다.[58] 다양한
비서구적 전통들까지 포함시킨다면 이 목록은 (플래너건에게서 보이
는 것처럼) 엄청나게 커질 것이다.[59]

　가치의 토대 목록을 작성하면서 나는 유기체적인 신체적 유지의 필
요성에서 출발하여, 정체성의 인간관계적(사회적) 구조로 나아가, 그
인간관계적인 것을 가장 포괄적인 집단이나 공동체적 삶으로 확장하
고, 개인적·집단적 의미와 번영에 대한 이해의 필요성에서 끝맺었다.

　인간 종의 기본적 가치와 덕의 경계선을 긋는 다른 방식들이 있으
리라는 것은 분명하다. 최근 가장 영향력 있는 분류는 하이트가 제시
했는데, 그것은 세계적으로, 역사적으로 드러난 도덕체계들의 여섯
가지 토대다. 하이트와 조지프(C. Joseph)는 앞서 사회적 발달과 삶
에 대한 기본적인 적응적 도전(인류학과 진화심리학에서 제시된)이
라고 생각되는 것들을 다섯 가지로 열거했다. 나아가 그들은 도덕체
계들이 뚜렷하게 이 각각의 도전에 대응하기 위해 발생하는 방식을
탐색했다. 그들은 모든 도덕성이 다섯 가지 국면을 모두 포함한다고
주장하지는 않지만, 이 다섯 가지가 기본적인 인간의 필요성과 사회적
조정에 부합하는 도덕적 틀의 일차적 결정소라는 점을 설득력 있게 주
장했다. 하이트가 제시한 도덕 체계의 다섯 가지 토대는 다음과 같다.

　• 보살핌/해악(care/harm) 토대는 연약한 아동의 보호라는 적응적
도전에 대한 대응으로 진화했다.

〈Lawrence, Kan.: University Press of Kansas, 1986〉 참조.
58　MacIntyre, *After Virtue* 참조.
59　Flanagan, *The Really Hard Problem* 참조.

• 공정성/기만(fairness/cheating) 토대는 착취 없이 협력에 대한 보상의 수확이라는 적응적 도전에 대한 대응으로 진화했다. 그것은 타인이 협력과 호혜적 이타성을 위해 좋은(나쁜) 동반자일 수 있는지의 징후에 대해 민감하게 만들어 준다. 그것은 기만자를 피하거나 처벌하도록 만들어 준다.

• 충성/배신(loyalty/betrayal) 토대는 연합의 형성과 유지라는 적응적 도전에 대한 대응으로 진화했다. 그것은 다른 사람이 팀의 구성원이라는(또는 아니라는) 징후에 대해 민감하도록 만들어 준다. 그것은 그러한 사람들을 믿거나 보상하도록 만들어 주며, 우리나 우리 집단을 배신하는 사람을 해치거나 추방하거나, 심지어 죽이기를 원하도록 만들어 준다.

• 권위/복종(authority/subversion) 토대는 사회적 위계 안에서 우리에게 이익을 주는 관계의 형성이라는 적응적 도전에 대한 대응으로 진화했다. 그것은 계급이나 위상의 징후, 또 다른 사람들이 자신들의 입장에서 적절히 행동하는지(또는 그렇지 않은지)의 징후에 대해 민감하게 만들어 준다.

• 신성/타락(sanctity/degradation) 토대는 잡식성 딜레마라는 적응적 도전에 대한 대응, 나아가 병균과 기생충의 세계 안에서의 삶이라는 더 큰 도전에 대한 대응으로 진화했다. 그것은 상징적 대상이나 위협의 다양한 분포에 대해 경계할 수 있게 해 주는 행동적 면역체계를 포함한다. 그것은 비합리적이고 극단적인 가치—긍정적이든 부정적이든—를 갖는 대상에 투자하는 것을 가능하게 해 주는데, 그것은 집단을 하나로 묶는 데 중요하다.[60]

60　Haidt, *The Righteous Mind*, pp. 153-54.

하이트는 후일 자유/억압(liberty/oppression) 토대라고 부르는 여섯 번째 주요 토대의 필요성을 깨달았는데, 그것은 "지배하려는 시도의 징후를 알아차리고 거부하게 해 주며, 악당이나 독재자를 거부하거나 무너뜨리기 위해 힘을 합치는 충동을 촉발시켜 준다."[61] 하이트의 여섯 번째 토대는 내가 제안한 가치의 네 차원과 동일한 가치 체계들 다수를 포괄하지만 그것들은 권위와 순수성/신성에 더 큰 비중을 두고 있다. 나는 여기에 어떤 기본적인 불일치가 있다고 보지는 않는다. 가정 안에서의 발달과 더 큰 폭의 사회 제도적 구조 안에서의 발달 모두에 관한 내 해명에서 권위 관계들은 아주 중요할 수밖에 없다.

레이코프(G. Lakoff)와 나는 「엄격한 아버지 가정」(Strict Father Family) 도덕 모형 안에서 권위와 복종의 우선성을 지적했으며, 또한 「자애로운 부모」(Nurturant Parent) 도덕성 안에서조차도 권위 관계, 의무와 책무에 대한 복종과 준수의 여지가 존재한다고 보았다.[62] 나는 신성/타락 토대가 생물학적 유기체로서 우리 자신을 유지—여기에서 거부 반응과 면역 반응의 작동이 우리의 생존과 평안에 결정적이다—하기 위한 조건이라는 차원에서 창발하는 것으로 본다. 그것은 다시 어떤 도덕성 안에서 의지나 도덕적·정신적 순수성으로 확장된다. 나는 『도덕적 상상력』에서 서구의 종교적·비종교적 도덕체계에서 반복적으로 나타나는 도덕적 순수성 은유를 분석했다.[63]

---

61 같은 책, p. 185.

62 George Lakoff and Mark Johnson, *Philosophy in the Flesh: The Embodied Mind and Its Challenge to Western Thought* (New York: Basic Books, 1999) 참조.

63 Johnson, *Moral Imagination: Implications of Cognitive Science for Ethics* (Chicago: University of Chicago Press, 1993) 참조.

전반적으로 나는 여섯 가지 토대 모형이 거의 모든 도덕체계에서 발생하는 것으로 보이는 반복적인 고려와 관심에 대한 설명으로서 매우 유용하다고 본다. 그것은 공통적 특성을 드러내는 도덕성들의 진화적 창발을 설명하기 위한 먼 길을 가고 있다. 그렇지만 4장에서 설명하려는 것처럼 이것들을 본유적으로 진화적인 인지 모듈로 규정하는 문제를 다룰 것이다. 아무튼 내 비판이 도덕 본능과 도덕 능력을 이야기하는 강한 모듈 이론에 국한된 한편, 하이트는 생득성 가설을 과도하게 과장하는 것에 대해 극도로 경계한다.[64] 하이트는 각각의 토대에 대한 은유를 "개인이 다양한 문화 안에서 성장하는 과정에서 수정되어 가는 저술의 초고"[65]에 비견할 만한 것으로 받아들이려고 한다.

다음 장에서 주장하려는 것처럼 도덕적 모듈의 설정은 그것이 단순히 인간이 삶을 통해 반복적으로 직면하는 문제나 압력들에 대처하기 위해 소수의 체계들을 발달시켜 왔다는 것만을 의미하는 것으로 받아들여진다면 무해한 것일 수 있다. 그렇지만 그 주장된 모듈이 이처럼 고도의 일반성 층위에서 정의된다면 모듈이라는 개념은 그다지 중요한 역할을 할 수 없을 것으로 보인다. 더욱이 도덕성 체계들의 복합성과 다양성에 대한 적절한 해명은 단순히 도덕적 모듈에 의거해서만 주어질 수는 없다.[66] 내가 문제시하는 하이트의 견해에는 또 다른 주장들이 있지만, 그것들은 현재의 논의와는 상관이 없으며, 하이트가 실제로 인간 도덕성에서 (전부는 아니라 하더라도) 매우 중요한 여

64　Haidt, *The Righteous Mind*, pp. 123-27 참조.

65　같은 책, p. 153.

66　Owen Flanagan and Robert Williams, "What Does the Modularity of Morals Have to Do with Ethics?: Four Moral Sprouts Plus or Minus a Few," *Topics in Cognitive Science*, 2 (2010): 430-53 참조.

섯 가지 차원을 발견했다는 사실을 인정하는 데 영향을 미치지도
않는다.

4. 자연적으로 발생하는 가치

나는 우리가 가장 중요한 가치들을 실현하는 네 가지 기본 층위에 관
한 위에서의 탐색을 통해 두 가지 결론을 제시하려고 한다. 첫째, 가
치의 이 네 가지 층위 모두 자연적 원천을 갖는다고 추정할 수 있다.
인간이라는 동물에게 이 모든 가치는 우리의 도덕성에서 최소한 어떤
역할을 하는 방식으로 창발할 것이며, 그것들은 우리 몸의 본성, 대인
관계적인 직접적 상호작용의 본성, 더 큰 집단에 참여하는 본성, 그리
고 의미에 대한 탐구로부터 창발할 것이다. 이 가치들은 자연주의적
구도 안에서 설명될 수 있기 때문에 가치에 대해 초월적이거나 순수
하거나 초자연적인 토대를 설정해야 할 아무런 이유도 없다.

　두 번째 중요한 결론은 가치가 편재적이기 때문에 가치의 원천 문
제는 도덕성과 관련해서 가장 중요한 문제는 아니다. 가치가 어떻게
우리 경험(진화적 역사를 포함한)으로부터 자연적으로 창발하는지를
알게 되면 우리는 절대적 토대에 대한 탐구를 벗어날 수 있다. 우리의
핵심적 문제는 특정한 상황에서 우리가 어떤 가치가 우선성을 갖는지
를 어떻게 결정해야 하는가의 문제가 된다. 특히 특정한 상황에서 (a)
우리가 지키는 다른 가치들과 충돌하거나 (b) 다른 사람이 지키는 가
치들과 충돌할 때처럼 잠재적으로 다수의 가치가 주어졌을 때 그렇
다. 내 주장은 그것이 우리 대부분에게 실제적인 도덕적 문제라는 것
이다. 그것은 좋은 도덕적 숙고의 본성에 관한 문제이며, 그래서 이제
그 문제로 옮겨 갈 것이다.

제3장

도덕적 인지의 직관적 과정

1. 새로운 도덕적 추론 이론의 필요성

지난 30여 년 동안 인지과학의 가장 충격적인 발견은 인간의 사고와 의지가 흔히 직관적이고 고도로 감정 의존적인 과정들을 포함하면서 대부분 무의식의 층위에서 작동한다는 것이다. 이 주장은 과거의 많은 철학자들이 자신들이 건설했던 마음과 사고에 관한 이론화의 전구조의 확고한 토대—즉 추론과 의지는 근본적으로 자유롭고(자율적이고), 의식적이며, 의도적인 분석이나 판단, 선택의 과정이어야 한다는 이들의 확신—로 간주해 왔던 것을 잠식한다는 점에서 충격적이다. 자율적 이성과 의지는 인간의 인지를 인과적으로 결정된 '하위적' 동물의 인지와 구별해 줌으로써 인간에게 우주에서 유일한 도덕적 존재라는 위상을 제공해 주는 어떤 것으로 받아들여져 왔다.[1]

이 견해에 따르면, 만약 근본적으로 자유롭고 자기 규제적인 이성

---

[1] 대부분의 종교적 시각들은 천사나 다른 탈신체화된 영혼에게도 도덕적 위상을 부여하지만 그 경우 그들이 윤리적 존재로 받아들여지는 것을 정당화해 주는 것은 전형적으로 그들이 자율적 이성과 의지를 지닌다는 점이다.

과 의지가 없다면 자유롭게 선택한 행위에 대한 도덕적 책임이라는 생각 자체가 물거품이 될 것이며, 그와 함께 우리의 전통적인 도덕성 개념도 사라질 것이다. 이러한 새로운 발견은 초월적인 도덕적 이성의 확고한 근거에 대한 환상을 무너뜨린다. 또한 매우 잘못된 것이기는 하지만 고전적 이론은 많은 사람들에게 그런 견해는 인간을 단지 루이스(C. S. Lewis)가 '바지 입은 원숭이'라고 부르는 존재로 격하시킬 것이라는 우려를 불러일으킨다.

더욱이 도덕적 절대주의는 전형적으로 인간이 이미 주어진 보편적 도덕원리를 발견하는 자율적 이성과 그것에 복종할 것인지를 선택하는 자율적 의지를 지니고 있다는 전통적 관념을 받아들인다. 결과적으로 만약 우리의 도덕적 사유가 상당한 정도의 인지과학적 탐구가 제안하는 것처럼 기본적으로 직관적이고 대부분 무의식적인 과정을 통해 작동하는 것으로 드러난다면 도덕성에 관한 표준적 견해의 많은 부분은 포기되어야 하며 새로운 도덕적 인지 이론에 의해 대체되어야 한다.

우리에게 필요한 것은 도덕적 인지에 대한 인지적으로 현실적인 해명—우리에게 전승된 마음과 사고에 관한 18세기 계몽의 관념으로 되돌아가지 않는—이다. 그렇지만 이것은 결코 쉬운 일이 아니다. 많은 윤리적 자연주의자들이 불가피하게 인식하는 것처럼, 도덕적 사유를 특정한 사례를 확립된 도덕법칙이나 원리에 의식적이고, 합리적이며, 숙고적으로 적용하는 과정으로 보는 이 표준적인 계몽의 견해는 마음과 도덕성에 관한 표준적 견해에 깊이 각인되어 있어서 우리의 상식적 이해로부터 그것을 제거하는 것은 매우 어려운 일이다. 그럼에도 우리가 도덕적 추론에 관해 인지과학자들의 발견들과 양립 가능한 도덕적 숙고 이론에 이르려고 한다면 그렇게 해야만 한다.

2. 인지적으로 현실적인 도덕적 사유 개념을 향하여

1장과 2장에서 보았던 것처럼 우리에게 전승된 계몽의 이성 개념은 능력심리학—'마음'에 특유하고 독립적인 힘을 부여하는—과 불가분하게 묶여 있다. 각각의 힘 또는 '능력'은 각각의 특유한 특성과 정신적 기능을 가진 것으로 가정된다. 예를 들어 이성 능력은 개념과 원리들을 더 크고 정합적인 사고의 단위들로 결합해 주는 자유롭고, 의식적이며, 숙고적인 능력으로 간주된다. 정서는 세계 안의 다양한 사태들을 향해 특유한 방식으로 느끼는 신체적 능력으로 간주되었다. 상상력은 사고 안의 영상들—감각 경험에서 발생한 것이든 새로운 의미와 사고를 산출하기 위해 창조적으로 결합된 것이든—을 받아들이는 능력이라고 가정되었다. 능력심리학 안에서 능력들의 혼합은 있을 수 없다. 이성은 추론하며, 상상력은 상상하며, 지각적인 신체적 본성은 감정을 표출한다. 능력들의 이 엄격한 분리는 극단적이어서 이성과 정서는 흔히 상호 근본적인 대립을 이루는 것으로 받아들여진다. 즉 이성은 정서의 영향을 벗어날 때에만 최상으로 기능을 하며, 정서는 의식적이고 합리적인 통제 없이 작동한다.

지난 30여 년 동안 인지과학의 급속한 성장과 함께 이성과 정서에 관한 이 지배적인 계몽의 시각은 경험적 탐구가 인지에 관해 매우 다른 구도—이성이 신체화되고 정서적이며 상상적이라는—를 밝혀내면서 점차 균열되고 있다. 이 새로운 증거에 의하면 (도덕 판단을 포함한) 우리 사고의 대부분은 전통적인 의미에서 일관되게 합리적인 과정이 아니며, 따라서 추론은 냉혈하고, 비정서적이며, 순수하게 형식적인 논리적 과정이 아니다. 대신에 우리의 이성이 주어진 상황에서 적절하게 작동할 수 있으려면 온전하고 작용적인 정서적 기제가 필요하다. 더욱이 추론에는 흔히 두뇌의 감각 운동 영역이 개입되며, 따라서 추론의 형식과 내용은 우리의 몸과 두뇌의 본성에 연결되어 있다.

도덕적 인지에 관한 최근의 경험적 탐구를 통해 잘 알려진 설명 중의 하나는 하이트(J. Haidt)가 "사회적 직관주의 모형"(social intuitionist model)[2]이라고 부르는 것이다. 하이트는 도덕 판단을 직관적 과정과 합리적 과정으로 구분되는 이원적 과정으로 본다.

> 도덕적 직관은 신속하고 자동적이며 (보통) 감정 의존적인 과정을 가리킨다. 그 안에서 (한 사람의 행위나 성격에 대해) 좋음-나쁨, 호감-비호감 같은 평가적 느낌이 증거를 평가하거나 결론을 추론해 내는 것 같은 탐구의 단계를 거친다는 인식이 없이도 의식에 나타난다. 반면에 도덕적 추론은 통제되고 '더 냉정한' (덜 감정적인) 과정이다. 즉 도덕 판단이나 결정을 위해 사람이나 그의 행위에 대한 정보를 변형하는 과정으로 이루어지는 의식적인 정신활동이다.[3]

여기에서 핵심적인 것은 도덕적 평가나 결정이 필요한 구체적인 상황에서 대부분의 평가적 활동은 직관적, 정서적 과정을 통해 이루어진다는 것이다. 그 과정 안에서 우리는 정서적으로 상황을 판단하고 우리 안에서 일어나는, 흄(D. Hume)이 승인이나 불승인의 감정이라고 부르는 것에 의해 움직인다.[4] 물론 우리의 직관적 반응은 전형적으

---

2 Jonathan Haidt, "Emotional Dog and Its Rational Tail: A Social Intuitionist Approach to Moral Judgment," *Psychological Review*, 108 (2001): 814-34 참조.

3 Haidt, "The New Synthesis in Moral Psychology," *Science*, 316 (2007), p. 998.

4 이원적 과정에 대한 하우서(M. Hauser)의 서술은 하이트의 서술과 매우 유사하다. "직관은 신속하고 자동적이고 비자발적이며, 주의를 거의 요구하지 않으며,

로 흄이 지나치게 단순화한 승인 대 불승인이라는 이항적 선택이 함
축하는 것보다 더 복잡하고 섬세하다. 그러나 이 과정들의 귀결은 그
상황에서 행해야 할 것에 대해 신속히 전개되는 동기적 성향의 창발
로 나타난다. 직관적 판단이 먼저 이루어지며, 거기에 필요한 경우 합
리적 정당화의 패턴들이 뒤따른다. 하이트와 하우서(M. Hauser),[5] 그
리고 다른 연구자들이 지적했던 것처럼 서구의 주류적 도덕철학의 대
부분이 대체로 추후적인 정당화 과정—거기에서 우리는 직관적 판단
에 대한 이유를 반성적이고 의식적이며 숙고적으로 제시한다—을 그
자체로 도덕적 사고의 핵이라고 잘못 생각해 왔다. 그러나 실제로 정
당화 추론은 판단이나 결정의 일차적 근거가 아니다.

　이 주제에 관한 모든 글에서 꼭 언급하는 것처럼 오늘날 가열된 논
쟁은 이원적 과정이 존재하는가에 관한 것이 아니라 각각의 과정의
상대적 역할에 대한 적정한 평가에 관한 것이다. 합리적 과정은 단순
히 후속적 논증에서 발생하며, 직관에 근거해서 이미 결정한 것을 정
당화하려는 추후적 고려일 뿐인가? 아니면 도덕적 사유에서 이 두 과
정 사이에 모종의 대화적인 상호작용이 있는가? 나아가 만약 그러한
상호작용이 있다면 합리적 과정은 어느 정도나 직관적 과정에 영향을
미치며 또 그것을 재조정하는가? 하이트는 직관적 과정을 코끼리에,
'근거-추론'(reasoning-why) 과정을 기수에 비유한다.[6] 대부분 기수

발달 초기에 나타나며, 훈련된 이성이 없이도 주어지며, 흔히 대응 추론으로부터
면제된 것으로 보인다. 훈련된 이성은 느리고, 숙고적이고, 사변적이며, 신중하게
옹호되고 훈련된 반대 주장에 취약하다." Marc Hauser, *Moral Minds: How
Nature Designed Our Universal Sense of Right and Wrong* (New York: Harper-
Collins, 2006), p. 31.
5　Haidt, "The Emotional Dog and Its Rational Tail"; Hauser, *Moral Minds* 참조.
6　Haidt, *The Happiness Hypothesis: Finding Modern Truth in Ancient Wisdom*

는 전 여행에 참여하는데, 직관의 코끼리가 행한 것에 대해 추후적으로 설명하거나 정당화할 수 있으며, 코끼리가 하려는 것에 대해 예측할 수도 있다.[7] 하이트는 "사람들이 도덕적으로 당혹스러워할 때 기수가 코끼리를 도와주는 것을 알 수 있다. 그들은 무엇이 옳고 그른지에 관해 강한 직감을 가지며, 이 느낌에 대해 임시적인 정당화를 하려고 애쓴다"[8]고 결론짓는다. 하이트는 이미 행해진 일에 대해 기수가 사소한 통제력을 행사할 수 있는 경우는 거의 없다고 제안한다. 그는 "독립적으로 추론된 판단은 이론에서는 가능하지만 실제로는 매우 드물다"[9]고 지적한다.

또 다른 핵심적 주제는 '합리적' 과정이 그 자체로 정서나 느낌을 포함하는지의 문제다. 다음에 다시 이 문제로 돌아오겠지만, 지금 중요한 문제는 이 연구가 우리 자신이 하우서의 표현처럼 정확하게 '칸트적인 존재'도 아니며 정확하게 '흄적인 존재'도 아니라고 제안하고 있다는 점이다.[10] 말하자면 우리는 단순히 합리적이고 원리 주도적인 자율적 이성인(reasoners) 겸 의지인(willers)(칸트주의자)이 아니며, 단순히 정서적으로 추동되는 반응자(responders)(흄주의자)도 아니다. 대신에 느낌과 정서는 우리의 도덕적 성향과 합리적 판단의 결정적 일부이며, 그것들은 모든 도덕적 추론의 동기적 틀을 구성한다.

(New York: Basic Books, 2006); *The Righteous Mind: Why Good People Are Divided by Politics and Religion* (New York: Pantheon, 2012) 참조.

7　Haidt, *The Happiness Hypothesis*, p. 46.

8　같은 책, p. 50.

9　Haidt, *The Righteous Mind*, p. 46.

10　Hauser, *Moral Minds* 참조. 다시 논의하겠지만 우리는 하우서가 주장하는 롤스(J. Rawls)적 존재도 아니다. 롤스는 도덕 판단에서 정서의 결정적 역할에 주목하지 않기 때문이다.

도덕적 인지에 대한 이 이원 궤도적 해명은 도덕적 추론이 근원적
으로 의식적 분석과 주어진 도덕원리의 적용의 문제라는 전통적 가정
에 대해 치명적이다. 마음에 관한 경험적 탐구는 도덕 판단의 소재를
계몽의 도덕철학의 합리주의적 시각이 제안하는 것과는 전혀 다른 곳
에서 찾도록 이끌어 간다. 그 새로운 곳이란 우리가 문제 해결과 신속
한 의사결정을 요구하는 상황에 대한 정서적 반응을 경험할 때 활성
화되는 영역들을 포함하는 두뇌 영역들의 복합체. 따라서 우리는 도
덕적 문제 해결에서 정서와 느낌의 역할을 탐색해야 할 필요가 있다.[11]

3. 다마지오와 정서, 생명 유지, 평안

우리에게는 도덕적 사유에서 정서의 역할에 대한 좀 더 섬세하게 구
조화된 해명이 필요하다. 그러한 해명을 위한 최적의 원천은 다마지

---

11 하이트와 케스버(S. Kesebir)는 우리 사고에서 직관적 과정의 중요성을 뒷받침
하는 연구 성과들의 열 가지 핵심적 유형들을 탁월하게 요약한다. (1) 사람들은
다른 사람에 대한 신속한 평가적 판단을 한다. (2) 도덕 판단에는 정서와 관련된
두뇌 영역이 개입된다. (3) 도덕적 성격을 띤 경제적 행동에는 정서와 관련된 두
뇌 영역이 개입된다. (4) 반사회적 인격장애자는 정서적 결손을 갖고 있다. (5)
도덕-지각적 능력은 유아기에 창발한다. (6) 정서를 조정하는 것은 판단을 변화
시킨다. (7) 사람들은 가끔 자신들의 도덕 판단을 설명하지 못한다. (8) 추론은
흔히 욕구에 의해 이끌려 간다. (9) 정치 심리학의 연구는 추론이 아니라 직관에
주목한다. (10) 친사회적 행동에 관한 연구는 추론이 아니라 직관에 주목한다.
Jonathan Haidt and Selin Kesebir, "Morality," in Susan Fiske et al., eds.,
Handbook of Social Psychology, 5th ed. (Hoboken, N.J.: Wiley, 2010) 참조.
하이트와 케스버는 대부분의 도덕적 사유가 직관적 과정이기는 하지만, 판단에
서 좀 더 의식적이고, 숙고적이며, 반성적인 사고 과정의 여지 또한 존재한다는
자신들의 생각을 표현하기 위해 '직관의 우선성(독재가 아닌)'이라는 구절을 고
안했다.

오(A. Damasio)와 그의 동료들의 인지와 행위의 정서적 차원에 대한 30여 년 이상 이루어진 임상적이고 실험적인 연구다. 다마지오의 일부 작업은 충분히 잘 알려져 있지만, 도덕 판단에 대한 생물학적·심리학적으로 현실적인 견해를 제공한다는 점에서 그의 책『스피노자를 찾아서』(*Looking for Spinoza*, 2003)가 갖는 중요성은 철학계에서 적절하게 평가되지 못하고 있다.

　다마지오는 듀이(J. Dewey)에 대해 거의 언급하지 않으며, 듀이의 저술로부터 직접적인 영향을 받은 것으로 보이지 않지만 다마지오의 해명과 듀이의 해명 사이에는 놀라울 만큼 유사성이 있다.[12] 앞서 2장에서 살펴보았던 것처럼 다마지오는 가치에 대한 자신의 해명을 듀이와 동일한 지점, 즉 가치평가의 소재로서 유기체(여기에서는 인간)와 환경의 지속적인 상호작용에서 시작하고 있다. 모든 기능적 유기체가 존립하기 위한 기본 조건은 (1) 환경으로부터 분리해 주는 동시에 환경과 관련시켜 주는 침투적인 경계를 확립해야 하며, (2) 그 경계 안에서 역동적 항상성(또는 변형성)을 유지해야 한다.[13] 유기체가 성취할 수 있는 다른 모든 것은 유기체 안의 경계 안에서의 역동적 평형이라는 이 요구가 충족될 때에만 성취될 수 있다. 이러한 사실은 항상성/변형성에 유기체의 모든 평가하기 행위와 관련된 핵심적 위치를 부여하는데, 그 이유는 그것이 생명 유지와 평안에 기본적 조건이기 때문

---

12 John Dewey, *Human Nature and Conduct: The Middle Works, 1899-1924*, Vol. 14, ed. Jo Ann Boydston (Carbondale, Ill.: Southern Illinois University Press, 1922/1988) 참조.

13 2장에서 내가 일반적으로 '항상성'(어떤 설정값 평형으로 되돌아가는 것을 포함하는)을 '변형성'(슐킨이 정의한)으로 대체하고 있다는 점을 상기하라. 변형성은 평형의 좀 더 역동적인 특성을 보여 주며, 그 안에서 새로운 균형 상태가 창발할 수 있고, 후속적으로 재조정될 수 있다.

이다. 다마지오는 창발할 수 있는 다른 모든 가치는 유기체의 기본적인 생명 과정에 연결되어 있다고 주장한다. 앞 장에서 인용했던 핵심적 구절을 다시 살펴보자.

> 나는 가치가 불가분하게 삶과 연관되어 있는 것으로서의 필요와 연관되어 있다고 본다. 일상적인 사회적·문화적 활동에서 행하는 우리의 평가는 직접·간접적으로 항상성(homeostasis)과 연결되어 있다. … 가치는 직·간접적으로 생존과 관련되어 있다. 특히 인간에게 있어서 가치는 평안이라는 형태의 생존의 질에도 관련되어 있다.[14]

신체적 평안의 층위에서 환경과의 지속적인 상호작용의 성질을 자동적으로 평가하는 능력은 태어날 때 주어지거나 삶의 초기 단계에서 발달한다. 그다음에 우리는 내적 상태의 평형을 유지하거나 회복하기 위해 신체적 상태와 환경의 양상들에 (대부분 무의식적으로) 적응한다. 정서는 바로 여기에서 핵심적 역할을 한다.

다마지오의 가장 큰 이론적 기여는 생명을 유지하고 성질을 고양시키는 역동적 항상성 안에서 정서의 역할을 탐색했다는 것이다. 그는 정서를 환경과 지속적으로 상호작용하는 유기체의 감각을 통해 생성하는 화학적·신경적 반응의 복합적 패턴으로 정의한다. 생명을 유지하고 삶의 질을 향상시키기 위해 유기체는 지속적으로 자신의 신체적 상태를 감시하고 조정해야 한다. 예를 들어 인간의 내적 환경은 상당히 좁은 폭 안에서만 존속한다. 우리는 생명 유지와 평안을 위해 필요

---

14 Antonio Damasio, *Self Comes to Mind: Constructing the Conscious Brain* (New York: Pantheon, 2010), pp. 47-48.

한 체온, 수분 공급, 염분 농도, 산소 공급, 몸의 통합성, 그리고 수많은 다른 조건들을 의식적 노력 없이 가늠하고 조정해야 한다. 몸 상태 감시의 대부분은 자동적으로, 우리 의식 층위의 저변에서 이루어지는데, 그것은 매우 고마운 일이다. 왜냐하면 우리는 실시간 상황 안에서 이 모든 것을 의식적으로 통제하면서 수행할 수 없기 때문이다.

다마지오는 정서적 반응 패턴이 몸의 상태에 (나아가 간접적으로 그 몸의 상태를 유지하는 환경에) 필요한 적응을 통해 삶을 유지하려는 몸의 자동적 방식이라고 주장한다.[15] 현재의 몸 상태를 가늠하는 두뇌와 몸의 기제는 그 몸 상태 안에서 신체적 변형성을 복구하고 유지하기 위해 변화를 이끌어 내는 체계들과 연결되어 있다. 다마지오는 이렇게 결론짓는다. "그 반응의 궁극적 결과로 그 유기체는 직접적이든 간접적이든 생존과 번영에 도움이 되는 환경 안에 자신의 자리를 잡는다."[16]

따라서 정서는 대부분(전부는 아니지만) 유기체인 우리 자신에게 사물이 어떻게 작동하는지에 관해 이루어지는 무의식적이고 자동적인 지속적 평가에 대한 신체적 반응이다. 정서는 우리가 흐트러진 변형성을 복원하는 것을 도와주는데, 그것은 단순히 이전과 동일한 설정값 평형의 회복이 아니라 변화된 조건의 측면에서 유기체의 평안의 토대가 되는 새로운 역동적 균형 상태(새로운 변형성)를 만들어 가는

---

15 Damasio, *Descartes' Error: Emotion, Reason, and the Human Brain* (New York: G. P. Putnam's Sons, 1994); *The Feeling of What Happens: Body and Emotion in the Making of Consciousness* (New York: Harcourt Brace, 1999); *Looking for Spinoza: Joy, Sorrow, and the Feeling Brain* (Orlando, Fla.: Harcourt, 2003); *Self Comes to Mind* 참조.

16 Damasio, *Looking for Spinoza*, p. 53.

일이다. 비록 도덕적 반성이라는 의식적 행위의 저변에서 수행되지만
(우리 자신과 타인의) 평안에 대한 이러한 탐색이 바로 도덕성의 핵
을 이룬다.

정서적 반응 패턴은 반드시 의식적으로 느껴지거나 성찰되지 않더
라도 전형적으로 우리의 몸 안에서 활성화된다. 의식적 느낌이란 그
것이 생겨날 때 세계와의 상호작용의 변화에 대한 반응으로서 몸 상
태의 변화를 의식하는 방식이다.[17] 바꾸어 말하면 느낌은 몸이 환경에
참여하면서 생기는 변화에 적응하면서 생겨나는 변화하는 몸 상태에
대한 지각이다. 따라서 느낌은 사물이 어떻게 작동하는지에 대해 좀
더 의식적일 수 있게 해 주며, 그러한 평가는 행위에 관한 결정이 필
요할 때 비결정성과 긴장의 상황에서 특별한 중요성을 갖는다. 우리
의 의식적인 감시(느낌으로서)는 상황을 가늠하고 어떤 행위 전략
이 문제적 상황이 안고 있는 긴장을 해소하는 최선인지를 더 잘 결
정할 수 있게 해 준다. "느낌은 최적의 작동 상태에서 생존을 위한
적응의 과정에서 삶의 상태에 대한 복합적인 표상들에 근거하고 있
다."[18]

듀이가 유기체-환경 상호작용 안에서 체감된 긴장이나 압력의 지

---

17 "그렇다면 잠정적 정의 형태로 제시되는 내 가설은 느낌이 특정한 사고 유형과 특
정한 주제에 관한 사고의 지각을 수반하는, 몸의 특정한 상태에 대한 지각"이며, "느
낌은 그 본질이 반응적 과정에 개입하는 몸을 표상하는 사고들로 구성되어 있다
는 점에서 기능적으로 특유하다." 같은 책, p. 86. (고딕은 원문의 강조.)

18 같은 책, p. 130. 다마지오는 인간이 왜, 또 어떻게 느낌을 갖는지에 대한 정교
한 해명을 전개한다. 다행히도 내 목적을 위해서는 그의 느낌 이론을 상술할 필
요가 없다. 나는 단지 우리가 서술하고 있는 과정 유형들—특히 삶의 과정들의
긴장, 차단, 흐름, 쇄도 등—을 느낀다는 사실에 대한 인정만이 필요하기 때문
이다. Damasio, *Descartes' Error; The Feeling of What Happens; Looking for
Spinoza* 참조.

각에 대응하는 경험의 재구성으로서의 도덕적 문제 해결을 어떻게 서술하는지를 상기해 보자. 다마지오 또한 마찬가지로 도덕적 인지를 유기체가 환경에 참여하면서 현재의 몸 상태의 감시라는 생명 유지와 성질 고양의 과정 안에 위치시킨다. 다시 살펴보게 되겠지만 몸 상태에 대한 이러한 평가는 단지 개인적인 신체적 평안에 국한되지 않고 더 큰 공동체 안에서 타인과의 관계로도 확장된다. 따라서 의식을 가진 유기체에게 문제 상황의 잠정적이고 일시적인 '해결'은 경험 안에서 긴장과 곤경의 해소에 대한 직감을 수반한다. 우리가 느끼는 것은 삶의 과정에 대한 강박적인 지각으로부터 좀 더 유연한 지각으로의 이행이다. 다마지오는 스피노자를 따라 우리의 코나투스(conatus) — 세계와의 관계 속에서 생명 유지와 평안이라는 몸 상태를 향한 우리의 방향성이나 성향, 노력 — 가 근본적으로 우리 삶의 과정의 진전이나 지연의 관점에서 경험된다고 주장한다.

　　지각적이고 섬세한 존재인 우리가 어떤 느낌은 긍정적이고 어떤 느낌은 부정적이라고 부른다는 사실은 삶의 과정의 유연성 또는 강박과 직접적으로 관련되어 있다. 유연한 삶의 상태들은 코나투스에 의해 자연적으로 선호된다. 우리는 그것들에 기울게 된다. 강박적 삶의 상태들은 코나투스에 의해 자연적으로 회피된다. 우리는 그것들을 멀리한다. 우리는 이 관계를 지각하며, 또한 삶의 궤적 안에서 긍정적이라고 느끼는 유연한 상태들은 우리가 선이라고 부르는 사건들과 결합되는 반면, 부정적이라고 느끼는 강박적 삶의 상태들은 악과 결합된다.[19]

19　Damasio, *Looking for Spinoza*, pp. 131-32.

따라서 인간의 번영은 유기체의 유지와 평안을 예고하는 긍정적인 느낌 상태로 경험된다. 이것이 모든 긍정적 느낌 상태가 자동적으로 선(예를 들어 약물에 의한 행복감은 특정한 상황에서 곧바로 기능장애를 낳을 수 있다)이 된다는 것을 의미하는 것이 아니라, 우리의 진화적 발달이 긍정적인 느낌 상태를 일반적으로 평안을 향한 통로가 되도록 결정해 왔다는 것을 의미할 뿐이다. 이것이 아무리 자기중심적으로 보인다 하더라도 그것은 인간 존립에 관한 기초 사실로 보이며, 이 유기체의 생존과 평안에서 이 근거를 부정하는 모든 도덕 이론은 결코 인간적으로 적절한 것이 될 수 없다. 곧 보게 되겠지만 이 사실이 결코 도덕성을 개인적인 자기이익의 문제로 국한하는 것은 아니다. 왜냐하면 개인적 평안은 타인의 평안과 불가분하게 뒤얽혀 있기 때문이다. 하인드(R. Hinde)와 플래너건(O. Flanagan)이 주장했던 것처럼 인간 본성은 자기이익적 성향과 타자 지향적 성향을 동시에 드러내도록 진화해 왔다.[20]

내 생각에 다마지오의 가설 중 가장 급진적인 것은 정서가 생존과 고양된 평안의 추구에 핵심적 역할을 하는 한 항상성/변형성의 유지가 인간 도덕성의 열쇠일 수 있다는 것이다. 핵심적 의문은 과연 얼마나 성공적으로 항상성이라는 이 단일한 개념이 인간 조건의 모든 양상들에 대한 도덕적 평가라는 방대한 과제를 수행할 수 있는가다. 다마지오는 그것이 대부분의 과제를 수행할 수 있다고 본다. 이제 그것을 살펴보자.

---

20   Robert Hinde, *Why Good is Good: The Sources of Morality* (London: Routledge, 2002); Owen Flanagan, *The Really Hard Problem: Meaning in a Material World* (Cambridge, Mass.: MIT Press, 2007) 참조.

4. 사회적 상호작용의 토대인 느낌

다마지오는 일찍부터 사회적 상호작용과 추론에서 정서의 핵심적 역할에 대한 공동연구에 관심을 기울여 왔다. 그는 『데카르트의 오류』(*Descartes' Error*, 1994)에서 전두 피질, 특히 복내측(ventromedial) 영역의 특정 부분 손상에서 비롯된 정서적·인지적 결손의 정도를 예증하기 위해 지금은 잘 알려진 피니어스 게이지(Phineas Gage) — 1848년 폭약 충전 막대가 두개골을 관통하는 사고에서 목숨을 건진 철도 노동자—의 이야기를 전해 준다. 수년 동안 다마지오 연구팀은 동일한 영역의 손상을 가진 환자들—행동 방식이나 타인과의 상호작용 방식에서 극적인 변화를 드러내는—을 관찰했다. 요약하면, 손상이나 질병 이전에 모범적인 시민, 훌륭한 부모나 배우자, 다감한 친구, 성공적 직장인이었던 사람들이 다음과 같은 몇몇 결손을 겪게 된다.

- 불확실성과 위험성이 있는 경우에 적절한 결정을 하는 능력의 저하
- 사회적 위상의 상실
- 사회적 관계 유지 능력 상실
- 재정적 독립성 상실
- 일상사 처리의 어려움
- 활동계획 수립 능력 손상
- 감정이입 능력 결여

대체로 이 전두엽 영역의 손상에 의해 영향을 받지 않는 것은 일반적 지능, 지각 능력, 운동, 대화, 기억, 논리적 문제 해결 능력, 심지어

손상 이후에 습관적으로 위반하는 규약이나 규칙, 도덕원리에 대한
기억 등이다.

다마지오와 그의 동료들은 이러한 형태의 장애나 역기능을 드러내
는 환자들의 손상 영역이 바로 정서와 느낌이 행위와 관련된 계획이
나 추론과 연결되어 있는 지점이라고 추정했다.

> 나는 이 환자들이 주어진 상황―행위의 선택, 그리고 가능한 행위의
> 결과에 대한 정신적 표상―에 직면했을 때 여러 가지 선택지 중 더 유리
> 하게 선택하는 것을 도와주는 정서와 관련된 기억이 활성화되지 못했다
> 고 제안했다. 환자들은 자신의 삶을 통해 축적해 온, 정서와 관련된 경험
> 을 사용하지 못했다. 정서가 결여된 조건에서 이루어진 결정들은 기이하
> 거나 완전히 부정적인 결과를 낳았으며, 그것은 특히 미래적 귀결의 관
> 점에서 더 분명했다.[21]

어떤 환자들은 주어진 문제 상황에서 선택지로 제안될 수 있는, 일
부는 자신들의 평안에 재앙일 수도 있는 일련의 가능한 행위들을 아
주 논리적인 방식으로 마음속에 실제로 떠올렸을 수 있다. 그러나 그
들을 제안된 행위로 이끌어 가거나 회피하게 해 주는 어떤 정서나 느
낌도 생겨나지는 않을 것이다. 정서적으로 관련된 과거 경험의 어떤
것도 적절하거나 가장 그럴듯한 행위를 선택하거나 사회적으로나 도
덕적으로 부적절한 행위를 피하는 데 그들에게 도움이 되는 방식으로
생겨나지 않았다. 그 비극적 결과는 전형적으로 인간관계, 실제적 사
건, 삶의 계획에 관해 나쁘고, 역기능적이며, 무감각한 결정이나 행동

21　Damasio, *Looking for Spinoza*, pp. 144-45.

으로 나타났다.

다마지오는 사람들이 일상사에서 과거의 성공이나 실패를 통해 함양하는 직감을 표현하기 위해 '신체적 표지'(somatic marker)라는 말을 고안했다. '신체적'이라는 말은 긍정적이거나 부정적인 신체적 느낌의 역할을 부각하며, '표지'는 특정한 삶의 상황에 부가된 특정한 느낌을 가리킨다. 이 직감은 우리가 어떤 상태나 행위를 추구하거나 회피해야 하는지를 결정할 때 우리를 이끌어 간다. 다양한 숙고된 행위들의 표시가 되는 긍정적이거나 부정적인 정서는 반드시 반성적인 도덕적 추론을 제거하는 것은 아니지만 적절한 맥락을 제공하고 추론의 방향을 이끌어 준다. 정서가 특별히 강하고 충분히 고착된 경우, 특히 우리의 평안이 직접적으로 위협받는 경우에는 정서가 대부분의 추론 과정을 단절시킬 수도 있다.

따라서 다마지오의 연구는 하이트 등이 '직관적' 궤도—도덕적 인지의 대부분을 이끌어 가는, 신속하고 자동적이고 정서적이며, 비반성적인 평가와 선택의 궤도—라고 부르는 과정이 어떻게 이루어지는지를 설명하는 데 도움이 된다.

사회적 정서(연민과 수치심에서 자부심과 분노에 이르기까지), 그리고 처벌과 보상(슬픔과 기쁨의 갈래인)에서 비롯되는 정서의 영향 아래에서 우리는 점진적으로 우리가 경험하는 상황들—시나리오의 구조, 구성요소, 개인적 동기의 관점에서 그것들의 중요성—을 범주화한다. 나아가 우리는 우리가 구성—정신적으로, 또는 관련된 신경적 차원에서—하는 개념적 범주들을 정서를 일으키는 데 사용된 두뇌 기제들과 연결한다. 예를 들어 행위의 다양한 선택지들과 다양한 미래의 결과들은 다양한 정서/느낌들과 결합된다. 그 결합에 의해 특정한 범주의 윤곽에 합치하는

상황이 경험 안에서 다시 드러날 때 신속하고 자동적으로 적절한 정서가 나타난다.[22]

이 신속하고 자동적이며 대부분 비반성적인 정서적 반응이 내 생각으로는 직관적 도덕 판단 ─ 소위 '우리의 앎에 앞서서' 평가하고 선택하게 해 주는 ─ 이 의미하는 것이다. 결과적으로 경험의 다양한 범주들에 대한 신체적 표지의 처리를 담당하는 영역의 손상은 사회적 상호작용 차원은 물론 도덕적 반응 차원에서 대체적으로 사회적 역기능을 낳을 수 있다.

5. 감정 추동적인 직관적 과정의 합당성

이러한 종류의 직관적 판단을 '합리적'(rational)이라고 부르는 것이 과연 어떤 의미가 있을까? 물론 있다. 다마지오는 이 체감된 정서적 반응 패턴이 유기체의 고양된 평안으로 이끌어 갈 때 그것을 '합당한'(reasonable) 것으로 서술하려고 한다. 그는 "이러한 맥락에서 '합리적'이라는 말은 명시적인 논리적 추론을 가리키는 것이 아니라 정서를 표출하는 유기체에게 유리한 행위나 결과와의 결합을 가리킨다"[23]고 말한다. 이것이 바로 듀이가 '합당한'이라는 용어를 사용했던 방식이기도 하다.[24] 듀이는 숙고의 과정이 모종의 선재하는 기준이나

---

22 같은 책, pp. 146-77.

23 같은 책, p. 150.

24 Dewey, *Logic: The Theory of Inquiry: The Later Works, 1925-1953*, Vol. 12, ed. Jo Ann Boydston (Carbondale, Ill.: Southern Illinois University Press, 1938/1991); Dewey and James Tufts, *Ethics: The Later Works, 1925-1953*,

합리성(예를 들어 원리나 법칙)에 부합한다는 점 때문이 아니라 문제
상황의 해결로 이끌어 간다는 점에서 '합리적' 또는 '합당한' 것이라
고 주장한다.

그러나 합당성은 사실상 욕망에 대립되는 사물이 아니라 욕망들 중 효
과적인 관계의 성질이다. 그것은 숙고의 과정에서 다양한 양립 불가능한
선호들 중에서 성취된 질서나 관점, 균형을 의미한다. 선택은 합당하게
행위를 이끌어 갈 때 합당하다. 말하자면 경쟁적인 습관들이나 충동들
각각의 요구들과 관련해서.[25]

어떤 의미에서 우리가 함양해야 할 것은 합당한 정서적 반응이며,
그 합당성은 그것들이 어떻게 우리의 경험을 조직화하는지에 대해 이
해할 수 있을 때 장기적으로만 평가될 수 있다. 그렇다면 합당성은 상
황 안에서 창발하며, 따라서 선재하는 합리적 구조나 기준을 수반하
는 행위의 일치가 아니다. 합당성은 주어지거나 발견되는 것이 아니
라 발현되고 성취되는 것이다.

6. 도덕성의 정서적 토대

인간의 도덕적 평가는 심층적인 정서적 뿌리를 갖는다. 순수실천이성
이 정서의 개입 없이 행위를 산출한다는 칸트의 가정은 근거 없는 환
상이다. "이성은 실천적이다"라는 생각에 관해 유일하게 지탱할 만한

Vol. 7, ed. Jo Ann Boydston (Carbondale, Ill.: Southern Illinois University Press, 1932/1989) 참조.

25 Dewey, *Human Nature and Conduct*, p. 135.

해석은 예상되는 행위와 그것이 낳을 수 있는 상황이 우리를 행위로 이끌어 갈 수 있는 정서적 반응(긍정적이거나 부정적인)을 활성화한다는 것 이상일 수 없다. 그렇지만 이것이 순수실천이성의 옹호자들이 의도하는 것은 물론 아니다. 그들은 정서나 느낌의 개입 없이 행위의 원인이 되거나 행위로 나타날 수 있는 이성을 원하기 때문이다.

다음 장에서 나는 윤리적 평가와 판단에서 합당한 도덕적 숙고의 역할에 대한 나의 해명을 제시할 것이다. 이 장에서 내 초점은 주로 도덕적 인지에서 정서와 느낌의 핵심적 역할을 지탱해 주는 증거들에 관한 것이었다.[26] 우리는 이제 도덕적 인지의 정서적 기원과 원천에

---

[26] 도덕적 인지에서 감정의 핵심적 역할 때문에 다마지오는 특정한 정서를 갖거나 특정한 정서를 느끼는 능력 없이는 도덕성은 결코 존립할 수 없을 것이라는 결론으로 나아간다. 그는 생애 초기에 전전두피질 손상을 입은 환자들에게 심각한 사회적·도덕적 역기능이 나타난다는 점을 지적한다. 그 손상 때문에 그 환자들은 정서적 반응을 도덕적으로 연관된 상황에 연결하지 못한다. 이어서 다마지오는 모두가 자연적으로 이런 상태이고, 따라서 어느 누구도 공감, 감사, 수치, 죄의식, 경멸, 당황, 또는 어떤 사회적 정서를 통해 다른 사람에게 반응하는 능력을 지니지 못한 세계를 상상해 보라고 권한다. 그는 최근 그런 세계의 사람들이 인간의 도덕성과 유사한 어떤 것도 지닐 수 없을 것이라고 정확하게 지적한다. 왜냐하면 인간의 도덕성은 세계와 다른 사람들에 대한 정서적 반응에 근거하고 있기 때문이다. 그는 무도덕의 세계가 불러올 귀결을 이렇게 서술한다. "그러한 정서나 느낌이 결여된 사회에는 단일한 윤리적 체계를 예고하는 본유적인 사회적 반응의 자발적 표출은 없을 것이다. 즉 거기에는 이타성의 발현도, 필요할 때의 친절도, 적절한 시점에서의 비판도, 자신의 실패에 대한 자동적 지각도 없을 것이다. 그러한 정서의 느낌이 결여되었을 때, 사람들은 식량 자원의 식별과 분배, 위협에 대한 방어, 구성원들 간의 분쟁 등 집단이 직면한 문제를 해결하기 위한 타협에 참여하지도 않을 것이다. 사회적 상황에서의 관계, 자연적 반응, 자연적 반응을 허용하거나 금지하기 때문에 생겨나는 처벌과 보상과 같은 수많은 우연 등과 관련된 지혜의 점진적 축적은 없을 것이다. 그런 상황에서 궁극적으로 사법 체계나 사회·정치적 조직의 형태로 표출되는 규칙의 명문화는 거의 상상할 수 없다. Damasio, *Looking for Spinoza*, p. 157.

대한 윤곽을 그리게 되었다. 그것은 생명 유지와 평안에 대한 모든 유기체의 요구에서 출발한다. 역동적 평형은 동물에게 생명적 명령이며, 나아가 모든 형태의 동물적 평안과 번영에 거부할 수 없는 전제조건이다. 그러나 변형성(allostasis)에 대한 유기체의 요구에는 본질적으로 '도덕적인' 어떤 것도 없다. 우리는 다른 모든 동물과 이 생명적 명령을 공유하며, 인간의 사회적 행동을 지탱해 주는 일부 정서나 느낌은 (인간 이외의) 다른 종에게서도 나타난다는 강력한 증거가 있다.[27]

도덕성이 인간에게만 해당된다는 그릇된 추정은 전형적으로 인간이 도덕성의 최고의 필요조건으로 간주되는 자율적인 이성과 의지를 갖는다는 잘못된 가정 위에서 제기된다. 도덕성이 어떻게 명시적인 합리적 반성의 저변에서, 그리고 그에 앞서서 나타나는지, 또 정서/느낌 반응이 어떻게 도덕 판단의 일차적 동력이 되는지를 깨닫게 되면 우리는 도덕성이 엄격하게 인간의 문제라는 배타적 주장을 포기할 수밖에 없다. 그렇다면 인간의 도덕성이 다른 동물에게 주어지지 않는 것으로 보이는 복잡성과 풍부성을 드러낸다는 사실 또한 마찬가지로 분명하다. 더욱이 다음 장에서 보게 될 것처럼 인간은 다른 동물에게 주어지지 않은 상상적 추론 양식을 발달시켜 왔으며, 그것은 우리가 상상력 안에서 도덕적 문제들에 대한 다양한 가능한 해결책을 탐색할 수 있게 해 준다. 따라서 인간의 도덕이 다른 동물의 도덕성에 비해 더 복잡하고, 섬세하며, 반성적이라고 말하는 것은 문제가 없다.

우리는 이제 무엇이 우리를 단순히 생물학적 제한을 넘어서서 충만

---

27 Frans de Waal, *Good Natured: The Origins of Right and Wrong in Humans and Other Animals* (Cambridge, Mass.: Harvard University Press, 1996); Hauser, *Moral Minds* 참조.

한 인간의 도덕체계로 이끌어 가는지를 물을 수 있다. 다마지오의 답은 그것이 정서를 가지는 우리의 능력이며, 또 도덕적 활동의 상위적 차원으로 이끌어 가는 느낌을 경험할 수 있는 능력이라는 것이다.

우리가 인간의 윤리라고 부르는 구성물은 생물학적 제어(bioregulation)라는 총체적 기획의 일부로서 시작되었을 것이다. 윤리적 행동의 배아는 신진대사적 조절, 충동과 동기, 다양한 정서와 느낌을 제공하는 모든 무의식적이고 자동적인 기제를 포함하는 진행의 또 다른 단계일 것이다. 가장 중요하게 이 정서와 느낌을 촉발하는 상황은 협력을 포함하는 해결책을 요구한다. 협력의 실천으로부터 정의와 명예의 창발을 상상하는 것은 어렵지 않은 일이다.[28]

그렇다면 정서와 느낌은 우리가 도덕적 직관의 '직관적 궤도'라고 부르는 것 안에서의 도덕적 평가와 행위의 동력이다. 정서는 우리 자신이 처해 있는 상황에 대한 대부분의 무의식적 평가에 대한 즉각적인 반응이다. 정서는 전개되는 상황 안에서 변화에 대응할 때 몸 상태의 변화를 감시하는 수단이 되는 활동 주기의 일부다. 대부분의 경우 정서는 의식적 반성이나 계획에 대한 요구 없이 판단과 행위를 산출한다.

5장에서 보게 될 것처럼 직관적 도덕 판단 능력을 설명하는 한 방식으로 일부 자연주의자들은 진화적으로 발달된 보편적인 인간의 도덕 능력(또는 도덕 본능)을 설정하려는 강한 유혹에 끌린다. 나는 그러한 능력을 설정해야 할 이유가 없으며, 또 그렇게 하는 것이 인지적

---

28 Damasio, *Looking for Spinoza*, p. 162.

으로 현실적인 도덕적 인지 이론을 전개하는 데 역효과를 불러온다고
주장할 것이다. 우리에게 필요한 것은 바르게 연결된 몇몇 특정한 지
각적, 운동적, 정서적 반응을 담당하는 두뇌 영역을 발달시켜 주는 유
전자들뿐이다. 한 가지 예를 들자면 우리에게는 정서를 과거의 경험
과 연결시켜 주고 행위 계획과 도덕적 숙고에서 작동하게 해 주는 복
내측 전두 피질(ventromedial prefrontal cortex) 안의 관련된 영역들
이 발달되어야 할 필요가 있다. 이것은 명백히 인지적·정서적 하위체
계들의 매우 복잡한 체계일 것이다. 그것들은 결과적으로 우리가 '윤
리적'이라고 분류하려는 것을 가능하게 해 주지만, 그것들은 모두 본
유적으로 윤리적이지 않은 맥락 안에서 진화적 역사를 통해 창발했을
것이다. 의심할 바 없이 도덕 판단의 이 체계들을 조정하는 일은 문화
에 따라 상이하고 복잡한 사회적 틀 안에서 수행될 것이다.

7. 개인적 항상성에서 집단적 항상성으로

지금까지의 논의를 요약하면, 직관적 궤도 안에서 이야기를 이끌어
가는 것은 정서와 느낌이다. 이 느낌은 주변적 환경과 상호작용할 때
그 안에서의 변화에 대응해서 우리 몸 상태의 변화를 감시하는 방식
으로서 발생한다. 바꾸어 말하면 이 느낌(기쁨, 슬픔, 불편, 공포, 고
무 등)은 우리에게 상황이 어떤지를 측정하는 일차적 수단이며, '우
리에게 상황이 어떤지'는 개인의 평안에만 관련되는 것이 아니라 타
인과의 확장된 사회적 관계, 나아가 크고 작은 집단이나 공동체의 평
안에도 관련된다.

　항상성/변형성을 도덕성의 토대적 가치로 받아들이는 다마지오에
게 가장 어려운 숙제는 그것이 개별적인 유기체의 평안뿐만 아니라

큰 집단 수준에서 어떻게 작동할 수 있는지를 밝히는 일이다. 생명 유지와 유기체의 평안을 고양하는(환경의 변화에 대응하는) 것이 유기체 안의 적절한 역동적 평형을 보존하기 위해 몸 상태의 변화의 지속적인 측정을 요구한다고 주장하는 것과 변형성이 큰 규모의 공동체에게도 마찬가지로 기본적이라고 주장하는 것은 완전히 별개의 문제다.[29] 대인관계적이고 공동체적인 삶의 경이로운 복잡성은 우리에게 집단적 평안의 성취, 보존, 재구성을 위한 부가적 원천의 계발을 요구한다. 이 원천은 적어도 다음과 같은 것을 포함한다. 충분한 사회적 정서(수치심, 죄의식, 열정, 친절, 감정이입 등), 권리와 정의 개념, 행동의 규약과 규칙, 사회의 원활한 기능을 보장해 주는 공적 제도, 사회적 조직, 예술과 과학.

다마지오는 개인적 항상성/변형성에 관한 자신의 주장들을 다음과 같은 집단적 항상성에 관한 가설과 연결시킨다.

사회적 행동의 제어에 개입되는 어떤 제도도 생명을 규제하는 장치로 간주되지 않는다. 아마도 그것들이 흔히 적절히 그 임무를 수행하지 못하거나 그것들의 직접적 목표들이 생명 과정과의 연결을 가리기 때문일 것이다. 그렇지만 그 제도들의 궁극적 목표는 바로 특정한 환경 안에서 이루어지는 생명의 조절이다. 개인 또는 집단에 대한, 또 직접적인지 간접적인지에 대한 강조에서 섬세한 변이가 있지만 이 제도들의 궁극적 목표는 생명을 조장하고 죽음을 피하며, 평안을 고양하고 고통을 감소시키는 것이다.[30]

---

29   Jay Schulkin, *Adaptation and Well-being: Social Allostasis* (Cambridge: Cambridge University Press, 2011) 참조.

30   Damasio, *Looking for Spinoza*, pp. 166-67.

「서론」에서 나는 도덕적 가치와 원리의 원천에 관해 근본적으로 대립적인 두 가지 선택을 단순화된 형태로 서술했다. 그것들은 자연적 경험의 밖 또는 위에서 주어지거나 소위 초자연적이거나 초월적인 원천에서 주어지거나, 아니면 신체화되고 인간관계적이며 문화적인 경험의 진화적 과정에서 창발한다. 만약 가치가 위로부터 주어진 것이 아니라면 그것들은 물리적/대인관계적/문화적 환경과의 신체화된 활동으로부터 생겨날 수밖에 없다. 다마지오가 '삶을 고양하고 죽음을 회피하며, 평안을 증진하고 고통을 줄이는' 수단으로 '특정한 환경 안에서 삶의 조절'을 가정하는 것은 바로 이러한 후자의 시각에 근거한 것이다.[31] 이것이 도덕성의 핵이다. 둘 다 경쟁적인 필요, 욕구, 관심, 목표, 실천 사이에 균형(즉 역동적 평형)의 탐색을 요구하는데, 개인의 평안과 공동체의 평안 사이에는 밀접한 연관이 있다. 반복적으로 언급했던 것처럼 다마지오는 개인 안에서건 개인들의 집단 안에서건 항상성을 핵심적 가치로 간주한다.

> 사회적 규약과 윤리적 규칙은 부분적으로 사회나 문화 단위에서 기본적인 항상성 조절의 표현으로 간주될 수 있다. 규칙 적용의 결과는 신진대사 조절이나 기호와 같은 기본적인 항상성 장치의 결과, 즉 생존과 평안을 보장해 주는 삶의 균형과 동일하다.[32]

이 삶의 조절을 문제 해결 — 기초적 생명 과정 유지에서부터 유기체 존립의 질적 고양, 사회적 존재의 조화로운 공동체의 형성에 이르

31　같은 책, p. 167.
32　같은 책, pp. 168-69.

기까지 전 영역에서 비롯되는 문제들을 포괄하는—의 한 형태로 보았던 듀이의 생각은 옳은 것이었다.[33] 인간의 도덕성을 대부분 인간 외적 존재들의 도덕성과 구분해 주는 것은 인간의 마음과 사회의 복잡성, 특히 상징적 상호작용의 정교한 형식들을 통해 드러나는 복잡성이다. 유기체-환경 교호작용의 증가하는 복잡성은 마음, 사고, 언어(몸동작, 의식, 예술, 문학, 건축, 음악, 무용 등 모든 형태의 상징적 상호작용을 포함하는)라는 새로운 기능적 능력의 창발로 이어진다. 이 증가하는 복잡성의 일차적 결과는 인간적 평안과 번영의 중층적 다양성이다. 번영은 더 이상 단순한 생물학적 통제나 유기체의 성장, 물리적 환경 안에서의 유연한 행위에 그치지 않고 개인적·대인관계적·집단적 번영과 의미 만들기를 포괄한다.

경험의 이 증가하는 복잡성의 극적인 귀결은 평안한 삶을 사는 데 성공하는 것이 직관적이고 자동적이고 무의식적이고 무반성적인 인지적 과정에 의해서만 이루어지지 않는다는 것이다. 우리는 현재의 시각에서 상황을 평가하고, 미묘한 사회적 상호작용의 섬세한 구조를 파악하고, 대안적인 해결책을 제안하고, 문제 상황 안에서 최선의 행위 방향이 무엇이 될 것인지를 결정하는 데 더 숙고적이고 비판적이며 반성적인 궤도를 필요로 한다.

우리가 이 비판적 반성을 필요로 하는 이유는 매우 복잡하고 불확정적인 개인적·사회적 상황에서 경쟁적 가치들과 행위 방향들을 평가하는 방식이 필요하기 때문이다. 듀이는 "비판은 식별적 판단, 신중한 평가이며, 판단이란 그 식별의 주제가 좋음이나 가치와 관련되어 있을 때 비

---

33   Dewey, *Human Nature and Conduct* 참조.

판이라고 불리는 것이 적절하다"[34]고 말한다. 직관적인 정서적 반응에 덧붙여서 우리는 현재의 문제 상황에서 어떤 방향이 긴장을 가장 잘 해소할 수 있는지를 결정하기 위해 제안된 행위 방향의 개연적 결과를 상상할 수 있어야 한다. 우리는 현재의 상황이 전개될 방향을 지성적이고 통찰력 있게 조망하기 위해, 또 우리 자신의 시각과 동기는 물론 타인의 시각과 동기에 대해 적절한 비판적 입장을 갖기 위해 흔히 경험으로서의 삶, 그리고 인간의 동기와 행동에 관한 과학적 탐구를 통해 획득된 지식을 필요로 한다. 다마지오가 우리의 조건에 관해 서술하듯이, 자동화된 신경 화학적 기제들을 통해 적절하게 충족될 수 있는 수많은 욕구들이 있지만, "인간 사회가 더 복잡해지면서 … 인간의 생존과 평안은 사회적·문화적 공간 안에서 부가적인 종류의 비자동적인 제어에 의존한다. 내가 말하는 것은 대체로 추론이나 결정의 자유와 관련된 것들이다."[35]

듀이는 철학이 가치평가의 과정과 방법에 대한 비판적 반성이라고 보았다. 비판적 반성은 외부로부터 우리의 가치평가에 유입되는 독립적인 능력이 아니다. 그것은 오히려 상황을 평가하는 가장 기초적인 능력의 성장과 발달이다. 듀이는 이렇게 말한다.

하나의 좋음으로서 사물에 대한 초기의 무감각적이고 무형적인 경험에 이어, 그 좋음에 대한 후속적인 지각은 적어도 비판적 반성의 싹을 포함한다. 이 때문에, 그리고 이 이유만으로 정교하고 정형화된 비판이 후

---

34 Dewey, *Experience and Nature: The Later Works, 1925-1953*, Vol. 1, ed. Jo Ann Boydston (Carbondale, Ill.: Southern Illinois University, 1925/1981), p. 298.

35 Damasio, *Looking for Spinoza*, p. 167. (고딕은 원문의 강조.)

속적으로 가능해진다.[36]

    따라서 듀이는 직관적 판단의 과정과 대인관계적이고 문화적인 맥락에서 발생하는 복잡한 도덕적 문제들을 지성적으로 대응하는 데 요구되는 더 숙고적이고 반성적이며 비판적인 사고 과정 사이에 연속성을 설정한다. 따라서 도덕적 이해와 판단의 직관적 차원에 대한 검토를 마치면서 우리는 더 숙고적이고 반성적인 형태의 도덕적 추론이 어떻게 이루어지는지를 물어야 한다.

---

36 Dewey, *Experience and Nature*, p. 300.

제4장

인지, 상상력, 느낌으로서의 도덕적 숙고

1. 제3의 도덕적 인지 과정

우리는 앞서 최근에 주목받고 있는 것으로 도덕적 추론이 상호 관련된 두 가지 과정, 즉 '직관적' 과정과 '합리적' 과정을 거쳐 작동한다는 가정을 검토했다. 그것은 다시 이렇게 말할 수 있다.

직관과 의식적 추론은 상이한 구도를 갖는다. 직관은 신속하고 자동적이고 비자발적이며, 주의를 요구하지 않고 발달의 초기 단계에서 나타나며, 형식화된 추론이 없이도 수행되며, 흔히 반대 추론에 상관없이 나타난다. 형식화된 추론은 느리고 숙고적이고 신중하며, 상당한 주의를 요구하며, 발달의 후기 단계에서 나타나며, 정당화될 수 있으며, 신중하게 방어되고 훈련된 반대 주장에 열려 있다.[1]

---

1 Marc Hauser, *Moral Minds: How Nature Designed Our Universal Sense of Right and Wrong* (New York: HaperCollins, 2006), p. 31.

도덕적 평가와 판단의 대부분이 직관적 과정 — 합리적이거나 반성
적인 통제가 거의 불가능한 — 에 의해 수행된다는 주장을 따라 일부
철학자나 심리학자들은 도덕적 사유에서 '합리적' 과정의 역할을 철
저히 과소평가하게 되었다. 반성적 과정이 단순히 실제 과제를 수행
하는 직관적 과정을 설명하고 정당화하기 위한, 사후적인 스토리텔링
이라는 생각에는 끌리는 점이 있다. 예를 들어 하이트(J. Haidt)는 도
덕적 결정에서 반성적인 비판적 추론의 미약하고 드문 역할을 인정하
지만, 합리적인 것의 폭을 선행적인 직관적 판단의 합리화 정도로 국
한하는 편이다.[2] 그는 "직관(열정이라기보다는)이 도덕 판단의 주된
원인이며 … 추론은 전형적으로 임시적인 정당화를 구성하기 위해 …
그 판단을 뒤따른다"[3]고 말한다. 하이트가 선호하는 은유를 빌리자
면, 합리적 기수는 대부분의 과정을 동행하며, 종종 통제하는 것처럼
보이지만 사실상 대부분의 경우 단순히 그 코끼리가 수행했던 것을
보고하고 합리화할 뿐이며, 직관의 코끼리는 합리적 기수와 함께 자
신이 가고 싶어 하는 곳으로 가고 있다. 기수가 코끼리가 수행하는 것
을 통제한다고 말하는 것이 의미를 갖는 것은 매우 드문 일이다.

나는 지나치게 많은 철학자들이 '합리적' 과정에만 초점을 맞추고,
마치 합리적 과정이 도덕 판단의 핵을 이루는 것처럼 받아들이며, 따
라서 대부분의 도덕적 평가나 판단이 어디에서 발생하는지 — 말하자
면 직관적 궤도에서 발생한다는 사실 — 를 전적으로 간과한다는 하우
서(M. Hauser)와 하이트의 주장에 동의한다. 그렇지만 나는 도덕적
숙고의 과정에는 단지 직관적이고 무의식적 판단 이상의 것이, 또 단

---

2 Jonathan Haidt, *The Righteous Mind: Why Good People Are Divided by Politics and Religion* (New York: Pantheon, 2012), pp. 67-71.

3 같은 책, p. 46.

지 원리에 의거한 사후적 정상화 이상의 것이 있다고 주장할 것이다. 그것은 도덕적으로 불확실한 상황에서 어떤 가능한 행위 방향이 경쟁적 충동들, 가치들, 목표들을 가장 잘 조화시킬 수 있는지에 관한 반성적 숙고의 과정이다. 그것은 감정이나 느낌과 불가분하게 묶여 있는 상상적 과정이지만, 그것은 또한 적절하게 비판적인 관점(또는 오늘날 '폭넓은 반성적 평형'이라고 알려진)을 가능하게 해 준다. 도덕적 숙고의 과정이 충분히 넓고 포괄적인 관점을 취하게 되면 우리는 정확히 그런 숙고의 결과(행위에서)를 합당하다고 말할 수 있다. 이어서 5장에서 나는 합당한 판단이 우리의 행위를 (미리 주어진 것으로 가정되는) 합리적인 도덕적 명령에 합치시키는 문제가 아니라 도덕적으로 불확실한 상황의 해결로 이끌어 가는 사고의 과정이라는 점을 설명할 것이다.

이원적 과정 모형에 대한 최근 경향을 감안할 때 직관적 궤도와 합리적 궤도와 관련해서 도덕적 숙고의 자리를 어떻게 보아야 하는지에 관한 물음이 떠오른다. 두 가지 가능성이 있다. 상상적인 도덕적 숙고를 제3의 궤도(직관적 정당화 궤도와 합리적 정당화 궤도에 덧붙여서)로 보거나, 도덕적 숙고를 상상적 합리성의 형태로, 따라서 합리적 궤도(그것의 다른 부분은 사후적 정당화다)의 일부로 볼 수 있다. 두 가지 선택 모두 옳다. 나는 이것을 종종 '제3의' 과정(이원 과정 모형에 덧붙여서)이라고 부르지만 이 제3의 과정이 사실상 넓은 의미에서의 인간적 합리성의 일부라는 사실을 염두에 두는 것이 중요하다. 인간 이성은 단지 형식적/논리적 구조가 아니라 그 핵심에서부터 상상적이고 정서적이다.[4] 핵심적인 것은 도덕적 인지에 흔히 직관적 평가

---

4 Mark Johnson, *The Body in the Mind: The Bodily Basis of Meaning, Imagina-*

나 사후적 정당화 이상의 것이 개입된다는 것이다.

　앞 장에서 나는 주로 생존과 번영을 추구하는 과정에서 이루어지는 환경과의 신체적 작용에서, 그리고 개인적 관계나 더 큰 공동체적 상호작용 안에서 다른 사람과의 작용에서 발생하는 직관적 판단 과정에서 감정과 느낌의 역할에 초점을 맞추었다. 이제 나는 감정과 느낌 또한 반성적 숙고 — 경쟁적인 대안적 행위 방향들을 평가하고 경쟁적 가치들을 파악하는 —에 개입되는 추론에서 핵심적 역할을 한다고 주장할 것이다. 이것들은 단지 사람들이 이미 수행했던 직관적 판단에 대해 사후적 정당화를 제시하는 경우가 아니다. 오히려 이 상상적인 도덕적 숙고의 과정들은 행위의 가능성들을 반성적으로 평가하는 기회가 주어진 어떤 복잡한 상황에서 무엇을 해야 하는지에 관한 진정한 윤리적 고려의 경우들이다.

　상상적인 도덕적 숙고에 대한 나의 해명은 도덕적 인지에 관한 내 전반적 입장의 핵심을 이룬다. 나는 이원적 과정 모형을 중요하게 넘어선, 거의 분석되지 않았던 사고 과정을 서술하려고 하기 때문에 내 설명은 몇몇 부분들로 나누어지며 또 상세한 전개를 필요로 한다. 독자들의 편의를 고려해서 본래 하나의 길고 방대한 논의였던 이 상세한 해명을 두 장으로 나누었다. 이 장은 상상적인 도덕적 숙고의 본성을 특징짓고 있다. 이어서 다음 장에서는 도덕적 숙고의 그런 과정이 어떻게 합당하며, 어떻게 적절한 정도로 비상대주의적이며, 또 어떻게 비판적 평가가 가능한지를 설명할 것이다.

---

　tion, and Reason (Chicago: University of Chicago Press, 1987) 참조.

2. 상상적인 도덕적 숙고의 반성적/비판적 과정의 필요성

이원적 과정 안에서 서술된, 직관적이고 신속하며 무반성적인 도덕 판단이 우리의 도덕적 인지의 전 영역에 대한 해명으로서 충분치 않은 이유는 그것이 우리의 직관적 판단에 대한 충분히 비판적인 시각의 가능성을 제시할 수 없기 때문이다. 이 때문에 듀이는 "어떤 대상이나 사람을 중시하거나 집중한다는 의미에서 직접적 평가하기(direct valuing)라고 부르는 것과 포괄적 체계에 대한 고려에 근거한 반성적 판단으로서의 평가(valuation)"[5]를 구분했다. 3장에서 서술된 직관적 과정은 기본적으로 평가하기의 경우다. 평가하기는 사고와 욕구, 행위의 성향이나 습관—인간의 진화 과정을 통해, 또 우리의 개인적·집단적 역사를 형성하는 우연적 영향들에 대한 반응으로 나타난—의 결과다. 그것은 종종 사고와 평가의 습관으로 고착된 합리적 숙고의 선행적 과정의 결과이기도 하다.

  그렇지만 문제는 평가하기가 직관적인 무반성적 판단으로서 자기비판 능력이 없다는 점이다. 듀이는 직관적 판단의 이 무반성적이고 무비판적 성격을 이렇게 기술한다.

  과거의 의식적 사고를 포함하는 과거 경험의 결과는 직접적 습관으로 편입되며, 가치의 직접적 평가에서 스스로를 드러낸다. 우리 판단의 대부분은 직관적이지만, 이 사실은 도덕적 통찰이라는 독립적 능력이 존재한다는 증거가 아니라 삶의 현장에 대한 직접적 조망에 편입된 과거 경

---

5 John Dewey and James Tufts, *Ethics: The Later Works, 1925-1953*, Vol. 7, ed. Jo Ann Boydston (Carbondale, Ill.: Southern Illinois University, 1932/1989), p. 266.

험의 결과다. … 우리가 이야기했던 직관적 평가의 최선의 경우조차도 그 가치에는 항구적인 한계가 있다. 이것들은 추정의 조건과 대상이 얼마나 획일적이고 반복적인지의 정도에 달려 있다. … 무엇이 좋은지 나쁜지에 관한 직관이나 직접적 느낌은 그 자체로 고려될 때 도덕적 중요성보다는 심리적 중요성을 갖는다. 그것들은 어떤 것을 승인하고 부인해야 하는지에 대한 적절한 근거라기보다는 고착된 습관의 징후다. 그것들은 기존의 습관들이 좋은 특성을 가질 경우 기껏해야 옳음에 대한 추정이며, 안내 또는 실마리다.[6]

2장과 3장에서 나는 이 직관적으로 평가된 가치가 어디에서 오는지 (즉 우리의 생물학적, 대인관계적, 문화적 구조 안에서 그 원천이 무엇인지), 또 그것들이 어떻게 다른 사태를 피하고 특정한 사태로 이끌어 가는지에 관해 해명했다. 그렇지만 우리가 왜 평가와 판단의 직관적 궤도에만 안주할 수 없는지에 대해 적어도 두 가지 이유가 있다. 먼저, 우리가 직관적으로 주어진 가치로 간주하는 것들은 특정한 유형의 상황이나 조건에 대응하여 발생하지만, 새롭거나 낯선 조건이 발생하거나 새로운 문제가 발생하면, 기존의 가치와 기준은 새롭게 직면하는 변화된 조건을 다루는 데 부적절할 수 있다. 우리의 고착된 성향이나 가치는 이 새롭고 예기치 않은 조망된 조건에 따라 '의도된' 것이 아닐 수(진화적으로나 역사적으로 발생한 것이 아닐 수) 있다. 결과적으로 우리는 새로운 조건이나 복잡성에 직면할 때 우리의 직관적이고 무비판적인 평가나 평가하기가 적절한 것이라고 그저 가정할 수는 없다.

---

6 같은 책, pp. 266-67.

두 번째 문제는 우리가 특정한 사태에 이르게 되었다는 사실이 우리가 현재 행하고 있는 방식으로 그것을 평가해야 한다는 것을 보장해 주지 않는다는 점이다. 근본적인 편견, 성차별, 종교적 불관용이 우리 대부분의 정서와 사고에 깊게 각인되어 있다. 우리가 이러한 편견들(습관적 선판단으로서)을 표출하면서 가질 수 있는 확신의 강도는 도덕적 옳음의 지표가 아니라 우리를 짓누르는 위력의 지표다.

따라서 우리에게 가장 시급한 것은 평가하기, 즉 획득된 습관과 가치 판단에 대한 적절한 비판적 거리를 확보하는 일이다. 우리는 좀 더 비판적인 시각을 찾기 위해 듀이가 '평가'(valuation) ─ 우리의 반성적인 도덕적 숙고 안에서 '신중'(conscientiousness)을 요구하는 ─ 라고 부르는 과정을 필요로 한다.

아마도 직접적 감수성, 또는 '직관'과 반성적 관심으로서의 '신중' 사이에 가장 두드러진 차이는 직관이 성취된 좋음이라는 국면에 의존하는 편인 반면, 신중이 더 나은 것에 대한 전망에 의존하고 있다는 점일 것이다. 진정으로 신중한 사람은 판단하는 데 기준을 사용할 뿐만 아니라 그의 기준을 수정하고 개선하는 문제에도 관심을 갖는다.[7]

직관적 평가는 대체로 우리가 앞에서 '항상성 설정값'(가치들)이라고 불렀던 것에 근거하고 있는데, 그것은 유기체(여기에서는 인간)가 되돌아가려고 하는 지점이다. 대조적으로 반성적 숙고가 변화하는 조건에 대한 반응이기 때문에 그것은 변형성(allostasis), 즉 **변화된 조건에 대응하는 새로운 역동적 평형을 추구해야 한다. 그러한 새로운 상**

---

7 같은 책, p. 273.

황의 경우 우리에게 가장 절실한 것은 신중한 상상적 숙고다.

3. 반성적 평가로서의 듀이의 도덕적 숙고 개념

『인간 본성과 행위』(*Human Nature and Conduct*, 1922)와 『경험과
자연』(*Experience and Nature*, 1925), 『윤리학』(*Ethics*, 1932), 『논리
학: 탐구의 이론』(*Logic: The Theory of Inquiry*, 1938) 등 일련의 기
념비적 저서들에서 듀이는 인간의 탐구 이론을 제안하는데, 여기에서
추론은 단순히 경험을 추후적으로 보고하는 것이 아니라 실제로 경험
을 개조하고 재조직함으로써 경험의 성격을 변형시킨다. 추론은 행위
의 인지적-의지적-정서적 과정이며, 그것은 그 핵심에서 성질, 느낌,
가치 등을 통합한다.[8]

　이 책에서 핵심적 주제의 하나는 도덕적 숙고가 인간의 문제 해결
의 복합적 형태—세계와의 신체화된, 육체적 연관에서 발생하며, 나
아가 동시에 정서 의존적인 동시에 합당한 투사적 상상력을 통해 그
세계를 재구성하는—라는 것이다. 앞서 1장에서 나는 듀이의 『인간
본성과 행위』에서 도덕적 숙고에 관한 잘 알려진 설명을 인용했다. 여
기에서 도덕적 숙고는 우리가 처한 문제 상황을 가장 잘 해결할 수 있
는 방향을 결정하기 위해 수행하는 가능한 행위 방향들에 대한 드라
마적 리허설로 설명된다. 10년 후 『윤리학』에서 듀이는 숙고의 본성
에 관해 매우 유사한 진술을 요약하고 있다.

---

8 Johnson, *The Body in the Mind*; *The Meaning of the Body*: *Aesthetics of
Human Understanding* (Chicago: University of Chicago Press, 2007) 참조.

숙고는 다양한 행동 방향의 상상적 리허설이다. 우리는 **마음속으로** 어떤 충동을 따르며, **마음속으로** 어떤 계획을 시도한다. 다양한 단계들을 통해 그 경로를 따름으로서 우리는 상상 속에서 뒤따라올 귀결 앞에 있는 우리 자신을 본다. 나아가 우리는 그 귀결을 좋아하고 승인하거나 싫어하고 부인함으로써 원래의 충동이 좋은 것인지 나쁜 것인지를 알게 된다. 숙고는 드라마적이고 적극적이며 수학적이거나 비개인적이지 않다. 따라서 숙고는 직관적이고 직접적인 요소를 포함하고 있다.[9]

도덕적 숙고는 상황의 변화가 우리의 일상적인 사고와 느낌, 평가, 행위의 습관, 즉 이전 경험에서 이어받은 직관적 평가하기에 문제를 불러올 때 발생하는 탐구의 상상적 과정이다. 우리의 습관적인 평가하기 습관이 가로막히거나 좌절되기 때문에 우리는 우리 자신이 어떻게 해야 할 것인지에 관한 불확정성과 긴장에 의해 특징지어지는 문제 상황 안에 있다는 것을 알게 된다. 도덕적 탐구는 먼저 직면한 문제를 정의하고 상상 안에서 현재 상황 안에서 어떻게 그 긴장을 가장 잘 해소할 수 있는지를 탐색하는 과정이다.

도덕적 숙고에 대한 이러한 듀이적 개념은 고전적인 도덕 이론이 제시하는 해명과는 너무나 다르기 때문에 그 내적 구조에 관해 좀 더 심층적인 탐색을 할 가치가 있다. 다음은 이 반성적 과정의 주요 층위들의 본성에 관한 해명이다.

1) 살아진 상황의 구체성

듀이가 반복적으로 주목했던 것처럼 수많은 도덕 이론들의 중대한

---

9 Dewey and Tufts, *Ethics*, p. 275. (고딕은 원문의 강조.)

오류는 살아진 것으로서의 경험에서 출발하지 않았다는 점이다. 대신
에 도덕 이론들은 도덕적 인지를 이해하려고 했던 통로로서의 이론적
추상물이 실제로 일상인의 도덕적 경험을 구성하고 있다는 가정에서
출발한다. 그 잘못이란 '목표' '쾌락' '원리' '덕' '좋음' '의무' '권
리' '행복' 등의 추상물을 우리 경험에 거꾸로 덧씌우고, 나아가 그
사고의 범주에 속하지 않는 경험의 모든 부분을 간과한다는 점이다.
종종 도덕적 반성과 연관되기도 하지만 그 추상화는 살아진 상황
(lived situation)의 복합성과 풍부함을 비켜섬으로써 지나치게 단순
화한다. 듀이는 상황을 "단일한 성질에 의해 지배되고 특징지어진다
는 사실 때문에 내적 복합성에도 불구하고 한데 묶인 복합적인 실
존"[10]이라고 정의한다. 가장 우선적으로 주어지며 우리가 생각하고
느끼고 행하는 다른 모든 것을 맥락화해 주는 것은 특정한 시점에 우
리가 처해 있는 포괄적 상황이다. 만약 그것이 도덕적 불확정성이나
긴장일 경우, 우리는 그것을 더 나은 방식으로 변형하기 위해 그 상황
의 모든 복잡성을 충분히 이해할 필요가 있다.

---

10 Dewey, "Qualitative Thought," in *The Later Works, 1925-1953*, Vol. 5, ed.
Jo Ann Boydston (Carbondale, Ill.: Southern Illinois University Press,
1930a/ 1988), p. 246. 우리의 모든 사고와 행위가 발생하는 포괄적인 체험적
맥락의 심층적인 중요성을 강조한 것은 듀이만이 아니다. 환경적 상황과 관련해
서 다양한 해석과 관심의 초점을 두고 있지만 많은 철학자들이 체험적 상황 안
에서만 대상이나 사건, 의미가 우리에게 부각된다는 사실을 인식하고 있다. 후
설(E. Husserl)은 '생활세계'(lifeworld)에 관해서, 하이데거(M. Heidegger)는
'세계'(world)에 관해서, 메를로 퐁티(M. Merleau-Ponty)는 '세계의 살'(flesh
of the world)에 관해서, 설(J. Searle)은 '배경'(Background)에 관해서 이야기
하며, 비트겐슈타인(L. Wittgenstein)은 언어게임 개념 안에서 상황의 우선성을
암시하는 태도를 드러낸다. 이들 중에 후설과 하이데거, 듀이는 상황 개념의 형
성과 전개에서 질적인 것의 적극적 중요성을 가장 잘 인식하고 있었던 것으로
보인다.

이러한 환경적인 체험적 지평 안에서만 대상이나 사건, 행위는 우리의 관심사가 되어 그 의미를 갖게 된다. 우리는 고립된 대상, 고립된 개별적 성질, 고립된 불연속적 행위를 경험하는 것이 아니다.[11] 대상이나 행위는 맥락 안에서 생겨나며, 그 특정한 맥락 안에서 의미를 갖게 된다. 우리는 특정한 시점에 특정한 상황에서 우리에게 중요하게 보이는 것들을 (흔히 자동적으로, 그리고 의식적 통제나 의도 없이) 구분한다. 우리에게 무엇이 중요한가는 부분적으로는 생물학적 기질, 부분적으로는 사람과의 관계, 또 부분적으로는 문화적 제도나 실천에 달려 있다.[12]

결과적으로 우리가 경험하는 모든 대상이나 사건, 행위는 깁슨(J. J. Gibson)이 '어포던스'(affordance) — 주위 환경의 특성들과 우리의 지각적이고 운동적인 능력 사이의 상호작용에 의해 구성되는 경험의 가능성들—라고 부르는 것을 제공한다. 예를 들어 컵은 인간에게 '잡을 수 있음'을 제공하지만 달팽이—컵을 '기어오를 수 있는 것'으로 경험하는—에게는 그렇지 않다. 따라서 어포던스는 환경—유기체는 그것을 지각할 수 있고 상호작용할 수 있도록 진화했다—의 양상들과 접촉하는 활동적인 유기체를 요구한다. 특정한 대상이나 사건

---

11 "하나의 대상 또는 사건은 항상 환경적인 경험 세계, 즉 상황의 특수한 부분이나 국면, 양상이다. 단일한 대상은 특별히 주어진 시점에 사용 또는 수용의 문제— 총체적인 복합적 환경이 제시하는—를 결정하는 데 핵심적이며 결정적인 위상을 갖기 때문에 중요한 관심사로 드러난다." Dewey, *Logic: The Theory of Inquiry: The Later Works, 1925~1953*, Vol. 12, ed. Jo Ann Boydston (Carbondale, Ill.: Southern Illinois University, 1938/1991), p. 72. (고딕은 원문의 강조.)

12 Johnson, *The Meaning of the Body*; David Eagleton, *Incognito: The Secret Lives of the Brain* (New York: Random, 2001) 참조.

의 개념을 갖는다는 것은 그 대상과의 (과거와 현재, 미래의) 체험적
가능성에 대한 시뮬레이션을 수행할 수 있다는 것을 의미한다. 그것
은 우리가 특정한 성질을 구분하고 탐색하고 실현하는 질적 어포던스
의 세계 안에서 가능하다.

그렇지만 어떤 대상이나 사람, 사건이 제공하는 어포던스는 우리의
감각적이고 운동적인 능력에만 근거하고 있는 것은 아니며, 문화적
습관과 가치를 지닌 사회적 존재로서 우리 자신의 기질에도 근거하고
있다. 따라서 나는 깁슨의 어포던스 개념을 물리적 대상과 환경을 넘
어서서 문화적 맥락 안에서의 사회적 상호작용의 가능성을 포함하는
데까지 확장하려고 한다. 그래서 우리는 특정한 대인관계적, 사회적
상황이 문화적 양육을 거친 우리와 같은 존재에게 일정한 폭의 가능
한 반응과 행위 양식을 제공한다고 말할 수 있다.

도덕 이론의 경우 구체적 상황의 우선성은 그 중요성에서 최대치가
된다. 여기에서 중요한 귀결은 도덕적 문제들이 구체적이고 맥락 의
존적이라는 점이다. 그것들은 우선 그 성격이 일반적이지 않다. 우리
가 직면하는 문제들은 지금 여기에서 우리의 문제다. 그렇기 때문에
그것들은 우리의 현재 상황의 모든 복잡성과 풍부함, 구체성을 수반
하며, 이 복잡성을 간과하는 것은 우리가 직면하고 있는 구체적 상황
을 실제로 다루고 있는 것이 아니기 때문에 좋은 해결책일 수 없는
'해결책'으로 이끌어 간다. 물론 특정한 상황에 '최선'이라고 드러난 것
이 언젠가 기본적 성격이 유사한 경우 다른 상황에 대해 더 큰 중요성
과 함축을 갖게 될 수도 있다. 그렇지만 우리가 식별하고 평가해야 할
상황은 모든 구체성을 지닌 것으로서 지금 직면한 상황이다. 패파스
(G. Pappas)는 이것을 이렇게 요약한다.

듀이에 따르면 윤리학에서 근본적 경험주의(radical empiricism)는 급진적 맥락주의를 수반한다. 듀이에게 급진적 맥락주의란 각각의 상황이 특유한 맥락을 구성하며, 그것이 (하나의 과정으로서) 살아지는(lived) 동안 그것이 도덕적 삶에 주어지는 모든 것이다.[13]

도덕 이론가들은 너무 흔히 상황을 (문제의 종류들로) 추상적으로 다루려는 유혹에 빠져든다. 나아가 그 일반적 상황들을 지배하는 보편적인 윤리적 원리를 찾으려고 함으로써 직면한 상황에서 실제로 작동하는 것들을 간과한다. 사람들은 자신이 선호하는 추상작용을 통해 상황을 이해한다. 패파스는 도덕 이론가들이 충만하고 풍부하며 매우 복잡한 의미를 수반하는 체험적 상황에서 출발하지 않음으로써 잘못된 길로 들어서는 여러 가지 방식들을 검토한다. 어떤 이론은 도덕이 일차적으로 보편적 원리에 근거한 판단 행위라는 가정에서 출발하고, 어떤 이론은 도덕이 오직 감정에서만 비롯된다고 주장한다. 또, 어떤 이론은 도덕 행위자를 본성상 자기중심적 만족을 최대화하는 사람으로 간주한다. 다른 이론은 도덕을 완벽하게 선결된 목표들을 실현하는 문제로 본다.

　상황을 이해하는 그런 방식들은 나름대로 가치를 가질 수 있지만, 이론가들이 마치 자신들의 추상이 우리의 도덕적 경험의 핵을 파악하고 있는 것처럼 인간의 인지나 행동에 관한 이런 가정들을 경험에 적용하려고 할 때 문제가 생긴다.[14] 중요한 것은 이런저런 측면을 선택

13　Gregory Pappas, *John Dewey's Ethics: Democracy as Experience* (Bloomington, Ind.: Indiana University Press, 2008), p. 41.

14　우리의 이론적 추상이나 방법론적 가정을 도덕적 경험으로 간주하는 것에 적용하여 해석하려는 이러한 관행을 제임스는 '심리학자의 오류'(Psychologist's

적으로 추상하고, 마치 그것들이 관련된 도덕적 고려들을 완전히 정
의하는 것처럼 가장하는 것은 특정한 상황 안에서의 인간 경험의 복
잡성을 간과하게 만든다. 그러한 제한된 관점은 도덕적 문제의 핵심
인 충돌하는 습관들이나 관심들, 실천들, 가치들을 적절하게 다룰 수
없다. 패파스는 이 점을 놓치지 않고 있으며, 이렇게 결론짓는다.

　도덕 이론가들은 우리의 기본적인 도덕적 경험의 비인지적 복잡성, 다
원성, 공약불가능성, 어수선함, 변화가능성, 특유성을 잊어버리는 성향
이 있다. 이것들은 거의 대부분의 이론적 정식화를 어렵게 만드는 도덕
적 삶의 특성들이다.[15]

2) 도덕적 숙고는 상황의 질적 통합성에 묶여 있다

　적절한 도덕적 탐구가 특정 상황의 구체적 충만성에서 출발해야 한
다면 우리는 특정한 상황의 진정한 성격이 무엇인지를 어떻게 알 수
있을까? 듀이의 다소 산만한 답변에 따르면 모든 상황은 통합되어 있
으며, 편재적 성질(quality)에 의해 특유한 성격이 주어진다. 바꾸어
말하면 상황의 구체성은 질적 통합으로서 실현된다는 것이다. 결과적
으로 도덕적 숙고는 양적 세계와 그 세계 안에서의 작용적인 변화에
서 발생하는, 기본적으로 질적인 과정이다. 듀이는 최초의 숙고가 상
황의 질적 성격에 근거하고 있지 않는 한 우리의 도덕적 사고는 결코
우리의 실제적이고 살아진, 구체적인 도덕적 상황에 근거하고 있거나

Fallacy)라고 부른다. "심리학자의 큰 함정은 자신의 관점과 자신이 기술하려는
정신적 사실의 관점 사이의 혼동이다" William James, *The Principles of Psychology*, Vol. 1 (New York: Dover, 1890/1950), p. 196. (고딕은 원문의 강조.)
15 Pappas, *John Dewey's Ethics*, p. 45.

그것에 대응하는 것일 수 없다고 주장한다. 듀이는 이러한 놀라운 생
각을 이렇게 서술한다.

　　우리가 밀착해서 살고 있으며, 그 안에서 우리가 노력하고, 성공하고,
　　패배하는 세계는 현저하게 질적인 세계다. 우리가 추구하고 겪고 즐기는
　　것들은 질적인 한정(determinations) 안에서의 사물들이다. 세계는 특징
　　적인 사고 양식의 장을 형성해 주는데, 여기에서 '특징적'이란 사고가 질
　　적인 고려들에 의해 확정적으로 규제된다는 것을 의미한다.[16]

　근거 있는 사고와 행위는 우리의 현재 상황을 구성하는 성질들 ─
아이 울음의 크기와 고저, 애인의 피부의 느낌, 아이의 눈에 드러나는
공포, 상처에서 솟아나는 피의 검붉은 색조, 늦은 겨울 오후의 빛의
성질, 동료의 목소리에서 드러나는 불안, 발끝으로 느끼는 길의 거친
느낌, 신선한 딸기의 약간 새콤달콤한 맛, 격한 논쟁에서의 충돌 등
─과의 관계 속에서 발생한다. 가장 신체적인 층위의 활동에서 우리
가 경험하는 의미나 가치, 사고, 계획은 기본적으로 환경과의 상호작
용을 통해서 주어지는 성질들에 영향 받는다. 이 성질들은 단지 대상
의 지각적 속성이 아니라 다른 사람과의 체감된 관계, 문화적 실천이
나 가치의 성질들을 포함한다. 예를 들어 우리는 사무실에서의 정치
이야기에서 드러나는 긴장이나 적대감을 완화하려고 한다. 우리가 긴
장을 완화하고 충돌하는 목표들을 조정했다는 지각은 사고되는 것만
큼이나 느껴진다.
　듀이의 특징적 주장의 하나는 모든 전개된 상황은 그가 '편재적인

16　Dewey, "Qualitative Thought," p. 243.

통합적 성질'(pervasive unifying quality)이라고 부르는 것에 의해 통합되고 조직화된다는 것이다. 모든 상황은 그 부분들을 하나의 특유한 성격을 지닌 통합적 전체로 채색하고 결합해 주는 통합적 성질에 의해 개별화된다. 듀이는 편재적 성질이라는 개념을 예증하기 위해 자주 예술작품을 이용한다. 예술을 상황의 질적 차원의 표본적 발현으로, 그리고 의미의 완결(consummations)이라고 보기 때문이다. 예를 들어 바하의 푸가는 브람스의 사중주와는 기본적으로 다른 질적 통합성을 갖는다. 마치 청색시대의 피카소가 마티스의 종이 오리기나 워홀(A. Warhol)의 마오쩌뚱 주석 실크스크린과는 다른 전반적인 질적 인상을 주는 것처럼. 우리는 브람스의 사중주에서 '브람스다움'(Brahms-ness)을 들을 수 있는 것처럼 바하의 푸가에서 '바하다움'(Bach-ness)을 들을 수 있다.

그렇지만 구분되는 질적 통합성은 단순히 모호한 '체감된 일반적 인상'(마치 '바하다움'처럼) —스타일이나 작가를 구분해 주는— 이 아니다. 각각의 예술작품과 각각의 상황은 다른 작품이나 다른 상황으로부터 구분되는 그 자체만의 특징적인 편재적 성질을 갖는다.[17] 예를 들어 바하의 '지그' 푸가는 『토카타와 푸가 d단조』와는 다른 통합적 성질을 갖는다. 고흐의 『별이 빛나는 밤』은 아를(Arles)의 자기 침실 그림과는 다른 질적 통합성을 갖는다. 여기에서 중요한 것은 상황 —

---

17 예술작품은 단순한 사물이 아니다. 그것들은 경험된 것으로서 사건들이다. 그것들은 사회·문화적 맥락 안에서 어떤 관찰자에게 의미의 발현으로서만 존재한다. 따라서 예술작품의 경험은 특정한 상황의 발현이며, 이것이 듀이가 상황 개념과 상황의 편재적인 통합적 성질을 예증하면서 예술작품을 사용할 수 있는 이유이기도 하다. Dewey, *Art as Experience: The Later Works, 1925-1953*, Vol. 10, ed. Jo Ann Boydston (Carbondale, Ill.: Southern Illinois University, 1934/1987) 참조.

예술적이든, 도덕적이든, 또는 다른 것이든—이 각각 특정한 질적 통
합성에 의해 구별되고 개별화된다는 점이다. 우리가 선택적으로 대상
이나 성질, 관계—우리가 대응해서 행위하는—를 추상할 수 있는 것
은 특정한 상황의 체감된 통합적 성질과의 관계 안에서다.

특정한 상황을 경험하는 사람의 관점에서 본다면 우리는 그들이 그
대상의 통합적이고 개별화된 성질을 주관적으로 '느끼거나' '경험한
다'고 말할 수 있을 것이다. 그들이 **실제로** 그것을 느낀다는 것이 사
실이기는 하지만 그렇다고 해서 그 성질이 순전히 주관적이거나 사적
인 것으로 되는 것은 아니다. 질적 통합성은 상황 안에 있으며 동시에
상황에 속하는 것이다. 그런 의미에서 그것은 객관적이고, 공유되며,
다른 사람들에게도 주어질 수 있다.

어떤 사람이 테러리스트에 의해 납치된 상황은 무서운 일이며, 피
랍자가 느끼는 테러는 그 상황이 주는 객관적 공포의 주관적 차원이
다. 임신 사실을 알게 된 미혼의 미성년 여성의 도덕적 고민은 단순히
그녀만의 고민이 아니다. 오히려 그녀의 상황은 고민스러우며 갈등적
이며 불확실하고 두려운 것이다. 교수노조에 가입할 것인지에 대해
가까운 친구와 논의하는 것은 심각하고 긴장되고 불확실하며, 또한
미래의 삶, 친구와의 관계, 자신의 도덕적 정체성, 또는 심지어 노조
의 미래에 중대한 영향을 미친다. 이것은 단지 상황 전개에 대한 우리
의 느낌의 문제만이 아니다. 그 상황은 긴장되고 심각하며, 그 상황은
불확실하며, 대화의 결과는 불투명하며, 관계의 미래는 불확실하다.
더욱이 그것을 특정한 상황으로 만드는 것은 바로 특유하게 불투명하
고 불확정적이며 불확실한 성격—우리가 질적 차원에서 직면하고 대
응해야 할—이다.

듀이의 상황 개념은 도덕적 추론의 본성에 대해 중요한 함축을 갖

는다. 가장 중요한 것은 도덕적 숙고가 문제 해결의 한 형태라는 점이다. 그 문제 해결은 불확실하고 불확정적인 상황을 개인이나 집단이 어느 정도 만족스러운 방식으로 나아갈 수 있도록 해 주는 상황으로의 변형을 지향한다. 모든 도덕적 숙고 과정의 '척도'는 그것이 어떻게 편재적인 통합적 성질을 수정함으로써 특정한 상황의 불확실한 특성을 해소할 수 있는지다. 실질적인 도덕적 숙고의 핵심은 불확실한 상황의 충분한 폭과 깊이, 복잡성, 풍부함을 파악하고 그것을 더 나은 방식으로 재구성하기 위해 그 상황을 지성적으로 대처하는 것이다.

이 해명에서 가장 곤란한 국면은 상황의 편재적인 통합적 성질이 옳은 행위와 어떤 관계에 있는지를 설명하는 일이다. 그 문제란 바꾸어 말하면 앞의 인용문에서 듀이의 의도를 추정하는 일이다. 그는 이렇게 말한다. "세계는 특징적인 사고 양식의 장을 형성해 주는데, 여기에서 '특징적'이란 사고가 질적인 고려들에 의해 확정적으로 규제된다는 것을 의미한다."[18] 사고는 질적 고려들에 의해 규제된다! 내 생각으로 그것은 듀이의 가장 급진적인 주장이다. 즉 우리의 모든 지각하기나 평가하기, 판단하기, 알기, 행하기 등은 특정한 시점에 우리가 마주하고 있는, 총체적인 '질적으로 통합된 상황'으로부터 의미와 힘, 방향을 얻는다는 것이다. 합당하며 적절하게 구성적인 도덕적 추론은 특정한 상황의 편재적인 통합적 성질에 불가분하게 근거하고 있으며, 또 그것에 의해 형성된다.

사실상 대상으로서의 그러한 지적 확정성과 정합성, 그리고 미학적·도덕적 주체가 갖는 비판은 그것들이 주제 전체의 성질에 의해 규제

---

18 Dewey, "Qualitative Thought," p. 243.

되고 있다는 데에 근거하고 있다. 토대적이고 편재적인 성질에 의한 규제의 의미에 대한 고려가 이 글의 주제다. … 여기에서 생기는 특별한 논점은, 사고 안의 대상의 선별적 한정과 관계가 상황을 참조함으로써 통제된다는 것이다. 즉 편재적이고 내적으로 통합적인 성질에 의해 구성되는 상황을 참조한다는 것이며, 따라서 상황을 인식하지 못하면 결과적으로 대상의 논리적 힘과 그 관계를 불가해한 것으로 남겨 두게 된다.[19]

상황의 우선성은 모든 탐구에서 경험의 우선성을 강조하는 또 다른 방식이다. 도덕적 숙고가 경험—단순히 주관적인 반응으로서의 경험이 아니라 유기체-환경 상호작용으로서 경험이며, 따라서 그만큼 객관적인—에서 시작해서 경험에서 끝난다는 것은 무엇보다도 명백해 보인다. 그렇지만 이것은 급진적인 가설, 즉 심층적이고 복합적이며 살아진 의미에서의 경험을 무시해 온 긴 철학의 역사에 도전하는 가설이다. 듀이는 방대한 저작의 많은 부분을 경험으로부터 과도하게, 그리고 선별적으로 추상한 다음, 그 추상이 경험에서 문제시되는 모든 것을 꿰뚫는 것처럼 나아가는 철학적 경향의 위험한 귀결을 드러내는 데 할애하고 있다.

나는 7장에서 황폐한 도덕적 이해의 가장 큰 잘못이 우리의 도덕적 상황의 복잡성을 간과한 데 있으며, 그것은 다시 직면한 문제들을 지나치게 단순화한 데("태아는 인격이거나 인격이 아니다" "낙태는 살인이거나 살인이 아니다"처럼) 있다고 주장할 것이다. 충만한 상황의 파악에 실패함으로써 드러나는 귀결은 도덕적 경험과 숙고에 관해 부분적이고, 매우 선택적이며, 또 흔히 환원적인 해명에 안주하는 경향

---

19 같은 논문, p. 246.

이다. 이 실패는 실제 도덕적 숙고에서 상황을 정의하는 일부 관련된 요소들을 무시하는 경향을 낳는다. 가장 흔한 선택적 추상은 도덕법칙이나 명령이지만, 다른 환원적 추상은 다음 중 몇 가지에 배타적인 초점을 맞춘다. 느낌, 감정, 자기이익, 의지, 쾌락, 목표, 자유, 제도, 소위 도덕 본능, 가정된 도덕적 사실 등이 그것이다.

전통적인 논리 개념—가능한 형식적 관계의 선재하며, 또 초월적으로 근거지어진 구조로서의—을 옹호하는 사람들이 왜 듀이의 질적 차원에 대한 주장을 무시하는지를 이해하는 것은 어렵지 않다. 듀이의 논리는 **탐구의 논리**, 즉 실제 참여하는 탐구의 형태들—우리가 직면했던 실제 문제들을 건설적으로 다루려는 과거의 시도들에서 가치 있는 것으로 드러났던—로부터 발생하는 논리적 원리나 규범에 대한 해명이다. 논리적 원리는 초월적인 형식적 관계라는 절대적 소여가 아니라 다양한 형태의 사고나 탐구, 문제 해결을 수행하는 데 유용한 패턴들이다. 논리와 그 규범들은 경험의 밖으로부터 주어지는 것이 아니라 경험으로부터 발생한다. 그것은 다시 지적 탐구를 통해 경험을 재구성하는 데 사용된다. 그러한 관점에서 도덕원리들은 결코 절대적 법칙이 아니며, 대신에 탐구의 합당한 과정에 대한 잠정적 지침이다.

도덕적 탐구에 대한 상황적으로 또는 체험적으로 근거지어진 해명의 전망을 옹호하는 데 가장 큰 숙제는 일반적 수준에서 상황의 질적 통합성이 어떻게 중요한 것을 결정해 주며, 우리의 사고 방향을 안내해 주는가에 관한 것이다.[20] '편재적인 통합적 성질' 이라는 개념이 과

---

[20] Eugene Gendlin, "How Philosophy Cannot Appeal to Experience, and How It Can," in David Levin, ed., *Language beyond Postmodernism: Saying and Thinking in Gendlin's Philosophy* (Evanston, Ill.: Northwestern University Press, 1997) 참조.

연 어떤 실제적 작용을 하는가에 의구심을 제기하는 많은 철학자들이
이 문제를 제기하고 있다. 예를 들어 슈스터만(R. Shusterman)은 미
학, 윤리학, 탐구 영역에서 폭넓은 듀이적 시각을 갖고 있지만 상황을
정의하는 성질에 의지하는 것이 어떻게 실제적으로 규범을 산출할 수
있는지의 문제에 깊은 관심을 드러내고 있다. 그는 이렇게 묻는다.

> 우리는 어떻게 하나의 경험(an experience) ― 측정을 위해 적절하게
> 정의되거나 구분될 수조차 없는―의 크기를 (소통하는 것은 제쳐 두고
> 서라도) 측정할 수 있는가? 비판자가 순전히 자신의 직접적 경험 ―질적
> 직접성이나 동요하는 무상성 안에서 증거로서 추론적으로 증명되거나
> 보존될 수 없는―에 의지해서 자신의 주장을 타인에게 증명할 수는 없
> 다.[21]

슈스터만은 여기에서 미적 판단을 언급하고 있지만 그의 관심사는
질적 상황에 근거하고 있는 도덕적 숙고에 대한 듀이의 해명에 마찬
가지로 적용된다. 다른 관점에서 쿠프먼(C. Koopman)은 로티(R.
Rorty)를 따라 일차적인 질적 경험에 의지하는 것이 가치에 대한 또
다른 유형의 토대주의로 회귀하는 길목으로 나아가는 것은 아닌가라
는 의구심과 함께 문제를 제기한다.[22] 그는 판단과 앎의 몇몇 형태들
을 근거짓기 위해 상황의 체감된 통합성이 새로운 종류의 소여로 사
용되고 있다고 우려한다.

---

21 Richard Shusterman, *Pragmatist Aesthetics: Living Beauty, Rethinking Art*
(Lanham, Md.: Rowman & Littlefield, 2000), p. 56.

22 Colin Koopman, *Pragmatism as Transition: Historicity and Hope in James,
Dewey, and Rorty* (New York: Columbia University Press, 2009) 참조.

여기에서 문제의 뿌리는 우리가 상황의 어떤 국면이 관련성을 결정하며, 그 관련성이 그것들이 어떻게 그것을 수행하는지에 관해 개념화되는 순간, 이미 특정한 대상이나 관계, 성질을 추상하고 초점을 맞추게 되며, 이 때문에 전체 상황을 특징짓는 편재적인 통합적 성질을 간과하게 된다는 것이다. 듀이의 말처럼 "[상황은] 명시적으로 진술된 것, 또는 한 명제 안에서 개념으로 드러나는 것에 대한 담론의 장을 형성한다. 마치 담론의 장이 그 장 안에서 담론의 구성원으로 나타나지 않는 것처럼 상황은 명제 안에서의 한 요소로 나타나지 않는다."[23]

바꾸어 말하면 우리 사고는 직면한 문제와 상관이 있는 소재들에 작용할 때에만 상황에 적절한 것이 될 수 있다. 나아가 그것은 상황에서 추상한 것에 의해서가 아니라 전체적 상황에 의해서 결정되는 어떤 것이다. 우리가 도덕성을 합리적 원리들의 체계로 이해한다 하더라도 우리는 주어진 상황의 어떤 국면이 어떤 원리를 어떻게 적용할 것인지를 결정하는 데 관련되는지를 결정해야만 한다. 듀이의 주장은 우리의 추론이 실제로 당면한 문제를 해결했다면 그것은 이미 당면한 상황의 관련된 세부사항들을 알고 있어야 한다는 것이다. 그리고 그것은 상황의 통합적 성질에 의해 결정되어야 한다는 것이다.

질성(qualitativeness)의 토대적 통합은 모든 구분과 관계의 연관성과 힘을 규제한다. 그것은 선택과 거부, 그리고 모든 명시적 개념의 사용 방법을 안내한다. 이 성질은 우리가 생각하고 있는 것이 과연 무엇인지 스스로에게 지속적으로 묻는 일 없이 한 문제에 관해 계속 생각할 수 있게

---

23 Dewey, "Qualitative Thought," p. 247.

해 준다. 우리는 그것을 그 자체로 의식하는 것이 아니라 우리가 명시적
으로 생각하는 것의 배경이나 줄거리, 지침적 실마리로서 의식한다. 후자
가 바로 그 구분과 관계들이기 때문이다.[24]

이것이 도덕적 숙고에 대해 함축하는 것은 모든 도덕적 반성이 특
정한 문제 상황에서 무엇이 중요한 요소나 관계, 성질인지에 대한 선
행적인 직감에 의존하고 있다는 점이다. 이것이 상황에 대해 '직관적
감각'(intuitive sense)을 갖거나 상황을 '파악'(grasp)한다는 것의 의
미다. 듀이는 이렇게 설명한다.

문제는 진술되거나 설명될 수 있기 전에 주어지거나 경험된다. 그러나
그것은 전체 상황의 직접적 성질로서 주어진다. 무언가 문제가 있거나
혼란스러우며, 따라서 해소되어야 한다는 감각이 모든 요소와 고려들에
편재하는 어떤 것의 현전에 대한 징후가 된다. 사고는 그것을 연관되고
정합적인 개념들로 전환해 주는 작용이다.[25]

앞서 살펴보았던 것처럼 상황에 대한 우리의 직관적 반응은 과거
경험—다양한 '정서적으로 잠재력 있는 자극'에 대한 정서적 반응의
축적된 패턴들을 형성하는—에서 발생한다.[26] 이 특정한 정서적 반응
은 생물학적 기질과 문화적 요인, 개인적 역사에 달려 있다. 즉 우리
의 반응은 우리가 특정한 유형의 상황에서 특정한 종류의 정서를 어

24 같은 논문, pp. 247-48.
25 같은 논문, p. 249.
26 Antonio Damasio, *Looking for Spinoza: Joy, Sorrow, and the Feeling Brain*
(Orlando, Fla.: Harcourt, 2003) 참조.

떻게 경험하도록 진화했는지, 우리의 문화적 실천과 가치가 어떻게 우리의 정서적 반응을 형성했는지, 우리의 개인적 과거 경험이 어떻게 특정한 유형의 상황에 특정한 방식으로 반응하는 경향의 특이성을 결정했는지에 달려 있다.

앞 장에서 우리는 정서가 신체적 상태에 대한 대부분 무의식적인 감시—그 감시가 "사태가 우리에게 어떻게 진행되는가?"를 드러내 주는 한—에 의해 생성되는 신체적 반응의 복합적 패턴들이라는 것을 살펴보았다. 정서는 우리의 평안을 평가하고, 우리의 신체적 상태와 환경의 변화를 통해 그 평안(그리고 타인의 평안)을 확장하려는 가장 육체적인 방식이다. 상황에 대한 적절한 정서적 반응은 우리 상황의 통합적 성격에 의해 촉진되며, 우리가 상황을 더 나은 것으로 만들어 갈 수 있게 해 주는 반응이다. 이것이 질적 변화의 정서적 과정이며, 그것은 전형적으로 「도덕법칙」 통속 이론의 핵심적 주장과는 거의 아무런 상관이 없다. 「도덕법칙」 통속 이론에 따르면 선험적으로 주어진 도덕법칙이 있으며, 도덕적 추론은 상황들이 그 법칙이나 규칙에 속하는지, 또 어떻게 속하는지를 결정하는 문제다. 대신에 정서적 과정은 정서적으로 상황을 파악하고 그 상황 안에서의 장애와 긴장을 해소하기 위해 그것을 재구성하는 과정으로 더 적절하게 기술될 수 있다.

물론 핵심적 물음은 우리가 어떻게 문제 상황이 어느 정도 해소되었는지를 알게 되는지에 관한 것이다. 그 답은 다음과 같은 것일 수밖에 없다. 우리는 불확실하고 불확정적이며 충돌하는 상황으로부터 삶에서 우리를 앞으로 나아가게 하는 방식으로 명료하고 조화로우며 통합된 상황으로의 변형을 느끼거나 경험한다. 이것이 과연 도덕적 숙고에 대한 정확한 기술일 수 있을까? 이것이 과연 적절한 해명인지를 결정하기 위해 우리는 문제의 지각에서부터, 문제의 정의, 가능한 해결책의 탐색, 현재 상황에서 더 나은 하나의 선택에 이르는 전 과정을 면밀하게 탐구할 필요가 있다. 이러한 탐구는 이 장의 나머지 부분, 그리고 그 다음의 전부를 필요로 한다.

3) 도덕적 탐구의 첫 단계: 다루어야 할 문제 정의하기

많은 도덕 이론들은 우리가 전형적으로 명확하게 정의된 도덕적 문제에 직면하며, 그 다음에 그 문제에 적용되는 옳은 도덕적 기준이나 원리를 발견해야 한다는 잘못된 가정을 받아들인다. 듀이는 상황의 관련된 성격이 애당초 명확하게 정의되지 않으며, 따라서 문제를 적절하게 정의하는 것이 도덕적 숙고의 핵심적 단계가 된다고 본다. 도덕적 추론은 체험적 재배열의 다단계적 과정이다. 그것은 우리 행위나 사고의 과거 습관이 새로운 조건—상황 안에서 발생한—을 다루는 데 부적절한 상황에서 출발한다. 이 부적절성에 대한 지각은 하나의 긴장, 충돌, 좌절로 느껴진다. 우리의 반응과 행위의 습관적 양식은 변화하는 상황에 합치하지 않으며, 어떻게 나아가야 할지 불분명하게 된다.

그러한 장애에 직면해서 우리에게는 두 가지 선택지가 있다. (1) 옆을 보지 않고 과거의 습관이나 가치, 원리가 실제로 전진하는 데 충분하다는 믿음과 함께 '평소에 하던 대로' 앞으로 나아갈 수 있다. (2) 기존의 가치나 탐구 패턴을 넘어서는 도덕적 탐구의 필요성을 받아들일 수 있다. 첫 번째 경로는 당면한 경우에 옳은 기준이 어떻게 정확한 지침을 제시하는지만 분명하게 알 수 있다면 그 기준은 미리 주어져 있다는 것을 전제한다. 두 번째 경로는 변화된 조건들이 사고와 판단의 습관적 양식에 대한 재고를 요구한다는 사실을 인정한다.

우리가 도덕적 어려움에 직면할 때마다 사고와 행위의 과거 습관의 일시적 봉쇄는 추가적 행위를 방해하고 우리를 혼동으로 이끌어 간다. 그렇지만 우리 삶에서 자연스러운 습관적 흐름의 일시정지는 우리가 해 왔던 것이 더 이상 유효하지 않다는 점을 감안할 때 우리가 필요로 하는 유형의 반성적인 도덕적 탐구의 결정적 계기가 될 수 있다. 이렇게 발생하는 탐구는 과거의 습관이 작동하지 않을 때 상황을 변형해 줄 수 있는 행위의 형식이다.

이 재구성적 과정의 핵심적 부분은 우리가 직면하는 문제의 본성에 대한 의식과 이해에 이르는 것을 포함한다. 이러한 비판적 행보는 필수적인데, 그 이유는 문제의 본성이 그저 주어진 것이 아니기 때문이다. 그것은 탐구를 통해서 발견되어야 한다. 문제를 식별하고 정의하는 것은 흔히 도덕적 탐구에서 가장 중요한 단계다. 문제를 정확하게 정의하는 데 실패하면 우리가 직면한 실제 상황에 적절한 해결책을 마련할 수 없기 때문이다.

예를 들어 드론(drone) 전쟁의 도덕성 문제를 생각해 보자.[27] 한 측면에서는 이 '문제'는 본질적으로 국가 안보에 관련된 것으로 한정될 수 있다. 주권 국가에 대한 실질적인 테러리스트의 위협이 있으며, 부분적으로 실행되었다고 가정하면 대통령은 드론 전쟁이 테러리즘에 대응하는 최선의 선택이라고 생각한다. 먼저 공중 폭격과 비교할 때 드론은 시민들에 대한 '부수적인' 피해를 줄일 수 있다. 둘째, '지상군' 전투 작전에 비해 투입된 지상군의 손실 위험을 줄일 수 있다. 셋째, 드론 전쟁은 다른 것에 비해 훨씬 덜 비싸며, 그것은 대규모 국방

27 이 문제에 관한 상세한 논의는 John Kaag and Sarah Kreps, "The Use of Unmanned Aerial Vehicles in Asymmetric Conflict: Legal and Moral Implications," *Polity*, 44-2 (2012): 260-85 참조.

예산을 사용하는 모든 국가에 해당되는 사안이다.

그러나 문제 상황을 정의하고 관련된 도덕적 고려를 한정할 수 있는 다른 방식들이 있다. 많은 논란을 불러온 문제는 적법한 절차 없이 이루어지는 무고한 미국인의 살상 문제다. 지도자는 아마 미국인일 수도 있는 몇몇 개인이 국가 안보에 위협이 된다는 군사 정보국의 조언을 받아들인다. 드론 공습 명령이 내려지지만 그것은 적법한 절차 없이 시민을 죽이는 일이다. 왜냐하면 이 시민은 공식적으로 기소되지도 않았으며, 재판을 받지도 않았으며, 선고를 받지도 않았기 때문이다.

다소 덜 현실적이지만, 세 번째 고려는 도발 행위자의 행동으로 인한 막대한 인적 피해로부터 그들을 실질적으로 완전히 제거하는 상황에서 드론 전쟁 자체의 본성에 관한 것일 수 있다. 컴퓨터와 적외선 감지장치로 가득 찬 전쟁에서 버튼을 누르는 결정이 이루어진다. 화면상의 화염 외에는 실제 이루어진 상황과 신체적 연결은 거의 없다.

여기에서 논점은 상황을 정의하기 위해 관련된 현상을 한정하는 방식이 우리가 해야 할 일, 하지 않아야 할 일에서 큰 차이를 불러온다는 것이다. 사람들은 우리가 무엇을 해야 할 것인지를 결정하기 전에 (전체적 상황을 파악하기 위해) 가능한 모든 측면을 고려한다는 것이 분명하기 때문에 문제의 본질은 자명한 것이라고 반박할지도 모른다. 맞는 말이기는 하지만 이것이 우리가 언제 '전체적 상황을 파악하는지'를 어떻게 결정하는지의 문제를 해결해 주는 것은 아니며, 어떤 고려가 도덕적으로 관련되는지를 결정하는 방법을 알려 주는 것도 아니다. 도덕적 문제의 복잡성에 대한 가장 포괄적인 이해를 탐색할 필요가 있다고 가정한다 하더라도 이 관점이 무엇인지는 '사실'로서 주어지는 것은 아니다. 따라서 문제를 정의하는 것은 도덕적 탐구에서 결정적 단계이며 숙고의 출발점으로서 '주어지는 것'이 아니다.

대개 우리가 직면하는 문제들은 그 본성이 명시적으로 드러나는 것이 아니다. 흔히 그렇듯이 우리가 실질적인 도덕적 어려움을 안게 될 때 그 문제의 성격이 분명치 않다. 오히려 문제를 서술하는 것이 숙고적 과정의 절반을 차지하며, 그것은 상당한 반성을 요구한다. 따라서 문제를 확인하는 것은 탐구의 주요 단계다. 이 단계가 없이는 모든 숙고가 우리가 실제로 직면하는 복합적 상황에 상대적으로 부적절한 것일 수 있기 때문이다. 그것은 관련된 해결책의 탐색을 불가능하게 하며, 따라서 합당한 방식으로 긴장을 해소할 수 없게 만든다. 문제의 본성은 반성과 탐구의 과정을 통해 파악되며, 그것은 그 자체로 난감한 불확정성의 초기 상태에서 (이미 문제를 확인했기 때문에) 충분히 확정적인 새로운 상황으로서의 변형이며, 그렇게 함으로써 적절한 해결 가능성이 탐색될 수 있다. 문제의 본성에 대한 결정 이전에는 우리가 직면한 상황의 성질들에 적절하게 대응할 수 있는 가능한 미래의 행위 방향의 폭을 식별할 수 없다. 경쟁적인 가치들이나 주장들, 원리들, 동기들, 습관들의 온전한 폭을 섬세하고 지적으로 확인하는 능력은 성공적으로 또는 불완전하게 수행되는 숙고적 기술이다.

우리가 각각의 행위 방향을 하나하나 상상적으로 조망하기 시작하고, 그 중 하나를 선택하여 과거 습관의 장애를 극복할 수 있게 해 주며, 우리 경험을 어느 정도 진전시켜 주는 것은 도덕적 숙고의 이 단계뿐이다. 숙고는 행위의 선결 조건도 아니며 행위를 위한 준비도 아니다. 대신에 숙고 자체가 행위의 한 국면이다. 그것은 우리의 상황을 재배열하는 행위 안에서 잠정적 완결에 도달하는 과정이다. 나아가 새로운 행동 습관의 수립은 우리의 행위 특성이나 성향의 개조이기 때문에 도덕적 숙고는 자아를 재구성한다(제8장).

끝으로 도덕적 숙고를 위한 문제 확인에 관해서 쿠프먼은 듀이가 탐구와 문제 해결 방법에 관해 중요한 통찰을 보여 주지만 우리가 어떻게 상황을 문제화할 수 있는지에 관해서는 제시해 주는 것이 거의 없다고 우려한다.

듀이는 해결책의 기원에 대해서는 수백 페이지를 할애하지만 문제의 기원에 대해서는 거의 아무런 말도 하지 않는다. 듀이는 우리가 어떻게 탐구의 형태—옳은 유형의 문제에 초점을 맞출 수 있도록 도와주는—를 구성할 수 있는지에 관해서는 단적으로 거의 할 말이 없는 것이다.[28]

듀이는 도덕적 탐구의 첫 단계인 동시에 심화된 도덕적 탐구의 동력으로서 불확실한 사태의 경험에 중요한 역할을 부여한다. 그러나 쿠프먼은 이렇게 묻는다. "불확정성을 요구하는 확정적 사태는 어떻게 되는가? 지배적인 사회 집단이 어떤 갈등도 느끼거나 지각하지 못하는 상황은 어떻게 되는가? 인종주의는 어떻게 되는가? 우리가 이미 옳다고 '느끼는' 것은 어떻게 문제화할 수(불확정적으로 만들 수) 있는가?[29]

쿠프먼은 어떻게 우리의 정체성이 흔히 개인이 제어할 수 없는 방식으로 권력관계 구조 안에 조건화되는지를 보여 주는 모범적 방식으로 푸코(M. Foucault)의 권력, 주관성, 제도적 훈련 관행 등의 계보학을 든다. 푸코의 지식과 권력의 고고학은 지배층이, 또는 종종 이 지배 관계에 복속된 사람들이 전혀 아무런 문제도 인식하지 못하는 경

---

28 Koopman, *Pragmatism as Transition*, p. 199.

29 2012년 8월 12일 쿠프먼과의 개인적 대화, 그리고 Koopman, *Pragmatism as Transition* 참조.

우, 그 상황을 문제화하는 방식을 제공한다.

나는 듀이가 푸코의 분석을 윤리적 문제를 드러내는 중요한 전략으로 환영하지 않아야 할 이유가 없다고 본다. 사실상 듀이의 방대한 저술은 역사적 실천이나 제도, 사건—우리의 현재 가치, 우리가 사용하는 탐구의 방법, 우리의 개념체계, 사고와 행위의 습관을 운명적으로 결정해 왔던—에 대한 날카로운 분석으로 채워져 있다. 듀이는 지식과 실천의 계보학자로서 무능한 사람이 아니었으며, 다양한 철학적 전통 안에서 당연한 것으로 받아들여져 왔던 것들에 대해 의문을 제기하는 데 대가였다.[30]

제도적·문화적 실천에 대한 정교하고 섬세한 푸코적 탐색 외에도 문화적 맹점을 만들어 내는 자족적 확정성을 파헤치는 다른 방식들이 있다. 역사적으로 수많은 예언가들이 있다. 내가 말하는 예언가란 엘리야(Elijah)나 세례 요한(John the Baptist)과 같은 성서 속의 예언가나 그리스의 티레시아스(Tiresias: 테베의 장님 예언가) 같은 예언가 뿐만 아니라 마틴 루터 킹이나 넬슨 만델라 같은 선각자 겸 이상주의자를 말한다. 이들은 우리에게 소극적·적극적 죄를 되돌아볼 것을 요구한다. 이들은 우리가 직시하려고 하지 않는 도덕적 문제들에 대해 양심을 요구하며, 우리 삶의 방식들을 바꾸도록 요구한다.

작은 형태로는 또 다른 양심의 소리가 있다. 더 이상 묵인할 수 없는 모든 부정의나 불평등, 타락에 반대해 말이나 행동으로 '더 이상

사실상 듀이의 모든 주요 저작이 중요한 도덕적·정치적·지적 문제들의 뿌리에 대한 상세하고 통찰적인 해명을 담고 있다. 내가 염두에 두고 있는 것은 *Human Nature and Conduct* (1922), *Experience and Nature* (1925), *The Public and Its Problems* (1927), *The Quest for Certainty* (1929), *Individualism Old and New* (1930), *Logic: The Theory of Inquiry* (1938) 등이다.

견딜 수 없음'을 표출하는 평범한 시민들이 있다. 내가 말하는 사람들
은 문제를 인식하고 위험을 무릅쓰면서도 그 문제들을 개인적, 국가적,
지구적 양심 앞에 드러낸 사람들이다. 애덤스(J. Addams), 마르크스
(K. Marx), 노동운동가들, 간디, 평화운동가들, 시거(P. Seeger), 성
숙한 케네디(B. Kennedy), 아웅 산 수지, '월가를 점령하라'(Occupy
Wall Street, 2011년 뉴욕에서 시작된 세계적인 사회적·경제적 불평
등 저항 운동 — 옮긴이 주) 지지자 등 인류 역사에 수많은 사람들이
그렇다.

간단히 말해서 안정된 것을 동요시키고, 외견상 문제가 아닌 것들
을 문제시하고 지적 분별 습관을 확장하기 위한 탐구의 형태들을 포
괄하기 위해 도덕적 문제 해결을 확장해야 할 필요가 있다는 쿠프먼
의 주장은 옳은 것이다. 쿠프먼과 스터(J. Stuhr)가 제안하는 '계보학
적 실용주의'(genealogical pragmatism)는 우리가 확신을 갖고 당연
하게 받아들이는 것에 도전할 수 있는 다른 관점들을 열어 갈 필요가
있다는 점을 환기해 준다.[31] 그렇지만 나는 듀이가 실제로 우리가 전
승한 개념체계들의 토대를 이루는 규범들과 가정들에 대한 이런 형태
의 계보학적 탐구의 더 나은 실천가였다고 주장하고 싶다.

4) 인지적-의지적-정서적 시뮬레이션으로서의 드라마적 리허설
도덕적 숙고에서 목표가 항상 충분히 정의되어 있으며, 확정적이
고, 미리 주어져 있다면 우리의 과제는 기껏해야 수단-목표 추론으로
환원될 수 있을 것이다. 그 경우 우리는 선결된 목표를 실현하는 가장

---

31 Koopman, *Pragmatism as Transition*; John Stuhr, *Genealogical Pragmatism: Philosophy, Experience, and Community* (Albany, N.Y.: SUNY Press, 1997) 참조.

효율적인 수단을 찾게 된다. 반면에 실제로 문제가 되는 경우 목표 자체가 의문시되며, 따라서 숙고적 과정의 핵심적 부분은 탐구 과정이 진전되면서 명료화되어 가는 창발적 목표를 향해 작용한다. 도덕적 숙고는 상상력 안에서 가능한 대안적 행위 방향들을 모두 실행함으로써 어떤 방향이 우리 상황의 불확정성을 가장 잘 해소할 수 있는지를 찾도록 요구한다. 그 요구되는 과정은 오늘날 인지과학자들이 '정신적 시뮬레이션'(mental simulation)이라고 부르는 것이다.

바샐로(L. Barsalou)는 개념화와 범주 구조에 관한 고전적 이론들에 대한 급진적 대안으로 '시뮬레이션 의미론'(simulation seman-tics)의 초기 구도를 제시했다.[32] 고전적 범주 이론에 따르면 우리의 개념적 범주들은 지각적 입력으로서 형성되어, 개념에 의해 조직화되며, 미래의 회상이나 재사용을 위해 의미론적 기억에 저장된다.

이와는 반대로 시뮬레이션 의미론은 개념화와 추론을 체험적 시뮬레이션으로 간주한다. "개념은 범주에 대한 단일한 추상화된 표상이 아니라 조건화된 행위에 대한 현재의 필요성에 맞게 조정된 특이한 표상들을 구성하는 기술이다."[33] 구성된 표상들은 대상의 정의적 특성들의 목록이 아니며 추상적인 개념적 실체들도 아니다. 오히려 그것들은 특정한 유형의 대상이나 사람, 상황을 경험하고 그것들과 상호작용하는 것이 어떤 것일지에 관한 지각 운동적 시뮬레이션을 포함한다. 예를 들어 '자동차'라는 개념을 갖는다는 것은 무엇보다도 자동차가 어떻게 생겼는지, 우리가 그것들과 어떻게 상호작용하는지를 시

32 Lawrence Barsalou, "Perceptual Symbol Systems," *Behavioral and Brain Science*, 22 (1999): 577-660; "Situated Simulation in the Human Conceptual System," *Language and Cognitive Processes*, 18-5/6 (2003): 513-62 참조.
33 Barsalou, "Situated Simulation in the Human Conceptual System," p. 521.

뮬레이션할 수 있는 능력들을 포함한다.[34] 지각 시뮬레이션은 자동차의 다양한 부분들(측면 모양, 문, 타이어, 좌석, 계기반 등)에 적극적으로 초점을 맞춤으로써 다양한 관점에서 본 자동차의 국면들에 관한 것일 수 있다. 운동 시뮬레이션은 문을 여는 것, 좌석에 앉는 것, 제어판을 조작하는 것, 운행하는 것 등 우리와 자동차 사이의 가능한 신체적 상호작용을 포괄할 것이다. 개념체계는 세계 안에서의 행위 맥락 안에서 창발하며, 따라서 개념은 조건화된 지각과 행위와의 관계 속에서 구조화된다. 결과적으로 우리가 개념이라고 부르는 것은 시각적, 촉각적, 후각적, 청각적, 자기감응(proprioceptive) 양상은 물론, 개념에 의해 부각되는 특정한 대상이나 상황과 상호작용하기 위한 다양한 운동 프로그램에서 발생하는 시뮬레이션을 포함한다. 개념적 시뮬레이션은 시뮬레이션되고 있는 경험의 감정과 느낌의 층위들을 환기한다. 그것들은 또한 자동차 경험의 사회적, 문화적, 미학적, 경제적, 종교적 차원들을 포함할 것이다. 개념은 역동적 체계이기 때문에 우리 몸의 변화, 그리고 우리가 상호작용하는 물리적·문화적 환경의 변화에 따라 변할 수 있다.

개념체계의 역동적이고 행위 지향적인 본성을 감안할 때 우리는 문제 해결과 추론을 다중양상적 행위(multi-modal action)의 양식들로 이해할 수 있다. 바샐로는 문제 해결을 "초기 상태에서 목표 상태로

---

34 물론 개념은 감각 운동 시뮬레이션만으로 정의되는 것은 아니다. 우리의 시뮬레이션에는 문화적 차원 또한 개입될 것이기 때문이다. 예를 들어 자동차에 대한 우리 개념의 일부는 특정한 브랜드나 모델과 관련된 전형적인 사회적 상황들을 포함한다. 특정한 유형의 자동차와 연관된 사회적 위상, 자동차가 중요하게 부각되는 사회적 상황 등이 그것이다. 또한 개념적 시뮬레이션을 실행할 때 경제적, 정치적, 종교적, 미학적 고려들이 작용할 것이다.

이끌어 가는 지각적 시뮬레이션을 구성하는 과정"[35]이라고 정의한다. 이것은 목표 상태(목적)가 항상 주어져 있다고 가정한다는 점에서 너무 좁은 정의이기는 하지만 더 넓고 더 적절한 개념의 방향을 제시하고 있다. 방금 언급했던 것처럼 우리는 도덕적 숙고를 마치 목표가 이미 주어져 있으며, 따라서 수단이 거기에 따라 계산되는 것처럼 수단-목표 추론으로 환원하는 것을 피하려고 한다. 대신에 흔히 목표는 고정되거나 미리 주어지지 않으며, 숙고적 시뮬레이션 과정의 결과로서 확정되거나 명료화된다. 우리는 조망된 목표를 갖고 숙고를 시작할 수 있지만 그 목표들은 탐구가 경험의 복잡성과 미세한 차이들을 탐색할 때 숙고적 과정을 통해 재정의될 수 있으며, 또 흔히 재정의된다.

바샐로는 의사결정에 대한 다음과 같은 정의를 통해 듀이의 숙고 개념에 근접해 간다. "[의사결정은] 어떤 특수화가 최선의 결과를 산출하는지를 이해하기 위해 다양한 방식들로 시뮬레이션되는 계획을 특수화하는 것 … 기술은 방대한 경험을 통해 한 영역 안의 대부분의 계획들에 대한 축적된 시뮬레이션을 통해 주어진다."[36] 여기에서 '최선의 결과'는 만족을 최대화하는 것(그것이 일부일 수는 있지만)으로 정의되는 것이 아니라 그처럼 정의된 상황 안에서 우리가 어떻게 최선을 다할 수 있는가에 대한 훨씬 더 포괄적인 평가를 가리킨다.

버겐(B. Bergen) 또한 우리의 언어 이해가 지각과 행위의 시뮬레이션을 포함하는 몇몇 방식들에 대한 최근의 실험적 연구들을 토대로 '시뮬레이션 의미론'을 제안한다. 버겐의 시뮬레이션 의미론 해석은

---

35 Barsalou, "Perceptual Symbol Systems," p. 605.
36 같은 논문, p. 605.

"언어가 서술하는 사물들을 경험하는 것이 어떤 것일지를 마음속으로 상상함으로써 언어를 이해한다"[37]라고 주장하는 '신체화된 시뮬레이션 가설'(embodied simulation hypothesis)을 주장한다. 언어 안에서 의미를 처리하는 것은 우리가 대상이나, 사건, 사태 등과 연결시키는 지각이나, 느낌, 신체적 활동의 패턴을 실행하는 것을 포함한다는 것이다.

　시뮬레이션은 외적 현현이 없는 상태에서 지각이나 행위의 정신적 경험을 창출하는 것이다. 즉 그것은 현전하는 시각이 없이 보는 경험을, 또는 현전하는 움직임이 없이 행위를 수행하는 경험을 하는 것이다. 우리가 그것을 적극적으로 의식하면 이 시뮬레이션 경험은 질적으로 실제 지각처럼 느껴진다. 색상은 직접적으로 지각된 것처럼 보이며, 행위는 그것을 수행할 때처럼 느껴진다. 그 이론은 신체화된 시뮬레이션이 세계와 직접 상호작용하는 데 사용되는 두뇌 부분과 동일한 부분을 사용한다고 주장한다. 우리가 보는 것을 시뮬레이션할 때 우리는 세계를 볼 수 있게 해 주는 두뇌 부분을 사용한다. 행위를 수행한다는 상상을 할 때 신체적 행위를 이끌어 가는 두뇌 부분이 활성화된다. 그 요지는 시뮬레이션이 우리 두뇌 안에서 과거의 경험, 앞서의 지각 운동적 경험 중에 활성화되었던 두뇌 패턴의 약화된 공명(resonances)의 반향을 산출한다는 것이다.[38]

　버겐은 이 책의 많은 부분을 문장의 읽기나 듣기가 서술된 사건의

37　Benjamin Bergen, *Louder than Words: The New Science of How the Mind Makes Meaning* (New York: Basic Books, 2012), p. 13.

38　같은 책, pp. 14-15.

시뮬레이션을 활성화하는 수많은 방식들—우리가 실제로 그런 경험을 했거나 그런 행위를 했더라면 활성화되었을 두뇌 부분을 사용하는 방식으로 문장에 제시된 행위들을 경험하거나 수행하는—을 드러내는 실험에 관해 할애하고 있다. 시각적 서술은 시각 피질(그리고 다른 피질하부 영역)—서술된 것을 실제로 볼 때 개입되는—을 활성화한다. 서술된 운동은 운동을 지각하고, 우리 몸의 적절한 동작을 행하는 데 관여하는 두뇌 영역을 활성화한다. 우리가 신체 부분을 사용하는 행위를 서술하는 문장("그녀는 공을 잡았다" "제인은 첫 공을 던졌다" "그는 축구공을 찼다" 등)을 처리할 때 우리는 손, 다리, 발 등 다양하게 부합하는 신체 부분과 관련된 신체감각 영역을 활성화한다.

2장에서 살펴보았던 것처럼 원숭이와 인간의 거울 뉴런에 관한 연구는 누군가 특정한 행위를 수행하는 것을 볼 때 우리가 바로 그 행위를 수행할 때와 동일한 두뇌 부분이 활성화된다는 것을 보여 준다.[39] 비교적 적은 연구가 이루어졌지만 이것은 상상된 장면에 관해서도 마찬가지로 적용되는 것으로 보인다.[40] 또 다른 실험들은 우리가 다른 사람이 특정한 상황에 대해 어떻게 느낄 것인지를 지각할 수 있다는 점에서 이 시뮬레이션 과정이 감정이입(empathy)을 느끼는 능력의 토대일 것이라고 제안한다.[41]

---

39   Vittorio Gallese et al, "Action Recognition in the Premotor Cortex," *Brain*, 119-2 (1996): 593-609 참조.

40   Jean Decety and Julie Grezes, "The Power of Simulation: Imagining One's Own and Other's Behavior," *Brain Research*, 1079 (2006): 4-14; Aziz-Zadeh et al., "Congruent Embodied Representations for Visually Presented Actions and Linguistic Phrases Describing Actions," *Current Biology*, 16-18 (2006): 1818-23 참조.

41   Jean Decety and Philip Jackson, "The Functional Architecture of Human

인간의 의미 만들기와 이해의 기본 과정으로서 시뮬레이션의 편재성에 대한 증거가 증가하면서 이 상상적 시뮬레이션(듀이적인 드라마적 리허설)을 수행하는 것이 정서를 경험하는 진화적 능력과 정서적으로 충전된 과거 경험의 세부사항에 근거하여 상상적 각본에 대한 정서적 반응을 불러올 것이라는 추정이 점차 더 큰 설득력을 얻고 있다. 듀이적 해명은 이처럼 항상성(3장)의 유지에서 정서의 역할에 대한 다마지오의 주장, 그리고 상상적 투사의 수행에서 다마지오의 '가상적 몸 반응고리'(as-if body loop) 개념에 의지할 수 있지만, 우리는 이 정서가 상상적인 드라마적 리허설에서 어떻게 그 역할을 수행할 수 있는지에 관해 해명함으로써 그보다 한 걸음 더 나아갈 수 있게 될 것이다. 가능한 지각/행위 방향의 적절한 인지적-의지적-정서적 시뮬레이션은 상상된 상황에 대한 정서적 반응을 불러옴으로써 그것들의 문제 상황 해소 가능성을 평가할 수 있게 해 줄 것이다.

요약하면, 도덕적 숙고는 인지적-의지적-정서적 시뮬레이션 과정이다. 시뮬레이션은 상상적 투사를 통해 주어진 문제 상황에서 가능해 보이는 다양한 행위 방향을 시도할 수 있게 해 주며, 그 시뮬레이션은 또한 투사된 상황에 대한 정서적 반응을 활성화해 준다. 따라서 이러한 시뮬레이션은 상호 충돌하거나 긴장 속에 있는 다양한 충동이나 관심, 가치를 표출하고, 주어진 시뮬레이션은 그 긴장을 감소시키거나 심지어 제거하는 수준을 (느낌을 통해) 경험할 수 있게 해 준다. 의미, 개념화, 추론에 관해 고전적인 표상주의적 이론들은 포착하지 못했지만 시뮬레이션 해명이 포착한 것은 시뮬레이션 수행이 문제 상황의 잠정

Empathy," *Behavioral and Cognitive Neuroscience Reviews*, 3 (2004): 71-100; Gallese, "The Shared Manifold Hypothesis: From Mirror Neurons to Empathy," *Journal of Consciousness Studies*, 8 (2001): 33-50 참조.

적 해결 수단, 즉 상황에 대한 실제 변화의 수단일 수 있다는 점이다. '정확한 결정'은 탐구에 앞서서 미리 주어지지 않는다.

앞서 살펴보았던 것처럼 문제의 본성조차도 미리 주어지지 않는다. 대신에 그것은 탐구의 시뮬레이션 과정 자체를 통해서 비로소 정의된다. 또한 수단-목표 계산의 근거로서 선재하는 목표들 또한 상황에 앞서서 존재하지 않는다. 대신에 우리는 전형적으로 가능한 행위 방향에 대한 모험적 시뮬레이션을 통해서만 우리의 목표가 무엇인지를 이해한다. 따라서 목표는 탐구의 선결된 조건이 아니라 지속적인 탐구를 통해서 창발하며, 또 상대적으로 더 확정적인 것이 된다. 물론 우리의 목표가 무엇이 될 것인지에 관한 제약들이 있지만 목표는 우리 상황의 위로부터, 또 상황을 넘어서서 경험에 부과되는 본질이 아니다.

내가 지금까지 제시한 도덕적 숙고에 대한 부분적 해명은 가능한 행위 방향의 탐색을 위해 우리가 수행하는 대안적 시뮬레이션 안에서 생겨나는 느낌의 주된 역할을 인정한다. 도덕적 느낌 대신에 도덕적 추론을 설명해야 한다고 주장하는 철학자의 비판적 반응을 쉽게 예상할 수 있다. 합리주의자가 가장 강하게 거부하는 것은 우리의 도덕적 숙고가 행위 방향의 상상적 투사에 의지하고 있다는 것이며, 그 중 하나의 선택을 경험의 성질 안에서 느껴진 변형의 산물로 보는 것이다. 그들은 이것이 어떻게 "느낌이 좋으면 하라"라는 60년대의 낡은 주문(呪文)과 다를 수 있는가라고 물을 것이다. 연쇄살인범이나 소아성애자, 가학성 변태성욕자는 아마도 잔인한 행위를 하면서 모두 흥분과 활기를 느낄 것이다. 비판자는 이들에게 필요한 것은 단순히 자신들의 상황에서 체감된 긴장 해소가 아니라 절대적이고 원리화된 도덕적 제약이라고 말할 것이다. 결과적으로 무엇이 일련의 도덕적 숙고를 합리적이거나 합당한 것으로 만들어 주는지에 관해 추가적인 논의가 필요하다. 이제 다음 장에서는 이 숙고적 합리성의 문제를 다룰 것이다.

제5장

'합당한' 도덕적 숙고의 본성

1. 합리적 도덕 판단의 문제

앞 장에서 내가 서술했던 상상적인 도덕적 숙고의 시뮬레이션 과정은 도덕적 추론을 직관적이고 비반성적인 평가 이상의 것으로 본다. 그 것은 적절한 반성적 차원을 시뮬레이션이라고 정의한다. 그렇지만 무 엇이 특정한 맥락 안에서 문제 상황을 가장 잘 해소해 주는 시뮬레이 션으로 간주되는지를 결정하는 데 정서가 중요한 역할을 하기 때문에 그런 과정에 과연 합리성이 존재하는지는 불분명할 수 있다. 그래서 나는 시뮬레이션된 행위 방향 중 하나가 다른 상상된 방향들에 비해 더 합당하게 만들어 주는 것은 무엇인지를 설명해야 할 필요가 있다.

　대부분의 사람들은 합리성이 선재하고 독립적이며 절대적인 구조 를 가지며, 그것을 척도로 우리가 특정한 탐구 노선과 사고 패턴을 측 정할 수 있다고 가정한다. 실제로 많은 사람들은 '합리적임'이 옳은 사고에 대한 미리 주어진 기준—소위 초월적 논리와 일련의 절대적 인 인식적 규준에 의해 정의되는—을 따르는 것이라는 생각을 복음 처럼 받아들인다. 나는 미리 주어진 초월적 사고의 구조로서의 이성

에 대한 이러한 시각을 포기하고 그것이 도덕적 숙고에서 '합당
성'(reasonableness)에 대한 인지적으로 더 현실적인 해명으로 대체
되어야 한다고 주장할 것이다. '합당성'은 정확한 추론을 지도하는
일련의 선험적 기준이 아니라 성공적인 탐구의 성취라고 주장할 것
이다.

　내가 비판하려는 이성 개념은 우리의 문화적 이해에 너무나 깊게
뿌리박고 있어서 많은 사람들은 그것을 서구 합리성 개념의 토대처럼
생각하게 되었다. 서양철학의 모든 국면을 살펴보면 플라톤에서 아리
스토텔레스, 아퀴나스(T. Aquinas), 데카르트(R. Descartes)에서 칸
트(I. Kant), 프레게(G. Frege)에 이르기까지 절대적 이성의 이런저
런 변형을 볼 수 있다. 이 견해에 따르면 이성은 보편적인 논리적 원
리에 의해 정의되는 본질적 구조, 그리고 종종 인식적 정당화의 기준
을 지니고 있다. 서구 도덕철학사에서 내가 '도덕법칙 통속 이
론'(Moral Law folk theory)이라고 부르는 것은 도덕원리의 원천으
로 그러한 초월적 이성 개념을 가정하고 있다. 그것은 도덕적 추론을
궁극적인 합리적 원리를 발견하고 그것이 어떻게 특정한 구체적 상황
에 적용되는지를 이해하는 과정으로 해석한다. 합당하다는 것은 본유
적으로 주어진 이성을 정확하게 사용한다는 것을 말한다. 이러한 본
질주의적 합리성 개념의 대표적 사례는 도너건(A. Donagan)의 대체
적인 칸트적 이성 개념에서 분명하게 드러난다.

　　여기에서 가정된 것은 모든 합리적 존재에게 이성의 힘이 실제적으로
　　적절하게 또는 부적절하게 작동할 수 있다는 점이다. … 이 모든 것은 여
　　기에서 사용되고 있는 '이성'이라는 말이 모든 가능 세계에서 고정된 지
　　칭체를 갖는다는 것을 전제한다. 그러나 그것이 실제로 그렇다고 추정하

는 것이 합당해 보인다. 그것은 정상적인 성인 인간이 보유하는 힘을 가리킨다. 이들은 그 힘을 사용해서 명제를 제시하고, 그 명제를 긍정하거나 부정하고, 한 명제가 참일 때 다른 명제가 또한 참이어야 하는지를 인지하는 등의 일을 한다. 그 명제가 논리 영역에 속하는 내용을 갖는 행위를 수행하기 위한 힘을 정확히 기술하고 있다면 어떤 특정한 기술이 주어졌는지는 상관없다. 모든 가능 세계에서 그런 모든 기술들은 동일한 힘을 지칭하기 때문이다.[1]

이 초월적 이성 개념이 어떤 사람들에게 아무리 자명하게 보인다 하더라도 그것은 심각하고 위험하게 오도된 것이다.[2] 그것은 사실상 탐구의 결과이며 성취를 마치 독립적으로 존립하는, 미리 주어진 기준이나 규범처럼 잘못 생각하고 있다. 그것은 적정하게 합리적인 존재가 정확하게 또는 부정확하게 사용할 수 있는 초월적 논리의 절대적 구조가 존재한다고 가정한다. 그것은 모든 숙고 행위에 앞서서 주어진 상황에 대한 옳은 (도덕적) 행위의 정확한 세목이 적절한 추론을 통해 발견되기 위해 존재한다고 가정한다.

내가 제안하는 대립적인 도덕적 합당성 개념에 따르면 도덕적 숙고

---

1 Alan Donagan, *The Theory of Morality* (Chicago: University of Chicago Press, 1977), pp. 234-35.

2 John Dewey, *Logic: Theory of Inquiry: The Later Works, 1925-1953*, ed. Jo Ann Boydston (Carbondale, Ill.: Southern Illinois University Press, 1938/1991) 은 모든 특정한 유형의 추론에 선행하는 논리에 대한 서술이 아니라 논리의 토대로서 탐구 활동의 우선성을 옹호하는 방대한 논변이다. 논리적 원리는 특정한 유형의 탐구를 수행하는 데 탐구 공동체에 유용한 것으로 드러난 제약들이며, 따라서 논리는 미리 주어진 옳은 사고의 절대적 구조가 아니다. 논리는 성공적 탐구의 패턴으로서 창발한다. 그것은 합리성이라는 주맥(主脈)을 드러내는 것처럼 발견되는 것이 아니라 경험을 통해 도달된다.

활동은 더 나은 것을 위해 문제 상황을 실제로 해소하는 한에서 '합당
하다'. 숙고적 과정의 정확성은 행위나 숙고에 앞서서, 또는 보편적이
고 미리 주어진 기준이나 규범, 원리에 의해 결정될 수 없다. 전형적
인 문제 상황에서 우리는 다중적 좋음이나 가치, 선호 등에 직면한다.
드라마적 리허설(dramatic rehearsal)은 우리가 가상적으로 가능한
여러 가지 행위 방향을 차례로 따랐을 때 주어진 상황이 어떻게 전개
될 것인지에 관한 상상적 시뮬레이션이다. 듀이(J. Dewey)는 "선택은
무관심에서 비롯된 선호의 창발이 아니라 경쟁적 선호들에서 비롯되
는 통합된 선호의 창발"[3]이라고 말한다. 나는 앞서 도덕적 곤경 상황
에서 우리가 사실상 어떻게 해야 할지에 관해 우리가 알고 있는 것보
다 더 많은 가치나 선호들을 갖고 있다고 말했다. 문제는 그 경쟁적
가치들의 조화가 어느 정도나 실행될 수 있는가이다.

　무엇이 '합당한' 선택과 '부당한' 선택을 구분해 주는가? 부당한
선택은 어떤 단일한 가치가 다른 경쟁적 가치들에 대한 아무런 고려
도 없이 동기적 질서를 지배하게 될 때 생겨난다. 그러면 우리는 어느
정도 무반성적으로 그 가치나 선호를 실현해 주는 것처럼 보이는 대
상이나 활동을 따르게 된다. 그런 선택은 전형적으로 문제의 해결책
으로서 부적절한 것으로 드러난다. 상황과 관련된 한두 가지 요소들
에 대한 배타적 관심은 경쟁적 목표나 가치들의 전 범위를 조율할 수
없게 만들기 때문이다. 따라서 그것은 우리가 직면한 상황을 지나치
게 단순화한다.

　반면에 합당한 선택은 우리가 받아들이는 경쟁적 가치들을 적정 수

3　Dewey, *Human Nature and Conduct: The Middle Works, 1899-1924*, ed. Jo
　　Ann Boydston (Carbondale, Ill.: Southern Illinois University Press,
　　1922/1988), p. 134.

준까지 조율하는 방법을 제공해 준다. 듀이는 이렇게 설명한다.

그러나 고려되는 대상은 상이한 경쟁적 성향들을 통합하고 조정하는 방식으로 자극 유인이 되는 대상일 수도 있다. 그것은 사실상 본래적 형태는 아니지만 '승화된'(sublimated) 방식으로 모든 것이 성취되는 활동을 낳을 수 있다. 승화된 방식이란 각각의 경우에 그것을 변형된 성질을 갖는 행위 안에서 그것을 다른 요소들을 수반하는 한 요소로 환원함으로써 원래의 방향을 수정하는 것을 말한다. 가능한 활동 방향을 투사하는 과정에서 숙고가 제거나 재조합을 하는 수단인 섬세함이나 신속성, 정교성만큼 특별한 것은 없다. 상상된 상황의 모든 음영에 대해 약동하는 반응이 있다. 즉 모든 복잡한 상황에 대해 그 통합성과 관련된 민감성, 즉 과연 그것이 모든 사실들에 대해 적절한 것인지, 어떤 것이 다른 것에 대해 우선성을 갖는지에 관한 민감성이 있다.[4]

나는 이것이 도덕적 숙고에 대한 듀이의 혁신적인 해명의 핵심 구절이라고 본다. 이 구절에서 우리는 탐구와 체감된 성질, 합당성이 혼성되고 통합된다는 것을 알 수 있다. 합당한 도덕적 숙고의 핵심을 이루는 것은 우리의 특정한 상황이 과거에는 경쟁적이었던 요인이나 선호, 가치들의 재조정과 혼성을 통해 구성되어 있는지에 관한 '느낌'이다. 어느 정도 성공적인 해결책에 도달했는지를 '알' 수 있는 유일한 방법은 가치들의 조화, 그리고 새롭고 더 풍부한 유의미한 행위의 가능성을 느끼는 것이다.

---

4 같은 책, p. 135.

2. 도덕적 숙고에서 이성과 욕구의 혼성

능력심리학(faculty psychology)에 근거한 도덕 이론들은 다양한 능력들을 주도권 경합의 구도 안에 설정하는 경향이 있다. 이 능력들의 경합으로 가장 빈번하게 나타나는 것은 이성과 감정의 경합—누가 도덕적 주도권을 갖는지에 관해 싸우는—이다. 그 한편에서 칸트는 잘 알려진 것처럼 도덕적 명령은 결코 어떤 유형의 느낌에도 근거하지 않고 오직 순수실천이성에서만 비롯될 수 있다고 주장한다. 다른 한편에서 흄(D. Hume)은 일찍이 대립적 견해를 제시했는데, 어떤 섬세한 감정이 모든 도덕적 행위의 원천이며, 이성에는 그런 행위를 산출할 능력이 없다고 주장했다. 듀이는 자신의 도덕 이론에 대한 흄의 심중한 영향을 인정한다.[5] 그러나 듀이는 정신 능력들 사이에 엄격한 경계를 설정하려는 경향을 비판하며, 느낌에 근거한 숙고가 어느 정도 합당할 수 있다고 주장한다. 따라서 도덕 감정에 대한 흄의 유명한 해명이 왜 충분한 것이 아니며, 무엇이 결여되어 있는지를 살펴보는 것이 도움이 될 것이다.

　잘 알려진 것처럼 흄은 당대에 주도적이었던 배타적인 합리주의 도덕 이론에 대해 도덕적 숙고가 사실상 추론의 문제가 아니라 감정에 근거한(sentiment based) 판단의 문제일 뿐이라고 주장했다. 흄의 주장은 지성(understanding)과 이성(reason)이 '사실의 문제'를 결정하는 반면, 가치평가적 판단은 정서와 정제된 느낌—그가 '감정'이라고 부르는—에 근거하고 있다는 것이다. 흄은 이렇게 주장한다.

5　같은 책, pp. 228-29.

그러나 모든 상황과 모든 관계가 알려진 후에도 지성은 더 이상 작동할 여지를 갖지 못하며, 스스로를 사용할 수 있는 어떤 대상도 갖지 못한다. 이렇게 해서 뒤따르는 동의와 비난은 판단의 작용일 수 없는, 마음의 작용이다. 또한 그것은 사변적 명제나 주장이 아니라 적극적인 느낌이나 감정이다. 지성의 탐구에서는 알려진 상황이나 관계로부터 알려지지 않은 새로운 것들을 추론한다. 도덕적 결정에서 모든 상황이나 관계는 앞서서 알려져야 하며, 마음은 전체에 대한 숙고로부터 애정이나 혐오, 존경이나 멸시, 동의나 비난의 새로운 인상을 느낀다.[6]

도덕 판단에서 정서와 느낌의 핵심적 역할을 인정했다는 점에서 흄은 합리주의적 이론에 대한 훌륭한 교정안을 제공했다. 그러나 흄은 이성과 정서를 절대적으로 분리함으로써 (만약 '추론'이라는 용어가 이성은 실천적이며, 행위에서 직접 발현하는 것이라는 뜻이라면) 도덕적 추론 같은 것은 아예 존재하지 않는다는 잘못된 결론에 이르게 되었다. 흄이 인정하는 지성이나 이성의 유일한 역할은 상황의 사실들을 결정하고 특정한 행위의 개연적인 결과들을 계산하는 일이다.

도덕은 따라서 행위와 감정에 영향을 미치기 때문에 그것들이 이성에서 추론되지 않는다는 결론이 나온다. 또한 앞서 증명했던 것처럼 이성 혼자서는 결코 그러한 영향을 미칠 수 없다. 도덕은 열정을 자극하여, 행위를 산출하거나 막는다. 이성은 그 자체로 이 구체적인 문제에서 무기력하다. 따라서 도덕의 규칙들은 이성의 결과물이 아니다.[7]

6 David Hume, *An Enquiry concerning the Principles of Morals* (La Salle, Ill.: Open Court, 1777/1966), p. 131.

7 Hume, *A Treatise of Human Nature*, ed. L. A. Selby-Bigge (Oxford: Claren-

도덕적 숙고에서 정서와 느낌의 핵심적 역할을 강조한다는 점에서 흄은 옳았지만, 도덕적 감정에 너무나 큰 비중을 둠으로써 도덕적 숙고에서 추론의 어떤 평가적 역할도 인정하지 않는다는 점에서 지나치게 나아갔다. 이성의 기능과 정서의 기능 사이에 절대적이고 메울 수 없는 간극을 설정함으로써 흄은 정서를 도덕 판단의 중심 무대에 올리고 이 때문에 추론을 과소평가할 수밖에 없게 되었다. 그는 추론의 역할을 (상황에 관한 '사실들'의 수합 등) 무대 장치, 그리고 제안된 행위 방향의 개연적 결과의 인과적 계산에 국한한다. 그의 유명한 말은 이렇다.

어떤 것도 열정의 충동에 반대하거나 그것을 제어할 수 없지만 대립적 충동인 … 이성은 열정의 노예가 되어야만 하며 열정에 봉사하고 또 열정에 복종하는 것 외에 다른 어떤 역할도 자임할 수 없다.[8]

방금 요약했던 흄의 해명은 전통적 해석인데. 다른 한편에서 흄이 많은 사람이 생각하는 것보다 훨씬 더 섬세하며 덜 이원론적인 견해를 갖고 있다고 주장하는 논평가들이 있다.[9] 특히 베이어(A. Baier)는

---

don Press, 1739/1888), bk. III, pt. 1, sec. 1, p. 457.

8 같은 책, p. 415

9 베이어는 흄이 감정과 혼성되고 사회적 실천에 의해 형성되는 더 섬세한 이성 개념—내가 이 책에서 전개하려는 것과 매우 가까운 개념—을 제안하고 있다는 강력한 논변을 제시한다. Annette Baier, *A Progress of the Sentiments: Reflections on Hume's "Treatise"* (Cambridge: Cambridge University Press, 1991) 참조. 또한 코언은 흄이 이성을 배제하고 도덕적 감정에 모든 비중을 둔다고 보는 전통적 해석에 문제를 제기한다. Rachel Cohon, *Hume's Morality* (Oxford: Oxford University Press, 2008) 참조.

흄이 엄격한 이성/감정 분리를 넘어서는 방식으로 합리적 감정(rational sentiment) 개념을 제안한다고 생각한다. 그래서 베이어가 해석하는 흄은 듀이나 다마지오(A. Damasio)의 주장과 더 큰 양립 가능성을 갖는다.[10] 이들의 주장은 작동하는 정서 체계는 사회적 추론, 나아가 아마도 다른 모든 형태의 추론에도 필수적이며, 정서적 근거를 갖는 판단은 어느 정도 합당할 수 있다는 것이다.

나는 정서가 옳음/그름에 대한 직관적 판단에 핵심적 역할을 하는 것처럼 우리의 정서와 느낌이 더 반성적인 도덕적 숙고에 중심적이라고 주장하려고 한다. 이 숙고적 과정은 정서적인 동시에 합리적이며 상상적이다. 이러한 이성 개념은 아리스토텔레스적인 합리적 욕구, 또는 합리적으로 지도된 욕구 개념과 유사하다. 이것은 전통적인 능력심리학이 제안하는 것처럼 이성 대 욕구의 문제가 아니라 욕구의 합당한 정돈과 조정의 문제다. 앞서 인용했던 듀이의 핵심 구절을 상기해 보자. 듀이는 여기에서 도덕적 탐구의 합당성은 욕구의 균형과 정돈을 포함한다고 주장하고 있다.

> 그러나 합당성은 사실상 욕구와 대립적인 것이 아니라 욕구들 사이의 작용적인 관계의 성질이다. 그것은 숙고의 과정에서 이전의 다양한 양립 불가능한 선호들로부터 도달되는 질서나 관점, 균형을 가리킨다. 선택은 경쟁적인 습관들과 충돌들의 요구와 관련해서 우리를 합당하게 행위하도록 유도해 줄 때 합당하다. 물론 이것은 어떤 포괄적인 대상, 즉 갈등

---

10 Dewey, *Human Nature and Conduct*; *Logic*; Antonio Damasio, *Descartes' Error: Emotion, Reason, and the Human Brain* (New York: G. P. Putnam's Sons, 1994); *Looking for Spinoza: Joy, Sorrow, and the Feeling Brain* (Orlando, Flo.: Harcourt, 2003) 참조.

이나 긴장, 숙고를 불러일으키는 상황의 요소들을 조정하고 조직화하고
작동시키는 대상이 현전한다는 것을 의미한다.[11]

합당성은 숙고적 활동의 **성취**, 즉 우리의 현재 상황에 대한 탐구와
변형을 통해 실현된 어떤 것이다. 우리는 당면한 상황에 대한 숙고적
탐구를 통해 성취된 질서와 관점, 균형을 지각해야, 즉 **느껴야** 한다.
이 느낌은 특정한 예술작품의 성취를 지각하거나 느끼는 방식과 유사
하다. 예를 들어 회화에서 우리는 형태와 의미, 가치의 혼성—우리에
게 유의미한 세계를 규정하는—을 경험할 수 있다.[12] 우리는 이 체감
된 옳음을 일련의 규칙이나 개념 틀의 관점에서 적절히 기술할 수 없
다 하더라도 여전히 그 예술작품의 통일성과 중요성을 경험한다. 그
렇지만 미리 주어진 기준에 근거해서 우리의 주장을 정당화할 수 없
다 하더라도 우리는 다양한 예술작품의 상대적 탁월성에 관해 조건화
된 판단을 한다.

마찬가지로 도덕적 숙고의 경우, 우리는 현재의 문제 상황을 어느
정도 풍부하게 재배열되고(더 유의미한) 해소된(더 조화로운) 상황으
로 변형하는 방식으로 탐구 패턴이 작동하고 있음을 지각한다. 예술
작품의 산출(과 판단)과 도덕적 행동의 가시적 유사성에 근거해 일부
철학자들은 창조적 예술가들이나 실천가들의 덕을 계발함으로써 삶
에서 **도덕적 예술성**(moral artistry)을 함양해야 한다고 주장한다.[13]

---

11 Dewey, *Human Nature and Conduct*, p. 135.

12 Mark Johnson, *The Meaning of the Body: Aesthetics of Human Understanding* (Chicago: University of Chicago Press, 2007) 참조.

13 Martha Nussbaum, *The Fragility of Goodness: Luck and Ethics in Greek Tragedy and Philosophy* (Cambridge: Cambridge University Press, 1986; John-

페스마이어(S. Fesmire)는 이렇게 지적한다.

　윤리적 반성을 예술로 이해하는 것은 우리의 지혜로운 일상적 결정의
본성에 의해 지지된다. 그것은 사회적 연관성과 귀결에 대한 감수성을
가능하게 해 주는 확장적 상상력의 역할을 부각해 주며, 경험에 폭넓고
깊게 개입하며, 통합된 경험 안에서 다양한 요소들을 묶어 준다.[14]

　도덕적 숙고는 삶의 상황을 구성하는 과정이며, 그래서 경험의 예
술적 재구성의 한 형태다.

　예술의 도덕은 일상적인 도덕적 결정이 예술적 생산만큼이나 풍부하
게 완결적일(consummated) 수 있다는 것이다. 이 이상과 실제적 숙고
사이의 거리는 한 문화가 축적된 도덕적 기준의 밖으로 눈을 돌려 감수
성이나 통찰력, 식별력, 창조성, 표현성, 용기, 예지력, 소통성, 실험적
지성 등 미학적 덕들에 초점을 맞추는 만큼 좁혀진다.[15]

　유사하게 슈스터만(R. Shusterman)은 도덕 판단이 논리적, 수학
적, 과학적 증명 체계보다는 미학적 판단의 모형을 더 따라야 한다고

---

son, *Moral Imagination: Implications of Cognitive Science for Ethics* (Chica-
go: University of Chicago Press, 1993); Richard Shusterman, *Pragmatist
Aesthetics: Living Beauty, Rethinking Art* (Lanham, Md.: Rowman & Little-
field, 2000; Steven Fesmire, *John Dewey and Moral Imagination: Pragma-
tism in Ethics* (Bloomington, Ind.: Indiana University Press, 2003) 참조.
14　Fesmire, *John Dewey and Moral Imagination*, p. 110.
15　같은 책, p. 128.

주장한다.[16] 슈스터만은 윌리엄스(B. Williams)를 따라 윤리학이 도덕적 책무의 선결된 체계에 협소하게 국한되어서는 안 된다고 강조한다.[17] 윤리학이 좋은 삶과 관련된 좋음과 가치의 더 넓고 더 다양한 체계를 다룬다는 것을 깨달으면 도덕적 숙고가 보편적으로 강제적인 도덕원리들의 적용보다는 예술작품을 생산하고 평가하는 것과 더 유사하다는 것을 알 수 있다는 것이다.

　　도덕적 책무를 단순히 어떻게 좋은 삶을 살 것인지에 관한 도덕적 숙고의 중요한 요소의 하나로 격하하는 것은 그러한 숙고를 연역적이거나 법적인 추론보다는 미학적 판단이나 정당화와 더 유사한 것으로 만든다. 무엇이 옳은지를 발견하는 것은 주어진 상황이나 삶에서 다양하면서 또 다양하게 평가된 특성들의 가장 매력적이고 조화로운 배열의 가장 적절하고 매력적인 게슈탈트를 발견하는 문제다. … 마찬가지로 윤리적 정당화는 그것을 설득하려는 시도에서 연역추론이나 알고리즘에 의지하기 않고 지각적으로 설득력 있는 주장(잘 다듬어진 서사, 의도적인 수사, 상상적 예시 등)에 의지한다는 점에서 미학적 설명과 유사하게 된다. … 윤리적 결정은 예술적 결정과 마찬가지로 규칙의 엄격한 적용의 산물이 아니라 창조적이고 비판적인 상상력의 산물이어야 하기 때문이다. 윤리학과 미학은 이 유의미하고 민감한 의미에서 하나가 된다. 나아가 윤리적 삶이라는 기획은 미학적으로 살아가기의 연습이 된다.[18]

---

16 Shusterman, *Pragmatist Aesthetics* 참조.

17 Bernard Williams, *Ethics and the Limits of Philosophy* (Cambridge, Mass.: Harvard University Press, 1985) 참조.

18 Shusterman, *Pragmatist Aesthetics*, p. 244.

나는 이제 윤리적 논증과 정당화의 본성과 역할 문제로 되돌아갈 것이다. 여기에서 내 초점은 도덕적 숙고가 상황의 재료를 정돈함으로써 새로운 게슈탈트로 재배열하는 변형적 사고 활동이 되는 방식에 맞추어질 것이다. 우리의 상상적 반성이 바로 현재 시점에서 옳다(또는 더 낫거나 최선이다)는 지각은 삶의 재배열, 즉 우리의 어려움에 대한 체감된 해소를 통해서 주어진다. 따라서 합당성(또는 합당한 욕구)은 아무리 일시적이거나 잠정적이라 하더라도 하나의 완결적 성취다. 그것은 상황 안의 다양한 충돌적 요소와 가치들에 대한 감수성 함양의 노력을 요구하며, 상황에 대한 이해와 조화로운 상황의 구성에 대한 훈련을 요구한다. 그것은 욕구에 대한 훈련과 이성에 대한 민감성을 요구한다. 이 때문에 듀이는 합당성을 주어진 것이 아닌, 하나의 성취로 정의한다.

> 이성은 만병통치약으로 작용하는 선행적 힘이 아니다. 이성은 지속적으로 재구성되어야 할 필요가 있는 습관의 고단한 성취다. 숙고 안에서 드러나는 추진적 활동의 균형적 정돈, 즉 이성은 섬세하고 균형적인 정서적 민감성에 달려 있다.[19]

3. 도덕적 숙고의 비판적 차원

도덕적 시뮬레이션이 경쟁적 충동과 가치의 무제한적인 경합으로 흘러가는 것을 막아 주는 것은 무엇일까? 그것이 "느낌이 좋으면 하라"로 전락하지 않는 이유는 무엇일까? 바꾸어 말해서 무엇이 드라마적

---

19 Dewey, *Human Nature and Conduct*, p. 137.

리허설에 비판적 차원을 가능하게 해 주는 것일까? 우리에게는 탐구에서의 탁월성에 대한 해명이 필요하다. 하나의 특정한 관점이나 정서, 원리, 가치에의 배타적 몰입을 막아 주는 것은 주어진 상황에서 작동하는 일련의 관점이나 정서, 원리, 가치에 대해 우리 자신을 여는 일이다. 이것이 도덕적 통찰과 감수성, 개방성의 의미다. 그것은 '상황을 이해하고' 관련된 고려사항들을 식별하는 함양된 능력이다.

　도덕적 숙고의 주된 과제는 우리의 성찰에서 방대한 폭의 현전하는 관련 요소들을 고려하지 않고 단일한 요소에 배타적으로 기우는 것을 막는 일이다. 예를 들어 정서적이든 신체적이든 상처나 해악에 대한 자연적 반응은 복수를 향한 흥분일 수 있다. 그렇지만 우리는 도덕적 숙고에 의해 복수의 경로를 추적하고 그 경로가 무엇을 불러올지를 살펴볼 수 있다. 정의나, 친절, 더 큰 선에 대한 관심, 타인을 도우려는 욕구, 협력의 중요성 등 다른 고려들은 단일한 요소의 주도권에 대해 평형을 제공한다. 듀이는 이 문제를 다음과 같이 섬세하게 규정한다.

　　다시 말하지만 합리성은 충동이나 습관에 반해 환기되는 힘이 아니다. 그것은 다양한 욕구들의 실질적 조화의 성취다. 명사로서의 '이성'은 공감, 호기심, 탐색, 실험, 진실성, 사물을 추적하는 것으로서의 추구, 신중함, 맥락에 대한 고려 등 성향들의 집합의 이상적인 협력을 가리킨다. … 이성, 즉 합리적 태도는 기성의 선행물이 아니라 결과적 성향—의지에 따라 환기되고 실행되는—이다. 지성적으로 지성을 고양하려는 사람은 실행에서 강한 충동들의 이상적인 합치를 지향하면서 강한 충동들의 삶을 억제하는 것이 아니라 넓혀 갈 것이다.[20]

20　같은 책, pp. 136-37.

이렇게 물을 수 있다. 왜 도덕적 탐구자는 자신의 관점을 넓혀야 하는가? 왜 관점의 폭과 풍부성이 다른 가치들보다 우위에 있어야 하는가? 그것은 우리를 관점의 다원주의라는 또 다른 근본주의—단일한 가치의 근본주의—로 다시 이끌어 가는 것은 아닌가?

내 대답은 다원주의가 가능한 한 폭넓은 경쟁적 가치와 관심들을 탐구에 포함시키는 방법이며, 그래서 다른 가치들과 경합할 수도 있는 하나의 가치가 아니라는 것이다. 다원주의는 절대적이고 비관점적인 가치나 기준이 없기 때문에 탐구의 최선의 전략은 관점들의 폭을 확장하고, 우리가 수합할 수 있는 상황의 복잡성에 대한 풍부한 서술을 추구하는 입장이다. 그것은 윈터(S. Winter)가 '통관점성'(transperspectivity)이라고 부르는 것을 추구한다. 신적 관점에 대한 인간의 접근이 부정되면 "'공평성'(impartiality) 또한 더 이상 무관점적 입장이 아니라 하나 이상의 관점에서 물음이 어떻게 될 것인지를 상상하는 공감적 능력의 실행이 된다."[21] 모든 것을 포괄하는 단일한 틀도 모든 것을 흡수하는 방법도 없기 때문에 우리는 다중적 관점들과 탐구 방법들에서 비롯되는 수렴적 증거를 탐색해야 한다.

우리의 편견을 제약하는 유일한 길은 다른 편견들, 즉 다른 관점들에서 생겨나는 선판단들을 인정하는 것이다. 듀이는 종종 과학주의라는 잘못된 비난을 받는데, 그가 반복적으로 경험적인 과학적 탐구 방법을 지적 실천의 핵으로 포괄하기 때문이다. 그러나 듀이는 모든 앎의 양식을 과학의 장으로 환원하는 것이 아니다. 그는 대신에 전지(全知)하지도 않으며 항상 관점적이고 오류 가능한 인간 존재에게 가설

---

21 Steven Winter, "*Bull Durham* and the Uses of Theory," *Stanford Law Review*, 42-3 (1990), p. 685.

과 검증이라는 실험적 방법을 적합한 지성적 탐구의 모형으로 제안한다. 국지적 관점이라는 한계를 넘어서는 유일한 길은 다른 관점들을 받아들이고 다른 지향성이나 관점들과 공유하는 공통성(commonalities)에 대한 희망을 추구하는 일이다.

파이어아벤트(P. Feyerabend)는 모든 관점이 특정한 패러다임 형성에 의해 포괄되는 쿤 이후의 세계에서 최선의 탐구 전략으로 수천 개의 꽃이 피어나는 것을 받아들일 것을 권고한다.[22] 자신의 신념을 따라 파이어아벤트는 중세의 연금술을 현대 화학과 연계시키려고 하며 고대 그리스의 우주론을 현대 양자 역학과 연계시키려고 한다. 그의 주장은 현대 의학 대신에 동물적 기운(흑담즙, 황담즙, 피, 점액질 등)의 균형이라는 그리스의 의학적 견해에 자신의 목숨을 걸겠다는 것이 아니라 다만 다중적 관점들에 대한 고려가 어떤 주제에 관해 우리 자신이 선호하며, 또 흔히 무비판적으로 받아들이는 입장의 토대적 가정이나 한계를 인식하는 유일한 길이라는 것이다. 예를 들어 최근 의학적 표준은 점차 유사요법(homeopathic) 또는 전체론적 요법을 더 받아들이는 편이다. 그것은 다시 서구의 대증요법(allopathic, 자상, 화상, 중독 등)의 한계들을 인식할 수 있게 해 준다. 방법에 대한 파이어아벤트의 '반방법론'(자신의 책 제목이 된)이라는 도발은 다중적인 방법론적 틀이나 관점, 탐구 양식 등의 활용을 거부하려는 것이 아니라 오히려 앎의 방법에 관한 패권적 관념을 거부하려는 것이다.

파이어아벤트의 분석과 비판은 주로 과학과 철학 이론을 향하고 있지만 그의 주장은 도덕적 지식에도 마찬가지로 적용된다. 인간 인지

---

22 Paul Feyerabend, *Against Method* (London: New Left Books, 1975) 참조.

의 한계를 받아들이면 도덕적 가치와 관점의 다원주의는 피할 수 없다. 그렇지만 그것이 모든 과학 이론이나 관점이 동등하게 통찰적이라는 것을 의미하지 않는 것처럼 "무엇이든 된다"를 의미하는 것은 아니다.

도덕적 숙고는 다양한 가치, 조망된 목표, 원리, 그리고 다른 요소들(덕 개념과 좋은 삶 개념 등)의 영향 속에서 수행되는 일련의 시뮬레이션이다. 도덕원리들은 어떤 탐구 공동체가 과거의 도덕적 숙고에 중요하게 감안했던 고려들의 요약으로 이해되어야 한다. 각각의 원리들은 그 상황에서 작용할 수 있는 가능한 가치들보다는 특정한 가치에 특권을 주는 방식을 대변한다. "살인하지 말라"와 같은 원리는 문자적으로 말하자면 모든 생명(또는 이 명령에 대한 일부 해석에 따르면 모든 인간 생명)을 절대적 가치, 즉 이 최고 가치와 충돌할 수 있는 다른 모든 가치[예를 들어 성공, 명예, 군사적 의무, 복수, 정의, 또는 "여호와의 이름을 모독하면 그를 반드시 죽일지니 온 회중이 돌로 그를 칠 것이니라"(레위기, 24: 13-16)와 같은 다양한 종교적 명령에의 복종 등]에 우선할 수 있는 가치로 간주한다. 간단히 말해 도덕원리는 한 개인이나 집단의 기본적 가치들의 응축물이다.

도덕적 추론의 비판적 차원에 대한 내 입장은 이제 이렇게 정리될 수 있다. 투사된 시뮬레이션(시뮬레이션된 각각의 행위 방향은 적어도 한 가지 가능한 원리나 가치를 드러낸다)을 평가한다는 것은 그 시뮬레이션을 드라마적 리허설—전개되는 상황을 구조화하는 데 다른 가치에 비해 더 비중이 주어진, 제안된 원리에 내재하는 가치들을 수반하는—로 수행한다는 것이다. 바꾸어 말하면 시뮬레이션은 그 원리나 가치가 주어졌을 때 삶이 어느 정도 더 나은 것일지를 말해 준다. 우리가 수행하는 각각의 시뮬레이션은 전형적으로 특정한 가치나 기준이 우리가 현재 이해하고 있는 상황을 어느 정도 성공적으로 통

합해 줄 것인지에 관한 직감(felt sense)을 불러일으킨다. 다른 시뮬레
이션은 다른 원리나 가치의 의미나 함축을 드러내 줄 것이다. 각각의
시뮬레이션은 현재의 갈등 경험을 진전시키고 재편성하는 가능성들
의 다른 실행이다.

　자명한 것이지만, 실질적인 도덕 문제를 어렵게 만드는 것은 바로
인간의 삶이 너무나 복잡한 사건이기 때문에 그것을 단순화하려는 우
리의 모든 시도가 어떻게 행위할 것인지를 결정하는 데 관련된 많은
것을 놓칠 수밖에 없다는 점이다. 만약 상황이 쉽고 간단한 것이었다
면 숙고할 필요가 없었을 것이다. 우리의 일상적인 평가하기 습관은
특별한 예견이 없이도 상황에 대처해 나아갈 수 있도록 해 주기 때문
이다. 단순화는 탐구와 문제 해결의 전략이라는 연장통 속의 하나의
연장일 뿐이다. 그러나 그것은 유일한 연장도 아니며, 또 다른 연장들
을 필요로 하는 복잡한 상황에서는 사용되어서도 안 된다. 근본주의
의 가장 큰 결함의 하나는 탐구의 유일한 전략으로서 단순화와 환원
주의를 배타적으로 사용하는 데 있다. 근본주의자들이 생각이 없다는
비판은 이들이 단순화나 절대적 확실성 추구가 복잡한 상황에서 작동
하는 다른 관점이나 관심, 가치들을 가린다는 점에서 정당화된다.

　내가 제시했던 좋은 도덕적 숙고에 대한 해명은 롤스(J. Rawls)가
'폭넓은 반성적 평형'(wide reflective equilibrium)이라는 말로 제시
했던 것에 대해 한 가지 가능한 해석을 제공할 수 있다.[23] 좁은 반성적
평형은 우리의 도덕적 직관, 인간 본성에 대한 입장, 선별된 원리들,
우리가 속한 넓은 문화 체계에 대립적인 선별된 제도들을 검증하도록

23　John Rawls, *A Theory of Justice* (Cambridge, Mass.: Harvard University
　　Press, 1971) 참조.

요구한다. 여기에는 정의와 도덕성에 대한 공유된 공동체적 인식의
전개에 관한 더 포괄적인 역사적 시각을 취하는 것, 그것을 산출해 낸
특정한 역사적 조건을 이해하는 것, 현재의 조건이 뚜렷하게 달라서
새로운 규범적 평가를 요구하는지를 결정하는 것 등이 포함된다. 넓
은 반성적 평형은 우리만의 문화적 전통을 넘어서서 우리가 당연하게
받아들이는 가정들에 대해 문제를 제기할 수 있는 다른 도덕적 전통
들로 이행할 수 있게 해 준다.[24] 예를 들어 아리아 형제단(백인우월주
의 범죄자 단체 — 옮긴이 주) 신봉자에게 자신의 인종주의적 신념이
인종적 평등과 관용, 정의에 대한 현대 민주주의적 개념과 양립 불가
능하다는 것을 인식하는 데에는 좁은 반성적 평형으로 충분할 것이
다. 넓은 반성적 평형은 우리가 보편적인 것으로 가정해 왔던 편향적
믿음이나 실천의 양상들을 비판할 수 있게 해 주는 더 넓은 전체적 관
점을 제공해 줄 것이다. 예를 들어 넓은 반성적 평형은 민주주의 겸
자본주의의 특정한 미국적 구조—민주주의적 자유에 대한 특정한 보
수적 개념이라는 명분 아래 행해지는 불평등과 부정의에 토대를 둔
—가 안고 있는 긴장과 갈등을 드러내 줄 것이다. 이를 통해 우리는
자유에 대한 특정한 미국적 개념이 더 넓은 전체적 관점에서 볼 때 얼
마나 문제가 많은지를 알 수 있다.

언제 충분히 넓은 관점에 도달했는지를 결정할 수 있는 우선적 원
리는 있을 수 없다. 누군가 또는 어떤 집단이 도덕적·법적·정치
적·경제적 결정에서 "누가 중요한가"의 문제를 둘러싼 더 크고 포괄
적인 영역의 윤곽을 그릴 때에만 종종 오래된 도덕적 제도나 체계에

24 Owen Flanagan, *The Really Hard Problem: Meaning in a Material World* (Cambridge, Mass.: MIT Press, 2007), pp. 121-25 참조.

대한 비판이 가능해진다. 남북전쟁 이전의 노예 소유주들은 대부분 노예제도에 만족했다. 노예들은 완전한 인간으로 간주되지 않았으며, 따라서 소유주의 뜻을 채우기 위한 동물로서 착취될 수 있었다. 신은 자신의 천국 안에 있었으며, 노예들의 세계가 그렇지 않다는 것은 분명했지만 그들의(노예 소유주들의) 세계에는 아무런 문제도 없었다.

노예제도의 토대적 가정에 대해 문제를 제기할 만한 더 넓고 더 포괄적 시각이 있었지만 그 넓은 반성적 관점은 권력층의 의식 안에서 이런저런 방식으로 성공적으로 억압되었다. 고통과 국가적 갈등의 뼈아픈 역사는 흑인을 완전한 인간으로 인정하는 더 넓고 더 포괄적인 시각을 갖게 해 주었다. 일부 제도와 실천, 태도, 법질서는 이러한 시각과 상충될 수도 있지만 적어도 일정 수준의 인간 평등에 대한 인식을 향한 느린 변화가 있다. 우리가 인종 평등에 대한 충분한 인식에 이르지 못했다는 것은 분명하지만 내 주장은 좁은 반성적 평형과 넓은 반성적 평형의 정상적 과정이 우리를 이 방향으로 나아갈 수 있게 만들어 주었다는 것이다. 누가 도덕적 인격성에 합치하는가, 즉 누가 도덕적 존재로 간주되는가의 문제는 여전히 우리의 변화하는 도덕적 전망의 일부를 이루는 진행형의 과제다. 더욱이 오늘날에는 도덕적 인격성과 존엄성을 인간뿐만 아니라 지각을 가진 모든 동물, 나아가 식물, 생태환경, 우주 — 하나의 대규모적이고 지속적인 창조적 과정으로 인식되는 — 로까지 확장해야 한다고 주장하는 사람들이 있다.

이런 종류의 물음에 대한 절대적이고 확정적이며 최종적인 답은 있을 수 없다. 왜냐하면 그것은 (1) 완결되고 완전하며 불변하는 물리적·대인관계적·문화적 실재의 설정, (2) 존재하는 모든 것에 대한 무관점적이며 총체적인 이해를 전제할 것이기 때문이다. 이 두 가정은 모두 똑같이 잘못되고 오도하는 것이다. 실재는 결코 완결된 전체가 아니며, 우리는 그것의 본질에 대해 신적 관점을 가질 수 없다. 우리는 변화하는 세계의 과성에 묶여 있는, 근본적으로 관점적인 존재다. 우리는 지금 이루어지고 있는 논쟁이나 전쟁, 협력, 경쟁 안에 있다. 우리는 결코 벗어날 수 없는, 지속적인 도덕적 갈등과 탐구, 주장의 과정 안에 빠져 있다. 이 논쟁들은 우리의 기본적 가치나 원리들에 관한 물음뿐만 아니라 적절한 도덕적 탐구 개념, 그리고 도덕 이론이 우리에게 무엇을 해 줄 수 있는지에 관한 물음들을 포괄한다.

우리는 뿌리 깊은 절대주의적 열망을 포기함으로써 도덕 판단에 결정적인 어떤 것을 잃게 될 것이라는 불안을 극복해야 한다. 7장에서 살펴보려는 것처럼 우리는 도덕적 문제들을 항구적으로 결정해 주는 엄격한 규칙이나 절대적 원리를 실제로 가져 본 적이 없다. 우리는 우리의 숙고나 판단에 앞서서 절대적인 도덕적 기준을 가져 본 적이 없다. 우리는 「도덕법칙」 통속 이론이 요구하는 자율적이고 근본적인 자유의지를 가져본 적이 없다. 애당초 실제로 가져 본 적이 없는 어떤 것 없이 살아가는 법을 익힐 필요가 있으며, 인간의 관점으로 불가능한 것에 대한 열망을 멈출 필요가 있다. 우리는 인간에게 맞는 도덕을 받아들일 필요가 있다.

갈릴레이는 (코페르니쿠스를 따라서) 지구가 우주의 중심이라는 생각을 버리고 모든 것을 뒤집어 봄으로써 우리 자신이 신의 창조의 중심이라는 생각을 버린 것으로 흔히 이야기된다. 이어서 뉴턴은 자연적 사건이 목적인(신 또는 자연이 수립한 목표나 목적) 없이도 작용인(efficient cause)에 의해 설명될 수 있다고 주장함으로써 우리를 뒤흔들었다. 이 때문에 많은 사람들은 인과적으로 결정된 대상과 사건의 맹목적이고 무의미한 세계 안에 외롭게 버림받은 느낌을 갖게 되었다. 이어서 다윈(C. Darwin)은 우리 자신을 (고도로 지적인) 동물의 수준으로 끌어내림으로써 우리의 자기영상에 또 다른 충격을 주었으며, 프로이트(S. Freud)는 후일 우리 사고의 많은 부분이 무의식적 충동과 원초적 작용에 의해 구동된다는 것을 드러냄으로써 우리의 합리적 우월성에 의구심을 불러일으켰다.

오늘날 우주 안에서 점차 위축되는 우리 자신의 위상에 대한 실존적 불안은 인지과학의 최근 발견이 우리의 도덕적 토대를 와해시키는 것으로 받아들이는 사람들 사이에 더 심화되고 있다. 정확한 것이지만 이들은 인지과학의 탐구가 우리의 위대한 보루처럼 받아들여져 왔던 생각, 즉 도덕적 추론이 자율적 사고의 초월적이고 합리적이고 숙고적이고 의식적이며 자유로운 작용이라는 생각을 무너뜨린다고 생각한다. 우리의 의도와 행위의 척도가 되는 초월적인 도덕적 질서라는 이상을 포기하는 것은 어려운 일이다. 그러나 도덕 판단 대부분의 무의식적 본성, 변화하는 경험의 특성, 도덕적 인지에서 느낌의 폭넓은 역할, 상상적인 도덕적 숙고의 형식화 불가능성에 대한 새로운 깨달음에 비추어 볼 때 그것이 우리가 해야 할 일이다.

그렇지만 인지과학이 인간성의 한 영상(예를 들어 초월적 합리성과 영원의 섬광을 지닌 작은 신)을 무너뜨렸다 하더라도 그것은 그 우상을 적어도 우리 삶에서 직면하는 문제들에 어느 정도 부합하는 인지적, 정서적, 상상적 원천을 지닌 도덕적 탐구자로서의 인간의 영상으로 대체했다. 그래서 우리는 도덕적 성장에서 진보에 관한 생각이 어떻게 가능한지를 드러낼 필요가 있다.

4. 키처의 '윤리적 기획'

내가 여기에서 서술하고 있는 것과 매우 유사한 시각에서 키처(P.

Kitcher)는『윤리적 기획』(*Ethical Project*)을 통해 인간의 도덕체계의 본성과 지속적 진화에 관한 실용주의적 자연주의의 해명을 전개하고 있다.[25] 키처는 맨 처음 인간의 도덕체계가 협력적으로 살아가면서 개인이나 공동체로서 번영하는 방식을 찾으려는 소집단에서 발생했다고 본다.『윤리적 기획』의 1부는 고대인들이 어떻게 초기 사회의 생존과 번영을 뒷받침해 준 이타적 집단행동의 형태를 발달시킬 수 있었는지에 관해 매우 통찰력 있고 설득력 있는 추론으로 구성되어 있다.

키처의 핵심적인 통합적 가설 중 하나는 우리의 조상들이 오늘날까지 이어져 온 '윤리적 기획'을 시작했으며, 인간 삶이 존속하는 한 미래에도 지속되리라는 것이다. 그것은 새롭게 나타나는 조건들의 요구에 따라 수정되어야 할 지속적인 도덕적 탐구의 기획이다. 이 기획의 핵심은 새롭게 발생한 도덕체계들이 충족하려는 기능들, 그리고 다양한 체계들이 얼마나 성공적으로 그 과제를 수행하는가를 결정하고 평가하는 일이다. 키처는 다음 구절에서 이 기능들에 관한 자신의 핵심적 주장을 명료하게 요약하고 있다.

실용주의적 자연주의는 윤리학의 본래적 기능에 대해 다음과 같이 주장한다. (1) 문제의 배경은 이타주의의 실패로 인한 사회적 불안정과 갈등에 있다. (2) 윤리학의 본래적 기능은 이타주의의 실패를 치유함으로써 사회적 조화를 증진하는 데 있다. (3) 윤리적 개척자들인 우리의 조상은 긴장되고 불안정한 사회적 삶의 곤경과 불편에 대처하면서 문제의 배경에 대한 불투명한 이해를 가졌다. (4) 우리는 문제의 배경에 대해 우리

---

25 Philip Kitcher, *The Ethical Project* (Cambridge, Mass.: Harvard Universisty Press, 2011) 참조.

의 조상들보다 더 많은 것을 알고 있으며, 치유해야 할 이타주의의 실패
에 대해 부분적이고 불완전한 진단을 제시할 수 있다. 즉 우리는 이 부분
적 특성규정의 관점에서 특정한 종류의 윤리체계의 성공을 이해할 수 있
다. (5) 심지어 본래적 기능과 관련해서도 우리가 가진 규약을 정교화하
는 기획은 지속된다.[26]

키처는 내가 이 책에서 전개하고 있는 형태의 도덕적 탐구의 지속
적 수행을 제안한다. 사회는 어떤 도덕체계가 어떤 유형의 기능들을
다루어야 하는지, 얼마나 다양한 문제들이 이해되어야 하는지, 무엇
이 수용 가능한 답 또는 도덕적 지침의 원천으로 간주되는지, 도덕적
진보에는 (만약 있다면) 어떤 기준이 있는지에 관한 도덕적 대화를
수행한다. 도덕적 기능이나 도덕적 문제로 간주되는 것조차도 감시와
재고의 대상이 된다는 점에 주목하라. 어떤 것도 확정적으로 정해지
지 않지만 우리 도덕체계의 어떤 층위는 매우 안정적이어서 사실상
'주어진 것'이 된다. 나는 여기에서 모든 도덕체계의 기능은 집단적
상호작용을 조정하고 가능한 한 충돌하는 가치들을 조화시키는 일이
라는 것과 같은 매우 기본적인 가정을 생각하고 있다. 이 기능을 어떻
게 가장 성공적으로 수행할 것인지에 대한 우리의 시각은 시대에 따
라 다르겠지만 이 특정한 기능을 충족시켜야 할 필요성은 도덕적 상
황의 본성 자체에 내재되어 있는 것으로 보인다.

여기에서 이루어지는 경쟁적 견해들 사이의 '대화'는 단순히 대화
자들이 말하는 단어의 문제가 아니다. 그것은 동시에 한 사회의 확립
된 실천이나 제도에 도전하는 개인이나 집단의 행위를 포함하기 때문

---

26   같은 책, p. 225.

이다. 바꾸어 말하면 '윤리적 기획'은 단지 끊임없는 대화나 논쟁, 주장의 문제가 아니다. 그것은 (언어적이든 비언어적이든) 다양한 행동의 양식들, 다양한 제도적 구조들, 다양한 삶의 전략들을 시도하는 실험적 과정이다. 그것은 삶에서의 현장적 실험으로 이루어진다. 예를 들어 홈스쿨링을 통해 탐색되는 현대의 실천은 삶의 방식에 대한 실험으로 간주하는 것이 적절해 보인다. 그것들은 그 자체로 신체화되고(embodied), 내재화되고(embedded), 행화된(enactive) 탐구의 형태들이며, 그것은 우리 자신이 식별하는 문제들을 다루는 방식들로서 특정한 실천을 지지하거나 반박하는 '논증'을 구성한다.

그렇다면 우리는 삶에서의 몇몇 실험들 중 어떤 것이 역사의 주어진 시점에서 선택되어야 하는지를 어떻게 결정하는가? 윤리적 진리라는 개념을 비켜서면서 키처는 대신에 우리가 도덕적 진보를 가능하게 해 주는 조건들에 초점을 맞추어야 한다고 주장한다. 충돌하는 두 가지 행위 규범에서 "이 주장과 반박들에서 드러나는 '객관적으로 더 나은' 개념을 지키기 위해서 우리는 윤리적 진리라는 개념을 필요로 하지 않는다. 어떤 종류의 변화가 진보적이거나 퇴보적인지를 인식하는 것으로 충분하다."[27] 그의 책의 후반부는 대부분 어떤 규범이 더 진보적인지에 대한 평가와 관련된 고려들을 서술하는 데 할애되고 있다.

진보에 대한 키처의 핵심적 기준의 하나는 개인이나 집단의 행위나 실천에 의해서 영향 받는 것으로서 싱어(P. Singer)가 '확장되는 범위'(expanding circle)라고 부르는 것을 넓히기 위한 지속적 노력이다. 노예재산제(chattel slavery)에 대한 변화하는 시각과 관련된 나의 간략한 언급에서 보았던 것처럼 노예제도의 폐지에 필수적인 것으로

---

27 같은 책, p. 210. (고딕은 키처의 강조.)

드러난 것은 바로 '도덕적 인격'(또는 심지어 '인간') 개념의 더 넓은 폭을 인정하는 것이었다. 유명한(또는 시각에 따라서는 악명 높은) 일이지만 싱어는 우리가 도덕적 인격성의 경계를 현재의 한계를 넘어서 최소한 수많은 인간 이외의 종들까지 확장해야 한다고 주장한다. 관련된 대화자와 영향 받는 집단의 범위가 언제 충분히 넓게 정해졌는지를 결정하는 알고리즘은 있을 수 없다. 그 경계가 어떻게 그어졌는지의 문제 자체가 지속적인 평가적/규범적 논쟁거리이기 때문이다. 전형적으로 우리가 과거에 간과하거나 배제했던 새로운 목소리를 포괄하는 지혜(또는 실패)를 깨닫게 되는 것은 사후적인 것 ― 우리가 경계를 확장했기 때문에 상황이 어떻게 변했는지에 관한 조망에 의해 판단된―이기 때문이다.

진보의 또 다른 중요한 척도는 한 체계가 변화하는 물질적 · 문화적 조건 때문에 생겨난 확장되고 변화된 일련의 욕구나 가치를 인식하고 대응할 수 있는가이다. 지속적으로 증가하는 삶의 복잡성은 우리의 선조들이 상상하지 못했던 새로운 가능성과 새로운 욕구(따라서 새로운 문제들)를 불러온다. 새로운 기술은 인간의 행동, 그리고 새로운 욕구와 가치의 새로운 가능성을 창출한다. 이러한 맥락에서 새로운 욕구/가능성/가치가 왜 생겨나는지, 왜 그것들은 과거 사람들의 숙고의 일부가 아니었는지, 또 우리는 이제 어떻게 이 새로운 욕구와 가치를 우리의 진화하는 도덕체계 안에서 동화시킬 수 있는지를 이해할 수 있는 규범이 더 진보적인 규범이다. 예를 들어 새로운 기술은 새로운 종류의 대상―지금까지 기대하지 않았던 가치나 욕구를 창출하는―을 창출할 수 있다.

내 의도에 따르면 이 논의의 귀결, 그리고 도덕적 진보를 평가하는 것에 대한 키처의 요구는 이것이다.

윤리적 기획은 무한히 진화한다. 진보는 우리나 우리 사회와 분리된 어떤 것을 발견함으로써 이루어지는 것이 아니라 지금까지 창발했던 윤리학의 기능들을 성취함으로서 이루어진다. 이 기획이 바로 사람들이 다른 사람들과 함께 수행하고 있는 어떤 것이다. 여기에는 어떤 전문가도 없다.[28]

매킨타이어(A. MacIntyre)가 『덕의 상실』 2판(1984)의 「후기」에서 주장하는 것처럼 한 전통이 다른 전통에 비해 우월하다는 것을 결정하기 위한 핵심적 국면은 우월하다(진보적이다)고 판정되는 전통이 다음 두 가지를 설명할 수 있다는 데 있다. (1) 왜 '열등한' 전통은 특정한 문제를 완전하게 인정하거나 해결하지 못하는가? (2) 대안적 전통은 어떻게 과거 전통에 내재하는 긴장을 해소하거나 해결하는가? 그렇지만 인간적 원천이나 지성, 창조성을 감안한다면, 우월하다고 판정된 어떤 도덕체계가 선행적 전통이 남겨 준 모든 문제를 해결할 것이라거나 그것이 그 자체로 스스로 해결할 수 없는 특유한 문제를 산출하지 않을 것이라는 가정은 있을 수 없다. 윤리적 기획이 항구적인 과제인 이유는 바로 이 때문이다.

경쟁적 도덕체계에 대한 이론적 반성의 수준으로 나아가는 경우, 진보를 평가하기 위해 사용해야 하는 유형의 필수적 이상화가 생겨날 것이다. 예를 들어 우리는 이용 가능한 자원, 직업, 개인적 관심을 추구할 기회 등에서 모두가 평등하게 대우받는 도덕체계나 제도에 대한 유토피아적 비전을 구성할 필요가 있다.

---

28 같은 책, pp. 285-86.

이 상태에서 각자의 인간은 좋은 삶, 즉 각자가 삶을 위한 수많은 가능성을 인식하고, 그 인식을 통해 제공된 기획을 자유롭게 선택하고, 사람들 속에서 다수의 계획이나 의도, 욕구를 실현하는 삶을 살아갈 진정한 기회를 갖는다.[29]

물론 이것은 실제 인간 삶에서 실현될 수 없는 극적인 이상화다. 그렇지만 우리는 흔히 그런 이상들을 상이한 도덕체계들이 그려진 이상의 다양한 국면에 얼마나 근접하는지, 얼마나 멀어지는지를 평가하는 한 방식으로 유용하게 사용할 수 있다.

도덕적 진보의 평가와 관련된 또 다른 매우 중요한 고려는 우리 대화자들 중 누가 더 낫거나 더 나쁜 체계나 규범의 논의 안에 있는지의 문제다. 초기 소규모 사회에서는 비교적 평등한 사람들이 당면한 문제의 본성, 도덕성이 수행하는 기능의 유형, 그 기능적 필요성을 충족하는 최선의 방식 등에 관해 직접 참여하는 것이 (추정컨대 극히 드물겠지만) 가능했을 수 있다. 그러나 인류 역사의 초기에 공동체 규모가 급속히 커지면서 그것은 완전히 불가능하게 되었다. 결과적으로 오늘날 우리는 도시, 주, 국가, 세계 차원은 말할 것도 없고 심지어 한 아파트, 한 단지, 이웃에 사는 사람들과도 이런 종류의 상호 참여를 거의 하지 않는다. 그래서 우리는 필연적으로 우리의 대화자를 이상화함으로써 마치 세계 시민의 대표집단에게 전하는 것처럼 윤리적 담론을 시뮬레이션해야만 한다. 우리는 "상호 참여라는 조건 아래서 행위의 규정에 관한 대화에 인류 전체가 참여했더라면 (합의를 위해서)

---

29   같은 책, p. 316.

사용하게 되었을 고려와 일련의 추론"[30]을 도입하는 대화를 시뮬레이션할 수밖에 없는 것이다.

물론 20세기 정치 이론에 완전한 문외한이라 하더라도 논증과 정당화의 본성에 관한 키처의 견해에는 롤스의 시각이 선명하다는 것을 알 수 있을 것이다. 거의 모든 비토대주의적인 사회 이론가들과 마찬가지로 키처는 실제 삶의 조건에 민감하게 대응한다. 또한 그는 가치나 원리의 절대적 토대에 대한 주장을 피하고, 현재 우리 상황의 조건들에 부합하는 도덕적, 사회적, 정치적 제도를 제안하는 방법을 제공하는 이론을 구성하는 하나의 과정으로서 롤스의 유명한 '반성적 평형' 개념의 한 변형을 사용한다. 물론 (나 또한 마찬가지이지만) 롤스가 원초적 조건—다양한 사회적, 정치적, 도덕적 실천과 제도의 가능성이 제안되고 평가되는—에 관해 제시하는 특정한 가정들을 모두 받아들여야 할 필요는 없다. 그러나 결정과 정당화 절차에 관한 롤스의 대체적 개념—어떤 가정도 절대적으로 보편화되거나 형이상학적 암반에 각인되는 것으로 간주되지 않는—을 받아들일 수는 있을 것이다. 좋은 도덕적 반성은 표준 이론의 어떤 측면에 대해서도 의문을 제기할 수 있어야 한다고 요구한다. 그것은 기초적인 윤리적 기능이 무엇인지, 우리가 고려해야 할 중요한 현상을 어떻게 포괄할 것인지, 다양한 행위나 실천의 가장 유망한 귀결은 무엇인지, 좋은 삶은 어디에 있는지 등을 포괄할 것이다.

요약하면, 인간성이 우리가 이 땅에서 숨 쉬고 있는 한 결코 벗어날 수 없는 지속적인 윤리적 기획에 의지하고 있다는 키처의 주장은 단적으로 진화하고 변화하는 존재—예기치 않은 새로운 창발적 조건들

---

30 같은 책, p. 340.

에 흔히 직면하는—로서 우리의 위상이 낮은 귀결이다. 우리가 결코 절대적 진리를 아는 것처럼 가장할 수 없기 때문에 어떤 일련의 가치나 원리, 실천이 다른 일련의 가치나 원리, 실천에 대해서 우선성을 갖는다는 어떤 주장도 합당한 것일 수 없다.

5. 도덕체계의 기술적-계보학적-규약론적 요소

윤리적 숙고를 지속적인 문제 해결의 복잡한 형태로 접근하는 것은 도덕성을 일련의 보편적인 정언적 원리나 본능, 덕, 도덕적 느낌에서 궁극적 근거를 찾는 전통적 틀로부터 벗어나는 일이다. 대안적인 자연주의적 접근은 인간의 평안이나 덕, 윤리적 원리의 형식들에 대한 경험적이고 실험적인 근거를 갖는 탐구로 이루어진다. 우리에게는 경험적 지식에 근거한 접근방식—가치와 원리들을 이해하고, 필요에 따라 그것들을 비판하고, 당면한 도덕적 문제를 해결하기 위한 방식으로서 대안적 시각을 상상할 수 있게 해 주는—이 필요하다. 그러한 접근방식은 우리가 '도덕적'이라고 부르는 가치와 원리, 숙고, 판단의 원천을 신이나 순수이성, 특유한 도덕 능력이 아니라 유기체-환경 상호작용 과정 안에서 찾을 것이다.

자연주의적 접근은 '순수한' '개념적' '선험적' 형태의 지식 또는 완전한 방법 등에 대한 주장을 벗어나서 현재 우리에게 주어진 지식의 모든 원천에 의지한다. 그것은 인간이 어떻게 특정한 행위나 상태에 가치를 부여하는지를 설명하고, 문화가 어떻게 각자의 특유한 도덕체계를 전개하는지를 탐색하고, 도덕적 상호작용의 새로운 형태를 상상하기 위해 생물학, 인류학, 신경과학, 심리학, 그리고 철학, 역사, 문학, 예술 등을 포함한다. 자연화된 이론은 상호문화적인 윤리적 원리들(또는 최소한 윤리적 성향)의 가능성을 부정할 이유는 없지만, 그것들의 근거를 소위 보편적인 인간의 능력이나 본능에서 찾아야 할 이유도 없다고 본다.

따라서 자연화된 경향은 도덕성의 탐구를 듀이가 경험적이고 실험적인 탐구라고 불렀던 것으로 간주한다.

> 그러나 도덕은 사실상 모든 주제들 중 가장 인간적인 주제다. 그것은 인간 본성에 가장 가까운 어떤 것이다. 그것은 근원적으로 경험적이며, 신학적이지도 형이상학적이지도 수학적이지도 않다. 그것이 인간 본성과 직접적으로 관련되기 때문에 생리학, 의학, 인류학, 심리학에서 인간의 마음과 몸에 관해 알 수 있는 모든 것은 도덕적 탐구와 관련된다.[31]

오늘날 우리는 듀이의 경험적 탐구 목록에 인지과학을 더하고 싶어 할 수도 있다. 그러나 그것이 도덕성 문제를 구체적이고 경험적으로 보아야 한다는 듀이의 논지를 바꿀 수는 없을 것이다. 도덕적 이상의 근거를 소위 보편적이고 절대적인 원천에서 찾는 대신에 우리는 우리와 같은 존재가 어떻게 현재와 같은 물리적, 대인관계적, 문화적 환경안에 살면서 현재와 같은 가치를 갖게 되었는지, 그 가치들을 우리의 지속적인 개인적·공동체적 경험을 통해 검증하는 것이 어떻게 가능한지를 물어야 한다.

플래너건(O. Flanagan)은 적절하게 자연화된 윤리학이 두 가지 요소를 갖추어야 한다고 제안하는데, 그것들은 모두 방대한 경험적 탐구의 도움을 받게 될 것이다. 첫 번째 요소는 기술적-계보학적-규약론

---

31 Dewey, *Human Nature and Conduct*, p. 204.

적 요소이며, 두 번째 요소는 규범적(normative) 요소다. 기술적-계
보학적-규약론적 요소는 호모 사피엔스의 기본적 성향에 대한 경험
적 탐구, 그리고 우리의 도덕적 행동과 제도의 역사에 근거하고 있다.
여기에서 중요한 것은 우리의 도덕적 가치와 실천(그리고 다른 문화
의 가치와 실천)의 근원과 발달을 이해하는 일이다. 그것은 다양한 인
간이 어떻게 윤리학이라는 영역을 정의하는지를 설명해 줄 것이다.[32]

  그러나 그 이해는 그러한 정의들을 엄밀하고, 형이상학적으로 주어
지며, 수정 불가능하며, 불변하는 것으로 간주하지 않을 것이다. 그것
은 우리 같은 존재가 현재와 같은 가치들을 발달시켰으며, 그 가치들
을 어떻게 이해하려고 하는지를 물을 것이다. 도덕적 가치의 원천에
대한 나의 탐구(2장), 도덕 판단의 직관적 과정에 대한 해명(3장), 그
리고 도덕적 숙고에 관한 나의 이론(4-5장)은 이 기술적-계보학적-
규약론적 요소에 중요하게 기여한다. 방금 살펴본 것처럼 키처의 『도
덕적 기획』의 1부와 2부는 지속적인 도덕적 기획의 기술적-계보학
적-규범적 차원에 대한 그의 해명을 제시하고 있다. 3부는 규범적인
것에 대한 그의 해명을 담고 있다.

  하인드(R. Hinde)의 『왜 좋음은 좋은가?』(*Why Good Is Good?*)는
자연주의적인 기술적-계보학적-규약론적 요소가 무엇을 포괄하는지
를 보여 주는 탁월한 표본이다. 그것은 인간 본성 일반에 대해 폭넓게

---

32 Richard Shweder and Edmund Bourne, "Does the Concept of the Person
    Vary Cross-Culturally?" in Richard Shweder and Robert LeVine, eds., *Cul-
    tural Theory* (Cambridge: Cambridge University Press, 1984); Shweder, et
    al, "Culture and Moral Development," in Jerome Kagan and Sharon Lamb,
    eds., *The Emergence of Morality in Young Children* (Chicago: University of
    Chicago Press, 1987); Jonathan Haidt, *The Righteous Mind: Why Good Peo-
    ple Are Divided by Politics and Religion* (New York: Pantheon, 2012) 참조.

공유된 신체적 능력, 정서적 요구, 심리적 특성, 그리고 정신 작용 ―
매우 일반적인 도덕원리들을 산출하는―을 토대로 건설된, 드러나게
설득력 있는 구도를 제시한다. 하인드는 몇몇 인간적 잠재력, 그리고
그것과 연관된 심리적 특성들을 제시하고, 이것들이 매우 일반적인
도덕원리들을 산출하며, 그것들은 다시 문화적으로 더 구체적인(따라
서 더 가변적이고 비-보편적인) 도덕 개념들―그러한 추상적 이상들
을 구체화해 주는―을 지탱해 준다고 주장한다.

　　모든 인간은 특정한 **잠재력**을 갖고 태어나는데, 그것은 경험된 환경과
　의 상호작용에서 심리적 **특성**들을 낳는다. ⋯ 심리적 특성들은 특정한 방
　식으로 행동하는 성향, 특정한 것들을 더 쉽게 배우는 경향 등을 포함한
　다. 그러한 성향의 사례는 친구에게 이기적으로 독단적이기보다는 우호
　적으로 행동하는 성향일 것이다. 경향의 사례는 사회에서 일반적으로 사
　용되는 언어를 배우는 능력일 것이다. ⋯
　　(거의) 모든 문화에서 생겨나는 몇몇 명백한 기본적인 도덕적 주제가
　도덕원리로 불린다. 부모는 자녀들을 돌봐야 한다는 것이 그 사례다. ⋯
　　도덕 개념들(그리고 가치들)은 행위의 더 구체적 지침이며, 그것들은
　(유대-기독교의 십계명처럼) 명시적이거나 개인의 행동에서처럼 암시적
　이다.[33]

가치의 초월적 원천과 절대적 도덕원리가 존재한다고 믿는 사람들
의 주장과 하인드가 제시하는 것과 같은 더 신중하며 경험적으로 안

---

[33] Robert Hinde, *Why Good Is Good: The Sources of Morality* (London: Rout-
　　ledge, 2002), pp. 12-13.

정된 서술 사이에서 드러나는 논조의 중요한 차이에 주목하라. 전자는 경험의 특유한 유형, 판단의 형식, 그리고 다음 장에서 살펴보겠지만 도덕 능력과 보편적 도덕 문법에 관해 이야기한다. 하인드는 성향, 경향, 특성, 그리고 '거의' 보편적인 일반 원리에 관해 이야기한다. 논조의 차이는 사소한 것처럼 보이지만 그것은 철학적으로 심중한 것이다. 그것은 가치나 원리의 초월적 원천에 대한 절대주의적 주장, 그리고 다른 한편으로 경향성과 일반적 성향에 대한 윤리적 자연주의자의 주장 사이의 기본적 차이를 드러낸다.

윤리적 자연주의자는 (유일한 것은 아니지만) 주로 인간의 요구, 인지적 능력, 정서, 가치, 판단, 사회적 상호작용에 대해서 인지과학이 밝혀낸 것들에 근거해서 도덕성의 형식이 가질 수 있는 제약을 인정한다. 이 제약 중 어떤 것은 우리 두뇌와 몸이 작용하는 방식에서 비롯되며, 어떤 것은 대인관계적 양육과 협력에 대한 요구에 근거하고 있으며, 어떤 것은 평안에 대한 해명에 근거하고 있으며, 어떤 것은 다양한 공동체적/문화적 관계와 실천에 의해 형성된다. 하인드는 이 다중적 접근을 명쾌하게 요약한다.

문화와 도덕은 모두 궁극적으로 물리적, 생물학적, 사회적 환경—진화적이고 역사적인 시간 안에서 인간이 경험하고, 또 개인이 일생을 통해서 경험한—과의 상호작용 안에서 자연적·문화적 선택에 의해 형성된 것으로 '인간 본성'에서 비롯된다. 여기에서 중요한 말은 '궁극적으로'이다. 여기에는 도덕 개념이 단순히 우리의 생물학적 천성 또는 우리 경험 안에 존재한다는 함축은 없다. 즉 둘 다 필수적이다. 따라서 도덕적 규범이 상호작용하는 사람들에 의해 구성되고, 유지되고, 전달되고 수정되며, 따라서 인간 본성(아래에서 논의되는 제한된 의미에서), 그리고 발달과정에서의 물리적, 심리적, 문화적 환경 안에서의 경험에 달려 있다고 주장할 수 있다. 이 논지가 받아들여진다면 초월적 원천에 대한 어떤 호소도 불필요한 것이 된다.[34]

하인드의 '인간 본성'은 고정된 본질이 아니라 진화해 온, 또 진화하는 특징적 필요, 능력, 성향들—우리가 도덕적 관심사라고 부르는 것을 산출한—의 다발이다. 심리학적으로 현실적인 자연주의적 도덕 이론은 가치의 초월적인 도덕적 원천이라는 가정 — 소위 도덕 능력, 기관, 본능 등으로 위장한 — 으로 퇴행하려는 유혹을 극복해야만 한다. 대신에 그것은 도덕성에 대한 기술적-계보학적-규약론적 해명의 근거를 모든 영역에서 주어지는 최선의 경험적 탐구에서 찾을 것이다.

6. 더 나은 것과 더 나쁜 것: 도덕체계의 규범적 요소

자연화된 도덕 이론의 두 번째 부분은 규범적 요소인데, 플래너건은 그것을 이렇게 설명한다.

〔규범적 요소는〕왜 어떤 규범—규범 선택을 규정하는 규범을 포함해서—이나 가치, 덕이 다른 것보다 더 나은지를 설명해 줄 것이다. … 규범적 요소는 어느 정도 추상적 수준에서 느낌, 삶, 그리고 도덕적 존재로서 우리가 열망하는 존립을 체계화하려고 할 수 있다. 그러나 그러한 체

---

34 같은 책, p. 13. (고딕은 원문의 강조.)

계화가 과연 좋은 발상인지는 실용주의적으로 평가될 것이다.[35]

플래너건의 도덕성 정의는 탈신화적이고 탈초월적이고 체험적이며, 특히 실험적이라는 점에서 듀이의 정의와 유사하다.

도덕은 정서와 마음, 행동의 습관으로 이루어진다. 도덕은 다음과 같은 의미에서 '규범적'이다. 도덕은 일상적 실천에서 '좋은' 또는 '탁월한' 실천의 추출로 이루어진다. 윤리학은 우리의 사태들을 어떻게 가장 좋게 정돈할 것인지, 어떻게 우리의 더 고결한 잠재력을 계발할 것인지 —이 또한 역사적 경험에 근거해서 판단된다—에 관한 역사적 경험에 근거한 지혜로 구성된다. 도덕적 습관, 지혜, 기술은 대부분 개인적 성장과 성취는 물론 원만한 대인관계를 가능하게 해 주는 '노하우'로 이루어진다. 윤리적 추론은 개인적으로든 대인관계적으로든 우리가 거주하는 생태적 영역 안에서의 실제적 삶을 조정하는 데 도움이 되기 위한 실천적 추론의 일종이다.[36]

도덕 능력이나 가치의 절대적 토대에 대한 주장을 거부하는, 도덕에 대한 실험적이고 체험적인 접근은 심리학적으로 타당하며, 역사적으로 조건화되고, 사회학적으로 폭넓은 해명을 약속한다. 그렇지만 자연화된 윤리학의 비절대주의적이며, 맥락 의존적인 특성은 어떤 사람들에게는 우려의 원천일 수밖에 없다. 이들은 보편적 원리나 가치

35 Flanagan, "Ethics Naturalized: Ethics as Human Ecology," in Larry May et al. eds., *Mind and Morals: Essays on Ethics and Cognitive Science* (Cambridge, Mass.: MIT Press, 1996), p. 21.
36 Flanagan, *The really Hard Problem*, p. 126.

가 없다면 우리가 도덕적, 사회적, 정치적 혼돈으로 빠져들 것이라고 믿기 때문이다. 이들은 초자연적 토대, 그리고 초월적이거나 보편적 이성의 토대는 포기했지만 (6장에서 살펴보려는 것처럼) 여전히 (두 뇌에 근거한) 생물학적 능력—이들이 도덕 능력(moral faculty), 도덕 기관(moral organ), 또는 도덕 문법(moral grammar)이라고 부르는 —에서 최소한의 토대를 탐색한다.

나는 궁극적인 도덕적 토대를 발견하려는 이 시도들의 동기가 상상 의 산물인 무제약적인 도덕적 상대주의에 대한 심층적 불안이라고 본 다. 실용주의적 자연주의자는 규범성의 문제에 정면으로 대처해야 한 다. 자연주의자로서 우리가 제안할 수 있는 것이 도덕체계의 본성과 원천에 대한 경험적으로 책임 있는 기술뿐이라면 우리는 어떻게 규범 적 지렛대를 확보할 수 있을까? 이 구도 안에서 규범적인 것은 어디 에서 오는 것일까?

플래너건과 윌리엄스(O. Flanagan and R. Williams)는 내가 직면 한 이 뿌리 깊은 물음에 대한 가장 훌륭한 답을 제시한다. 간단히 말 해 이들의 주장은 이렇다. 가치(그리고 '당위')는 사실 진술에서 추론 되지 않는다. 대신에 규범적 평가는 당면한 도덕적 문제를 어떤 가치 가 가장 잘 해결할 것인지에 관한 가설적 추론(abductive inference) 에 의존한다. 그것들은 투사된 행위 방향의 상상적 시뮬레이션 안에 서 시도하는 가설이 된다. 우리가 어떤 행위를 해야 하는가는 무엇이 합당한가의 문제이며, 합당성은 탐구자와 실천가 공동체 안에서만 그 공동체가 인정하는 기준이 주어질 때 결정될 수 있다. 우리는 종종 그 기준들에 대해 의문을 제기할 수 있지만 그것은 결코 신적인 절대적 관점에서가 아니다. 이들의 좀 더 상세한 주장은 이렇다.

1. 기술적인 사실 진술에서 어떤 행위를 해야 하는가에 관한 법칙을 추론할 수 없다는 흄의 주장은 옳은 것이다. 예를 들어 "당신은 아침을 먹어야 한다는 법칙은 당신이나 영양에 관한 어떤 사실로부터도 추론되지 않는다. 아침을 먹는다는 것이 좋은 생각인가? 물론이다. 당신이 건강에 좋은 아침을 먹어야 한다는 결론이 영양, 그리고 건강과 평안에 대한 당신의 욕구, 당신이 사랑하는 사람들의 욕구로부터 추론될 수 있는가? 아니다. 최소한 당신은 사람들이 자신들의 목표를 성취시켜 주는 어떤 것을 행해야 한다는 전제를 부가해야 할 것이다. 그러면 문제는 다시 반복된다. 이 당위(ought)는 어떻게 정당화할 것인가?"[37]

2. 삶에서 가장 중요한 일은 어떤 경우든 증명이나 연역적 논증에 민감하지 않는 일이다. 그래서 우리가 우리 삶에서 '당위'를 정당화하는 증명이나 합리적 연역을 필요로 한다는 환상을 극복해야 할 때다.

3. 어떤 행위를 해야 하는가에 대한 대부분의 추론은 귀납(즉 무엇이 성공적으로 작동했는가에 대한 과거 경험에 근거한) 추론이거나 가설(즉 우리에게 주어진 대안들 중에 최선의 설명을 위한 추론을 포함하는) 추론이다. 도덕적 결정은 문제 해결의 일종이며, 플래너건과 윌리엄스는 성공적인 문제 해결자(도시 계획자, 교량 건설자, 건축가 등) 공동체는 자신들이 직면한 문제들을 자신들 안에서 논의한다고 말한다. 그래서 그들은 가능한 해결책을 위한 탁월한 아이디어들을 찾으려고 하며, 자신들이 구성했던 이 조망된 목표들을 달성할 방식을 고안한다. 그들은 이런 종류의 규범적 주장을 근거짓기 위해 초월적 정

---

37   Owen Flanagan and Robert Williams, "What Does the Modularity of Morals Have to Do with Ethics?: Four Moral Sprouts Plus or Minus a Few," *Topics in Cognitive Science*, 2 (2010), pp. 442-43.

당화를 필요로 하지 않는다.

4. 그러한 문제 해결 논의에서 생겨나는 모든 '당위'는 참여자들이 수행하는 실천의 맥락 안에서 발생한다. 나아가 거기에는 어떤 기적도 없다. 이 참여자들은 자신들의 행위를 위한 자원, 지식, 기회의 제한성에 상대적인 '최선의 실천'을 찾기 위해 살아온 사람들이기 때문이다. 여기에서 핵심적인 것은 "그 '당위'가 (정상적으로) 도출되거나 추론된 것이 아니라는 점이다. '당위'는 신들린 사람만이 설명할 수 있는 방식으로 허공에 존재하는 것이 아니다. '당위'는 사실에 관한 명제, 그리고 선행적으로 확립된 가치와 '당위'에 관한 명제―모두 대화적 도전에 열려 있는―에 작용하는 전체론적 네트워크 안에서 추론된다. 목표도 수단도 추론되지 않는다."[38]

5. 결과적으로 목표와 '당위'에 관한 논의는 무엇이 합당한가에 관한 문제이며, 거기에는 합당성에 관한 어떤 절대적이거나 선험적인 기준도 없다. 합당성은 정당화와 마찬가지로 누가 누구에게 어떤 조건에서 이야기하는가에 달려 있다. 합당성은 공유된 가정과 가치를 발견하는 데 달려 있다. 합당성은 어떤 견해나 실천이 어떻게 세계 안에서 우리의 행위를 풍부하게 해 주고, 조화시키고, 해방시켜 주는지의 문제다. 듀이는 윤리학이 농업과 유사하다고 주장했는데, 여기에서 더 나은 또는 더 나쁜 실천은 장기적인 실천과 실험의 결과로 창발한다. 플래너건과 윌리엄스는 유사한 방식으로 윤리학이 공학과 유사하다고 주장한다. "목표를 구체화하라. 목표들이 정당하고 가치 있는 목적을 포함하는지에 관해 이야기하라. 수단을 구체화하고, 효용성, 대가 등의 관점에서 그것을 평가하라. 그리고 옳은 행위를 하라. 수단과 목표 등

38 같은 논문, p. 444.

모든 것은 대화적 도전에 열려 있다."[39]

특히 도덕적 문제와 관련해서 우리 대부분은 도덕적 가치나 원리, 덕에 관한 결정적이고 확정적인 논변이 있을 것이라고 믿고 싶어 한다. 그러나 우리는 '결정적이고 확정적인 것'을 구성하는 것이 우리가 참여하는 탐구자(또는 도덕 행위자) 공동체에 의존하고 있다는 너무나 자명한 사실을 결코 비켜설 수 없다. 나는 도덕성 문제에 관한 무어(G. E. Moore)의 통찰에 어떤 찬사도 보내고 싶지 않지만 적어도 "X는 좋다"라는 형태의 모든 문장에 대해 언제든지 "왜 X가 좋은가?"를 물을 수 있다는 지적은 옳다고 본다. 바꾸어 말하면 우리는 어떤 것이 왜 좋은가를 설명하는 방식으로는 결코 도덕적 결론을 향한 논증을 할 수는 없다는 것이다.

무어는 이 '열린 물음'(open question) 논증이 도덕 이론에 치명적일 수 있다고 보았다. 그는 그것이 좋음의 정의를 불가능하게 만든다고 믿었기 때문이다. 아주 잘못된 것이지만 그는 좋음이 정의 불가능한 비자연적 실재라고 결론지었다. 다행스럽게도 플래너건과 윌리엄스가 지적하는 것처럼 논증이나 증명, 확고한 정의는 우리가 도덕성 논의에서 다루는 문제가 아니다. 우리에게 주어진 것, 그리고 지금까지 알고 있었던 것은 우리의 가치와 제안된 목표(그리고 그것을 실현하기 위한 수단)의 합당성을 위한, 우리 대화자들의 공동체 안에서 우리가 수합한 최선의 논증일 뿐이다. 이 '논증들' 중의 일부는 명제적으로 진술되지 않으며, 오히려 사회적 질서, 인정된 실천, 인간 번영의 전망에 대한 다양한 실험의 체험적 결과 안에서 드러난다.

---

39   같은 곳.

플래너건은 규범성에 관해 유사한 논증을 편다. 그는 우리가 무조건적이고 절대적이며 가치중립적인 도덕 개념에 결코 이를 수 없다는 '내재주의적'(internalist) 곤경을 인정해야 한다고 말한다. 그렇지만 우리는 평안과 도덕적 진보에 대해, 결코 절대적이거나 항구적이지 않지만, 경쟁적 개념들의 상대적 장점을 평가할 수 있다.

인간 조건의 본성상 우리는 항상 모종의 내재적 곤경에 처해 있다. 그러나 규범적 평가와 조정은 반드시 좁고 불편한 의미에서 내재적으로만 발생하는 것은 아니다. 규범적 평가나 도덕적 진보는 불일치를 해결하거나 합의 없이도 관용적으로 살아가려는 결정을 위한 메타-규범의 변증법적 공간 안에서 나와야 한다. 이것은 내재적 곤경이 정도 차이를 허용하며, 우리가 다른 도덕적 개념을 포함하는 관점에서 폭넓게 성찰하는 정도에 따라 우리가 '외재적'—이 말이 갖는 중요한 의미에서—이 되리라는 것을 의미한다.[40]

좁은 반성적 평형과 넓은 반성적 평형은 합당성과 마찬가지로 절대적 기준들의 확정적인 집합에 의해 정의될 수 있는 개념이 아니다. 우리가 언제 충분히 확장되고 광범위한 관점에 이르게 되었는지에 대한 맥락 중립적인 결정은 있을 수 없다. 또한 기존 이론에 무엇이 문제인지, 또 무엇이 수정되어야 하는지를 결정해 주는 알고리즘도 있을 수 없다. 우리와 다르게 생각하는 사람들은 인간적 의미와 이해, 사고, 추론의 조건에 관해 우리가 알게 된 사실에 주목하지 않은 것이다(7장 참조). 결과적으로 넓은 평형과 좁은 평형은 항상 정도의 문제일

---

40 Flanagan, *The Really Hard Problem*, p. 138.

수밖에 없으며, 합당성은 특정한 탐구자 공동체의 실천과 가치에 의존하는, 맥락적으로 결정되는 개념이다.

그렇다면 도덕적 진보를 이해하는 열쇠는 우리가 '도덕적'이라고 부르는 실천이 사실상 농업이나 의학, 공학, 예술 같은 다른 형태의 복합적인 인간적 실천과 동등하다는 것을 인정하는 일이다. 이 모든 형태의 실천에서 우리는 오래된 것이든 새로운 것이든 대처를 요구하는 문제에 직면한다. 우리는 특정한 문제들에 대처하기 위해 도덕체계와 실천을 발전시켜 왔지만 비판적 시각과 창조적 탐구를 요구하는 새로운 문제들이 생겨난다. 모든 형태의 실천에는 목표, 수단, 가치, 그리고 제도가 있다.

이것들은 현재 우리의 실천이라는 맥락에서 주어진 것이거나 전제된 것일 수 있지만, 핵심적인 것은 내가 2장에서 주장했던 것처럼 보편적이거나 거의 보편에 가까운 가치들의 적절한 후보가 많다 하더라도 우리의 어떤 목표나 수단, 가치도 원리적으로 고정되거나 수정 불가능한 것은 아니라는 점이다. 따라서 문제 해결은 단순히 수단-목표 추론이 아니다. 대신에 목표들 자체, 그리고 그 목표들이 뒷받침해 주는 가치들은 엄밀한 검토와 가능한 재구성을 필요로 한다. 이처럼 '좋은 삶'이라는 기본적 개념은 우리의 도덕적 탐구의 핵심적 주제가 된다. 우리가 이 개념들을 평가할 수 있는 것은 우리가 영원한 진리를 향한 접점을 갖고 있기 때문이 아니라 단지 우리가 분석, 탐구, 창조적 문제 해결 능력을 갖고 있기 때문이다.

제6장

도덕 능력은 없다

나는 지난 30년 동안 도덕 이론에 극적이고 중요한 변화가 있었다고 주장했다. 그때와 지금의 주된 차이는 도덕 판단의 기원과 본성에 대해 자연화된 접근이 급속히 증가했다는 점이다.[1] 1970년대 대학원생일 때 내가 받은 교육을 되돌아보면 현저하게 다른 지형도가 떠오

---

1 이 장은 Mark Johnson, "There Is No Moral Faculty," *Philosophical Psychology*, 25-3 (2012): 409-32를 부분적으로 보완하고 삭제한 것이다. 도덕 본능 이론의 더 다차원적이고 완화된 버전은 "직관 윤리학, 즉 타인을 포함한 특정한 패턴이나 사건에 대한 승인과 불승인의 섬광을 느끼는 생득적 예비성"이 존재한다고 주장하는 하이트와 조지프의 '완화된 생득 이론'(modified nativist view)이다. Jonathan Haidt and Craig Joseph, "Intuitive Ethics: How Innately Prepared Intuitions Generate Culturally Variable Virtues," *Daedalus* (Fall 2004), p. 56. 하우서(M. Hauser)에게 단일한 능력이었던 것은 하이트와 조지프의 견해 안에서 4-5가지의 더 정교화된 도덕적 모듈─고통, 위계적 관계, 사람들 간의 상호성, 도덕적 순결 개념 등과 관련된 예측 가능한 판단과 반응 패턴을 산출하는 심층적인 인지적/정서적 구조─에 의해 대체된다. Haidt and Joseph, "Intuitive Ethics"; Haidt, *The Righteous Mind: Why Good People Are Divided by Politics and Religion* (New York: Pantheon, 2012) 참조. 이 견해에 흥미로운 점은 세계적으로, 또 역사적으로 도덕체계들에서 흔히 관찰되는 소수의 요소나 차원을 제시하는 방식이다. 그렇지만 아래에서 서술되는 이유들 때문에 우리는 모든 도덕적 모듈 개념에 대해 신중해야 한다.

른다. 나는 무어(G. E. Moore)에서 롤스(J. Rawls)에 이르는 윤리적
분석, 칸트 윤리학, 롤스와 그의 담론자들—노직(R. Nozick), 매킨타
이어(A. MacIntyre), 샌델(M. Sandel) 등—에 관한 두 과목, 그리고
특이하게도 영국 관념론 윤리학 과목을 수강했다. 그 과정에서 나는 다
른 과목들을 통해 아리스토텔레스, 아퀴나스(T. Aquinas), 흄(D.
Hume), 시즈윅(H. Sidgwick), 밀(J. S. Mill)의 도덕철학을 접하게
되었다. 그렇지만 전 과정을 통해 도덕 이론에 관련되는 경험적 고려
의 역할—'경험적'이라는 말이 실험적 탐구라는 중요한 역할을 포괄
하는 한—에 관한 언급은 찾아볼 수 없었다. 아리스토텔레스와 흄,
밀은 일종의 자연주의자로 간주될 수도 있지만, 우리는 이들이 자신
들의 이론적 근거를 자연과학에 두고 있다고 생각하도록 배우지는 않
았다. 자연주의에 대한 유일한 언급은 우리가 결코 '자연주의적 오
류'(naturalistic fallacy)를 범해서는 안 된다는 강력한 경고에서만 찾
아볼 수 있다.

경험적 고려를 무시하는 과거의 태도와 대비적으로 내가 최근 저술
을 할 때 책상 위에 내가 미처 다 읽을 수도 없을 만큼 많은 책들이 쌓
이는데, 그것들은 모두 저자들의 기본적 주장을 뒷받침하는 경험적이
고 실험적인 증거들을 제시하고 있다. 나는 이 급진적인 초점의 전환
이 두 가지 발전에 의지하고 있다고 본다. (1) 진화심리학은 도덕성의
동물적·인간적 기원에 초점을 맞추게 한다. (2) 인지신경과학은 우
리의 몸과 두뇌가 환경과의 상호작용을 통해 어떻게 도덕적 경험과
인지, 느낌, 판단, 추론을 가능하게 해 주는지에 주목하도록 이끌어
간다. 나는 이 변화가 매우 유망하고 매우 필요한 발전이라고 생각한
다. 그것은 인간의 본성과 동기, 숙고, 판단에 대한 과학적으로 정교
한 해명을 논의에 끌어들임으로써 미래의 도덕철학을 심층적으로 보

완해 줄 것이다.

그렇지만 도덕철학이 마음과 사고, 가치에 대한 경험적 탐구와 함께 공동 진화해야 한다는 확신에도 불구하고 나는 모든 자연주의적 윤리학을 모두 타당한 것으로 받아들일 수는 없다. 주된 문제는 경험적 탐구의 활용에 열광하는 사람들이 도덕적 인지에 관해 내 생각으로는 그들이 인용하는 자료와 연구에 의해 정당화될 수 없을 것으로 보이는 중요한 결론을 내리고 있다는 점이다. 최근 작업들 중에서 특히 우려되는 경향의 하나는 모든 '정상적' 인간이 도덕 능력(moral faculty), 도덕 본능(moral instinct), 또는 도덕 문법(moral grammar)—도덕적 옳고 그름에 대한 직관적 판단을 지탱해 주는—을 지니고 있다는 생각이 되살아나고 있다는 점이다. 하우서(M. Hauser)는 이 입장에서 가장 영향력 있는 최근 주장을 이렇게 정식화하고 있다.

도덕 판단은 무의식적인 과정, 우리와 타인의 행위의 원인과 결과를 평가하는 숨겨진 도덕 문법에 의해 매개된다. … 나는 본능—무의식적이고 자동적으로 옳고 그름의 판단을 산출하는, 모든 인간 정신의 진화된 능력—으로서의 도덕심리학에 주목함으로써 우리가 왜 어떤 행위나 결정의 일부가 항상 불공정하거나 허용 가능하거나 처벌해야 할 것으로 해석되는지, 또 왜 어떤 상황은 법률이나 종교, 교육을 통해 전승한 감수성에 직면해서 죄악으로 우리를 이끌어 가는지를 더 잘 이해할 수 있다는 것을 보이려고 한다.[2]

---

2 Marc Hauser, *Moral Minds: How Nature Designed Our Universal Sense of Right and Wrong* (New York: HaperCollins, 2006), p. 2.

도덕 본능 담론은 그것을 보편적인 도덕적 직관 개념을 보장해 주는 통로로 받아들이는 사람들에게 매력적인 것이다. 그들은 거의 모든 인간이 특정한 행위를 정확히 찬양하고 다른 행위는 정확히 비난한다고 보며, 그래서 그러한 판단이 보편적인 도덕 본능의 산물이라고 결론짓는다.

미하일(J. Mikhail) 또한 '보편적 도덕 문법'(universal moral grammar)을 제안했으며,[3] 도덕적 인지를 지탱하는 보편적 구조의 존재와 작용에 관해 논의하는 수많은 주요 저작들과 논문들이 있다. 내 분석과 비판은 일차적으로 하우서의 『도덕적 마음』(Moral Minds)에 초점을 맞추고 있다. 그것이 강하고 명료하고 섬세한 주장을 펴고 있으며, 오늘날 도덕 본능 이론의 가장 영향력 있는 버전—신중하게 대응해야 할 이유가 있는 책—의 하나이기 때문이다.[4] 멀론(R. Mallon) 또한 비판을 제기하고 있는데, 그것은 내가 여기에서 제안하는

---

3 John Mikhail, "Rawls' Linguistic Analogy: A Study of the 'Generative Grammar' Model of Moral Theory Described by John Rawls in 'A Theory of Justice'," Doctoral Dissertation, Cornell University (2000); "Universal Moral Grammar: Theory, Evidence and the Future," *Trends in Cognitive Science*, 11-4 (2007): 143-52; "The Poverty of the Moral Stimulus," in Walter Sinnott-Armstrong, ed., *Moral Psychology, Vol. 1: The Evolution of Morality: Adaptations and Innateness* (Cambridge, Mass.: MIT Press, 2008) 참조.

4 이 장이 근거하고 있는 논문은 하우서의 학문적 작업에 대한 물음들이 제기되기 이전에 발표된 것이다. 나는 그 논쟁에 대해 어떤 입장도 취하고 있지 않으며, 나아가 하우서에 대한 내 비판이 오늘날 유포되고 있는 일반적인 학술적 비판에 편승하는 것으로 간주되지 않았으면 한다. 반대로 나는 하우서의 『도덕적 마음』이 도덕 문법 시각에 대한 주요 서술이라고 보며, 그것이 도덕체계들이 보편적으로 공유하는 것으로 보이는 측면들을 어떻게 해명할 것인지에 관한 논쟁에 중요한 기여를 한다는 점에서 주목해야 할 이유가 있다고 본다. 더욱이 하우서의 책에서 내가 문제 제기를 하고 있는 부분은 일부 비판자들에 의해 문제가 제기된 어떤 실험적 작업에도 의존하고 있지 않다.

것과는 다른 노선을 따르고 있다.[5]

진화론적으로 발달된 도덕적 성향이라는 발상이 설득력이 있다 하더라도 나는 소위 도덕 능력이나 도덕 본능, 도덕 문법의 설정이 세 가지 기본적 측면에서 퇴행적 행보라고 본다. 첫째, 도덕 능력이라는 가정은 마음과 사고에 관한 적어도 최근의 몇몇 경험적 탐구와 상충된다. 둘째, 통문화적인(transcultural) 도덕적 가치나 원리처럼 보일 수도 있는 것을 설명하기 위해 그런 보편적 능력을 가정해야만 하는 것은 아니다. 셋째, 도덕 능력의 탐색은 인간의 도덕적 숙고의 실제 구조로부터 우리의 관심을 분산시킬 소지가 있다.

도덕 기관(moral organ) 또는 도덕 본능(moral instinct)을 설정하는 것은 과학적으로 반박된 18세기의 능력심리학(faculty psychology)—옳고 그른 행위를 정의하는 보편적 인지 구조라는 발상을 유지하려는—의 21세기적 부활을 대변한다. 그것은 자연주의적이며 과학적으로 근거지어진 접근을 포괄하려는 시도이지만, 동시에 어떤 가정

5　하우서의 도덕 능력 견해에 대한 멀론의 비판은 하우서가 전망하는 유형의 원리들의 모든 집합에 다중적인 신경적 구현이 있을 수 있다는 논변에 근거하고 있다. "간단히 말해 우리는 도덕 능력(수준 1)에 대한 정확하고 완전한 기술이 두뇌에 문자적으로 표상되고 도덕 판단(수준 2)을 산출하기 위한 계산에 사용된 단순한 도덕 원리들을 환기하며, 이 모든 것은 특정하고, 기능적으로 구분되는 두뇌 영역(수준 3)에 의해 특정한 방식으로 수행될 수도 있다고 상상해 볼 수 있다. 그렇지만 인지과학에 관한 이 논의에서 마찬가지로 익숙한 논점은 기술의 상위 수준에서 기능적으로 명시된 속성들은 상이한 하위적 수준 기제에 의해 실현될 수도 있다는 것이다. 따라서 우리가 도덕 능력(예를 들어 행위 평가)에 대한 특정한 작업을 기술할 수 있다는 사실만으로 그러한 기능을 구현하는 어떤 전문화된 계산적 능력(수준 2) 또는 두뇌 영역(수준 3)이 실제로 존재한다고 확신할 수 없다." Ron Mallon, "Reviving Rawls's Linguistic Analogy Inside and Out," in Walter Sinnott-Armstrong, ed., *Moral Psychology, Vol. 2: The Cognitive Science of Morality, Intuition, and Diversity* (Cambridge, Mass.: MIT Press, 2008), p. 150.

된 보편적 원천에서 우리 경험에 부과된 도덕적 통제나 지도라는 발
상으로 은밀히 회귀하려는 것이다. 듀이(J. Dewey)는 보편적 본능이
라는 가정에 핵심적 반론을 제기하고 있으며,[6] 인간 도덕성의 자연적
원천에 대해 그가 우리에게 가르쳐 준 것을 상기하는 것이 사려 깊은
일일 것이다.

요약하면, 도덕 능력의 가정에 대한 내 반론은 그러한 개념이 과학
적으로 의심스러우며, 자연주의적 관점에서 인간의 도덕적 평가하기
나 숙고를 이해하려는 우리의 시도를 후퇴시킨다는 것이다. 그것은
단지 우리가 도덕 본능을 가정할 필요가 없다는 것이라기보다는 그러
한 가정이 도덕적 덕이나 판단을 이해하려는 노력이라는 측면에서 비
생산적이라는 것이다. 나는 우리가 불필요하고 그릇된 도덕 본능 또
는 도덕 능력에 의지하지 않고서도 도덕성의 공유된 차원에 관한 하
우서(그리고 그 지지자들)의 가장 중요한, 경험적으로 지지되는 통찰
을 유지할 수 있다고 본다. 실제로 도덕체계들의 일부 공유된 차원들
이 존재하는 것으로 드러난다 하더라도 인간의 도덕성의 본성과 원천
에 대한 자연화된 관점은 도덕 판단에 대한 어떤 절대적 토대를 제안
하지 않음으로써 더 성공적으로 지지될 수 있다.[7]

---

6 John Dewey, *Human Nature and Conduct: The Middle Works, 1899-1924*,
Vol. 14, ed. Jo Ann Boydston (Carbondale, Ill.: Southern Illinois University
Press, 1922/1988) 참조.

7 Owen Flanagan and Robert Williams, "What Does the Modularity of Morals
Have to Do with Ethics?: Four Moral Sprouts Plus or Minus a Few," *Topics
in Cognitive Science*, 2 (2010): 430-53; Haidt, *The Righteous Mind* 참조.

1. 도덕적 지각과 촘스키적 문법성의 그릇된 유비

'도덕 문법' 이론에 대한 토대주의적 가정은 "언어와 도덕성 사이에, 특히 이 두 영역의 지식에 대한 우리의 본유적 능력을 포함해서, 심층적 유사성이 있을 수 있다"[8]는 것이다. 하우서의 해석은 촘스키(N. Chomsky)가 모든 자연언어에서 문법성의 토대를 이루는 통사 능력 ─일종의 '언어 본능' ─을 발견한 것으로 알려진 것처럼 문화 안에서 직관적 도덕 판단을 산출해 주는 모종의 정의 개념, 나아가 도덕적 지각('도덕 본능')이 있다는 롤스의 주장에 근거하고 있다. 잘 알려진 것처럼 롤스는 『정의론』에서 이 문법/도덕성 유비를 이렇게 서술하고 있다.

> 이제 우리는 우선 (나는 이 견해의 감정적 성격을 강조하려고 한다) 도덕철학을 우리의 도덕 능력을 기술하려는 시도로 간주할 수도 있다. …
>
> 여기에서 모국어 문장에서 사용하는 문법성의 지각을 기술하는 문제와 비교해 보는 것이 유용할 것이다. 이 경우 목표는 명료하게 표현된 원리─모국어 화자와 동일한 구분을 하는─에 따라 적형 문장을 인식하는 능력을 특징짓는 일이다. … 아마 도덕철학에서도 상황은 유사할 것이다.[9]

촘스키적 언어학에서 토대주의적 발상은 일상적인 모국어 화자가

---

8 Hauser, *Moral Minds*, p. 37.

9 John Rawls, *A Theory of Justice* (Cambridge, Mass: Harvard University Press, 1971), pp. 46-47.

본유적인 보편적 언어(통사) 능력을 지니고 있기 때문에 문법적으로 정확한 발화를 할 수 있으며, 자연언어에서의 표현에 대해 문법성 판단을 할 수 있다는 것이다. 마찬가지로 도덕적 맥락에서 상이한 문화의 사람들이 보편적 도덕 능력을 지니고 있기 때문에 동일한 도덕적 원리나 가치, 성향을 인식할 수 있다고 주장된다. 하우서는 이 도덕 능력을 기술하고 그것이 어떤 행위는 도덕적으로 허용 가능하며, 어떤 행위는 허용되지 않으며, 어떤 행위는 의무적인지에 관한 보편적 판단을 어떻게 산출하는지를 드러내려고 한다.

촘스키는 소리를 듣고 문자를 보는 것에 대한 경험적 일반화를 토대로 자연언어를 배울 수 없다고 주장한다. 그의 '자극의 빈곤'(poverty of the stimulus) 논변에는 두 가지 축이 있다. (1) 어린 아이가 소리 언어에서 듣는 것은 흔히 비문법적이며, 대부분 전체적인 문법적 발화의 단순한 부분들로 이루어져 있으며, 생략 문장 안에서의 시작, 중단, 차단, 변화 등이 분산되어 있다. (2) 사람들이 발화할 수 있는, 문법적으로 수용 가능한 문장들은 잠재적으로 무한하다. 심지어 평생 동안 누구도 그것들의 작은 일부 이상에 접근할 수 없다.

촘스키는 이 경험적 미결정성에 근거해서 모든 자연언어의 토대를 이루는 문법의 본유적인 보편적 원리가 존재하며, 그 원리들은 귀납적 일반화를 통해서 습득되는 것이 아니라고 추론한다. 그는 다른 동물이 아닌, 인간이 보유하는 본유적인 보편적 문법 능력이 존재하며, 심지어 그것이 화자나 청자가 전형적으로 모국어의 가장 기본적인 통사적 원리를 구사할 수 없는 경우에도 유능한 언어적 수행을 통해 구현된다고 결론짓는다. 자연언어계들 간의 문법적 차이는 심층적인 보편적 통사 구조의 가능한 변형으로 설명되어야 할 문제다.

하우서는 촘스키의 견해가 현대언어학 안에서 적절하게 확립되었

으며, 이와 유사한 것이 우리의 언어 능력에 대한 정확한 해명이라고
가정한다. 나아가 그는 가정된 언어/도덕성 유비에 근거해서 추정된
보편적인 문법적 원리가 존재하는 것처럼 보편적 도덕원리가 존재해
야 한다고 결론짓는다.

　이 세 가지 독립적인 관찰[폭넓은 도덕 판단에 관한]에 대한 내 설명은
모든 인간에게 **도덕 능력** ― 모든 개인이 무의식적이고 자동적으로 허용
가능하거나 의무적이거나 금지된 것을 규정하는 원리들의 관점에서 무
한히 다양한 행위들을 평가할 수 있게 해 주는 ― 이 주어져 있다는 것이
다.[10]

　모국어 화자의 언어 능력처럼 "성숙한 개인의 도덕 문법은 무의식
적으로 자신의 문화 안에서 무한한 폭의 허용 가능하고 의무적인 행
위들을 산출하고 이해하며, 위반을 했을 때 그것을 인지하며, 처벌되
어야 할 위반에 대한 직관을 산출할 수 있게 해 준다."[11]
　많은 사람들이 도덕 문법 모형(그리고 이에 상응하는 언어적 유비)
에 끌리는 이유는 만약 그것이 사실이라면 직관적 도덕 판단의 존재
에 대해 해명할 수 있을 것이라고 보기 때문이다. 앞서 살펴보았던 것
처럼 도덕적 사고에는 적어도 두 갈래의 경로가 있다는 데 대한 상당
한 증거가 있다. 그 하나는 무의식적이고 직관적인 인지 양상이 있으
며, 다른 하나는 의식적이고 합리적이며 반성적인 양상이다. 이 두 과
정에 대한 하우서의 압축적인 요약을 상기해 보자.

10　Hauser, *Moral Minds*, p. 36.
11　같은 책, p. 44.

앞선 논의에서 핵심적인 것은 직관과 의식적 추론이 상이한 계획 구조를 갖는다는 점이다. 직관은 신속하고 자동적이고 비자발적이며, 주의를 거의 요구하지 않으며, 발달 초기에 나타나며, 원리화된 추론이 없이도 주어지며, 흔히 대응 추론으로부터 면제된 것으로 보인다. 원리화된 추론은 느리고, 숙고적이고, 사변적이며, 상당한 주의를 요구하며, 신중하게 옹호되고 원리화된 반대 주장에 취약하다.[12]

앞 장들에서 살펴보았던 것처럼 대부분의 도덕 판단이 평가와 반응의 어느 정도 자동적 과정 안에서 의식 영역 아래에서 작동한다는 생각을 지탱해 주는 실험적 증거들의 체계가 증가하고 있다.[13] 이 이원궤도 개념의 중요한 함축은 철학자들이 전통적으로 도덕적 추론—즉 의식적, 반성적 분석과 숙고—의 핵으로 생각해 왔던 것이 사실상 대부분 사후적인 정당화적 반성 — 도덕 판단의 동기적 원천이 아닌 — 이라는 점이다. 3~5장에서 나는 왜 이것이 중요한 통찰인지를 설명했으며, 나아가 도덕적 인지에 관한 적절한 해명은 상상적인 드라마적 리허설(dramatic rehearsal)로서의 도덕적 숙고 과정 또한 포함해야 한다고 주장했다. 그렇지만 왜 하우서가 생각하는 것처럼 무의식적이고 직관적인 수준의 도덕 판단을 설명하는 유일한 길이 신속하고 무반성적 도덕 판단을 산출하는, 다소간 생득적인 도덕 능력이라고 생각하는가? 나는 도덕 본능을 설정하는 대신 우리가 패턴과 구조를 배움으로써 언어를 배운다는 인지언어학적 견해에서 빌려 온 대안적

12 같은 책, p. 31.
13 William Casebeer, *Natural Ethical Facts: Evolution, Connectionism, and Moral Cognition* (Cambridge. Mass.: MIT Press, 2003); Haidt and Joseph, "Intuitive Ethics"; Haidt, *The Righteous Mind* 참조.

해명을 제안한다.

　표면적으로는 언어/도덕성 유비가 많은 이론가들에게 매력적으로 보이는 부분은 엄격한 도덕적 통제가 작동하도록 해 주는 방식이다. 대부분 무의식적 수준에서 작동하는 것으로 가정된 인지적 구조가 존재하며, 그것은 특정한 행위의 도덕성에 대한 구체적 판단을 제공하는 것으로 가정된다. 바꾸어 말하면 우리 마음(그리고 두뇌)의 심층에 있는 원천으로부터 우리에게 부과된 명료한 제약이 존재한다는 것이다. 우리가 이 원리들을 만드는 것이 아니라 그것들이 무반성적 도덕 판단과 반성적으로 고려된 판단을 함께 산출할 때 그것들을 발견한다. 내가 앞에서 주장했던 것처럼 그것은 (전통적인 신학적 윤리학이 그렇듯이) 어떤 행위를 해야 하는지를 말해 주는 신도 아니며, (칸트의 합리주의 윤리학이 그렇듯이) 어떤 행위를 해야 하는지를 말해 주는 순수실천이성도 아니다. 그러나 그것은 어떤 행위를 해야 하고 어떤 행위를 하지 않아야 하는지를 말해 주는 어떤 것, 즉 우리가 통제할 수 없으며, 옳고 그름을 우리 안의 심층에서 부과해 주는 어떤 것이다.[14]

14　나는 도덕 능력 이론으로 되돌아가려는 심층적 동기가 극단적 형태의 도덕적 상대주의에 대응하려는 심층적 욕구라고 본다. 도덕 본능/능력 이론이 다른 어떤 것을 주장한다 하더라도 그것들은 모두 적어도 문화적 변이의 토대가 되는 어떤 보편자가 존재한다고 주장한다. 이 견해에 따르면 매우 추상적인 원리 문제라 하더라도 변이는 어딘가에서 멈추어야 하며, 적어도 어떤 것은 고정되고 최종적이어야 한다. 하우서 등은 '원리와 제한'(principles and parameters) 이론을 제시하는데, 이에 따르면 문화에 따라 상이하게 구체화될 수 있는 제한들을 포괄하는 원리들을 수반하는 보편적 원리가 존재한다는 것이다. 이런 방식으로 우리는 도덕적 실천과 가치, 원리에서 적절한 수준의 문화적 변이를 인정하면서도 축소된 보편성을 유지할 수 있다. 그래서 드와이어와 위브너, 하우서는 언어적 유비가 "도덕 능력의 핵에 자리 잡고 있는 불변의 보편적 원리 — 아마도 교차 문화적 변이를 산출할

2. 문법적 능력 또는 본능 개념의 문제점

하우서의 견해는 그가 자연언어의 토대인 문법적 능력과 문화적인 도덕체계의 토대인 도덕 능력 사이의 '언어적 유비'라고 부르는 것에 의존하고 있다.[15] 내가 언어적 의사소통과 도덕적 숙고나 판단을 비교하는 것이 유용하다는 사실을 부인하지 않는다는 점을 강조해 두고 싶다. 언어적 능력과 도덕 능력 사이에 중요한 유사성이 존재한다는 것은 너무나 명백하다. 여기에 다섯 가지 유사성이 있다. (1) 언어와 도덕성은 모두 인간적 번영 개념을 포함하는, 상호작용적, 의사소통적, 협력적 실천이다. (2) 그것들은 모두 학습되는 행동이다. (3) 그것들은 모두 공유된 인지적, 정서적 능력이다. 그 중 일부는 '보편적'이라고 부르는 것이 적절하며, 그것은 맥콜리(R. McCauley)가 '성숙적으로 자연적'(maturationally natural)이라고 부르는 것이다.[16] (4) 그것들은 모두 성공적 수행을 통제하는 제약을 포함한다. 그 일부는 우리 몸과 두뇌의 본성에서 비롯되며, 일부는 사회적·문화적 실천과 제도에서 비롯된다. (5) 그것들은 모두 복잡한 사회적 공간을 탐색하기 위한 것으로서 처칠랜드(P. M. Churchland)가 '학습의 기술'(skills of learning)이라고 부르는 것을 포함한다.[17]

수 있게 해 주는 제한을 수반하는—가 존재한다는 것을 추정하게 해 준다"고 주장한다. Susan Dwyer et al., "The Linguistic Analogy: Motivations, Results, and Speculations," *Topics in Cognitive Science*, 2 (2010), p. 501.

15 같은 논문 참조.

16 Robert McCauley, *Why Religion Is Natural and Science Is Not* (Oxford: Oxford University Press, 2011) 참조.

17 Paul Churchland, "Toward a Cognitive Neurobiology of the Moral Virtues," in his *Neurophilosophy at Work* (Cambridge: Cambridge University Press,

따라서 내 반론은 언어적 유비 자체에 대한 것이 아니다. 대신에 나는 하우서 스스로 그 유비의 '강한 버전'이라고 부르는 것에 문제제기를 하려는 것이며, 그것은 "50여 년 전에 특히 생성언어학자들이 선도했던 인지적 혁명의 출발 이래로 등장한, 마음과 인지 능력에 대한 탐구 방법에 대한 신뢰"[18]를 요구한다. 내가 문제 삼으려고 하는 것은 인지된 행동(언어적이든 윤리적이든)의 근거로서 생득적 본능 또는 능력에 대한 하우서의 강한 촘스키적(생성언어학적) 신뢰다.

내 주장은 특정한 언어적 현상과 도덕적 현상 사이의 구조적 유사성을 인정한다 하더라도, 각각의 영역(즉 언어와 도덕성)에서의 현상을 설명하기 위해 언어적 본능/능력이나 도덕 본능/능력을 가정해야 한다는 결론이 따라 나오지는 않는다는 것이다. 나는 '도덕 문법' 이론가들이 숨겨진 도덕 능력을 통해서만 설명되거나 또는 그것을 통해서 가장 잘 설명될 수 있다고 말하는 도덕적 현상이 생득적 본능을 가정하지 않는 자연주의적 접근에 의해 더 잘 설명될 수 있다고 제안할 것이다. 그래서 내가 문제 삼는 것은 언어적 유비 자체가 아니라 그 유비에 대한 하우서의 강한 촘스키적 해석이다.

하우서의 우선적이며 가장 치명적인 실수는 언어/도덕성 유비의 근거를 그릇된 촘스키적 언어관에 설정하고 있다는 점이다. 언어 이론의 구조에 관해 촘스키의 입장을 옳은 것으로 가정하는 것은 하우서뿐만이 아니다. 사실상 '도덕 문법'을 설정하는 거의 모든 사람이 그 근거를 언어 능력과 언어 수행에 관한 촘스키적 가정에 두고 있는 것으로 보인다.[19] 하우서 등은 자신들이 촘스키에게서 받아들인 것은

2007) 참조.

18 Dwyer, et al., "The Linguistic Analogy," p. 487.

19 Mikhail, "Universal Moral Grammar," *Trends in Cognitive Science*, 11

촘스키의 언어적 원리들의 특정한 세부사항이 아니라 생득적인 문법 능력을 설정하는 통사론의 구조 개념이라고 반복적으로 강조한다. 그래서 드와이어(S. Dwyer) 등은 "인간의 마음은 제한된 폭의 가능한 도덕체계를 제공하는 생물학적 기제를 포함하며, 환경은 이것을 근거로 특정한 도덕을 습득하는 데 주어진 문화적 가능성들을 선택한다"[20] 고 말한다.

나는 마치 우리가 언어를 설명하기 위해 생득적인 문법 능력을 가정해야 할 이유가 없는 것처럼 도덕성을 설명하기 위해 도덕 능력을 가정해야 할 이유가 없다고 주장할 것이다. 여기에서는 촘스키 언어학에 대해 상세하게 비판할 만한 여유가 없으며, 또 그것이 내 의도도 아니다. 내 의도는 사실상 생득적 언어(통사) 능력 — 문법성 판단을 산출하는 — 에 대한 서술을 요구하는 것으로서 촘스키의 언어 이론 개념에 문제를 제기하는 것이다. 왜냐하면 이것이 하우서가 도덕 판단을 설명하기 위해 제안하고 있는 기제이기 때문이다. 나는 적어도 한때 복음처럼 간주되었던 촘스키의 견해가 지난 40여 년 동안 어떻게 신랄한 비판에 직면했는지, 또 오늘날 언어 습득에 대해 경험적으로 지지되는 대안적 해명 — 생득적 언어 모듈 또는 언어 본능을 가정

(2007); Matthias Mahlmann and John Mikhail, "Cognitive Science, Ethics, and Law," *Epistemology and Ontology* (2005); Chandra Sripada, "Nativism and Moral Psychology: Three Models of the Innate Structure That Shapes the Content of Moral Norms," in Walter Sinnott-Armstrong, ed., *Moral Psychology, Vol. 1: The Evolution of Morality: Adaptations and Innateness* (Cambridge, Mass.: MIT Press, 2008); Gilbert Harman, "Using a Linguistic Analogy to Study Morality," in Walter Sinnott-Armstrong, ed., *Moral Psychology, Vol. 1: The Evolution of Morality: Adaptations and Innateness* (Cambridge, Mass.: MIT Press, 2008) 참조.
20 Dwyer, et al., "Linguistic Analogy," p. 492.

하지 않는—이 주어져 있다는 사실을 지적할 수 있다.

우선 주목해야 할 것은 촘스키의 견해가 통사론과 의미론, 화용론의 엄격한 구분에 의존하고 있다는 사실이다. 문법적 형식은 의미와 독립적이라고 주장되며, 의미는 다시 문장이 사용과 독립적이라고 주장된다. 순수한 언어 기관을 이해할 수 있는 유일한 길은 그것이 말해진 것의 의미(의미론), 또는 그 의미를 담고 있는 발화의 사용(화용론)에 영향 받지 않고 전적으로 문법적 형식(통사)을 산출하는 문제와 관련된 것으로 간주하는 것이라는 촘스키의 생각은 옳은 것이다. 순수한 형식이라는 생각은 통사론이 두뇌의 신경 모듈 안에서 구현되어야 한다는 가설로 이끌어 간다. 그 신경 모듈은 입력을 받아들이고 출력을 산출하지만 두뇌의 다른 영역들과의 관계에 의해 영향 받지 않는다는 점에서 어느 정도 자동적이다.

그렇지만 오늘날 인지신경과학에 의존하는 최근의 언어 이론들은 두뇌 모듈만으로는 인간의 언어를 설명할 수 없다고 주장한다. 언어는 재유입적인 신경적 사상(re-entrant neural mappings)을 통해 소통하는 수많은 피질과 피질하 영역들을 포함해서 두뇌의 여러 상호작용적 영역들 사이의 방대한 병렬 처리(parallel processing)를 요구한다는 것이다. 신경적 토대를 갖는 언어 처리의 계산주의적 모듈을 구성한 펠트만(J. Feldman)은 이렇게 말한다.

뇌과학과 행동과학의 최근 지식은 언어가 다른 모든 인간의 정신 능력과 마찬가지로 본성과 양육의 밀접한 상호작용을 포함한다는 것을 분명히 밝혀 준다. 우리는 빈 서판과 함께 태어나지 않았으며, 작은 범위 안의 가치들을 선택하는 법을 배우는 것만도 아니다. 또한 문법 또는 다른 능력의 자동적 모듈에 관해 이야기하는 것은 생물학적 근거가 없다. 두뇌는 명백하게 특화된 신경회로에 의존하고 있지만, 그것들은 광범위하게 상호작용하며 거의 대부분 중첩된 기능들을 갖는다. …

만약 언어가 신경 이론이 제안하는 것처럼 다른 정신 활동과 연속적이라면 특정한 진화적 적응이 언어만을 위해 특화되었는지를 묻는 것은 의미가 없다. 사고와 분리된 언어 같은 것은 존재하지 않는다.[21]

펠트만과 레이코프(G. Lakoff), 그리고 언어학적 방향성을 가진 많은 인지과학자들은 최근 신경언어 이론(neural theory of language)이라고 알려진 인지언어학의 분과를 열어 가고 있는데, 그것은 촘스키적 생득주의에 대응하는 경험적으로 근거지어진 대안의 하나다. 촘스키의 주장과는 정반대로 신경언어 이론 접근방식은 우리 몸과 두뇌, 환경, 관심, 가치, 실천의 본성 때문에 형식 또한 유의미하다고 주장한다. 즉 "문법은 본유적으로 언어의 형식, 의미, 사용과 연결되어 있다."[22] 펠트만은 자신이 전개하는 신경 이론과 같은 신체화된 언어 이론이 다음과 같은 기본 원리에 근거하고 있다고 제안한다.

1. 사고는 구조화된 신경 활동이다.
2. 언어는 사고와 경험으로부터 분리될 수 없다.[23]

나아가 나는 제3의 원리를 추가하려고 하는데, 나는 펠트만이 그것을 받아들일 것이라고 본다.

---

21 Jerome Feldman, *From Molecule to Metaphor: A Neural Theory of Language* (Cambridge, Mass.: MIT Press, 2006), p. 282.
22 같은 곳.
23 같은 책, p. 336.

3. 사고는 우리 몸과 두뇌, 그리고 우리가 지속적으로 상호작용하는 환
경에 의해 구성된다.

자연언어의 통사나 의미는 신경모듈만으로 설명될 수 없으며, 다차
원적이고 자주 변화하는 환경과의 접촉 안에서 활성화되는, 복잡하게
상호작용하는 감각적, 운동적, 정서적 체계를 포함해야 한다. 한 사례
를 인용하자면 신경언어 이론은 언어 습득이 구성 ─ 소리 언어와 문
자 언어에서 경험하는 반복적 패턴으로 그 안에 음운론적, 의미론적,
화용론적 차원이 뒤섞여 있다 ─ 에 대한 학습을 포함한다고 주장한
다. 소위 신체화된 구성 문법(embodied construction grammar)에서
구성은 언어적 형식과 의미의 짝짓기 ─ 몸과 두뇌, 그리고 그것들이
상호작용하는 환경의 본성에서 비롯되는, 밀접하게 연결된 도식들과
다른 인지적 구조들로 이루어지는 ─ 이다.[24] 또 앞의 두 장에서 보았
던 것처럼 개념적 의미는 감각 자극과 운동 자극을 포함한다.[25]
　여기에서 내 의도는 신경언어 이론을 상술하려는 것이 아니다. 내

---

24 Ronald Langacker, *Foundations of Cognitive Grammar 1-2* (Stanford, Cal.: Stanford University Press, 1987/1991); George Lakoff, *Women, Fire, and Dangerous Things: What Categories Reveal about the Mind* (Chicago: University of Chicago Press, 1987); Lakoff and Johnson, *Philosophy in the Flesh: The Embodied Mind and Its Challenge to Western Thought* (New York: Basic Books, 1999); Adele Goldberg, *Constructions: A Construction Grammar Approach to Argument Structure* (Chicago: University of Chicago Press, 1995); *Constructions at Work: The Nature of Generalizations in Language* (Oxford: Oxford University Press, 2006); Feldman, *From Molecule to Metaphor* 참조.

25 Benjamin Bergen, *Louder than Words: The New Science of How the Mind Makes Meaning* (New York: Basic Books, 2012) 참조.

의도는 단지 언어 습득에 관한 대안적인 비-촘스키적 언어 이론이 무엇을 포함하며, 또 그것이 어떻게 언어 기관을 설정하지 않는 방식으로 몸과 두뇌, 환경과 연결되어 있는지를 제안하려는 것이다. 나는 다음에 언어의 학습과 도덕체계의 점진적 습득 사이의 강한 유사성을 정확히 이해한다면, 그처럼 경험적 토대를 갖는, 언어 습득에 대한 비-생득적 해명이 도덕 능력에 대한 자연주의적 사고 모형 또한 제공할 수 있다고 제안할 것이다.

요약하면, 언어 처리에 관련된 모듈 체계가 명확하게 존재한다 하더라도 생득적 언어 능력을 가정하는 것은 언어를 설명하는 데 필수적인 것은 아니다. 따라서 내 주장은 우리의 직관적 도덕 판단을 설명하기 위해 생득적 도덕 능력을 가정하는 것 또한 필수적이지 않다는 것이다. 이제 그 이유를 살펴보자.

3. 하우서의 '도덕 능력' 개념은 무엇이 문제인가?

이 절에서 나의 핵심적 주장은 다음과 같이 간단히 요약될 수 있다. 도덕 능력은 이 개념의 어떤 중요한 의미에서도 존재하지 않는다. 내 주장의 형식 또한 간단하다. 하우서가 '도덕 기관'에 부여하는 몇몇 요소들에 대한 간략한 개관만으로도 (인지신경과학의 관점에서) 고유한 능력으로서 그런 기관이 존재하지 않는다는 것을 분명히 보여줄 수 있다. 고유한 도덕 능력과 약간이라도 비슷한 것이 존재하기 위해서는 복합적으로 상호작용하는 다기능적 체계들—직관적 도덕 판단에서 작동해야 하는 것으로서—이 존재해야 하는데, 단적으로 그것들이 너무나 많다는 것이다. 이 사실을 드러내기 위한 간단한 방법은 하우서가 말하는 '도덕 기관'이 그 자체로 완전한 인간이나 다름 없다고 말하는 것이다.

내가 하우서의 입장을 희화화하는 것이 아니라는 점을 분명히 드러 내기 위해 '도덕 기관'이라는 말의 의미에 대한 하우서 자신의 명시 적인 진술을 살펴보자.

1. 도덕 능력은 우리의 도덕 판단을 지도하는 일련의 원리들로 이루어져 있지만 우리가 어떻게 행위할 것인지를 엄격하게 결정해 주지 않는다. 그 원리들은 한 종의 특성으로서 보편적 도덕 문법을 구성해 준다.

2. 각각의 원리는 어떤 행위나 사건이 도덕적으로 허용 가능한지, 의무적 인지, 금지되는지에 관해 자동적이고 신속한 판단을 산출한다.

3. 원리들은 의식적 지각으로 접근할 수 없다.

4. 원리들은 감각 원천─상상되고 지각된 시야, 청각적 사건, 그리고 소리 언어, 기호 언어, 문자 언어를 포함한 모든 형태의 언어─으로부터 독립된 경험에 작동한다.

5. 보편적 도덕 문법의 원리들은 생득적이다.

6. 생득적 도덕체계의 습득은 신속하고 자동적이며, 훈련을 거의 또는 전 혀 요구하지 않는다. 생득적 도덕의 경험은 일련의 범위를 설정함으로 써 구체적인 도덕체계를 산출한다. …

7. 도덕 능력은 적절히 기능하기 위해 일부는 인간에게 고유한 것이며, 일부는 다른 종들과 공유하는 마음의 다른 능력들(언어, 시각, 기억, 주의, 정서, 믿음 등)과 접속되어야 한다.[26]

도덕 능력 개념이 왜 사실상 공허한지를 이해하기 위해서는 하우서

26　Hauser, *Moral Minds*, pp. 53-54.

가 이 가정된 능력을 구성한다고 말하는 가장 기본적인 요소들의 부분적 목록을 살펴보는 것으로 충분하다. 이 목록의 크기와 범위는 방대하며, 거기에 포함된 능력들은 단일하고 고유한 도덕 능력을 이루고 있지 않다. 우리의 도덕 능력이 대부분 과거와 현재, 미래의 행위에 향해져 있기 때문에 가정된 도덕 능력의 대부분이 행위, 행위자, 의도 등을 이해하고 평가하는 능력을 포함한다는 것은 놀라운 일이 아니다. 하우서의 목록은 적어도 다음과 같은 도덕 기관의 요소들을 포함하고 있다(괄호 안의 인용 면수는 하우서가 『도덕적 마음』에서 이것들을 좀 더 상세하고 다루고 있는 부분을 가리킨다).

1. 사건 구조와 사건의 논리를 이해하는 능력(171-78). 하우서는 우리가 어떤 것을 행위자의 인과성과 목표 지향성을 포함하는 하나의 행위(단순한 사건과 대비되는 것으로서)로 식별하는 다섯 가지 원리를 제시한다.

2. 서사적 자아 개념(182-87). 어떤 것을 행위로 규정하고 도덕적 책임을 부과하기 위해서는 행위자가 적어도 부분적으로 더 넓은 서사적 틀 안에서 통일된 자아 개념을 가져야 한다.

3. 감정이입 능력과 정서 체계의 작동(187-96). 우리는 타자를 상상하고 경험하며, 그들의 관점과 유사한 것을 취하고, 정서적으로 반응할 수 있어야 한다.

4. 혐오 반응(196-200). 가장 강한 도덕적 반응의 일부는 신체적인 혐오 반응에 근거하고 있다.[27]

---

27 Paul Rozin et al., "Disgust," in Michael Lewis and Jeannette Haviland-Jones, eds., *Handbook of Emotions* (New York: Guilford, 2008) 참조.

5. 성숙한 '마음 이론'에 대한 이해(200-206). 우리는 다른 사람들이 우리
   와 유사한, 그러나 동일하지 않은 정신적 상태와 관점, 느낌, 의도 등
   을 지닌 것으로 이해해야 한다.

6. 범주화 능력(208-14). 우리는 도덕원리의 적용 가능성을 이해하기 위
   해 행위자 유형, 행위의 유형, 상황의 유형 등을 인지할 수 있어야 한다.

7. 인내(214-19). 우리는 장기적인 만족이나 가치를 위해 즉각적인 욕구
   충족을 억제할 수 있어야 한다.

이는 도덕 판단에 필요한 체계나 능력 목록의 작은 일부일 뿐이다.
하우서 자신도 지각 능력이나 기억, 상상력 등 완전한 해명을 위해 추
가적 체계들이 필요하다는 것을 인정한다.

그렇지만 앞의 목록은 내 주장을 세우는 데 충분해 보인다. 내 주장
은 이렇다. 우리가 서술하는 것은 전체로서의 인간을 구성하는 상호 연
관된 능력들의 일부다. 이것은 대부분의 더 넓은 폭의 인지적 작용에 필
요한 능력들이며, 그것들은 어느 정도 기능적인 몸(다수의 상호의존적인
신체적 체계들로 이루어진) 안에서 작동하는 두뇌에 의존한다. 그 능력
들에는 정서적 유발성(valence)이 스며 있으며, 물리적, 대인관계적, 문
화적 환경과 불가분하게 상호 연관되어 있다. 이 방대한 상호연결과 환
경적 어포던스(affordances)를 특유한 도덕 능력이라고 부르는 것은
근거가 없으며, 유용하지도 않다.

처칠랜드(P. S. Churchland)는 유전학 이론과 인지신경과학에 의
존해서 일련의 확정적인 도덕 능력들을 갖는 '도덕 기관' 같은 것에
발생학적 근거가 있을 수도 있다는 발상을 반박한다. 하우서가 생득
적 도덕 기관을 설정하는 것은 그 능력들에 대한 특유한 발생학적 근
거를 요구할 것이다. 처칠랜드는 그 반대로 "진화의 과정―처음부터

재설계하는 것이 아니라 상황적으로 수정하는—을 감안할 때 거시적 수준의 기능적 범주 개념이 유전자나 유전자 산출물에 정확하게 대응할 것이라고 기대하기 어렵다"[28]고 주장한다. 그 근거는 "유전자와 행동의 관계는 그린스펀(R. Greenspan)이 지적하는 것처럼 일대일, 심지어 일대다의 관계가 아니다. 그것들은 다대다(many to many)의 관계다. … 대체적으로 단일한 유전자를 특정한 표현형(phenotype)에 연결하려는 전략은 유전자가 흔히 네트워크를 형성하며, 특정한 유전자가 종종 여러 기능에서 작용한다는 관찰에 의해 폐기되었다."[29] 유전자 대부분이 다수의 상이한 인지적 기능이나 행동과 관련된 다중적 네트워크에서 작용하기 때문에 하우서의 생득성 가설은 매우 미심쩍은 것이다.

그렇다면 기본적 교훈은 특정한 행동이 나타나는 것으로부터 그 행동을 뒷받침하는 두뇌 영역으로, 또 기능의 생득성으로 역추적해 가는 것은, 특히 비범한 학습자인 인간의 경우, 증거 측면에서 위험을 안은 모험이다. … 모든 행동의 생득 이론을 뒤흔드는 결정적 난점은 유전자, 그리고 유전자와 두뇌 회로와의 관계와 관련된 지지 증거가 결여된 상태에서 이론들은 반박에 의해 뒤흔들린다는 점이다.[30]

처칠랜드는 언젠가 완전히 보편적인 도덕적 주제나 원리, 행동이 존재한다는 것이 밝혀진다면(그녀는 그것에 대해 회의적이지만) 도

---

28   Patricia Churchland, *Braintrust: What Neuroscience Tells Us about Morality* (Princeton, N.J.: Princeton University Press, 2011), pp. 98-99.

29   같은 책, pp. 97-99.

30   같은 책, pp. 109, 116.

덕 기관이라는 발상은 하나의 가능한 설명이 될 수도 있을 것이라는 점을 인정한다. 그렇지만 특정한 종(種)의 도덕 능력만이 공유된 도덕 판단을 보장할 수 있다는 생각은 단적으로 잘못된 것이다. 그녀는 도덕적 추론이 복합적인 문제 해결의 형태로서 선재적인 인지적·정서적 능력을 결집한다는 것이 훨씬 더 신빙성 있는 설명일 수 있다고 제안한다. 바꾸어 말하면 이처럼 폭넓게 전개되는 행동은 "마찬가지로 매우 평범한 문제에 대한 매우 평범한 해결책일 수 있다."[31] 도덕 본능이나 도덕 능력을 발달시켰다는 생각보다는 지금까지 진화해 온 우리의 본성과 현재 우리가 처해 있는 환경을 감안할 때 '도덕적 문제'라고 부르는 종류의 문제들을 다루기 위해 다수의 선재하는 체계들을 결집한다는 생각이, 또 수만 년 동안 어느 정도 반복적으로 직면해 온 유형의 문제들(도덕적이든 다른 것이든)을 다루는 다양한 전략을 함양해 왔다는 생각이 훨씬 더 설득력이 있다.

다른 저명한 신경과학자들 또한 하우서가 제시하는 것과 유사한 도덕 능력 개념에 대해 유사한 반론을 제기한다. (앞서 제시했던 것처럼) 하우서가 도덕 판단에 필수적이라고 보는 능력들의 부분적 목록은 고유한, 심지어 특유한 기능적인 신경 다발이나 두뇌 영역에 적절하게 할당되지 않는다. 모든 신경과학자들이 동의하듯이 일상적 인지와 느낌의 방대한 병렬 처리는 능력이나 기관의 특유한 집합을 형성하지 않는다. 규칙은 배타적인 모듈이 아니라 다중적 두뇌 영역들의 상호연결이나 재유입 회로다. 오늘날 신경과학적 증거가 보여 주는 것은 모듈의 조합과 신경세포적 조합의 폭넓은 통합이다. 에델만(G. Edelman)은 이렇게 말한다.

---

31   같은 책, p. 107.

우리는 이제 이러한 유형의 [엄격하게 자율적인] 모듈 개념이 방어될
수 없다는 것을 알고 있다. 대안적 구도, 즉 두뇌가 하나의 전체로서만
작동한다는 구도[전체론적 견해] 또한 안전하게 확립된 것은 아니다. …
국지주의자(localizationist)와 전체론자 사이의 오랜 논쟁은 기능적으로
구획된 두뇌 영역들이 복잡하지만 통합된 방식으로 하나의 복합적 체계
로서 연결되어 있다는 사실에 주목하면 해소된다.[32]

두뇌의 기능적 구조를 탐구하는 터커(D. Tucker)는 두뇌 영역들의
방대한 연결을 주장하는데, 그 연결은 더 기능적으로 분화된 피질부
(cortical shell) 영역과 동기화나 정서와 연관된 중심 대뇌변연계(lim-
bic system)를 포함한다.

놀라울 정도로 복잡한 네트워크를 볼 수 있는데, 각각의 네트워크는
다른 네트워크 안에 자리 잡고 있으며, 각각의 네트워크는 매우 전형화
된 결합을 통해 인접한 네트워크와 연결되어 있다. …
중심부에는 상호연결의 촘촘한 그물로 된 다양한 요소들의 융합을 통
해 형성된, 가장 통합적인 표상들이 있을 것이다. … 의미는 신체적 중요
성들로 채워진 정보의 전체론적 틀 안에서 융합된 요소들을 수반함으로
써 풍부하고 심층적이다. 이 중심적인 신경심리학적 격자로부터 신피질
네트워크의 진행성 접합(progressive articulations)이 나온다. 끝으로 피
질부에는 가장 분화된 네트워크, 즉 감각피질 안의 가장 정교한 네트워
크 구조에서 내적으로 분화된 네트워크가 있다.[33]

---

32   Gerald Edelman, *Wider than the Sky: The Phenomenal Gift of Consciousness*
(New Haven, Conn.: Yale University Press, 2004), pp. 30-31.

33   Don Tucker, *Mind from Body: Experience from Neural Structure* (Oxford:

터커는 기능적 두뇌 구조의 구성에 근거하여 감각운동피질에 다소 간의 모듈적 구조들이 있지만 이 구조들이 대뇌변연계 핵 안의 영역들―경험을 더 전체론적이고 정서적이며 직관적인 방식으로 처리하는―과 연결되어 있다고 주장한다. 도덕 판단처럼 복잡한 모든 경우, 하우서가 열거하는 모든 체계들은 전형적으로 통합된 네트워크 안에서 공동으로 작용할 것이다. 더욱이 관련된 다중적 체계들은 도덕 판단을 특유하게 전담하지는 않을 것이다. 인간 이성에 대해 다마지오(A. Damasio)가 말했던 것은 도덕 판단 능력에도 마찬가지로 적용될 것이다.

인간 이성은 몇몇 두뇌 체계에 의존하고 있는데, 단일한 제어부(brain center)에 의존하는 것이 아니라 다양한 수준의 신경세포 조직 전체에 걸쳐 협력한다. 전전두피질(prefrontal cortices)에서 시상하부(hypothalamus)와 뇌간(brain stem)에 이르기까지 '상위' 제어부와 '하위' 제어부는 이성을 만드는 데 협력한다.

이성이라는 신경 체계의 하위 수준은 유기체의 생존에 필수적인 신체 기능과 함께 정서나 느낌의 처리를 조절하는 수준과 동일하다. 다시 이 하위 수준은 거의 모든 신체 기관과 직접적이고 상호적인 관계를 유지한다. 따라서 몸을 직접적으로 추론이나, 의사결정, 나아가 사회적 행동과 창조성을 산출하는 작동의 고리 안에 위치시킨다.[34]

도덕적 인지에 일차적 초점을 맞추고 있는 최근 저서에서 다마지오

Oxford University Press, 2007), pp. 179-80.

34 Antonio Damasio, *Descartes' Error: Emotion, Reason, and the Human Brain* (New York: G. P. Putnam's Sons, 1994), p. xiii.

는 상이한 수준의 인지 활동의 복합적인 상호작용에 관한 이 일반적 주장을 핵심적인 도덕 능력의 존재를 부정하는 데 명시적으로 적용하고 있다.

특이한 것은 아니지만 나는 윤리적 행동이 특정한 두뇌 체계의 작용에 의존하고 있다고 믿는다. 그러나 그 체계는 제어부가 아니다. 하나 또는 몇몇 개의 '도덕 제어부'(moral centers)가 존재하는 것은 아니다. 심지어 복내측 전전두피질(ventromedial prefrontal cortex)조차도 하나의 제어부로 받아들여져서는 안 된다. 더욱이 윤리적 행동을 지탱하는 체계는 아마도 배타적으로 윤리를 전담하지는 않을 것이다. 그것들은 생물학적 조절과 기억, 의사결정, 창조성을 전담한다. 윤리적 행동은 다른 활동들의 가장 경이롭고 유용한 부산물이다. 그러나 두뇌 안에 어떤 도덕 제어부, 심지어 그 자체로의 도덕체계도 찾아볼 수 없다.[35]

요약하면, 도덕 능력이라는 생각은 과학적으로 의심스러운 것이다. 그것은 마음, 사고, 언어, 가치, 행위에 관한 인지적으로 현실적인 모든 이론에서 폐기되어야 할, 계몽의 능력심리학의 과포장된 21세기적 유물이다. 능력심리학의 근원적 발상은 인간의 사고가 과학적, 도덕적, 기술적, 정치적, 미학적, 종교적 판단 등 인지적 판단의 구획된 유형의 집합으로 구분될 수 있다는 것이다. 이 각각의 판단 유형들은 감각, 이해, 이성, 상상력, 의지 등 이런저런 정신 능력의 구획된 활동에 의해 산출되는 것으로 가정된다.

---

35 Damasio, *Looking for Spinoza: Joy, Sorrow, and the Feeling Brain* (Orlando, Fla.: Harcourt, 2003), p. 165.

특정한 유형의 판단은 본성상 고유하고 특유하게 '도덕적'이라는 주장과 함께 자신의 책을 시작하는 하우서는 능력심리학의 토대적 가정—사고는 고유하고 자동적인 유형의 판단으로 이루어진다는—을 받아들이는 것으로 보인다. 그가 1장에서 구성했던 어린 소녀의 사례를 상기해 보자. 그녀의 아버지는 그녀가 친구를 때렸다는 데 대해 화를 내며, 그녀가 자신의 입에 모래를 넣었다는 데 대해 또 다시 화를 낸다. 하우서는 이렇게 묻는다. 소녀는 아버지의 첫 번째 (소녀가 친구를 때린 것에 대한) 반대가 성격상 도덕적인 한편, 두 번째 (모래를 입에 넣은 것에 대한) 반대가 단지 분별적(여기에서는 위생 문제)이라는 것을 어떻게 아는가? 하우서에 따르면 "어린아이의 정서가 어떻게 어떤 행위에 도덕적 의미를 부여하며, 다른 행위에는 어떻게 상식적 의미를 부여하는가?"[36]

이 물음은 하우서가 그랬던 것처럼 두 가지 상이하고 독립적인 의미(하나는 도덕적이며 다른 하나는 분별적인)가 그 소녀의 사례에서 작동하고 있다고 생각할 때에만 의미가 있다. 그러나 내가 앞서 주장했던 것처럼 왜 우리는 미학적 의미와 구별되며, 또 분별적 의미 등과도 다른 것으로서 자율적인 도덕적 의미가 존재한다고 생각해야 하는가? 우리 경험은 도덕적, 미학적, 종교적, 분별적, 기술적 유형—고유하고 독립적인 판단 유형을 요구하는—으로 미리 구획되어 주어지는 것이 아니다.[37] 여기에서 내 주장은 만약 우리가 미리 구획된 경험

---

36 Hauser, *Moral Minds*, p. 30.
37 앞서 1장에서의 내 주장을 반복하자면, 나는 사람들이 우리가 통상 구분하는 것 중에 어떤 상황이나 문제를 '도덕적'이라고, 어떤 것을 '정치적'이라고, 어떤 것을 '미학적'이라고, 어떤 것을 '과학적'이라고 부르는 일상적 관행을 거부하는 것이 아니다. 우리는 어떤 상황이 현저하게 인간의 평안과 행위의 책임 문제와 관련되

(또는 판단)이라는 생각을 포기하면 우리가 특유하게 도덕 판단이라고 생각하는 것의 바탕을 이루는 도덕 본능이나 도덕 능력이 존재할 것이라는 생각에 그처럼 끌리지는 않을 것이다.

여기에서 내가 하우서가 말하는 '도덕 능력'이 비교적 압축된 신경 모듈 또는 모듈의 다발이라고 제안함으로써 하우서의 견해를 부당하게 희화화했다고 주장하는 도덕 문법 옹호자를 상상해 볼 수 있다. 그 옹호자는 만약 하우서가 모종의 모듈 이론에 묶이지 않았다면 방대한 병렬의 특성을 띠는 인지 과정에 관한 내 모든 이야기가 논점을 벗어난 것으로 보일 수 있다고 주장할 수도 있다. 하우서는 가정된 도덕 능력을 협력하는 인지 능력들의 구체적 다발로 간주함으로써 마음이 갖는 고도의 복잡성과 다차원성을 포괄하려 할지도 모른다.

그런 응답에는 최소한 두 가지 난점이 있다. 첫째, 하우서의 다음 서술을 보면 그는 그런 방식의 능력들의 압축을 받아들이는 것으로 보이지 않는다. "우리의 도덕 능력이 가능한 도덕체계를 구성하는, 본유적으로 구체화되며 접근 불가능한 원리들로 구성된 보편적 도덕 문법에 의해 특징지어질 수 있다면 그것은 도덕 습득 장치, 다른 능력들로부터의 상대적 압축(relative encapsulation), 관련된 도덕적 자료가 특정한 범위를 설정하는 방식에 관한 구체적 실험으로 나아갈 수 있다."[38] 내 생각에 '상대적 압축'은 모듈 이야기로 보인다.

는 것으로 보일 때 그것을 '도덕적'이라고 부른다. 우리는 어떤 상황에서 느껴진 성질이나 의미에 일차적 관심을 갖게 될 때 그것을 '미학적'이라고 부른다. 그렇지만 경험은 구별된 유형으로 분류되어 주어지지 않으며, '도덕적 상황'이라고 불리는 모든 상황에는 흔히 미학적, 실천적, 기술적, 경제적, 종교적 차원이 뒤섞여 있다.

38 Marc Hauser et al., "Reviving Rawls's Linguistic Analogy: Operative Principles and the Causal Structure of Moral Actions," in Walter Sinnott-Arm-

두 번째 난점은 더 치명적인데, 그것이 내 비판의 핵이다. 만약 도덕적 모듈이 존재하지 않는다면 도덕 능력을 설정하는 것은 무슨 의미가 있는가? 여기에서 도덕 본능 이야기는 우리가 도덕 판단을 하는 데 작동해야 하는 고도로 복잡한 수많은 기능적 체계들을 가리키는 것 외에 어떤 중요한 역할을 할 수 있는가?[39] 만약 이 다수의 체계가 그 자체로 도덕적 인지에 전념하지 않고 상이한 맥락에서 다수의 상이한 기능들을 수행한다면 그것들이 어떻게 '능력'을 형성하는가? 플래너건(O. Flanagan)은 이렇게 지적한다.

　도덕심리학을 모듈화된 것으로 간주하려는 시도의 호소력에도 불구하고 도덕적 반응과 관련된 다양한 심리적 능력을 지나치게 분리되어 있고, 구획되어 있으며, 모듈적이라고 생각하는 데에서 난점이 생긴다. … 그것들[성향이나 능력들]의 경계가 자연적인 심리적 경계들에 의해 결정되는 것만큼이나 그런 것들에 대한 분석이 유용하다고 생각하는 사람들의 이해와 관련된 관심에 의해 결정되는 것도 가능하다. 더욱이 심리적 능력들 간의 구분이 어느 정도 자연적 구획에 근거하고 있든, 문제시되는 성향이나 능력들 대부분이 복잡한 방식으로 상호작용하며, 서로 침투적인 경계를 갖는다는 것은 여전히 사실이다.[40]

---

　strong, ed., *Moral Psychology, Vol. 2: The Cognitive Science of Morality: Intuition and Diversity* (Cambridge, Mass.: MIT Press, 2008), p. 125.

39　내 생각에 상호작용적인 기능적 체계들의 방대한 집합에 능력이라는 이름을 주었던 것이 정확히 하우서가 했던 것이다. 내가 읽기로 하우서의 가장 중요한 업적은 가정된 능력을 규명했다는 점이 아니라 온전하게 도덕적 인지를 위한 다수의 체계들을 구분하고 기술했다는 점이다.

40　Flanagan, *Varieties of Moral Personality: Ethics and Psychological Realism* (Cambridge, Mass.: Harvard University Press), 1991, p. 240.

플래너건 자신이 최근 도덕적 모듈의 한 버전을 주장했다는 지적이 있을 수 있다.[41] 그러나 이것은 위의 인용, 그리고 도덕 능력의 거부와 상충되지 않는다. 플래너건과 윌리엄스가 말하는 '도덕적 모듈'은 "특정한 사회·도덕적 경험에 대해 진화적으로 오래된, 신속하게 작동하는 자동적 반응"[42]을 의미하며, 이들은 그 사례로 하이트의 다섯 가지(지금은 여섯 가지) 도덕적 토대를 인용한다. 이들은 이 모든 모듈을 하나의 상위모듈로 환원하려는 하우서의 시도가 회의적이라고 주장한다. 내 의도는 다만 앞서 주장했던 것처럼 이것이 모든 도덕적 모듈 개념으로부터 고유하고 특유한 내용을 제거하게 될 것이라고 제안하려는 것이다. 그것은 지나치게 넓은 폭의 능력과 성향들—대부분 도덕 판단을 훨씬 넘어선 인지적 활동과 관련된—을 포괄해야 할 것이기 때문이다.

요약하면, 능력심리학은 서양철학만큼이나 오래된 것이며 계몽시대에 와서 인지에 대한 상당한 과학적 지식에 이르기 전에 소위 판단의 유형을 구분하고 그것들을 고유한 능력들의 작용으로 설명하기 위한 방법으로 특별한 주목을 받게 되었다. 그러나 오늘날 우리는 고유한 능력에 대한 가정을 파헤치고, 다양한 유기체의 존속에 필요한 유기적 체계들의 방대한 상호작용을 탐색하는 데 주목할 만한 진전을 이루었다. 능력 담론의 중요한 설명적 역할이 끝난 것이다.

4. 도덕 본능 또는 도덕 능력이라는 환상

여기에서 내가 주장하려는 것은 보편적 인간 행동으로 보이는 것을

41 Flanagan and Williams, "What Does the Modularity of Morals Have to Do with Ethics" 참조.
42 같은 논문, p. 430.

설명하기 위해 보편적 본능을 가정하려는 경향에 대한 듀이의 강력한 비판을 통해 이미 90여 년 전에 제기된 것이다. 듀이의 주장은 보편적 본능을 가정하는 것이 바로 나쁜 과학이라는 것이다. 본능 담론이 결정 요인들의 방대한 복잡성—맥락 안에서 변화하는—을 받아들이고, 그것들을 단일한 '본능' 또는 인과적 원천으로 환원하기 때문이다. 듀이는 우리가 서로에게 해악을 가하는 이유를 보편적인 공격 본능에 의해 설명하거나 타인을 돕는 것이 공감(또는 사랑이나 타인에 대한 존중)이라는 보편적 본능에서 비롯된다고 설명하는 것이 얼마나 큰 유혹인지를 인정하는 데에서 출발한다. 그러나 듀이는 나아가 다양한 인간 행동의 원천이나 '원인'이 복합적이고 다층적이며 뿌리 깊게 맥락 의존적이라고 주장한다. 심층적인 인간 '본능'을 가정하는 것은 이 모든 동기적 복잡성을 단일한 원인에 귀속시키려는 시도와 다르지 않다.

앞서 논의된 내용에도 불구하고 구체적 행위에서 일대일 대응방식으로 스스로를 드러내는, 확정적이고 독립적이며 근원적인 본능들이 존재한다는 주장이 있을 수 있다.

그 주장에 따르면 공포는 하나의 실재이며, 분노나 경쟁심, 타인을 지배하려는 욕망, 자기비하, 모정, 성욕, 사교성, 질투 등도 마찬가지이며, 그 결과로 각각에 부합하는 행위가 있다. 물론 그것들은 실재들이다. 흡입, 금속의 부식, 천둥과 번개, 공기보다 가벼운 비행체 등도 마찬가지로 실재들이다. 그러나 특별한 힘이라는 개념에 빠진 사람들이 그런 현상들을 해명하려고 하는 한 과학과 발명은 시작될 수 없다. …

탐구자들은 가정된 인과적 힘이 (복제물로 압축되어) 다양한 복합적 사건들을 형성하는 단순한 이름뿐이라는 사실을 깨닫고서야 현상들을 섬세한 세부사항들로 분석하고 또 상관관계들, 즉 다른 다양한 원초적 현상의 요소들 또한 탐색하기 시작했다.[43]

도덕적 인지에 적용해 보면 듀이의 주장의 핵심은 인과관계(물리적, 경제적, 사회적, 도덕적 인과관계를 포함한 모든 인과관계)는 상황의 복잡성을 소위 통합적 능력 또는 본능으로 환원하는 방식으로는 적절히 이해될 수 없다는 것이다. 또한 이런 종류의 환원주의는 실제로는 복합적인 기능적 체계들의 방대한 상호작용에 단일한 이름을 주는 것에 불과하다는 것이다. 예를 들어 듀이는 전쟁의 원인이 호전성이라는 어떤 보편적 본능—인간이 공유하는 것으로 가정된 원초적인 호전적 특성—으로 환원될 수 없다고 말한다. 호전성(또는 공격성)이라는 본능을 가정하는 것은 유용한 설명이 될 수 없다. 그런 환원주의는 특히 도덕성, 정치, 국제관계 영역에서 재앙—즉 전쟁, 그리고 더 큰 전쟁—을 낳을 뿐이다. 왜냐하면 그것은 인간 행동의 원인과 동기의 복잡성을 이해할 수 없기 때문이다. 전쟁의 원인이 모든 인간의 심성에 깊게 새겨진 호전적 본능 때문이라고 말하는 것은 사실상 아무것도 설명하지 못하며, 또 전향적 지침도 제시할 수 없다.

윌슨(E. Wilson)이 다양한 공격의 유형들—핵심적인 공격성 본능으로 환원될 수 없는—에 관해 이야기한 것은 다른 가정된 본능들에도 마찬가지로 적용될 것이다.

수많은 다른 형태의 행동이나 '본능'처럼 모든 종에 주어진 공격성도 실제로는 신경체계 안의 분리된 통제를 수반하는 상이한 반응들의 부정

---

[43]　Dewey, *Human Nature and Conduct*, p. 104.

확하게 정의된 집합이다. 적어도 다음과 같은 7가지 범주가 구분될 수 있다. 영역의 방어와 정복, 조직화된 집단 안에서의 지배 주장, 성적 공격, 젖떼기(weaning)를 위한 적대 행위, 먹이에 대한 공격, 약탈자에 대한 방어적 공격, 사회의 규범을 부과하는 데 사용되는 교훈적이고 규제적인 공격.[44]

그렇다 하더라도 어떻게, 그리고 왜 어떤 일이 일어나는지 이해하려고 한다면 우리는 경험 안에서 구분을 해야 하며, 패턴들을 인식해야 한다. 그러나 그러한 구분은 주어진 상황에서 작동하는 복합적인 실재들로부터의 선택적 추상일 뿐이다. 듀이는 이렇게 말한다.

　구분과 분류의 역할을 망각하는 경향, 그리고 그것들을 그 자체로 구분되는 사물로 받아들이는 경향은 과학적 특수주의라는 널리 유포된 오류다. 그것이 … 그릇된 추상주의(abstractionism)의 본질이다. 한때 물리학에서 성행했던 이러한 태도는 오늘날 인간 본성에 관한 이론화를 지배하고 있다. 인간은 하나하나 수량화되고, 분류되고 완전하게 서술될 수 있는 근원적인 본능들의 확정적 집합으로 분해된다.[45]

요약하면, 본능 담론과 능력 담론은 과도하게 추상적이어서 어떤 중요한 해명도 제시하지 못한다. 대신에 우리는 능력 담론을 버리고 내가 비판하고 있는 도덕 능력 이론가의 저술에서도 충분히 찾아볼 수 있는, 인간 인지에 관한 최선의 경험적 탐구에 초점을 맞추어야 한다.

44　Edward Wilson, *On Human Nature* (Cambridge, Mass.: Harvard University Press, 1978), pp. 101-102.

45　Dewey, *Human Nature and Conduct*, p. 92.

5. 보편적 도덕 문법의 빈곤한 증거

나는 도덕 본능을 지탱해 주는 것으로 가정된 도덕 본능이라는 발상
이 과학적으로 의심스럽다고 주장했다. 그것이 부적절한 이유는 본능
과 능력 담론이 부적절하기 때문이다. 이해할 만한 것이지만 도덕 문
법의 옹호자들은 자신들의 주장을 뒷받침하기 위해 관련된 경험적 증
거들을 수합하려고 한다. 따라서 나는 도덕 본능 주장을 지지하는 데
수합된 몇몇 증거들을 검토하려고 한다. 도덕 문법 이론가들은 대체
로 인간의 도덕 판단을 지탱해 주는 일련의 보편적(또는 유사 보편
적) 원리나 성향에 주목한다. 그들은 그것들을 이 보편자들을 산출하
는 도덕 능력에 귀속시킨다. 그 반대로 나는 설혹 소수의 보편적 성향
이나 가치, 원리들이 존재한다는 것이 밝혀진다 하더라도(나는 이에
대해 회의적이지만) 그 현상들은 도덕 문법을 설정하는 것과는 다른
방식에 의해 설명될 수 있다고 주장할 것이다.

　도덕 능력 주장을 뒷받침하는 데 흔히 사용되는 증거들이 있다. 미
하일은 보편적 도덕 문법을 뒷받침하는 것으로 주장되는 네 종류의
증거를 제시한다.[46] (1) 어린아이들도 정비된 법적 규범의 기초를 이
해하는 것으로 보인다. 어린아이들은 의도 문제의 관점에서 행위를
이해하는 법을 배우며, '도덕적' 문제와 '사회적 규약' 문제를 구분하
며, 그릇된 도덕적 믿음은 아니지만 그릇된 사실적 믿음은 변명될 수
도 있다는 것을 인식한다. (2) 모든 자연언어에는 '허용 가능한' '허용
되지 않는' '의무적인' 등 핵심적인 도덕적(의무적) 개념들에 대한 용
어가 있는 것으로 보인다. (3) 살인이나 강간, 선량한 사람에 대한 부

46　Mikhail, "Universal Moral Grammar" 참조.

당한 해악 등 특정한 행위에 대한 보편적인 초문화적 금지가 존재하는 것으로 보인다. (4) 특정한 두뇌 영역이 도덕적 숙고나 판단에서 활성화되는 것으로 보인다.

더 최근에 드와이어(S. Dwyer) 등은 언어 문법과 도덕 문법 사이의 언어적 유비를 지지하는 과학적 증거를 제시하려고 한다.[47] 이들은 세 가지 주요 유형의 증거를 인용한다. 그 첫 번째는 '트롤리 유형'(Trolley-type)의 도덕적 딜레마에서 온다. 여기에서 피실험자들은 어느 정도 해악을 피할 수가 없는 상황에서, 그리고 해악의 직·간접적 인과관계의 다양한 조건 아래서, 다른 사람 또는 집단의 해악과의 관계 속에서 한 사람 또는 집단에 대한 해악을 저울질해야 하는 경우에 결정을 하도록 요구받는다. 점차 더 많은 연구들이 이런 종류의 결정을 제어하는 교차 문화적 합의가 있을 수 있다고 제안한다. 그렇지만 흥미롭게도 저자들은 대단히 솔직하게도 이 결과들의 해석이 여전히 불투명하다는 점을 인정한다.

그 자료는 우리의 도덕 능력과 관련된 몇몇 복잡성을 부각해 준다. 도덕 판단은 원리화된 구분들(개인들 사이에)을 암시하는, 또 내용적 문제들과 독립된 패턴을 드러내지만, 다양한 요인들이 중요한 방식으로 상호 작용한다는 사실은 여전히 더 검토되어야 한다.[48]

두 번째 증거의 자료는 사람들이 해악의 규모를 어떻게 계산하는지에 관한 연구에 있다. 최근 연구는 크기의 계산에 관해 적어도 세 가

---

47   Dwyer, et al., "The Linguistic Analogy" 참조.

48   같은 논문, p. 497.

지 인지적 기제를 제시하고 있는데, 위브너와 밀러(N. Miller), 세예
드세엄도스트(H. Seyedsayamdost), 하우서의 미발표 연구는 사람들
이 대체로 공리주의적인 도덕적 계산에 그 세 가지 가능한 기제 중 하
나만을 사용한다는 사실을 지적한다. 사람들은 대부분 피해를 입은
사람들의 총수에 상관없이 어떤 행위가 피해자의 수에 비해 단 한 사
람이라도 더 구제되는 방식으로 치명적 위험이 변경될 수 있다면 허
용 가능하다고(또는 심지어 의무적이라고) 생각하는 것으로 보인다.
따라서 501명을 구하기 위해 500명을 죽이는 것은 허용 가능한 것으
로 판단될 것이다. 저자들은 "이 결과는 공리주의적 계산(utilitarian
calculation)이라는 맥락에서 도덕적 허용 가능성 판단은 열거(enu-
meration)를 위해 두 가지 핵심적인 비언어적 체계에 의해 수행되는
계수적 계산(numerical calculation)에는 거의 작용하지 않는다는 가
설을 지지해 준다."[49] 바꾸어 말하면 도덕적 해악의 계산에 근거한 도
덕 판단은 가능한 세 가지 주된 기제들 중 하나만을 사용한다는 것이
다. 그것은 오직 하나의 기제만이 해악의 도덕적 계산에 선택된다는
것을 시사한다.

위브너와 하우서의 미발표 자료에 근거하고 있는 세 번째 유형의
증거는 특정한 유형의 도덕적 추론이 맥락을 배제하는 효과를 드러낸
다고 제안한다. 사례나 예시의 제시 순서가 특정한 사례에 대한 판단
에 영향을 미칠 것이라고 자연스럽게 기대할 수 있지만, 위브너와 하
우서(미발표 자료)는 과연 사례 제시의 순서와 맥락이 고전적인 도전
적 딜레마—오늘날 많은 연구의 표준적 초점을 이루고 있는—에 관
한 사람들의 판단에 유의미한 영향을 미치는지를 조사했다. 이들은

---

49   같은 논문, p. 498.

그 순서가 상관이 없다는 사실을 발견했으며, "이 자료는 통속적인 도덕 판단—따라서 그것을 뒷받침하는 계산—이 총체적 영역의 자기 학습적 전략에서 드러나게 작용하지 않는다"[50]고 결론짓는다.

　나는 이 고유한 도덕 능력을 옹호하기 위해 언어적 유비('도덕 문법') 논쟁에서 거론된 모든 경험적 연구를 논의하지는 않을 것이다. 그렇지만 내가 앞에서 검토했던 일부가 그 대표적인 것들이며, 그것들은 이 실험적 결과의 어떤 것도 반드시 도덕 문법이라는 결론으로 이끌어 가지 않는다는 나의 논점을 세우는 데 충분해 보인다. 만약 도덕 능력 같은 것이 실제로 존재한다면 이러한 유형의 증거들을 설명해 줄 것이라는 점은 사실이다. 그 주장은 다음과 같이 될 것이다. 이 명백하게 보편적인 원리나 성향, 가치, 판단은 모든 정상적인 인간이 공유하는 도덕 능력이 작용한 결과일 수 있다. 내 반박은 거의 보편적인 원리나 능력, 인지적 기제, 가치의 증거에 대한 대안적 설명이 있다는 것이다. 따라서 도덕적 보편자가 존재한다는 것이 드러난다 하더라도 그 사실과 도덕 능력의 가정 사이에는 아무런 필연적 연관도 없다는 것이다. 다음에 주장하려는 것처럼 (1) 내가 검토했던 유형의 증거, (2) 그런 일반성이 어떻게 교차 문화적으로 발견되고, 개인 구성원들이 성인으로 성장하고 발달하는 과정에서 어떻게 그것을 습득하는지를 설명하는 다른 방식들이 있다.

6. 다른 '도덕 문법' 견해들

나는 내 비판의 초점을 강한 버전의 도덕 문법 이론에 맞추었다. 그것

50　같은 논문, p. 500.

은 도덕 능력에서 비롯되는 것이 보편적 도덕원리라고 주장한다. 약한 버전—보편적 원리만을 주장하지는 않는—은 내가 하우서에 대해 제기했던 비판으로부터 벗어날 수 있을 것이라는 주장이 있다. 그래서 최근 '보편적'이라는 개념이 무엇을 의미하는지에 일차적 초점을 맞추는 문헌들이 증가하고 있다. 예를 들어 스리파다(C. Sripada)는 무엇이 '생득적' 또는 '보편적'인 것으로 간주될 수 있는지에 관해 잘 알려진 세 가지 규정을 잘 요약하고 있다.[51]

(1) 단순 생득성 모형은 모든 문화에서 '정상적인' 성인이 보유하는 보편적인 도덕원리나 규칙이 있다고 주장한다. 스리파다는 다양한 문화 안에서 보편적 원리에 대한 강한 주장을 뒷받침하는 너무나 많은 예외들이 드러난다고 지적함으로써 이를 반박한다. 하먼(G. Harman)은 스리파다에게 답하면서 다수의 그러한 규범들이 존재한다는 것을 부정하는 것이 하나도 존재하지 않는다는 것을 의미하지는 않는다고 말한다.[52] 그렇지만 나는 하먼이 보편적 원리의 후보들을 열거하는 대목에서는 실제로 아무런 목록도 제시하지 않으며, 대신에 역사적으로 다양한 도덕철학자들이 도덕적 추론에 핵심적인 것으로서 이중효과 원리를 제시했다는 사실을 지적하는 데에서 멈추고 있다.

(2) 원리와 제한 모형은 상이한 문화적 조건에서 상이하게 규정될 수 있다는 제한을 포함하는 매우 일반적인 추상적 도덕원리가 존재한다고 제안한다. 예를 들어 우리는 특정하게 보호받는 집단 C의 구성원을 해치는 것에 대한 일반적 규칙을 상상해 볼 수 있다. 그러나 상이한 문화집단은 보호받는 집단 C의 구성원을 다르게 정의할 수 있으

---

51 Sripada, "Nativism and Moral Psychology" 참조.
52 Harman, "Using a Linguistic Analogy to Study Morality" 참조.

며, 따라서 누구에게 해악이 허용되며, 누구에게 해악이 금지되는지에 관해 문화들 사이에 불일치하는 금지를 낳을 수 있다. 이런 형태의 접근이 명백하게 의지하는 것은 변이가 어디에서 왜 발생하는지를 설명할 수 있으면서도 보편적 규범을 유지할 수 있는 가능성이다. 그래서 하우서 등은 "각각의 문화가 관련된 제한들을 수정함으로써 구체적 예외들을 설정하는 가운데 우리의 도덕 능력에는 일련의 보편적 원리들이 장착되어 있다"[53]고 주장한다.

스리파다는 이 두 번째 모형이 전형적으로 도덕원리라는 복잡한 학습 목표, 그리고 이 도덕원리들(그리고 제한들)을 배우게 되는 모든 사람에게 주어지는 실제 원천 사이에 생기는 것으로 생각되는 간극 문제의 해결책으로서 제시된다고 지적한다. 생득적 원리와 제한이라는 생각은 전형적으로 한 개인이 경험하는 '자료'가 칸트가 "천박한 머리들이 즐기는, 여기저기서 주워 모은 관찰들과 궤변적인 원리들의 구역질나는 잡동사니"[54]라고 부르는 것 이상일 수 없다는 점을 감안할 때 그 개인이 어떻게 성인의 도덕적 이해에 도달할 수 있는지에 대한 적절한 설명으로 제시된다. 스리파다는 이 모형이 자극의 빈곤이라는 문제에서 언어 문법과 도덕 문법 사이의 유비를 가정하고 있다고 비판한다. 스리파다의 반론의 핵심은 우리가 언어 학습 사례—우리가 직면하는 언어 수행과 우리가 드러내는 언어 능력 사이에 실제 간극이 있는—에서 발견한 것과는 반대로 도덕적 학습의 경우 우리가 일상에서 직면하는 것들과 성숙한 도덕 행위자가 드러낼 것으로

---

53 Hauser et al., "Reviving Rawls's Linguistic Analogy," p. 122.
54 Immanuel Kant, *Grounding for the Metaphysics of Morals*, trans. James Ellington, in Warner Wick, ed., *Ethical Philosophy* (Indianapolis, Ind.: Hackett, 1985/1983), 409절.

기대되는 이상적 능력 사이에 심각한 자극의 빈곤 간극이 존재하지
않는 것으로 보인다는 점이다.

　(3) 생득적 편향 모형(innate biases) 모형은 모든 인간이 특정한 생
득적 성향(혐오 반응과 같은) —특정한 상황에서 특정한 도덕적 규범
의 출현 가능성을 더 크게 만들어 주는— 을 갖는다는 것이다. 이 견
해에 따르면 보편적 도덕 기관은 일련의 생득적인 "선호, 기피, 정서,
그리고 개인 심리의 다른 요소들"[55]이 될 것이며, 그것은 그 사람에게
특정한 유형의 도덕원리들을 받아들이도록 유도한다. 이 모형에 따르
면 보편적인 것은 이 심리적 성향들인 한편, 일반 원리들(보편적일 수
도 보편적이지 않을 수도 있는)은 이 성향들의 결과일 가능성이 크다.

　따라서 스리파다는 인간 본성에서 무엇이 보편적인가에 관해 강한
견해와 약한 견해가 있다는 것을 보여 주며, 자신은 다양한 문화적 가
치와 실천에 관한 경험적 증거들과 더 조화로운 것으로서 가장 약한
(생득적 편향/도덕적 성향) 견해를 선택한다. 이것은 문화적으로 다
양한 도덕체계들에 대한 많은 연구에 의해 지지되는 합당한 견해다.
특정한 행동을 향한 어느 정도 보편적인 소수의 인간적 성향이 있다
는 데 대해 점차 증가하는 합의가 이루어지고 있다.[56] 이 성향들은 우
리의 진화적 역사를 통해 발생했으며, 따라서 오늘날 우리의 관점에
서 그것들은 특정한 가치나 사회적 질서를 승인하고 다른 것은 거부
하는 경향으로 나타난다. 그렇지만 보편성에 대한 모든 강한 주장에
대해서는 상당한 주의를 기울일 필요가 있다. 프린츠(J. Prinz)는 보

55　Sripada, "Nativism and Moral Psychology," p. 333.
56　Robert Hinde, *Why Good Is Good: The Sources of Morality* (London: Rout-
　　ledge, 2002); Flanagan and Williams, "What Does the Modularity of Morals
　　Have to Do with Ethics?"; Haidt, *The Righteous Mind* 참조.

편적 규칙 형태든, 보편적 도덕 영역이든, 심지어 도덕적 관심과 비도
덕적 관심의 보편적 구분이든, 생득적 도덕 구조에 대한 오늘날 널리
유포된 견해들에 대한 반대 증거를 탁월하게 정리했다.[57] 프린츠의 반
대 증거들은 과연 실질적인 도덕적 보편자가 실제로 존재하는가에 대
해 심각한 의구심을 불러일으킨다.

　그러나 논의의 편의를 위해 소수의 도덕적 성향이나 영역, 원리, 가
치의 외견적인 보편성을 인정한다 하더라도 이 가정으로부터 반드시
도덕 능력(도덕 문법을 수반하는)이 존재한다거나 도덕 능력만이 그
보편성을 설명할 수 있다는 주장이 따라 나오는 것은 아니다. 내 일관
된 주장은 보편적인 생득적 도덕 능력에 관해 설득력 있는 과학적 증
거가 없으며, 그런 능력을 반박하는 데에는 풍부한 증거가 있다는 것
이다. 더욱이 여전히 핵심적인 물음은 도덕 능력 개념에 의지하지 않
고 소위 일반적으로 공유된 편향의 발생과 전이, 추상적 규범, 구체적
원리 등을 설명할 수 있는가이다. 나는 그것이 가능하다고 주장할 것
이다.

7. 도덕 능력 없는 도덕

나는 앞서 도덕 능력이라는 발상이 역사적으로 경험과 판단이 고유한
유형―이론적, 기술적, 도덕적, 미학적 등―으로 차별화되어 주어지
며, 각각의 판단 유형은 고유한 능력들의 활동의 산물이라는 믿음과
연관되어 있다고 지적했다. 그래서 하우서는 고유한 도덕적 판단을

57　Jesse Prinz, "Is Morality Innate?" in Walter Sinnott-Armstrong, ed., *Moral
　　 Psychology, Vol.1: The Evolution of Morality: Adaptations and Innateness*
　　 (Cambridge, Mass.: MIT Press, 2008) 참조.

산출하는 고유한 도덕적 경험이 있으며, 그것은 도덕 능력의 작용에
서 비롯된 산물이라고 주장한다.

나는 우리가 고유한 도덕적 경험(가정된 연관된 판단 유형을 수반
하는)이라는 가정을 포기해야 한다고 주장했다. 우리의 경험이나 판
단은 결코 유형으로 분할되어 명확하게 미리 범주화되지 않기 때문이
다. 앞서 1장에서 주장했던 것처럼 전일적인 '도덕적' '정치적' '과학
적' '미학적' 경험이 존재하지 않는 것과 마찬가지로 전일적인 '종교
적' 경험도 존재하지 않는다. 대신에 그 이름들은 주어진 경험의 풍부
하고 두터운 다차원성의 양상들을 가리킨다. 종종 탐구 과정에서 우
리는 현재의 상황이나 관심, 가치에 비추어볼 때 하나의 선택된 국면
이 더 중요하다는 것을 알고, 이 때문에 그 차원에 전일적으로 초점을
맞출 수도 있다. 예를 들어 어떤 경험을 '도덕적'이라고 부르는 것은
그 귀결과 진행이 어느 정도 평안과 관련되어 있다는 사실을 부각하
는 특징적 방법이다. 그렇다 하더라도 모든 평안 경험의 진행에는 전
형적으로 미학적, 정치적, 기술적, 과학적 차원이 관련되어 있다. 상
황의 어떤 선택된 성질을 실체화하고 그 전체 상황을 그 추상적 성질
에 의해 정의하는 순간, 우리는 그 상황과 그에 따라 수행하게 되는
도덕적 판단의 복잡성이나 심층의 대부분을 간과하게 된다.

생득적인 도덕 기관에서 비롯되는 특유한 도덕적 판단을 요구하는
고유한 도덕적 상황이 존재한다는 믿음은 오래 전에 포기되었어야 한
다. 만약 상황이 '도덕적' 또는 '미학적' '기술적'이라고 미리 규정되
어 주어지는 것이 아니라면 고유한 도덕적 판단을 산출하는 어떤 생
득적 도덕 능력에 대한 탐색을 지속하려는 유혹은 훨씬 더 줄어들 것
이다.

나는 도덕을 복합적인 문제 해결의 한 형태—불확실하게 되고 사회

적 공간을 능숙하고, 유의미하고, 조화롭게 나아가는 것을 가로막게
된 상황의 재구성—로 보아야 한다고 주장했다. 그러면 우리는 하우
서 등이 (도덕 능력이나 도덕 문법에 대한 그릇된 관념 안에서) 제시
하는 이 모든 능력과 작용이 우리의 도덕적 공간을 절충하는 능력과
관련되는 것으로 인식할 수 있다. 나아가 그것들을 그 자체로, 즉 통
합된 도덕 기관으로서가 아니라 경험을 이해하고 문제 해결 형태의
탐구의 수행을 위한 인간의 능력과 성향들의 다발로 받아들일 수
있다.

역사적으로 세계의 다양한 문화가 특정한 일반적 가치들, 심지어
몇몇 매우 추상적인 원리들에 대한 편향을 드러낸다는 사실을 설명하
기 위해 도덕 능력을 설정해야 할 필요가 없다. 단일한 도덕 능력 대
신에 지구상의 도덕체계들을 특징짓는 몇몇 기본적 차원들이 존재하
는 것으로 보인다. 슈베더(R. Shweder) 등은 세 가지 주요 범주(자율
성, 공동체, 신성)를 드는 반면,[58] 하이트는 여섯 가지 범주(보살핌/해
악, 공정성/기만, 충성/배신, 권위/복종, 신성/타락, 자유/억압)를 든
다.[59] 도덕성의 이러한 차원들에 덧붙여 앞서 살펴보았던 것처럼 기본
적 덕과 다양한 가치의 다양한 범주들도 있다. 플래너건과 윌리엄스
(R. Williams)는 하이트가 말하는 도덕체계의 다섯 가지 차원을 '도
덕적 모듈'—진화적으로 형성되고 세계적으로 역사를 통해 나타나는
—이라고 부른다. 이들은 "도덕적 능력은 자율적이거나 상대적으로

58 Richard Shweder et al., "The 'Big Three' of Morality (Autonomy, Community, Divinity) and the 'Big Three' Explanations of Suffering," in Allan Brandt and Paul Rozin, eds., *Morality and Health* (New York: Routledge, 1997) 참조.

59 Haidt, *The Righteous Mind* 참조.

자율적인 사회·도덕적 능력들로 이루어져 있거나 그 능력들의 창발적 산물"[60]이라고 주장한다.

나는 '모듈'이 도덕체계의 이러한 차원들에 대한 최선의 이름이라고 생각하지 않는다. 내가 앞서 이야기했던 것처럼 나는 그러한 차원들이 실제 모듈을 구성하는 데 적절한 방식으로 축약되어 있다고 보지 않기 때문이다. 아무튼 내가 도덕체계들의 반복적 양상의 다양한 유형들에 대해 문제를 제기하고 있는 것은 아니라는 점을 분명히 해둘 필요가 있다. 나는 문화들 간에 나타나는 반복적인 차원들이 존재한다는 것을 인정하지만, 그것들을 설명하기 위해 고유한 본능, 기관, 심지어 고유한 모듈(축약을 가정하는 좁은 의미의)에 의지할 필요는 없다고 본다. 오히려 그것들은 인간이 특정한 능력이나 필요, 성향, 그리고 상호작용—전세계적으로 문화적 도덕체계들이 (종종 원리들의 해석에 문화적 변이가 존재한다 하더라도) 적어도 소수의 보편에 가까운 도덕적 관심과 가치, 원리를 받아들이는 것을 평이한 것으로 생각하게 해 주는—과 함께 진화해 왔다는 사실에서 비롯된 결과일 뿐이다.

끝으로, 앞서 이야기했던 것처럼 만약 하우서가 도덕 능력에 의지하는 것을 포기한다면 그가 정교하게 요약했던 경험적 연구의 대부분은 인간의 도덕적 경험이나 인지, 판단에 대해 신뢰할 만한 인지과학적 증거를 제시하는 한 자연화된 도덕 이론에 기여할 수 있을 것이다. 만약 촘스키적 생득주의 관점 대신에 의미와 언어에 대한 신체화된 구성 문법과 유사한 것을 받아들이는 조건이라면 우리는 심지어 언

---

60 Flanagan and Williams, "What Does the Modularity of Morals Have to Do with Ethics?" p. 431.

어/도덕 유비도 유지할 수도 있을 것이다. 앞서 살펴보았던 것처럼 신경 언어 이론에 따르면 사람들은 기본적 구성을, 그리고 형식의 그러한 반복적 패턴, 의미, 사용이 어떻게 다양한 맥락에서 결합되고 혼성되는지를 배움으로써 언어를 습득한다.

　도덕적 성장과의 유사성은 명백해 보인다. 우리는 공동체적 상호작용의 복잡한 사회·도덕적 공간 안에서 기술적 대응 전략을 배운다. 우리의 성장이 성공적이라면 무엇이 기본적인 도덕적 구성(가치, 목표, 덕, 실천, 제도 등)인지, 또 이 도덕적 공간 안에서 무엇이 비판이나 분석, 논증, 정당화의 적절한 형식인지를 배우게 될 것이다. 이것들에는 항구적이고 순수하며 근본적으로 초월적인 어떤 것—가치의 궁극적 근거인—도 없다. 대신에 현실은 매우 제한된 지식이라는 조건 아래에서 수행되는 끝없는 도덕적 탐구가 흔히 엄청난 부담과 혼란 속에서 이루어진다는 것이다. 그 경우 듀이가 통찰력 있게 지적하는 것처럼 도덕적 숙고는 절대적 규칙이나 보편적 원리를 식별하거나 따르는 문제라기보다는 예술을 창조하고 평가하는 문제에 가깝다. 나아가 보편적인 인간적 '예술 능력'(art faculty)이 존재하지 않는 것처럼 어떤 보편적인 '도덕 능력'도 존재하지 않으며, 우리는 그러한 능력을 필요로 하지도 않는다.

제7장

도덕적 근본주의는
부도덕하다

나는 도덕철학이 불러올 수 있는 가장 큰 잘못이 도덕적 근본주의(moral fundamentalism)라고 주장했다. 내가 말하는 도덕적 근본주의란 절대적인 동시에 보편적·토대적인 도덕적 진리에 직접적으로 도달할 수 있다는 믿음이다. 도덕적 근본주의는 전형적으로 다음과 같은 형태의 일부 또는 전부를 나타낸다. 즉 도덕적 근본주의는 우리가 절대적 도덕원리에 이를 수 있다고 가정하거나 좋음, 옳음, 덕 등에 관해 토대적인 도덕적 사실에 이를 수 있다고 가정한다. 근본주의가 잘못인 이유는 (1) 인간 경험의 관련된 복합성을 단순한 추상성으로 환원하려고 시도하며, (2) 해석에 대한 인간의 요구를 부정하며, (3) 도덕적 탐구를 차단하기 때문이다. 도덕적 숙고라는 차원에서 이 것은 우리가 할 수 있는 최악의 것들이다.

이 장에서 나는 먼저 왜 도덕적 근본주의가 마음의 작용에 관한 최선의 경험적인 과학적 탐구의 관점에서 볼 때 가망이 없는 것이며, 둘째, 왜 도덕적 근본주의가 부도덕한 것인지를 설명할 것이다. 내 요지는 앞 장에서 내가 도덕 본능 이론을 일종의 도덕적 근본주의라고 비판하면서 검토했던 형태의 이론적 퇴행을 반박하려는 것이다. 이 장에서 내 주장은 확실성에 대한 우리의 열망과 의심에 대한 회피—우리의 오류 가능성으로부터의 탈주—가 너무나 강렬하기 때문에 (그것이 과학적 관점에서나 도덕적 관점에서 무책임한 것이라 하더라도) 절대주의적 사고로의 퇴행을 거부하는 것이 극도로 어렵다는 것이다.

　나는 도덕 능력 (또는 도덕 본능) 이론이 성행하는 최근 현상을 통해 알 수 있듯이 오늘날 (일종의 토대주의적 유형의) 도덕적 실재론의 확산은 인식론적으로 불가능한 동시에 도덕적으로 무책임한 입장으로의 퇴행을 보여 준다고 주장할 것이다. 나는 절대적 도덕원리에 대한 믿음, 그리고 이와 연관된 것으로서 인간이 특유한 도덕적 사실의 토대에 이를 수 있다는 생각을 비판할 것이다.

1. 근본주의의 거부하기 어려운 유혹

내가 말하는 도덕적 근본주의란 보편적 강제성의 형식을 갖는 절대적이고 무조건적인 도덕법칙이나 절대적이고 토대적인 도덕적 사실이 존재한다는 견해다. 보편적이고 무조건적인 도덕법칙이라는 이상은 우리 세계의 궁극적인 질서와 도덕적 틀에 대한 인간의 뿌리 깊은 열망을 충족시켜 준다는 점에서 너무나 매력적이다. 누가 자신들의 도덕적 결정을 안정적으로 이끌어 줄 확고한 도덕적 진리를 얻으려고 하지 않겠는가? 도덕적 절대가 존재하며, 인간이 계시나 이성, 직관을 통해 그것을 파악할 수 있다는 믿음에 대해 누가 더 편안하게 느끼지 않겠는가?

　절대적이고 초월적인 도덕적 질서에 대한 우리의 열망은 인간의 심성 깊은 곳에 자리 잡고 있다. 「문화 체계로서의 종교」(Religion as a Cultural System)라는 논문에서 기어츠(C. Geertz)는 인류사를 통해

모든 문화에서 나타나는 거의 보편적인 종교체계를 안정적 의미와 질
서, 도덕성에 대한 인간의 기본적 요구에 대한 응답으로 설명하고 있
다. 그는 종교를 이렇게 정의한다.

(1) 상징의 체계로서 (2) 인간 안에 강력하고 편재적이며 지속적인 성
향과 동기를 확립하는 작용을 하는데 (3) 존재의 일반적 질서 개념을 정
식화하고 (4) 이 개념을 사실성의 그러한 광휘로 장식함으로써 (5) 그 성
향과 동기가 유일무이하게 실재적인 것으로 보이도록 만들어 준다.[1]

여기에서 내 초점은 종교 자체가 아니라 우리 인간이 이 세계 안의
모종의 질서, 즉 적어도 우리가 부분적으로나마 이해할 수 있는 질서
에 대한 원초적 욕구를 갖는다는 사실에 맞추어져 있다. 대부분의 사
람들을 완전히 만족시키기 위해 그 질서는 합리적이며 도덕적이어야
한다. 그렇지 않으면 우리는 머물 곳 없는 세계 안에서 길을 잃고 떠
도는 것처럼 느끼게 될 것이다. 기어츠는 사람들이 그 지배적 질서가
존재한다는 확신을 유지하기만 하면 그 질서에 대해 정확히 알아야 할
필요가 없다는 것을 발견했다. 그러나 사람들은 구성된 상징체계가
사물의 절대적 질서, 우리로 하여금 세상사에 대처하게 해 주는 질서
에 이르게 해 줄 수 없다는 생각을 견디지 못한다.

우리가 가장 받아들이기 힘든 것은 우리 개념화의 능력에 대한 위협,
즉 우리가 상징을 창조하고 파악하고 사용하는 능력이 무화될 수 있다는

---

1 Clifford Geertz, "Religion as a Cultural System," in Michael Banton, ed.,
   Anthropological Approaches to the Study of Religion (London : Tavistock,
   1966), p. 4.

위협이다. 만약 그렇게 된다면 내가 앞서 지적했던 것처럼 우리는 비버들보다도 더 무기력하게 될 것이기 때문이다. 인간의 생득적인(유전적으로 짜여진) 반응 능력의 극단적인 일반성이나 분산, 변이가 의미하는 것은 문화적 패턴의 도움 없이는 인간이 기능적으로 불완전하며, 단지 재능 있는 원숭이—마치 소외된 어린아이처럼 불운하게도 자신의 충만한 잠재력의 실현이 저해된—가 아니라 방향 감각도 없고 자기제어 능력도 없는 무정형의 괴물, 즉 발작적인 충동과 불분명한 감정들의 혼돈이라는 것이다.[2]

기어츠가 멋지게 포착하고 있는 것은 우리가 진리와 옳음으로 이끌어 가는 데 필요한 상징적 자원이 없이, 즉 사물의 질서를 식별하고 그 인식된 질서에 따라 우리 자신을 조정해 줄 상징적 능력이 없이 우주 안에 던져져 떠돌 수 있다는 인간의 뿌리 깊은 불안이다.[3] 우리의 일차적 관심사는 단지 우주적인 존재론적 질서—그 안에서 우리 자신의 위치를 찾는—에 대한 열망이 아니라, 특히 지배적인 도덕적 질서—준수했을 때 궁극적으로 (현세에서가 아니라면 물론 내세에서라도) 정의와 온당한 행복으로 이끌어 줄 옳은 행위의 원리에 의해 지배되는 우주 개념—에 대한 심오한 열망이다.

---

2 같은 논문, p. 13.
3 맥콜리(R. McCauley)는 종교에 대한 거의 보편적인 의존의 한 국면은 종교가 특징적으로 행위성(agency), 지향성, 목적성 개념에 의존하는 형태의 설명 방식을 사용한다는 점이라고 주장한다. 이 설명의 형태들은 직관적으로 대부분의 사람들에게 설득력이 있어 보이는데, 그 이유는 인간의 행위성이 일어난 사건들에 대해 설명하는 데 맨 처음 익히는 양식이기 때문이다. 지향적이고 지성적인 합리적 존재의 행위성의 결과로서 사건들이 일어나는 세계는 우리에게 이해 가능한 인과성의 원형이 된다.

프로이트(S. Freud)는 도덕적 질서에 대한 이 인간적 열망을 사랑
을 통한 보호와 궁극적 정의에 대한 어린아이의(나아가 후일 어른이
된 그 어린아이의) 심층적인 심리적 욕구로 환원하고 있다.

우리가 이미 알고 있듯이 유년기에 무기력에 대한 두려운 인상이 아버
지가 제공하는 보호—사랑을 통한 보호—에 대한 욕구를 불러일으키
며, 이 무기력이 평생 동안 지속된다는 인식 때문에 아버지의 존재에 대
한 집착은 필수적인 것이 되며, 나아가 더 강력한 것이 된다. 따라서 신
적 섭리의 관대한 지배는 삶의 위험에 대한 두려움을 달래 준다. 즉 도덕
적 세계 질서의 확립은 정의에 대한 요구의 성취—인간 문명 안에서 흔
히 미완으로 남아 있는—를 보장해 준다. 미래의 삶에서 현세적 존립을
연장하는 것은 이 열망의 성취가 생겨나는 부분적이고 일시적인 틀을 제
공한다.[4]

나는 여기에서 종교적 신앙에 대한 프로이트의 가혹한 시각이 아니
라 도덕적 세계 질서에 대한 인간적 욕구의 강력한 심리적 힘에 대한
그의 통찰에 주목한다. 도덕법칙 견해를 그처럼 설득력 있게 만들어
주는 것은 바로 도덕적 절대에 대한 그러한 욕구다. 그것들은 전지전
능한 도덕적 권위(신), 즉 보편적 이성(칸트에서처럼)의 형태를 띤 대
리적인 도덕적 권위를 우리에게 제공한다고 주장하거나 또는 도덕적
명령을 내리는 인격으로서의 사회라는 은유적 개념을 제공하기 때문

---

4 Sigmund Freud, *The Future of an Illusion*, in *The Standard Edition of the Complete Psychological Works of Sigmund Freud*, ed. James Strachey (London: Hogarth Press, 1927/1968), p. 31.

이다.[5] 나아가 칸트(I. Kant)는 도덕성이 신적 명령에 근거할 수 없다고 주장했지만 그럼에도 그는 (신 존재에 관한 '도덕적' 증명으로 알려진 논증에서) 오직 전능한 도덕적 신의 존재만이 도덕적으로 옳은 행위가 결국 유한한 현세적 생존에서 도달할 수 없는 온당한 행복으로 (사후의 또 다른 세계에서) 보상받는다는 것을 보장해 줄 수 있다고 주장한다.

사르트르(J.-P. Sartre) 또한 「실존주의는 휴머니즘이다」(Existentialism Is a Humanism)에서 어떤 보편적 본질에 근거한 도덕적 절대의 존재에 대한 확신을 잃는 것은 사실상 인간성을 불안, 도덕적 고뇌, 좌절이라는 불안한 상태에 남겨 두는 것이라고 아주 명료하게 주장했다. 왜냐하면 만약 선재하고 절대적이며 보편적인 도덕적 지침이 없다면 우리는 우리가 다룰 수 있는 모든 도덕적 질서―초월적 토대가 없는 도덕적 질서―를 구성하기 위한 우리만의 인간적 장치들 속에 남겨질 것이기 때문이다.

루이스(C. S. Lewis)는 절대적인 (정언) 명령에 복종해야 한다는 칸트적 주장을 떠올리는 논증을 이용해 잘 알려진 주장을 제기한다. 우리가 묶여 있는, 생각건대 모든 정상적인 사람들이 강제적이라고 생각하는 도덕적 질서의 부인할 수 없는 현전은 최고의 도덕적 입법자의 존재에 대한 강력한 증거다. 『순전한 기독교』(Mere Christianity, 1952/2001)―2차대전의 암울한 시기였던 1942년에 매주 방송되었던 인기 있는 라디오 프로그램의 내용을 묶은―에서 제시된 것처럼 무조건적으로 구속력이 있는 도덕법칙을 부과하는 상위적인 도덕적

5　George Lakoff and Mark Johnson, *Philosophy in the Flesh: The Embodied Mind and Its Challenge to Western Thought* (New York: Basic Books, 1999), chap. 14 참조.

질서에 대한 루이스의 주장은 공습에 대한 공포에 직면해 있던 시민들에게 큰 위안과 희망을 주었다. 루이스의 논증의 요지는 다음과 같다.

1. 모든 정상적인(즉 반사회적 인격장애자가 아닌) 사람은 옳은 행동과 그른 행동을 구분해 주는 옳은 행위의 법칙에 의해 도덕적으로 구속된다는 인식을 갖는다. 우리는 실제로 종종 실패하지만 모두 적절하게 행동해야 한다는 소명을 느낀다. "우리는 참된 옳음/그름에 대한 믿음을 가져야 한다. 사람들은 마치 추측에 종종 실패하는 것처럼 그것들에 대해 틀릴 수 있다. 그러나 옳음/그름은 마치 곱셈표가 그렇지 않은 것처럼 단순한 취향이나 의견의 문제가 아니다."[6]
2. "인간 본성의 법칙, 또는 옳음/그름의 법칙은 인간 행동의 실제 사실을 넘어선 어떤 것이어야 한다. 이 경우 우리에게는 실제 사실들이 아니 다른 어떤 것, 즉 우리가 고안하지 않았으며, 우리가 따라야 한다는 것을 알고 있는 참된 법칙이 있다."[7]
3. 내게 부과되는 도덕법칙의 강력한 힘은 내적 명령으로 나타난다. 즉 나를 넘어서 있으며, 나보다 무한히 강력한 힘을 지닌 어떤 것에 의해 부과된다.[8]
4. 이 도덕적 명령은 "옳은 행위에 강력한 관심을 갖는, 우주 밖의 존재"[9]의 산물임에 틀림없으며, "다른 어떤 것보다도 마음과 유사한 것"[10]이다.

6 Clive Lewis, *Mere Christianity* (New York: HarperCollins, 1952/2001), p. 7.
7 같은 책, p. 21
8 같은 책, p. 24
9 같은 책, p. 30.
10 같은 곳.

5. "만약 우주가 절대적 좋음에 의해 다스려지지 않는다면 우리의 모든 노력은 장기적으로 절망적일 것이다. 그러나 만약 우주가 절대적 좋음에 의해 다스려진다면 우리는 매일 우리 자신을 그 좋음의 적으로 만들고 있다."[11]

　　루이스의 논증을 지나치게 축약한 것은 사실이지만 나는 그 핵심을 파악했다고 본다. 언젠가 친구가 『순전한 기독교』를 읽고 논의하자고 재촉했는데, 나는 이 책이 담고 있는 논증이 얼마나 당혹스러운 것인지를 알고 깜짝 놀랐던 기억이 있다. 나에게는 대학 신입생조차도 이 추론에 무슨 문제가 있는지 알 수 있을 것으로 보였다. 왜냐하면 우리가 (논의의 편의를 위해) 옳은 행동의 기준에 구속되어 있다는 직감(felt sense)을 갖는다는 사실을 인정한다 하더라도 그 느낌에 대해 수많은 그럴 듯한 설명이 가능하며, 따라서 그 도덕적 제약의 원천으로서 신적인 도덕적 존재에 대한 가정으로 이어지지는 않는다.

　　세 가지 가능한 대안적 원천을 제시해 보면, 도덕적 구속에 대한 느낌은 (1) 진화적 발달, (2) 양육적 기대, (3) 협력적 행동과 권위에 대한 복종이라는 사회적 요구에서 비롯될 수 있다. 추정컨대 루이스는 이 유한한 원천 중 어떤 것도 양육적이거나 사회적인 규범을 넘어서서 우리에게 요구되는 도덕적 책무의 절대적 구속성을 해명할 수 없다고 주장했을 것이다. 그러나 그 논증은 책무의 원천이 절대적(비자연적) 권위를 갖지 않는 한 사람들이 도덕성을 구속이나 책무로 느끼지 않을 것이라고 전제할 때에만 성립한다. 그것은 사고나 느낌의 원천이 절대적이거나 무한하거나 무조건적이지 않으면 우리가 절대적

11　같은 책, p. 31.

이거나 무한하거나 무조건적인 것에 대한 사고나 느낌을 가질 수 없다고 말하는 것과 다르지 않다. 그것은 단적으로 잘못된 것이다.[12]

신적 입법자에 대한 루이스의 놀라울 정도로 빈약한 논증을 제쳐두고 나는 대신에 우리가 절대적인 도덕적 제약에 구속되며, 따라서 **도덕법칙이 지배하는 도덕적 세계**— 그것이 없으면 혼란과 파멸만 있다—에 거주한다는 그의 주장(앞의 논증의 1~2 단계)에 초점을 맞출 것이다. 만약 그런 세계가 존재한다면 그것은 모든 인간에게 적용되는 상위적인 도덕적 틀이 없는 세계보다 훨씬 더 안락한 세계일 것이다. 의심할 바 없이 이것이 루이스의 견해가 2차대전 무렵의 수많은 기독교인은 물론 비기독교인에게도 그처럼 중요하게 받아들여졌던 이유일 것이다. 그의 견해는 본질적으로 도덕적인, 또는 도덕적으로 인도되는 세계에 대한 그들의 심층적인 욕구를 사로잡고 있었던 것이다.

바꾸어 말하면 이 논의의 근거를 이루고 있는 가장 중요한 것은 우리의 직관적인 책무를 해명해 주는 상위적인 도덕적 주체를 설정하는 문제가 아니라 절대적인 도덕법칙, 또는 최소한 절대적인 도덕적 질서에 대한 요구의 강도 문제다. 사람들은 왜 무조건적인 도덕법칙에 복종하거나 아니면 도덕성은 조작된 허구라는 두 가지 선택밖에 없다고 생각하는 것일까? 사람들이 경험하는 도덕적 책무에 대한 인식이

---

12 유한한 인간이 무한자와 어떤 연결이 없이도 어떻게 무한이라는 개념을 갖는지에 관한 대표적인 예시는 레이코프와 누녜스의 논의에서 찾아볼 수 있는데, 여기에서 이들은 수학에서 실제적 무한과 잠재적 무한 개념을 지지해 주는 상이한 은유들을 분석하고 있다. George Lakoff and Rafael Núñez, *Where Mathematics Comes From: How the Embodied Mind Brings Mathematics into Being* (New York: Basic Books, 2000) 참조.

우리의 삶에서 중요하고 강제적인 역할을 하기 위해서는 왜 그것이
절대적이고 무조건적이어야 하는 것일까?

　도덕적 책무에 관한 그러한 가정들의 배후에는 항상 과격한 상대주
의에 대한 우려가 숨어 있다. 무조건적인 도덕적 제약을 제공하는 절
대적인 도덕적 질서가 없다면 모든 것이 허용될 것이라는 생각은 사
람들을 도덕적 근본주의의 영토로, 인간의 유한한 조건을 넘어서 부
과되는 도덕적 절대의 위안으로 이끌어 갈 만큼 두려운 것이다. 기어
츠(C. Geertz)는 이 집요한 불안을 이렇게 요약한다.

　특정한 경험적 사건들의 낯선 불투명성, 격렬하고 거친 고통의 무감
각, 엄청난 부정의의 신비한 설명 불가능성 등 모든 것이 아마도 세계에,
나아가 세계 안에서의 인간 삶에 어떤 참된 질서—어떤 경험적 규칙성,
어떤 정서적 형식, 어떤 도덕적 정합성—도 없다는 불편한 의구심을 불
러일으킨다. 이 의구심에 대한 종교적 반응은 모든 경우에 동일하다. 즉
인간 경험에서 감지되는 애매성, 혼란, 역설을 설명하고, 심지어 찬양하
는, 세계의 그러한 참된 질서의 영상을 상징을 사용해서 정식화하는 것
이 그것이다.[13]

　나는 도덕적 근본주의에 대한 긴박하고 집요한 유혹이 (1) 상위의
도덕적 질서가 존재하지 않을 수 있다는 심층적인 불안, (2) 가치, 도
덕적 질서, 도덕법칙의 어떤 절대적이고 초월적인 원천만이 우리가
그처럼 간절하게 열망하는 도덕적 지침을 제시해 줄 것이라는 잘못된
인식에 근거하고 있다고 말하고 싶다. 이 심층적인 도덕적 불안에 대

한 현대적 표현은 미국사회(그리고 세계 전역)의 다양한 하위문화 안
에 횡행하는, 자신들의 도덕적 정통성에 조금이라도 의문을 제기하는
모든 사람을 향한 극단적 분노와 적대감이다. 그들은 중심적인 도덕
적 믿음(예를 들어 동성애에 대한 자신들의 견해, 무기 소지 또는 과
세에 대한 제약 등)에 대한 모든 도전을 도덕성 자체의 존재에 대한 근
본적 도전으로 간주한다! 그들은 그들의 도덕적 가치 또는 원리가 하나
라도 흔들리면 전체적인 도덕체계가 무너진다고 믿는 것으로 보인다.

　이 도덕적 절대에 대한 강고한 집착에 대한 나의 응답은 다음과 같
은 두 갈래다. (1) 인간의 개념체계가 작동하는 방식의 귀결로서 인간
은 절대적인 도덕적 지식에 이를 수 없다. (2) 도덕적 사회를 유지하
기 위해 도덕적 확신에 대한 토대적이거나 절대적인 근거가 필요치
않다는 것이 거의 분명하다. 나는 먼저 도덕원리에 대한 절대주의적
견해들을 비판하고, 나아가 소위 ‘도덕적 사실’(moral facts)의 현전
과 자명성에 대한 주장을 비판할 것이다.

2. 도덕적 근본주의는 마음과 사고에 관한 그릇된 개념에 근거하고 있다

20여 년 전 나는 『도덕적 상상력』(*Moral Imagination*, 1993)에서 도
덕적 근본주의의 한 버전—내가 「도덕법칙」 통속 이론이라고 불렀던
—에 대한 나의 반론을 제기했다.[14] 이 도덕적 근본주의를 뒷받침해
주는 기본적 발상은 바로 인간이 이성을 지닌 존재라는 사실 때문에

14　Mark Johnson, *Moral Imagination: Implications of Cognitive Science for Ethics* (Chicago: University of Chicago Press, 1993) 참조.

인간에게는 무조건적으로 구속하는 보편적 도덕법칙이 존재한다는
것이다. 이 견해의 잘 알려진 버전은 신을 이 도덕원리의 원천으로 간
주하며, 비신학적인 합리주의 버전은 이 원리나 법칙이 보편적 이성
에서 비롯된다고 본다. 「도덕법칙」 통속 이론이 의존하고 있는 기본
적인 토대적 가정들은 다음과 같다.

1. **보편적 이성**: 모든 사람, 즉 모든 도덕적 주체는 논리적 원리에 따라
   활동할 수 있는 이성 능력을 지니고 있다. 대부분의 이성 버전들은 이
   합리성이 인간을 다른 동물들과 구별해 주는 본질적 특성이라고 본다.

2. **보편적 도덕법칙**: 인간의 이해와 이성으로 식별할 수 있고, 모든 합리
   적 존재를 구속하며, 우리의 모든 기본적인 도덕적 의무와 금지를 포
   괄적으로 규정하는 일련의 확정적인 보편적 도덕원리가 있다.

3. **절대적인 도덕적 가치/법칙**: 도덕적 가치, 목표, 법칙은 절대적이며, 따
   라서 역사적·문화적 조건이나 상황에 영향 받지 않는다.

4. **도덕적 개념은 문자적이다**: 우리의 기본적인 도덕법칙(원리)이 절대적
   이며, 명확한 의무를 규정한다면 이 원리들에 포섭되는 개념들은 상당
   히 확정적이고 잘 정의될 것이다. 만약 그렇지 않다면 그것들은 확정
   적이고 무조건적인 도덕적 지침을 제공할 수 없을 것이기 때문이다.
   우리가 도덕적 비결정성에 빠지지 않으려면 이 개념들은 세계의 사태
   에 직접적으로 합치해야 하며, 의미 또한 일의적이어야 한다. 바꾸어
   말하면 이 기본적인 도덕적 개념들은 문자적이어야 한다.

5. **고전적 범주 구조**: 이 개념들의 일의적 의미는 경험에 적용되기 위해
   일련의 필요충분조건에 의해 정의되어야 한다. 특정한 상황은 도덕원
   리에 사용되는 개념들에 의해 정의되는 조건들을 충족할 때에만 그 도
   덕원리에 해당된다.

6. 원리, 목표, 가치의 위계: 보편적 이성은 주어진 상황에서 의무들의 갈
   등, 그리고 도덕적 목표들의 우선성에 관한 불확정성을 극복하기 위해
   목표와 가치, 이차적 원리들을 서열화하는 원리를 제공해야 한다.

7. 근본적 자유: 근본주의는 도덕적 주체가 구속적이라고 인식하는 원리
   들에 따라 행위할 수 있다고 가정하며, 나아가 그처럼 완전히 자유로
   운 선택이 사람들의 행위에 대해 도덕적 책임을 부과할 수 있게 해 준
   다고 가정한다.

  도덕적 근본주의에 대한 내 주장은 인지과학이 제공하는 방대한 경
험적 증거가 위에서 제시하는 일곱 가지 주장이 잘못된 것임을 보여
준다는 것이다. 그것들이 근본주의 안에서 정형화되는 한 약간 잘못
된 것이 아니라 아주 잘못되었다는 것이다. 나는 근본주의가 탈신체
화된 마음을 받아들이는 것이 우연이 아니라고 본다. 근본주의가 작
동하기 위해서 우리에게는 탈신체화되고, 탈맥락화된 이성, 선험적으
로 획득된 개념들, 우리의 물리적·사회적 경험과 전적으로 독립된 순
수한 논리가 필요할 것이기 때문이다.

  앞 장들과 『도덕적 상상력』에서 내가 논의했던 것은 「도덕법칙」 통
속 이론의 몇몇 기본 원리에 대해 문제를 제기하고 있다. 그렇지만 이
일곱 가지 원리에 대한 반박을 재론하는 대신 도덕적 근본주의의 전
반적 지향성을 지탱해 주는 핵으로 작동하는 하나의 원리에 초점을
맞출 것이다. 그것은 우리의 도덕적 개념들(인격, 살인, 거짓말, 약속,
권리 등)이 우리의 추론을 경험에서 구체적 사례들에 적용할 수 있기
위해서는 미리 주어져 있어야 하며, 문자적이고 고정되어 있어야 하
며, 대부분 확정적이어야 한다는 생각이다.

  한 예로 '도덕적 인격성'(moral personhood)이라는 핵심적 개념

을 들어 보자. 구미와 유럽 문화의 도덕성 개념에서 그보다 더 토대적
인 개념을 찾기가 쉽지 않은데, 여기에서 도덕성은 다음과 같은 발상
을 축으로 삼고 있는 것으로 이해된다. 도덕적 인격성을 지닌 존재로
서 우리는 도덕적 인격성을 지닌 다른 모든 존재를 명확하게 규정된
방식으로 대하며, 그리고 특정하게 금지된 방식으로 대하지 않아야
하는 도덕적 책무를 갖는다. 역으로 타인은 우리가 그들을 대하도록
요구되는 방식으로 우리(도덕적 인격성을 지닌)를 대해야 할 의무를
갖는다. 바꾸어 말하면 당신에게 도덕적 책임을 부과하며, 동시에 타
인으로부터 도덕적 숙고를 받을 수 있는 권리를 부여하는 것은 인격
이라는 당신의 위상이다.

예를 들어 몇몇 이론가들이 도덕적 보편이라고 제시했던 일련의 원
리들 중에 대부분 목록의 첫머리를 차지하는 것은 "무고한 사람을 죽
이는 것은 도덕적으로 허용될 수 없다"라는 명령일 것이다. 이런 원리
는 흔히 살인이나 낙태(태아가 인격이라는 사실을 입증할 수 있다면)
에 대한 절대적 금지의 근거로 제시된다. 더욱이 '무고한'이라는 단
서를 삭제한다면 아마도 이 원리는 단순히 살인이나 낙태를 금지하는
것에 그치지 않고 사형제도나 전쟁 중의 살상, 안락사 등으로도 확대
될 수 있을 것이다.

인격 개념의 특성에 관해서 도덕적 근본주의가 무엇을 요구하는지
살펴보고, 나아가 인간의 개념이 실제로 이처럼 요구된 방식으로 작
동하는지를 묻기로 하자. 먼저, 도덕적 인격성이라는 개념은 레이코
프(G. Lakoff)가 '고전적으로 구조화된 범주'라고 부르는 것이 되어
야 할 것이다.[15] 즉 그것은 범주의 구성원이 되기 위해 일련의 필요충

---

15 George Lakoff, *Women, Fire, and Dangerous Things: What Categories Reveal*

분조건에 의해 엄밀하게 정의될 수 있어야 한다. 그 개념을 특정한 상황에 적절하게 적용하려면 구체적이고 명확하게 정의할 수 있는 일련의 특성이나 속성, 특징—세계 안의 개별자나 사태는 그것들을 보유함으로써 관련된 범주의 구성원이 될 수 있다—이 존재해야 한다. 예를 들어 당신이 모든 인격을 존중해야 할 절대적 책무를 갖는 것으로 믿는다고 가정하다. 당신은 누가 인격이며 누가 인격이 아닌지를 정확히 결정할 수 있을 때 이 명령을 따르기만 하면 된다. 도너건(A. Donagan)은 도덕적 인격성에 대한 존중 개념에 초점을 맞추는 칸트적인 합리주의 도덕 이론을 제안하는데, 다음과 같은 주장을 통해 정확하고 고정된 인격성(합리적 존재로서)의 정의가 필요하다는 점을 인정하고 있다.

합리적 존재로서 모든 인간을 존중해야 한다는 토대적 개념이 피상적 의미에서의 경계 부분에서 불투명하기 때문에 이런저런 유형의 사례에 적용하는 것이 논란이 될 수 있다. 그러나 유대-기독교 도덕 전통을 받아들이는 문화적 삶을 공유하는 사람들에게 그 개념은 대부분 그 자체로 이해된다. 나아가 그것은 수많은 적용들과 관련되며, 그 상이한 비중에 관해 어느 정도의 합치가 있다.[16]

여기에서 핵심적인 것은 "그 개념은 대부분 그 자체로 이해된다"라는 구절이다. 나는 이 주장이 엄청나게 잘못된 것이며, 그 잘못이 "유대-기독교 도덕 전통을 받아들이는 문화적 삶을 공유하는 사람들에

---

about the Mind (Chicago: University of Chicago Press, 1987) 참조

16 Alan Donagan, The Theory of Morality (Chicago: University of Chicago Press, 1977), p. 71.

게"라는 구절을 덧붙인다고 해도 결코 감소되지 않는다고 본다. 만약 도너건이 옳다면 반성적이고 진실하며 도덕적으로 진지한 기독교인과 유태인은 낙태나 사형제도, 전쟁, 안락사 등의 문제에 관해 일치된 입장을 갖게 될 것이다. 왜냐하면 그들은 모두 인격 개념의 의미를 파악할 수 있으며, 나아가 그들 모두 인격(합리적 존재로서)에 대한 존중 개념이 우리에게 무엇을 요구하는지를 결정할 수 있을 것이기 때문이다.

그런데 너무나 명백하게도 오늘날 이 문제들은 다양한 유대-기독교 분파들 사이에 격렬한 논란의 주제가 되고 있다. 도너건의 가정처럼, 그 모든 중요한 도덕적 문제들에 대한 판단의 합치를 보장해 준다는 의미에서의 유대-기독교적 도덕 전통이 존재한다는 생각은 역사적 기록을 통해 지탱될 수 없는 것으로 보인다. 대신에 역사의 기록은 매킨타이어(A. MacIntyre)가 『덕의 상실』(*After Virtue*, 1984)에서 서술하고 있는 것처럼 다층적으로 전개되는 전통들을 드러낸다. 도덕적 인격에 대한 존중 개념이 '그 자체로 이해된다면', 한 예로 낙태의 도덕성 문제는 유대-기독교인들 사이에 확정적으로 해결되었을 것이다. 그러나 그것은 결코 사실이 아니다!

도너건은 매킨타이어가 주장하는 것처럼 우리가 도덕적 가치를 공유할 수 있기 위해서는 비교적 단일한 도덕적 전통 — 변화하는 역사적 상황 차원에서의 변화를 벗어나는 — 에의 공동 참여가 필요하다는 점을 묵시적으로 이해하고 있는 것으로 보인다. 그 경우 심각한 분란으로부터 일시적으로 자유로운 충분한 문화적 동의와 공유된 가치가 단기간 동안 존재할 수 있다. 매킨타이어가 중세의 금욕적 공동체를 장기간 동안 믿음과 실천에서 고도의 확정성을 보장해 줄 정도의 안정적인(나는 거의 '정체된'으로 쓸 뻔했다) 사회적 질서로 들고 있는 것은 우연이 아니다. 변화를 거부하는 그러한 조건에서만 우리는 모두가 동일하게 파악할 수 있는 토대적인 도덕적 개념에 대한 가느다란 희망이라도 가질 수 있을 것이다. 그렇지만 매킨타이어가 보여 주는 것처럼 도덕적 전통은 역사를 가지며, 흔히 변화하는 물질적, 사회적, 문화적 조건 안에서 변화를 겪는다. 단일한 '유대-기독교 도덕 전통'이라는 도너건의 발상은 허구, 그것도 역사적으로 변화하는 허구다.

바꾸어 말하면 한 개념이 '그 자체로' 이해될 수 있는 유일한 경우는 그 개념이 정의라는 차원에서 확정적이며, 그래서 모든 역사·문화적 변화로부터 벗어나 있기 때문에 모든 탐구나 실천의 전통과는 완전히 독립적으로 그것이 적용되는 일련의 확정된 사례들을 일의적으로 선별할 수 있는 경우뿐이다. 인격 개념을 삼각형 개념에 비교함으로써 자신의 입장을 지지하려는 사람들을 상상해 볼 수 있다. 이들은 삼각형 개념이 모든 맥락과 독립적으로 확정적이고 일의적으로 정의될 수 있는 진정한 보편적 개념이라고 받아들인다. 그렇지만 인격 개념과 삼각형 개념의 가상적 유비는 그들의 생각처럼 효과가 있는 것은 아니다. 삼각형처럼 문자적이라고 생각되는 개념은 그것이 정의되는 특정한 기하학에 상대적으로 그 의미가 달라지며, 종종 양립 불가능한 다수의 기하학들이 존재하기 때문이다. 말하자면 수학적 개념들조차도 맥락이나 전통, 패러다임에 상대적이다. 모든 개념에 대해 관련된 개념체계를 명시하는 이 조건은 필수적인데, 그것은 모든 가능한 기하학에 일의적으로 적용되는 삼각형 개념은 존재하지 않기 때문이다. 이러한 관점에서 수학적 개념들도 도덕적 개념 또는 다른 모든 개념과 마찬가지로 맥락 독립적이거나 절대적이지 않다.[17]

---

17   Lakoff and Núñez, *Where Mathematics Comes From* 참조.

'그 자체로 이해되는' 개념이라는 발상은 사실상 공허하다. 모든 개념은 다양한 언어게임(language games)[18]이나 패러다임(paradigm)[19] 개념체계(conceptual systems),[20] 이상화된 인지 모형(idealized cognitive models),[21] 프레임(frames)[22] 안에서 작동하는 의미론적 장(場)에서만 다른 관련된 개념들에 상대적으로 상호 정의되며, 그것들은 모두 역사와 함께 시간적으로 변화하기 때문이다. 어떤 개념도 '그 자체로' 이해되지 않는다. 개념들은 다른 개념들, 그리고 역사적 상황이나 틀—그 안에서 그 개념이 형성되고 현재처럼 적용되는—과의 관계 속에서만 의미를 얻는다. 변화하는 조건들이 우리에게 경험을 정돈하고 이해하는 새로운 방식을 요구하면서 개념들은 성장하고 변화한다.

개념체계의 이러한 우연성을 이해하기 위해 인격성 개념에 대해 좀 더 깊이 탐색해 보자. 도덕 이론이나 도덕체계에서 사용되는 인격성 개념은 어느 정도 전문화되어 나타난다. 그것은 성격(personality)과 다르다. 성격은 전형적으로 모든 행동적·정신적(인지적, 정서적, 기

---

18 Ludwig Wittgenstein, *Philosophical Investigations*, trans. G. E. M. Anscombe (Oxford: Blackwell, 1953) 참조.

19 Thomas Kuhn, *The Structure of Scientific Revolutions*, 2nd ed. (Chicago: University of Chicago Press, 1970) 참조.

20 Hilary Putnam, *Reason, Truth and History* (Cambridge: Cambridge University Press, 1981) 참조.

21 Lakoff, Women, *Fire, and Dangerous Things* 참조.

22 Charles Fillmore, "Frames and the Semantics of Understanding," *Quaderni di Semantica*, 6 (1985): 222-53; Lakoff, *Moral Politics: What Conservatives Know that Liberals Don't* (Chicago: University of Chicago Press, 1992); Jerome Feldman, *From Molecule to Metaphor: A Neural Theory of Language* (Cambridge, Mass.: MIT Press, 2006) 참조.

질적) 특성들의 총합으로 정의된다. 한 개인은 이러한 특성들로 인해 현재와 같은 유일한 '인격'(person)으로 인식된다. 대신에 '도덕적 인격성' 또는 '도덕적 성격'은 특정한 존재를 타인에 대한 도덕적 책임을 지니며, 또한 도덕 행위자(즉 도덕적 인격성을 지닌)인 다른 존재들로부터 동일한 도덕적 대우를 받을 자격이 있는 주체로 구성해 주는 일련의 특성들로 받아들여진다. 특정한 존재에게 도덕적 인격성을 부과해 온 긴 역사 속에서, 무엇이 어떤 존재를 도덕적 인격성의 주인으로 만들어 주는가를 식별하는 문제에 관해 반복되는 하나의 답은 합리성(rationality), 즉 이성의 보유다. 어떤 신학적 시각에서 인격성은 '영혼'의 보유에 근거하고 있을 수 있지만, 누가 영혼을 지녔는가라고 물으면 그 답은 전형적으로 합리적 능력에 대한 구체적 설명으로 전환된다.

이러한 상황은 인격성에 대한 물음을 합리성이란 무엇인가라는 물음으로 밀고 나아간다. 도덕성을 지탱해 주는 것으로서 합리성에 대한 어떤 선명한 통속 이론도 찾아볼 수 없다는 것은 참으로 답답한 일이다. 어느 누구도 어떤 것 또는 어떤 사람이 합리적이라고 말할 때 정확히 무엇을 말하는지를 상술할 수 없기 때문이다. 최선의 답은 대개 합리적임을 논리적임과 등치시키는 방식으로 제시된다. 그러나 이러한 답은 논리적임이 무엇을 의미하는가라는 물음으로 더 나아갈 뿐이다. 이러한 상황은 흔히 도덕성에 가장 중요한 이성의 일부 측면을 간과하게 된다. 한 사람을 이성을 지닌 존재로 규정해 주는 것이 무엇인지를 명료하고 구체적으로 말할 수 있는 일상인이 과연 천 명에 하나나 있을지 정말 궁금하다. 나아가 나는 '논리적 사고 능력'처럼 불투명한 개념에 의지하는 사람들이 그러한 논리적 능력을 갖는 것이 도덕적 의무나 특권의 보유자로서의 위상과 어떤 관련이 있는지를 설명할 수 없을 것으로 생각한다!

따라서 어떤 명료한 합리성의 통속 이론도 없이 우리는 합리성에 대한 명시적인 철학적·신학적 해명으로 나아갈 수밖에 없으며, 그 해명은 합리성이 왜, 또 어떻게 도덕성에 핵이 되는지를 설명하는 것처럼 가장하게 된다. 윤리학 개론 수강생들은 기계적으로 "이성(또는 합리성)이 인간을 다른 야수(무합리적인)와 구별해 주며, 인간을 도덕 행위자로 규정해 준다"는 주문(呪文)을 익히지만, 그것을 넘어설 수 있는 학생들은 드물다. 두 세기 넘게 이루어진 철학자들의 해석과 주석의 도움을 받아 이성의 보유와 도덕적 인격성의 관계를 가장 선명하게 정립한 사람은 아마도 칸트일 것이다. 힐(T. Hill Jr.)의 설명에 따르면, 칸트가 도덕적 인격을 정의해 주는 것으로 생각했던 것은 사실상 우리의 추론 능력의 표현으로 가정되었던 능력들의 다발이다. 그것들은 다음과 같은 것을 포괄한다.

- 원리 또는 준칙에 따라 행위하는(근거 있게 행위하는) 능력
- 사려와 효용의 합리적 원리를 따르는 능력(즉 가설적 추론 능력)
- 미래의 귀결을 예측하고, 장기적 목표를 설정하고, 즉각적인 유혹을 억제하는 능력(야수에게는 결여된 선택의 자유를 전제한다)
- 정언명령을 따르는 능력과 성향(즉 무조건적으로 부과되는 도덕법칙들)
- 세계를 이해하고 추상적으로 추론하는 능력

이것은 합리적 존재만이 도덕 판단을 할 수 있다는 칸트의 주장을 명시적으로 지지하기 위해 고안된 합리적 능력의 매우 특수화된 목록이다. 우리는 이 목록이 완전한지, 또는 완전히 적절한지에 관해 설왕

설래할 필요가 없다. 나는 철학자들이 합리성을 도덕적 인격성에 연결해 주는 것으로 간주하는 능력들을 열거한 것뿐이며, 여기에서 스스로 목표를 세우고, 실천이성에 포함된 명령을 파악하고, 옳은 행위의 원리에 따라 자신의 행동을 정하는 것이 많은 전통적 합리주의 도덕성 개념의 명백한 필수적 요건이라는 것이 분명하기 때문이다. 바꾸어 말하면, 우리는 적어도 앞서 열거한 것 같은 '합리적' 능력의 보유가 어떻게 도덕 행위자가 되는 데 필수적인 것으로 간주되는지를 알 수 있는 반면, 합리적이라는 것이 논리적이라는 것이라는 상식은 그러한 연관성을 드러내지 않는다.

논의의 편의를 위해, 또 관대한 마음으로 이 목록과 유사한 어떤 것이 도덕적 인격성을 부과하는 필요충분조건을 구성한다고 가정해 보자. 도덕적 근본주의의 관점에서 그 목록을 따른다는 것의 핵심은 누가 도덕적 인격성을 보유하는가를 정확하고 일의적으로 결정할 수 있게 해 준다는 데 있으며, 그렇게 해서 우리가 도덕원리들이 누구에게 적용되며, 또 어떻게 적용되는지를 안다는 데 있다. 이런 유형의 도덕적 인격성의 전형적 사례는 다음과 같다.

1. 성인 인간(우리가 '인간'을 정의할 수 있다고 가정할 때)으로서
2. 인간의 인지적, 정서적 발달의 '정상적' 과정을 통해 성공적으로 나아가고 있으며,
3. 그렇게 함으로써 앞에서 열거한 인지적이고 의지적인 능력들(목표를 설정하고, 수단을 고려하고, 추상적으로 추론하고, 신체적 행동을 억제하는 것 등)을 획득했으며,
4. 이 모든 능력들을 지금 실행할 능력이 있다.

그런 개인은 인지적 원형(cognitive protytype)이라고 알려진 것의 사례가 되며, 인격이라는 범주의 '중심적 구성원'이 될 것이다.[23] 만약 모든, 그리고 오직 '인격'만이 도덕적 대우를 받을 자격이 있다고 본다면 우리는 그런 사람이 존중받을 자격이 있다는 것을 바로 알 수 있다. 그러한 원형적 인격은 도덕적 인격성(앞서 열거했던 힐의 목록이 정의하는)이라는 우리의 이상화된 인지 모형을 충족하는 데 가장 가깝게 근접할 것이다.[24]

도덕적 근본주의자는 지금까지는 잘 되어 가고 있다고 말할지도 모른다. 그러나 불운하게도 힐의 목록을 충족하는 이 사례는 복합적인 방사상 범주(radial category)인 인격의 중심적 구성원의 하나일 뿐이다.[25] 내가 알고 있는 어떤 도덕 이론에서도 이런 유형의 개인이 도덕적 인격성이 부여되는 유일한 개인이 아니다. 그 이유는 이렇다. 만약이 인지적 모형(앞의 1~4에 명시된 기준에 따른)이 인격에 대한 일의적이고 문자적인 정의라면, 인격을 정의하는 합리성 속성들의 전부또는 일부를 상실한 유아나 노인, 또 이 능력들의 일부가 결여된 장애인들은 도덕적 인격성이라는 지위를 부여받지 못할 것이다. 아이들, 몇몇어린이, 장애를 가진 사람들, 수많은 노인들은 도덕적 인격성 조건들— 앞서 제시된 인지적 원형에 근거한 중심적 인지 모형이 정의하는— 을 완전히 충족하지 못한다는 바로 그 이유 때문에 도덕적 지위를 잃게 될 것이다.

---

23 Eleanor Rosch, "Natural Categories," *Cognitive Psychology*, 4 (1973): 328-50; "Human Categorization," in Neil Warren, ed., *Studies in Cross-Cultural Psychology*, Vol. 1 (London: Academic Press, 1977) 참조.

24 Lakoff, *Women, Fire, and Dangerous Things* 참조.

25 같은 책 참조.

따라서 여기에서 명백하게 드러나는 것은 중심적 인지 모형의 조건 1~4를 충족하지 못하는 사람들을 어떻게 포함시킬 것인지의 문제다. 이 명백한 문제에 대응하는 일반적인 전략적 대안은 그 정의에 다음과 같은 형태의 단서를 추가하는 것이다.

필수적인 합리적 능력을 획득하는 능력을 지닌 모든 존재, 한때는 그 능력들을 지니고 있었지만 지금은 일부를 상실한 존재는 인격성이라는 지위를 얻을 수 있다.

그런데 왜 그런가? 왜 당신이 한때 합리적이었다는 사실이 합리적 행위자로서의 대우를 가능하게 하는가? 만약 실제 기준이 합리적 능력의 보유와 실행이라면 당신이 왜 그 능력을 더 이상 실행하지 않는데도 도덕적 대우를 받아야 하는가? 더욱이 정상적인 발달 조건 안에서 미래에 합리적 능력을 획득할 수도 있는 존재가 도덕적 대우를 받을 수 있는가? 바꾸어 말하면, 인지적 원형에 의해 명시된 의미에서 아직 합리적이지 않은 유아가 어떻게 존중의 대상이 되어야 하는가? 우리는 그들에게 그런 지위를 부여하려는 따뜻한 심성적 성향을 갖지만 그렇게 하는 것을 지지하는 결정적인 논변이 있는지는 불분명하다.

아무튼 '합리적으로 될 가능성이 있음'에 의한 개념 확장을 받아들인다 하더라도 합리적 행위자라는 범주에 포함할 수 없는, 심각한 인지적/감정적 손상을 갖고 태어나는 유아의 경우가 문제로 남아 있다. 이들은 완전한 합리적 능력을 수행할 능력을 발달시키지 못하기 때문에 이들은 '합리적 행위자' 범주에서 벗어나거나, 심지어 '합리적 행위자가 될 수 있는 존재'라는 범주조차도 벗어날 수 있다. 예를 들어 최근 피비에스(PBS) 텔레비전 프로그램은 희귀한 퇴행성 질병을 갖고 태어난 아이의 부모와 관련해서 사람들이 죽음에 대해 어떻게 대처하는지를 다루었다. 그 아이는 앞서 열거했던 것과 같은 도덕 행위자로서의 합리적 능력 대부분을 습득하지 못할 것이며, 그의 상태는 두세 살에 죽게 될 시점까지 계속 나빠질 것이다. 부모는 놀랍게도 그 아이에게 따뜻한 애정으로 목욕을 시키고, 도덕적 인격으로서 모든 배려를 하며, 죽음의 과정에서 그를 자상하게 보살핀다. 물론 모든 사람이 이 부모를 존경하고 그들이 옳은 일을 했다고 말할 것이라고 생각할 수 있다. 그러나 이 도덕적 대우는 결코 고전적으로 정의된 도덕적 인격성 범주에 근거한 것이 아니다. 그 아이는 도덕적 인격성을 정의하는 것으로 간주되는 합리적 능력의 대부분, 또는 모두를 결여하고 있으며, 그것들을 언젠가 획득할 능력조차도 없기 때문이다.

　요약하면, '도덕적 인격성' 범주는 필요충분조건에 의해 정의되는 고전적 범주가 아니다. 그것은 매우 복잡한 방사상 범주다. 방사상 범주 이론에 따르면 전형적인 인간의 범주는 복잡한 내적 구조를 갖는데, 여기에서 (원형효과에 따라 구획되는) 몇몇 구성원들이 범주의 '중심적' 위치를 차지하며, 비중심적 구성원은 원형적 구성원들과의 다양한 '거리'를 갖고 방사상으로 퍼져 있다. 이 비중심적 구성원들은 '도덕적 인격'이라는 이상화된 인지 모형의 중심적 구성원을 정의하는 조건들 중 이런저런 일부를 결여하고 있다. 그 범주 구성원의 가능한 후보들에 대해 우리는 그것들이 과연 그 범주에 포함되어야 하는지에 대해, 또 포함되는 경우 그 후보가 그 범주의 인지적 지형도상 어디에 자리 잡아야 하는지(중심으로부터 얼마나 떨어져 있는지, 또 다른 비중심적 구성원들과 얼마나 멀리 떨어져 있는지)에 대해 **평가적(규범적) 판단**을 해야 한다. 방사상 범주에 대해 익숙하다 하더라도 이 판단이 개념을 정의하는 일련의 규칙들에 근거해서 이루어지지 않는다는 사실에 주목하라. 더욱이 그러한 판단이 인지적 원형으로부터 추론되거나 인지적 원형을 정의할 수도 있는 규칙들을 따르지 않는다는 것은 너무나 분명하다.

'도덕적 인격성'에 대한 지금까지 내 분석의 귀결은 그것이 「도덕법칙」 통속 이론이 작동하는 데 요구되는 일의적이고 문자적인 개념이 결코 아니라는 것이다. 도덕적 근본주의를 지지해 주는, 문자적 개념에 대한 고전적인 객관주의 이론은 심리적, 인지적, 언어적으로 옳지 않으며,[26] 수정될 수도 없다. 그 자체로 매우 논란적이며, 수세기 동안 그래 왔으며, 또 앞으로도 상당 기간 동안 그럴 가능성이 크다는 점에서 '도덕적 인격성'은 매우 중요한 도덕적 개념의 전형이다. 간단히 말해서 그것은 역사적 우연을 따라 변화하는 개념이다. 미국 문화에서 한때 흑인 노예는 도덕적 인격성이라는 특권을 부여받지 못하던 때가 있었다는 것은 분명한 사실이다. 더욱이 여성은 다양한 방식으로 완전한 인격성을 부여받지 못했으며, 이것은 오늘날에도 일부 문화에서 여전히 사실이다. 더 불투명한 것은 소위 '금수'의 지위다. 많은 환경윤리학자들은 최근 특정한 동물에게도 인격성 개념을 확장함으로써 그들이 존중과 도덕적 고려의 대상이 되어야 한다고 주장한다. 점차 더 많은 사람들이 특정한 동물들이 인간에게만 주어졌던 도덕적 숙고의 정당한 대상이 되어야 한다고 믿고 있다. 핵심적 문제는 그 확장의 결정이 한 범주의 원형적인 중심적 구성원을 서술하는 인지 모형에 의해 산출될 수 없다는 점이다.

일부 환경단체들이 그렇듯이 그 확장은 인격성 개념을 생태계, 수

26　같은 책 참조.

계(watersheds), 나아가 일반적으로 인간 이외의 세계까지 확장하기도 하는데, 그렇게 되면 우리는 그것들에 대해 도덕적 책무를 갖게 될 것이다. 또 다른 담론은 인공지능 체계가 '합리적' 계산을 수행할 경우 인격성을 얻게 될 것인지를 활발하게 논의하고 있다. 신문이나 잡지는 인공지능 체계가 언젠가 현재로서는 하나의 특별한 종(호모 사피엔스)의 특정한 구성원들에게만 부여하는 것과 대등한 도덕적 대우를 받게 될 것인지에 관한 이야기들로 채워져 있다. 끝으로(적어도 지금의 논의 맥락에서) 법인(corporation)에게 인격성 지위를 부여할 것인지에 관해 길고 격렬할 것으로 예상되는 논의가 시작되고 있다. "사람만이 인격이다"(only people are persons)라고 주장하는, '월가를 점령하라'(Occupy Wall Street) 운동의 구호가 갖는 직관적 매력에도 불구하고 인격으로서의 법인 문제는 공유된 직관에 의지하는 것으로는 해결될 것 같지 않은 격렬한 논란을 불러일으키고 있다.

요약하면, 서구의 거의 모든 도덕체계와 이론의 핵을 차지하고 있는 '인격(또는 도덕적 인격)' 개념은 복잡하게 구조화된 방사상 범주이며, 그것은 물질적, 문화적 조건의 변화를 포함하는 역사적 상황의 변화에 따라 재조정되어야 한다. 특정한 시점에 누가, 또 무엇이 인격으로 간주될 것인지를 결정하는 문제는 탐구의 문제이며, 상황의 전개에 따라 변화하는 평가적 판단을 요구하는 문제다. 그 개념이 '그 자체로 이해될 것'이라는 도너건의 주장은 문면으로만 본다면 터무니없는 것이다. 도너건의 주장을 좀 더 우호적으로 해석한다면 다음과 같은 것이 될 것이다. 역사적으로 근본적인 변화를 겪는, 역사적으로 전개되는 주어진 도덕적 전통에 상대적으로 어떤 개념들은 어느 정도 잠정적인 안정성을 얻게 됨으로써 문자적이고 일의적이며 명확히 정의되고 '그 자체로 이해되는 것'으로 보일 수 있다. 그렇지만 그것이 그 개념들을 (도덕적 근본주의를 지탱해 준다는 의미에서의) 절대적인 문자적 개념으로 만들어 주지 않는다는 것은 너무나 분명하다.

나는 여기에서 잠깐 유대-기독교 전통을 넘어서서 인격성 개념을 비교 분석하게 되면 상황은 훨씬 더 복잡하고 훨씬 덜 확정적이라는 점을 언급해 두고 싶다. 그 개념의 개방성과 상대적 불확정성이 기독교 같은 특정한 종교적 전통(또는 전통들의 집합)의 역사에서조차도 선명하다면, 비서구적이고 다양한 토착적 전통들을 살펴보는 순간 우리는 인격성에 대해 근원적으로 상이한 개념들을 보게 될 것이다. 예를 들어 이 다양성은 어떤 불교 분파의 경우 인격성의 보유자로서의 통일된 자아 자체를 부정하는 데까지 확장될 수 있다. 여기에서는 일의적이고 문자적이며 보편적이고 무시간적인 도덕적 자아 개념을 발견할 수 있을 것이라는 어떤 가능성도 없다.

여기에서 내 논점은 도덕적 근본주의가 고전적인 범주 구조라는 토대 없이는 아예 성립할 수도 없다는 것이며, 그 이론은 지난 30여 년에 걸쳐 반박되었다는 것이다.[27] 핵심적인 도덕적 개념들은 대부분 문자적이지 않으며, 다수의 개념적 은유들에 의해 정의된다.[28] 하이트 (J. Haidt)가 제시한 도덕체계의 여섯 가지 토대 각각에 대해 그 토대들에 합치하며, 또 그 토대들에 대한 이해를 제공하는 개념적 은유들을 확인할 수 있기 때문이다.[29]

---

27 Wittgenstein, *Philosophical Investigations*; Lakoff, *Women, Fire, and Dangerous Things*; Raymond Gibbs, *Embodiment and Cognitive Science* (Cambridge: Cambridge University Press, 2006) 참조.

28 Johnson, *Moral Imagination*; Lakoff and Johnson, *Philosophy in the Flesh* 참조.

29 Jonathan Haidt, *The Righteous Mind : Why Good People Are Divided by Politics and Religion* (New York: Pantheon, 2012) 참조.

'보살핌' 토대는 기본적으로 '양육'(Nurturance) 은유들의 관점에서 이해되는데, 그것은 부모가 자녀를 양육하는 것에 그 뿌리를 두고 있다. '공정성' 토대는 '도덕적 회계'(moral accounting)라고 불리는 은유에 의해 서술되는데, 여기에서 좋은 행동은 도덕적 신용을 획득하는 반면, 나쁜 행동(타인을 해치는 행동)은 도덕적 빚을 만든다. 이 구도 안에서 '정의'는 도덕적 회계의 정당한 균형이며, 여기에서 각각의 당사자는 각자의 몫을 받는다. '충성' 토대는 흔히 가족 안에서 드러나는 결속과 속박 은유들에 근거하고 있다. '권위' 구조는 '엄격한 아버지'(strict father) 가족 모형 안에서 은유적으로 개념화되는데, 여기에서 아버지는 복종을 요구하고, 좋은 행위에 대해 포상하고, 나쁜 행위에 대해 벌을 주는 권위자다. 가족 모형들은 인간 전체에 은유적으로 확장됨으로써 내재적 권위 구조를 갖는 보편적 윤리학을 형성한다. 우리가 예측할 수 있는 것처럼 '신성' 고려는 '순수'나 '정결' 은유들과 연결되어 있다. '자유'(Liberty) 토대는 자유(freedom) 은유의 방대한 체계를 통해 설명되는데,[30] 그것들은 공간 안에서의 신체적 활동의 조건과 제약을 포함하는 원천 영역들을 갖는다. 어떤 행동이 은유적으로 특정한 목표 지점을 향한 운동으로 개념화되면 그 운동을 가로막는 모든 것은 자유에 대한 은유적 장애가 된다. 우리는 일의적인 문자적 도덕 개념 대신에 가장 기본적인 개념들이 다중적이면서, 종종 일관성이 없는 은유들에 의해 정의된다는 사실을 알게 된다. 도덕적 행위가 은유적으로 양육으로 이해되는 경우와 순수성을 유지하거나 성취하는 것으로 이해되는 경우가 그것이다.

---

30 Lakoff, *Whose Freedom?: The Battle over America's Most Important Ideas* (New York: Farrar, Straus and Giroux, 2006) 참조.

요약하면, 근본주의는 개념들, 그리고 그 개념들을 사용하는 추론에 대한 잘못된 견해에 근거하고 있다. 그것은 개념화가 어떻게 작동하는지에 대해 인지적으로 근거가 없는 그릇된 견해다. 그것은 우리가 도덕성에 대해 어떻게 생각해야 하며 도덕 판단을 어떻게 이해해야 하는지에 대해 인지적으로 현실적인 안내를 할 수 없다. 그래서 그것은 과학적으로 지탱될 수가 없다. 나는 이어서 왜 그것이 부도덕한지에 관해서도 논의하겠지만 지금으로서는 그것이 우리의 도덕적 문제를 어떻게 해결해야 하는지에 관해 잘못된 기대를 낳으며, 적절한 도덕적 탐구를 가로막음으로써 진지한 도덕적 반성으로부터 멀어지게 한다는 점만을 지적하려고 한다. 앞으로 논의하겠지만 그것이 바로 부도덕한 점이다.

3. 도덕적 실재론은 무엇이 문제인가?

흔히 절대적 도덕원리에 대한 믿음을 수반하는 것은 토대적인 도덕적 사실에 대한 믿음이다. 사실상 사람들이 도덕적 사실을 식별한다고 할 때 그 '사실들'이란 흔히 도덕원리("X를 행하는 것은 잘못된 것이다"처럼)로 표현된다. 도덕적 실재론은 그러한 도덕적 사실이 존재하며, 인간은 정확한 도덕적 행위의 근거로서 그것에 인지적으로 접근할 수 있다는 이론이다. 마치 도덕 능력 이론에 몇 가지 버전이 있는 것처럼 다양한 도덕적 실재론이 있다. 도덕적 실재론에 대한 내 도전이 도덕적 사실이라는 개념에 의지하고 있기 때문에 오늘날 유포되고 있는 다양한 버전들 각각의 특성을 다룰 필요는 없을 것이다. 나는 셰이퍼-랜도(R. Shafer-Landau)의 『도덕적 실재론』(*Moral Realism*, 2003)를 택했다. 도덕 문법에 대한 하우서의 입장처럼 셰이퍼-랜도는 명료하고 대담하며 섬세한 논변과 함께 도덕적 실재론의 한 버전을 제시하고 있기 때문이다. 핵심적인 존재론적, 인식론적 문제에서 그는 도덕원리와 도덕적 사실의 객관성에 대해 매우 강한 입장을 견지하려고 하며, 그것은 다음과 같은 말을 통해 분명하게 드러난다.

> 나는 도덕원리와 도덕적 사실이 매우 적극적인 의미에서 객관적이라는 견해를 지지한다. 그것들은 참이며, 어떤 관점에서든 인간이 생각하는 것과는 상관없이 존립한다. 도덕적 사실은 과학적 사실이 아니며, 존재론적 신뢰성의 표준적 검증을 거치지 않는다. 도덕적 사실은 과학적 사실이 확증되는 것과 동일한 방식으로 확증될 수 없지만 결코 그에 못지않다. 도덕적 믿음은 그 자체로, 항상 그런 것은 아니지만, 대체로 우리 모두에게 동기를 줄 수 있다. 도덕적 책무는, 그 이유가 현재 누군가의 믿음과 관련되는지에 상관없이, 모두에게 자신들이 지향하는 대로 행위해야 하는 이유를 만들어 준다. … 회의주의적 우려에도 불구하고 도덕적 진리는 알려질 수 있다. 적어도 몇몇 도덕원리는 자명성에 의해 알려질 수 있으며, 도덕적 결론은 참이면서 신뢰할 만하게 산출된 것이라면 알려질 수 있다.[31]

이 구절은 이 책 전반의 핵심적 결론을 압축하고 있다. 핵심적 논점은 '객관적'이고 '참'이며 독립적인 도덕원리와 도덕적 사실 ― 원리나 사실의 보편적 핵과 양립 가능한 다수의 도덕체계들이 있을 수 있다 하더라도 보편적 도덕성의 근거가 되는 ― 이 존재한다는 것이다.

---

31 Russ Shafer-Landau, *Moral Realism: A Defense* (Oxford: Oxford University Press, 2003), p. 8.

객관성을 강조하는 이유는 인간이 도덕성을 창출하는 것이 아니라 일
련의 토대적 사실이나 원리로서 발견한다는 점을 드러내는 데 있는
것으로 보인다. 절대주의적 틀에 호소하는 이유는 명백하다. 그것이
만약 참이라면 도덕적 행동에 보편적이고 객관적인 제약을 제공함으
로써 모든 관점주의나 상대주의를 피할 수 있기 때문이다.

   '도덕적 사실'이라는 생각은 한편으로 흔히 자연적이고 과학적인
사실 발견, 다른 한편으로 소위 도덕적 사실을 발견하고 설명하는 도
덕 과학의 병행적 활동 사이의 가능한 유비를 환기한다. 그렇지만 셰
이퍼-랜도는 도덕 이론을 경험적인 과학적 작업으로 환원하려는 윤리
적 자연주의를 거부한다. 그는 도덕적 사실이 독립적이고 자율적인
영역을 구성한다고 보기 때문이다.

   내 생각으로는 자연과학의 경계를 항구적으로 벗어나 있는, 우리 세계
   의 특유한 특성이 있다. 도덕적 사실이 바로 그것이다. 그것은 자연과학
   의 역사에 의해 파악되지 않는 규범성이라는 요소를 포함한다. 그것은
   우리가 무엇을 행해야 하는지, 어떻게 행동해야 하는지, 무엇이 추구할
   가치가 있는지, 우리가 어떤 이유를 갖는지, 어떤 것이 정당화되며, 어떤
   것은 정당화되지 않는지를 알려 준다. 그런 일들에 대해서 알려 줄 수 있
   는 과학은 없다.[32]

   이 견해에 따르면 과학적 사실과 도덕적 사실이 각각 독립적으로
존재하며, 도덕적 사실은 과학적 사실에는 없는 규범적 차원을 갖는
다. 소위 토대적인 도덕적 사실이 자연과학에서 표준적으로 사용되는

---

[32]   같은 책, p. 4.

탐구 방법(몇몇 반증의 척도들에 열려 있으며, 재생산 가능한 실험적 증거에서 근거를 찾는 실험적 방법 등)에 의해 알려지지 않는다면 과연 어떻게 알려지는 것일까?

과학적 방법(또는 이 문제와 관련된 모든 경험적 탐구 형태)을 비켜서기 때문에 셰이퍼-랜도는 자명성에 의존할 수밖에 없게 된다. 그는 도덕원리가 정당화되는 방식(메타윤리적 관심)과 구체적인 도덕 판단(비메타적 관심)이 정당화되는 방식을 포괄하는 '혼종 도덕 인식론'(hybrid moral epistemology)을 제안한다. 전자의 일부에 대해 그는 "최소한 몇몇 도덕원리는 자명하다. 우리가 그 내용을 이해하고 이 근거에서 그것을 믿게 되면, 우리는 도덕적 믿음을 정당화할 수 있다"[33] 고 주장한다. 이 주장이 어떤 도덕적 개념이나 원리는 '그 자체로 이해된다' 는 도너건(A. Donagan)의 주장과 얼마나 유사한지 주목하라.

셰이퍼-랜도의 입장은 잘 알려진 무어(G. E. Moore)의 비자연주의와 매우 비슷한데, 셰이퍼-랜도는 전반부에서 한 장의 일부를 무어의 비자연주의에 할애하고 있다. 이 책의 서론에서 다루었던 무어의 주장, 즉 도덕적 속성인 좋음 ─세계의 어떤 사태에 우연적으로 적용되는 ─이 그 자체로 존립한다는 주장을 상기하라. 무어는 좋음이라는 속성이 비자연적이기 때문에 일련의 자연적 속성들로 분석될 수 없으며, 따라서 정의될 수 없다고 주장했다. 무어의 주장은 우리가 어떤 확정적인 세계 사태를 좋은 것이라고 이해하며, 그것이 좋음에 관해서 우리가 말할 수 있는 전부라는 것이다. 우리는 그것이 왜 좋은지를 설명할 수 없다. 그것을 설명하려는 시도는 그 개념을 자연적 속성의

---

33 같은 책, p. 8.

관점에서 해명하려고 시도함으로써 자연주의적 오류(naturalistic fal-
lacy)를 범하게 되기 때문이다.

단순히 '좋음' 이라는 개념에 초점을 맞추고 있는 것은 아니지만 셰
이퍼-랜도의 견해는 무어의 것과 놀라울 정도로 유사하다. 그것은
"전적으로 그리고 완전히 기술적인 것(the descriptive)으로 구성되어
있지만, 도덕적 속성과 기술적 속성의 비동일성을 주장하는 입장"[34]
으로 정의되는 비자연주의다. 셰이퍼-랜도의 비자연주의를 특징지어
주는 것은 도덕적 속성이 어떤 자연적 속성으로도 환원되지 않지만
자연적 속성에 수반해서 나타난다는 주장이다.

> 내가 옹호하는 윤리적 비자연주의에 따르면 도덕적 사실은 기술적 사
> 실들의 특정한 연결에 수반해서 나타난다. 이 자연적 사실들이 문제시되
> 는 도덕적 속성을 구현하기 때문이다. 도덕적 사실은 항상 기술적 사실
> 들에 의해서만 구현되기 때문에 필연적으로 기술적 사실들에 따라 변화
> 한다. … 가설적이지만 그래서 상이한 도덕적 평가를 산출하는 것으로
> 간주되는 특성이 기술적 세계에 어떤 효과도 불러오지 않는다.[35]

나는 세계 안의 어떤 것, 즉 관찰 가능한 어떤 사태도 비자연적 속
성을 보유하거나 예화하는 방식 때문에 달라지지 않는다는 놀라운 주
장을 고딕체를 써서 부각시켰다! 셰이퍼-랜도에 따르면 동일한 경험
적 기술을 갖는, 조작적으로 구분할 수 없는 두 개의 사태(행위 등)가
두 가지 상이한 도덕적 기술들을 지지한다. 바꾸어 말하면 우리는 행

---

34 같은 책, p. 76.
35 같은 책, p. 77. (고딕은 존슨의 강조.)

위에 대한 경험적 기술에 의해 그것이 도덕적인지 아닌지를 결정할 수 없다. 이것은 바로 칸트가 『윤리형이상학 정초』에서 "의무에 맞는 행위의 준칙이 오로지 도덕적 근거들과 그의 의무의 표상에만 의거한 단 하나의 경우라도 경험을 통해서 완전히 확실하게 결정하기는 단적으로 불가능하다"[36]라는 말로 주장했던 것이다.

도덕적 교설이 모든 경험적 기술로부터 자율적이며 독립적이라는 이런 주장은 나에게는 "어떤 행위는 스스로를 비추어 주는 도덕적 속성을 지니며, 그것이 우리가 말할 수 있는 전부다"라는 말처럼 들린다. 이것은 당신이 도덕적 감수성과 민감성만 있다면 도덕적 사실을 보는 순간 그것이 도덕적 사실이라는 것을 알 수 있다고 말하는 것과 어떻게 다른가? 나에게는 '좋음'이 비자연적 속성이고, 정의 불가능하며, 명백하게 세계 사태와 상관없다는 무어의 주장에 대한 워녹(G. J. Warnock)의 날카로운 비판이 떠오른다. 워녹이 비꼬아 말하듯이, 무어의 견해에 따르면 우리는 "알려지기는 하지만 어떻게 알려지는지에 대해서는 말할 수 없는, 세계의 다른 속성들과 연관되어 있지만 어떻게 연관되는지를 설명할 수 없는, 우리의 행위에 엄청나게 중요하지만 왜 그처럼 중요한지는 말할 수 없는, 세계 안의 방대한 도덕적 사실들"[37]을 파악할 수 있을 것으로 가정된다. 수반에 대한 이 견해가 특정한 도덕적 속성들이 (어딘가 바로 거기에서) 그저 주어지며, 자명한 것으로 파악된다는, 확신에 찬 주장을 넘어설 수 있는지 상상하

---

36 Immanuel Kant, *Grounding for the Metaphysics of Morals*, trans. James Ellington, in Warner Wick, ed., *Ethical Philosophy* (Indianapolis, Ind.: Hackett, 1785/1983), 407절.

37 G. J. Warnock, *Contemporary Moral Philosophy* (Oxford: Oxford University Press, 1967), p. 16.

기 어렵다. 만약 당신이 이 도덕적 사실들의 자명성을 파악하지 못하면 그것은 그만큼 당신에게 나쁜 일이다.

4. 자명한 진리는 허구적 개념이다

셰이퍼-랜도는 도덕적 사실의 객관성과 관점 독립성을 자명성이라는 강력한 개념 위에 정초시키려고 한다. 셰이퍼-랜도가 말하는 자명한 명제는 "일단 이해되면 우리의 믿음을 정당화해 주는"[38] 명제다. 그 명제의 의미를 이해하기만 하면 우리가 그것의 참/거짓을 파악할 수 있다는 말로 추정된다. 셰이퍼-랜도를 따라서 자신이 옹호하는 유형의 자명한 도덕적 사실로 간주할 수 있는 사례를 고려해 보자. 322쪽이나 되는 그의 책에는 도덕적 사실들이 놀라울 정도로 거의 제시되지 않는다. 내 생각에 가장 선명한 언급은 다음과 같다.

> 내 생각에 다른 조건이 동등할 때 다른 사람의 고통 속에서 쾌락을 취하는 것, 약한 자를 놀리거나 위협하는 것, 결백한 사람을 고발하거나 처벌하는 것, 단순히 개인적 이득을 위해 타인의 비밀을 누설하는 것이 나쁜 일이라는 것은 자명해 보인다. 내가 그것들을 거론해서 말하는 것은 우리가 이 원리들('다른 조건이 동등할 때'라는 구절을 포함해서)을 진정으로 이해하면 그것들이 참이라는 믿음을 정당화하기 위해 자신의 다른 믿음들로부터 그것을 추론할 필요가 없다는 것이다. … 나는 이(또는 다른) 명제들의 자명성에 대해 논증하는 방법을 알지 못한다.[39]

---

38   Shafer-Landau, *Moral Realism*, p. 248.
39   같은 곳.

자명성이라는 개념은 수많은 토대주의적 인식론과 절대주의 이론의 귀중한 보물로서 길고도 부끄러운 역사를 갖고 있다. 불운하게도 그것은 자신들의 주장에 대한 논증이 없으면서도 토대주의적 명제들을 지지하려고 하는 사람들을 위한 낯익은 지지물이다. 미래의 철학사가가 20세기에 철학적 진보를 찾으려고 한다면 그들이 기록할 진보의 분명한 사례는 지식의 절대적 토대—경험주의 인식론에서 해석학적 현상학에 이르기까지 거의 모든 철학적 성향에서 비롯되는—에 대한 도전일 것이다. 니체(F. Nietzsche), 듀이(J. Dewey), 콰인(W. V. O. Quine), 쿤(T. S. Kuhn), 핸슨(N. R. Hanson), 파이어아벤트(P. Feyerabend), 푸코(M. Foucault), 리오타르(J.-F. Lyotard) 등 수많은 선각자들 이후에도 누가 과연 여전히 사실, 명제, 논리적 원리 등으로 불리는 가상의 유사 대상(quasi-object)의 본유적 속성으로서의 자명성 개념에 집착할 수 있을까? 우리는 어떤 것도 그 자체로 자명하지 않으며, '자명하다'고 불렸던 것들이 이제는 더 이상 반박해야 할 필요가 없는, 가정된 사실이나 명제들에 불과했다는 사실을 이미 알고 있지 않은가?

'자명성'은 어떤 것의 본유적 속성이 아니다. 그 이유는 (1) 그것이 속성이 아니며, (2) 만약 그것이 속성이라면 자명할 수 없기 때문이다. 낯익은 논변을 되새겨 보자. 먼저 증거란 특정한 탐구 공동체 안에서 제시되는 인식적 주장을 뒷받침하는 데 어떤 유형의 현상이 적합한 것으로 간주될 수 있는지의 문제라는 입장에서 시작해 보자. 그런 탐구 공동체는 모두 특정한 관심과 목표, 전통을 구성하는 실천의 체계(매킨타이어가 말하는 의미에서의), 그리고 빈번히 변화하는 탐구와 생산 기술—특정한 전통을 부분적으로 정의하는—에 의해 특징지어지는 역사를 지닐 것이다. 그처럼 주어진 탐구 모형 안에서 증거로 간주될 수 있는 것은 어떤 현상이 우리의 탐구에서 우리의 실험적 기술, 우리의 가치, 그리고 우리의 목표와 관련해서 가장 중요하게 생각되는지에 달려 있을 것이다. 특정한 주장은 다음과 같은 의미에서만 자명한 것일 수 있다. 이 특정한 순간에 이 특정한 탐구 공동체에게 그들의 특정한 일련의 가치나 목표와 함께, 그리고 현재 받아들이는 이 탐구 양식이나 설명 방법과 관련해서 그 공동체의 구성원인 우리가 현재로서는 '자명한' 것으로 가정된 것을 반박할 이유가 없다. 우리는 그 특정한 상황에서 그 주장이 참인 것처럼 받아들이고 나아간다. 그러나 20세기 과학철학사가 보여 주는 것처럼 사실상 상황의 조건이 변화한다는 것을 전제하면 어떤 것도 비판이나 수정 가능성, 또는 반박으로부터 면제되지 않는다.[40]

(의심스럽기는 하지만) 만약 그럴듯한 자명성 개념이 있다면 듀이가 인정하는 것 같은 매우 제한된 의미에서나 가능할 것이다. 듀이는 논리적 명제에 관해 그것이 자명하다고 말하는 것은

그 명제가 속하는 의미 체계 안에서 그것에 관해 사고하는 사람은 그 관계 안에서 그 의미를 파악할 것이다. 마치 "그 리본은 푸른색이다"라는 경험적 명제의 의미를 파악할 수 있듯이. 명제, 그리고 그 명제에 가해진 해석의 논리적 힘과 기능의 문제는 열려 있다. 마치 그 의미가 파악된 이후에도 경험적 명제의 진리가 열려 있듯이.[41]

40 W. V. O. Quine, *Word and Object* (Cambridge, Mass.: MIT Press, 1960); Kuhn, *The Structure of Scientific Revolutions*; Richard Rorty, *Philosophy and the Mirror of Nature* (Princeton, N. J.: Princeton University Press, 1979); *Consequences of Pragmatism* (Minneapolis, Minn.: University of Minnesota Press, 1982) 참조.

41 John Dewey, *Logic: The Theory of Inquiry: The Later Works, 1925-1953,*

듀이는 '자명하다' 라고 정당하게 말할 수 있는 것은 어떤 개념체계 안에서의 명제의 의미이지, 결코 그 진리성은 아니라는 것이다! 바꾸어 말하면 한 명제의 의미가 명료하고 의심의 여지가 없다(자명하다)고 말하는 것은 개념이나 의미의 체계 안에서는 받아들여질 수 있지만, 그것이 그 명제의 진리성을 보장하는 것은 아니라는 것이다. 왜냐하면 그것은 인식적 공동체가 받아들이는 기준에 상대적으로만 결정되기 때문이다. 셰이퍼-랜도의 잘못은 어떤 맥락 안에서 한 명제의 의미를 명료하게 이해하는 것과 그것을 토대적 진리로 파악하는 문제를 동일시하는 것이다.

요약하면, 자명성 개념이 중요한 도덕적 역할을 할 수 있는가는 다음과 같은 조건들에 달려 있다. (1) 사용되는 개념체계 또는 상징적 의미 체계.[42] (2) 무엇을 증거 또는 자료로 간주할 것인지에 대한 공동체적 결정. (3) 설명과 정당화의 방법론적 기준을 확립한 탐구 공동체. (4) 탐구의 목표로서 특정한 가치의 설정. 관찰자나 관찰자 공동체, 활동 참여자와 전혀 상관없이 몇몇 사실들은 존립하며, 몇몇 명제들은 자명하게 참이라는 셰이퍼-랜도의 주장을 따르는 한 도덕적 실재론의 잘못은 바로 여기에 있다.

Vol. 12, ed. Jo Ann Boydston (Carbondale, Ill.: Southern Illinois University Press, 1938/1991), p. 158. (고딕은 원문의 강조)

42 Putnam, *Reason, Truth and History* 참조.

5. 받아들일 만한 도덕적 사실은 없다

지금까지 나는 자명한 진리 개념을 반박했다. 이제 나는 자명한 것이
든 아니든 도덕적 사실 개념 자체를 반박하려고 한다. 내가 주장하려
는 것은 다음과 같은 두 가지다. (1) 도덕적 실재론자들이 '도덕적 사
실'이라는 말을 통해 확립하려고 하는 토대적인 인식적 정당화 작업
을 수행해 줄 수 있는 도덕적 사실 개념은 존재하지 않는다. (2) '도
덕적 사실'이라는 말이 적절한 의미를 갖는 한, 그것은 사실상 내가
제안하는 비토대주의적이고 탐구 지향적인 이론과 양립 가능하다.

　사실이라는 개념을 좀 더 면밀하게 살펴보자. 도덕적 실재론은 추
가적 지식을 건설하기 위한 토대적 전제로서 도덕적 사실 개념을 요
구한다. 우리는 길고 어려운 작업을 통해서 사실들을 찾아내야 할지
도 모른다. 그러나 도덕적 실재론자에 따르면 우리가 그 사실들을 만
들거나 창조하지는 않는다. '사실들'은 마주치거나 발견되기를 기다
리며 '저 밖에' 있다. 그것들은 객관적으로 주어진 것이다. 앞서 살펴
보았던 것처럼 셰이퍼-랜도의 실재론에 따르면 "다른 사람의 고통 속
에서 쾌락을 취하는 것, 약한 자를 놀리거나 위협하는 것, 결백한 사
람을 고발하거나 처벌하는 것, 단순히 개인적 이익을 위해 타인의 비
밀을 누설하는 것이 나쁜 일"[43]이라는 것은 의심의 여지가 없다. 일견
여기에는 네 가지 도덕적 사실이 있는 것처럼 보인다. 그것들은 모두
그 사실들을 표현하는 데 사용된 용어들의 의미를 '정확히' 그리고
'완전히' 이해하는 모든 탐구자에게 인식적으로 '자명한'이라는 표지
와 함께 주어진다.

---

[43] Shafer-Landau, *Moral Realism*, p. 248.

나는 이 가정된 원리들을 반박할 생각은 없다. 사실상 나는 이런 원리들을 전부는 아니라 하더라도 대부분의 도덕체계에서 찾을 수 있기를 기대한다. 이런 원리들에 대한 강한 논변은 의심할 바 없이 상이한 문화체계와 도덕적 실천에 상대적으로 구조화된다. 그렇지만 이 중 어떤 것도 도덕적 사실에 관한 도덕적 실재론자의 개념에 신빙성을 더해 주지 않는다.

나는 사실의 본성에 대한 듀이의 대안적 개념을 제안하고 싶다. 그것은 도덕적 실재론이 수용하는 어떤 토대주의적 명분도 인정하지 않는다. 『논리: 탐구의 이론』이 보여 주는 것처럼 듀이는 논리를 인간의 탐구의 실천 안에 설정했다. 논리는 이런저런 방식으로 우리의 추론을 제약하는, 초월적이고 보편적인 합리적 능력의 자율적 구조가 아니다. 논리는 오히려 우리(특정한 탐구 공동체)가 세계에 대해 다양한 방식의 참여적이고, 신체화되고, 내재화된 탐구를 수행하는 데 유용하게 받아들이는 탐구의 패턴이다. 이 견해에 따르면 사실들은 특정한 탐구를 제약하고 수행해 나아가는 방식으로 가정되거나 제안된 것이다. 사실들은 모든 정확한 이론들이 따라야 할, 선재적이고 절대적으로 '주어진 것'이 아니다.

여기에서 듀이의 중요한 제안은 우리가 '사실'이나 '관념'을 추상적인 유사 대상으로서가 아니라 탐구 과정에서 생겨나는 기능적(functional) 개념으로 보아야 한다는 것이다. 어떤 사태를 하나의 '사실'로 설정하는 것은 문제 상황을 특정한 성질을 지닌 것으로 규정하는 일이며, 그것은 특정하게 주어진 조건 아래에서 그 상황이 어떻게 전개될 것인지에 관한 '관념'을 낳는다.

앞서 서술했던 것처럼 사례의 관찰된 사실과 관념들에 표현된 관념적

내용은 서로 연관되어 있으며, 그것들 각각은 관련된 문제와 제안된 가
능한 해결 방법의 명료화다. 따라서 그것들은 탐구 작업에서 기능적 구
분이다. … 관념은 추가적인 관찰 행동을 자극하고 안내한다는 점에서
조작적(operational)이다. 그것들은 새로운 사실들을 부각하고, 모든 사
실들을 하나의 정합적인 전체로 조망하고 조직하기 위해 현존하는 조건
들에 대응하려는 제안이며 계획이다. … 사실들이 조작적이라는 것은 무
엇을 의미하는가? 그 의미의 부정적 측면은 사실들이 그 자체로 자족적
이거나 완전하지 않다는 것이다. 앞서 살펴보았던 것처럼 그것들은 어떤
목적 — 말하자면 그 재료가 난점의 해결에 관련된 의미를 지시하며, 그
가치와 타당성을 검증하는 데 기여하는 방식으로 이루어진 관련된 문제
의 진술—에 따라 선별되어 기술된다. 규제된 탐구 안에서 사실들은 이
작업을 수행하려는 명시적 의도에 따라 선별되고 정돈된다. 그것들은 관
찰 조작의 결과일 뿐이다. … 그것들은 기능적이라는 점에서 필연적으로
조작적이다. 그것들의 기능은 증거로 작용하는 것이며, 그 증거적 성질
은 그것들이 불러일으키고 지지하는 관념들에 의해 규제된 조작에 대응
해서 정돈된 전체를 형성할 가능성에 근거해서 판단된다.[44]

따라서 사실은 어떤 상황에 대한 탐구를 정돈하는 수단으로서 상황
의 특정한 양상들을 선별한 것이다. 우리가 일시적으로 어떤 상황의
'사실들'에 의지하게 되면 그렇게 기술된 문제를 해결하려는 시도의
근거로서 그 상황의 의미에 관한 관념들을 사용할 수 있다. 그래서 듀
이는 이렇게 결론짓는다.

---

[44] Dewey, *Logic*, pp. 116-17.

관념들이 요구하고 안내하는 실험적 관찰의 결과로 드러나는 사실의 질서는 **실험적 사실**(trial facts)이다. 그것들은 임시적(provisional)이다. 그것들은 적절한 기관이나 기술에 의해 관찰될 때 '사실'이 된다. 그러나 이런 측면에서 그것들은 실제 사실(facts of the case)이 아니다. 그것들은 마치 관념들(가설들)이 해결의 기능을 수행하는 능력에 따라 검증되는 것처럼 증거 기능의 관점에서 검증되거나 '입증'된다.[45]

임시적인 증거적 설정으로서 이러한 기능적이고 실험적인 '사실' 개념의 귀결은 셰이퍼-랜도의 도덕적 실재론이 요구하는 자명한 진리로서의 사실이 근거가 없다는 것이다. 도덕적 숙고 과정의 척도는 가정된 선재적인 토대적 사실에 합치하는지의 문제가 아니라 그것이 과연, 또 얼마나 성공적으로 문제 상황을 해결하는지의 문제다. 모든 진지한 도덕적 탐구에서 핵심적인 단계는 당면한 문제를 정의하는 일이기 때문에 특정한 사실을 임시적으로 제안하는 것은 결정적 역할—그 역할이 우리가 경험하는 것으로서의 문제를 특징짓는다는 점에서—을 한다. 그렇지만 문제 상황을 해결하는 가능한 방식들에 대한 우리의 후속적 관념들은 종종 그 문제의 재서술—우리의 도덕적 숙고의 근거로 삼았던 '사실들'에 대한 재고—로 우리를 이끌어 가기도 한다.

어떤 절대적 의미에서도 비토대주의적인, 듀이적인 이러한 '사실' 개념은 어떤 흥미롭고 유용한 방식으로도 인식적 자명성 개념을 뒷받침하지 않는다. 따라서 그것은 내가 전개해 왔던, 비토대적이며 과정 지향적인 도덕적 문제 해결 방식으로서 도덕적 인지에 대한 해명과 완전하게 양립 가능하다.

---

45 같은 책, p. 117.

6. 비토대주의적 도덕원리 개념

특정한 사실들을 설정하는 것과 마찬가지로 도덕원리에 대한 고려도
도덕적 탐구 과정의 일부다. 그것들은 모두 도덕적 문제 상황을 어떻
게 가장 잘 해결할 수 있는지에 대한 탐구에 고려되어야 할 요소다.
원리는 실제 도덕적 탐구를 통해 검증되어야 하며, 도덕적 문제의 적
절한 해결책을 찾는 데 도움이 되는지, 또 어떻게 도움이 되는지를 결
정해 주는 실험적 가설이다. 원리들은 도덕 공동체가 과거의 경우들
에서 자신들의 문제 해결을 지도하는 데 중요하다고 생각했던 고려들
을 가리킨다는 점에서 한 문화의 집단적 지혜의 요약이다. 그것들은
구체적 문제를 판단하기 위한 절대적이고 선결된 규칙이 아니다. 그
것들은 어느 정도 인지적으로 고착되기 때문에 우리의 도덕적 숙고에
어느 정도 추정적 중요성을 갖지만 절대적이지는 않다. 그것들은 특
정한 역사적 맥락에서 발생했으며, 지금까지 예기치 않았던, 변화하
는 조건의 관점에서 수정되어야 할 수도 있다. 듀이는 원리들을 이렇
게 정의한다.

[원리들은] 과거 행위의 판단들이 작동했던 방식들로부터의 경험적 일
반화다. 이 사실이 분명하다면 이 일반화들은 의심스러운 사례들을 결정
하는 고정된 규칙들이 아니라 탐구를 위한 도구, 즉 과거 경험의 전체적
가치가 새로운 복잡성에 대한 현재의 탐색에 사용될 수 있도록 해석하는
방법들이다. 그렇다면 원리들은 미래의 작용을 통해 검증되고 수정되어
야 할 가설들이라는 결론이 따라 나온다.[46]

---

46 Dewey, *Human Nature and Conduct: The Middle Works, 1899-1924*, Vol .

이러한 관점에서 "결백한 사람을 고발하거나 처벌하는 것은 … 나쁜 일"이라는 셰이퍼-랜도의 소위 자명한 원리를 어떻게 받아들여야 할 것인지를 고려해 보자. 이것은 오늘날 미국 안에서 작동하는 종류의 서구적 민주주의 사회에서 자란 어떤 미국인이라면 누구도 의문을 제기하지 않을 원리일 수도 있다. 내 추정으로는 좋은 교육을 받고 적절하게 성찰적인 미국인이라면 왜 우리가 이 원리를 준수해야 하는지에 관해 몇몇 정당한 이유를 제시할 수 있을 것이다. 나는 짐작으로는 이 정당화의 대부분이 정의로운 사회가 무슨 뜻인지, 또 우리 대부분이 꿈꾸는 이상적 민주주의가 요구하는 기본적 자유가 무엇인지의 문제에 초점을 맞출 것이다. 그렇지만 이 정당화의 어떤 것도 이 원리를 절대적이고 자명한 도덕적 명제로 만들어 주지 못할 것이다. 또한 우리는 그러한 절대적 정당화를 필요로 하지도 않는다. 지금까지 우리에게 주어진 것은 기껏해야 현재와 같이 구성된 우리 사회의 정당화 실천 안에서 우리가 의지할 수 있는 원리를 준수해야 한다는 논변들뿐이다. 우리는 그러한 원리가 신, 보편적 순수실천이성, 또는 또 다른 초월적 원천으로부터 온 것이라는 증명을 필요로 하지도 않으며, 또 증명할 수도 없다.

원리가 고정되고, 절대적이며, 최종적일 수 있는 유일한 경우는 우리의 세계가 변화로부터 벗어나 본질적 패턴으로 굳어졌을 때뿐이다. 그러나 변화는 경험의 가능성 자체—필연적으로 시간적이며 변형을 겪는—에 기본적이다. 따라서 경험의 가변적이며 시간적인 특성은 사고의 유연성, 가변적 조건에의 적응, 고정된 습관과 개념체계, 그리고 종종 도덕원리의 재고를 요구한다. 도덕원리는 결코 사소한 것으로 받아들여져서는 안 되지만, 절대적인 것으로 받아들여져서도 안 된다. 도덕원리는 우리의 지속적인 도덕적 숙고를 통해 시도되고 검증되어야 할, 중요한 고려의 지침들이다.

인지과학의 관점에서 도덕적 절대주의에 대한 내 비판을 마무리하면서 내 주장이 고전적인 의무론적 접근과 결과주의적 접근에 마찬가지로 적용된다는 점을 지적해 두고 싶다. 나는 일차적으로 도덕법칙 이론들에 초점을 맞추었는데, 그것들은 흔히 신적 명령이나 합리적 명령의 형태를 띤다. 공리주의의 대부분 버전들은 동일한 비판에 직면한다. 내가 지금까지 논의했던 것은 다음과 같은 가정들에 근거하고 있는 모든 형태의 공리주의에 해당된다. (1) 관련된 최대 다수의 구성원들에게 좋음을 최대화하는 행위는 옳다. (2) 좋음 개념은 고정되고, 선재하며, 적절히 정의된다. (3) 인지된 좋음의 실현을 위한 최적의 수단은 계산 가능하다. 수많은 철학자와 심리학자들은 이것들을 포함한 고전적인 공리주의 이론의 기본적 가정들을 명백하게 비판해 왔지만, 나는 여기에서 그 비판들을 상술하지는 않을 것이다. 나는 다만 그렇게 정의된 공리주의가 도덕적 절대주의의 또 다른 버전일 뿐이며, 그래서 고정되고 선재하는 좋음과 목적들에 대한 도전, 그리고 공리주의적 이론들이 선호하는 합리적 행위자 모형에서 사용되는 산술적 형태의 추론에 대한 비판에 의해 무너진다는 점만을 지적해 두고 싶다. 그렇지만 내가 이 장에서 제기했던 비판은 키처(P. Kitcher)가 '역동적 결과주의'(dynamic consequentialism)라고 부르는 견해의 적절하게 자연화된 형태에는 적용되지 않는다는 사실을 분명히 밝혀 두고 싶다. 키처는 역동적 결과주의를 다음과 같이 요약한다.

윤리적 기획은 역동적 결과주의 안에서의 모험들로 이해될 수 있다. 그
참여자들은 더 나은 세계를 산출하려는 시도를 통해 그들의 문제에 대응
한다. 그들은 좋음에 대한 암묵적 개념을 갖고 있으며, 그들이 전망하는
것으로서의 좋음의 고양에 의존하기 위해 행위의 옳음을 취한다. … 그
러나 결과주의 윤리 이론은 스스로의 판단을 불완전하고 조건적인 것으
로 간주함으로써 좋음에 대한 완전한 명세서가 없다는 사실을 암묵적으
로 인정할 수 있다.[47]

역동적 결과주의는 비절대주의적 견해에 적절한 이름이다. 이러한
시각 안에서 우리는 다양한 선택이나 실천, 제도 등을 통해 실현되는
광범위한 결과와 사태들에 주목하며, 우리가 인식하는 좋은 삶의 목
표나 개념은 필연적으로 과정적 작업이 된다.

7. 도덕적 근본주의는 왜 부도덕한가?

지금까지 우리는 강한 버전의 도덕적 실재론의 가정된 토대를 반박했
다. 상기해 보면 도덕적 실재론은 어떤 개인이나 집단의 관점으로부
터도 완전히 독립된 것으로 가정되는 객관성을 보장하는 방식으로 구
성되었다. 그러나 무관점적인 객관성은 없다. 절대적이며, 자명하게
참인 도덕적 사실은 없으며, 절대적이고 무조건적인 도덕원리도 없
다. 도덕적 근본주의에는 인지적 토대도 인식적 토대도 없다.

따라서 도덕적 근본주의는 잘못된 이론이다. 그것은 우리의 마음이

47　Philip Kitcher, *The Ethical Project* (Cambridge, Mass.: Harvard University
　　Press, 2011), p. 288. (고딕은 원문의 강조.)

작동하는 방식에 대해 알려진 지식과 양립할 수 없다. 인간은 대부분 도덕적 절대주의가 요구하는 유형의, 고전적으로 구조화된 범주들을 사용하지 않는다. 또한 우리는 고정된 세계의 사태에 직접적이고 확정적으로 사상할 수 있는, 엄밀하게 문자적인 도덕적 개념들을 사용하지도 않는다. 사실이나 원리는 어떤 중요한 의미에서도 강한 도덕적 실재론(근본주의의 한 형태로서)이 요구하는 것처럼 '자명한' 것으로 받아들여질 수 없다. 이것이 내가 인지과학과 신경과학, 그리고 마음, 사고, 언어, 가치에 대한 실용주의적 개념의 관점에서 도덕적 근본주의를 '가망 없는 것'(non-starter)이라고 부르는 이유다.

그러나 도덕적 근본주의는 단순히 과학적으로 잘못되었다는 것으로 그치지 않는다. 더 나쁜 것은 [도덕적 근본주의가] 부도덕하다는 점인데, 우리는 이제 그 이유를 알 수 있다. 도덕적 근본주의가 부도덕한 이유는 그것이 모든 진지한 형태의 도덕적 탐구를 가로막기 때문이다. 그것은 도덕적 진리를 자명하게 주어진 것으로 본다. 도덕적 근본주의가 하나의 기본적 고려를 도덕적 문제 상황에서의 결단에 대한 유일한 해답이라고 받아들이는 한, 그것은 경험의 복잡성, 깊이, 풍부함, 그리고 변화하는 본성을 거부한다. 더 나쁜 것은 그것이 경험이 초시간적 법칙의 지배를 받는 폐쇄적이고 확정된 체계를 형성한다는 가정 아래 도덕적 탐구의 진전을 가로막는다는 점이다. "그것이 할머니에게 좋은 것이야. 그래서 그것은 너에게도 좋은 것이야"라는 속삭임은 부도덕하다. 만약 할머니가 인종주의자이고, 반유대주의자이며, 소아성애자이며, 전쟁광이며, 가학성애자라면 어떻게 할 것인가? '선조'의 신앙도 도덕도, 적어도 절대적인 의미에서 '우리에게 좋은 것'으로 받아들여져서는 안 된다.

우리에게 필요한 것은 결코 변하지 않는 무조건적인 도덕적 진리가

아니다. 인간에게는 절대적이고 항구적인 의미에서의 그런 진리는 주
어지지 않기 때문이다. 대신에 우리에게 필요한 것은 정제되고 검증
되고 섬세한 도덕적 탐구 방법이다. 우리는 그러한 탐구를 변화하는
조건에 직면해서 지속적인 경험을 통해 검증하고, 최선의 판단에 의
해 조정함으로써 우리 삶과 연관시킨다. 듀이는 이렇게 말한다.

> 도덕은 그것이 만약 과학이라면 성장하는 과학이어야 한다. 단지 모든
> 진리가 인간의 정신에 의해 밝혀지지 않았기 때문이 아니라 삶이 움직이
> 는 사태 — 낡은 도덕적 진리가 더 이상 적용되지 않는 — 이기 때문이다.
> 원리들은 탐구와 예측의 방법이며, 그것은 사건에 근거한 검증을 요구한
> 다. 도덕을 수학과 동화시키려는 전통적인 시도는 낡은 독단적 권위를
> 지탱하거나 새로운 것을 낡은 것의 권위에 복속시키려는 한 방식일 뿐이
> 다.[48]

절대적 토대의 탐색은 어리석은 희망이다. 그것은 우리가 일상적으
로 부딪히는 도덕적 문제에 직면할 때 가장 절실하게 필요한 것 — 우
리가 합당하게 행위할 수 있게 해 주는, 지적이고 반성적이며 자기비
판적이고 상상적인 도덕적 탐구 — 으로부터 우리를 멀어지게 한다.
이것은 우리가 살아 있는 한 지속적인 변형의 과정이 될 것이다.

---

48 Dewey, *Human Nature and Conduct*, p. 164.

제8장

도덕적 자아의 구성

1. 도덕 이론은 무엇을 해야 하는가?

지금까지 우리가 분명하게 알고 있는 인간에 부합하는, 경험적으로
책임 있는 도덕성 해명을 위해 내가 전개해 왔던 주장을 개략적으로
요약하면 이렇다.

1) 도덕 행위자로서의 인간은 매우 복잡한 동물이며, 그의 가치는 그의
   물리적, 대인관계적, 문화적 환경과의 지속적인 상호작용에서 창발한
   다. 그 가치들은 자연적으로 발생하며, 어떤 초월적 원천으로부터 전
   해진 것이 아니다.

2) 인간의 평안과 관련된 우리의 가치들은 다양한 원천에서 비롯된다.
   생명 유지를 위한 생물학적 요구, 대인관계의 양상들, 집단 협력의 필
   요성, 개인적·집단적 번영을 위한 고려들이 그것이다.

3) 경험은 명확한 유형들로 미리 구분되어 이루어지지 않기 때문에 독립
   적인 도덕적 경험 같은 것은 없다. 따라서 소위 독립적인 도덕 판단을
   해명하기 위해 과학적으로 의심스러운 도덕 본능(moral instinct), 도

덕 기관(moral organ), 또는 불신받는 능력심리학(faculty psychology)을 가정할 필요가 없다.

4) 도덕적 추론이 본유적인 도덕법칙을 구체적 상황에 적용하는 문제라고 생각하는 대신 윤리적 사고를 문제 해결 활동의 한 형태일 뿐이라고 보아야 한다. 과학적 탐구 성과를 포함하는 모든 형태의 지식은 우리가 어떤 존재이며, 어떻게 현재의 상태로 진화했는지, 어떻게 생각하고 느끼는지, 가치는 어디에서 비롯되는지, 역사를 통해 어떤 제도와 실천이 있었는지에 대해 알려 줌으로써 지성, 질, 도덕적 문제 해결의 효과에 기여할 수 있다. 결과적으로 인간적 의미 안에서 모든 형태의 경험적 지식과 실행은 우리가 어떻게 살아야 하는가를 결정하는 문제와 관련되어 있다. 이것은 역사, 생물학, 신경과학, 인류학, 심리학, 사회학, 종교, 예술, 인문학을 포괄한다.

5) 보편적 도덕법칙의 형태든 토대주의적인 도덕적 사실의 형태든 도덕적 절대라는 생각은 인간의 개념화, 이해, 평가, 추론의 본성에 대한 인지과학적 탐구에 의해 도전 받는다. 도덕적 근본주의는 과학적으로 의심스러울 뿐만 아니라 우리 문제들에 지적으로 대처하려고 할 때 가장 절실하게 필요로 하는 지속적인 도덕적 탐구를 가로막는다는 점에서 **도덕적으로도 의심스럽다**. 도덕적 이상이나 원리들은 과거의 경험을 통해 특정한 도덕적 문제들을 해결하는 데 유용한 것으로 드러났던, 가치나 고려, 전략의 요약이라는 점에서 어떤 역할이 있을 수 있다. 그렇지만 우리의 존립 조건이 복잡할 뿐만 아니라 자주 변화한다는 사실을 감안한다면 우리가 지금 직면하는 것과는 실질적으로 다른 상황에서 생겨났을 수 있는 기존의 기준에 항상 의존할 수는 없다.

6) 마음의 과학은 도덕적 인지의 다음과 같은 두 가지 기본적 과정을 탐색했다. (1) 대부분 무의식적이며, 무반성적이고, 빠르며, 감정에 근

거한 직관적인 평가 작용, (2) 대체로 원리에 근거하지만 의식적이고, 반성적이고, 느린, 사후 정당화 형태의 추론이 그것이다.

7) 이 두 가지 과정에 덧붙여서 나는 제3의 과정, 즉 상상적인 도덕적 숙고의 과정—어떤 방향이 현재 직면하는 경쟁적 가치나 관심, 목표들의 긴장을 일부분이라도 가장 잘 해소해 줄 것인지를 결정하기 위해 가능한 행위 방향들을 상상적으로 시뮬레이션(이를테면 리허설)하는 것—을 제안했다.

8) 이 세 번째 평가 형태는 느낌과 정서(직관적 궤도에서 작동하는)를 포함한다. 그러나 그것은 또한 더 반성적이고 비판적이며 설명적인 과정, 즉 상상적 추론이라고 불릴 수 있는 과정을 포함한다.

9) 결과적으로 도덕적 숙고는 기본적으로 우리의 문제 상황을 더 유연하고 조화로우며 성취된 실재로 재구성하기 위해 다양하게 상상된 행위 방향의 적절성을 평가하는 과정이다. 숙고의 과정은 실제로 목표나 가치들의 충돌의 해결이라는 인식을 제공할 때 합당한 것이다. 따라서 합당성이란 우리의 숙고를 소위 선재하는 합리성의 기준들에 맞게 조정하는 문제가 아니라 상상적 숙고의 산물이다.

2. 도덕적 경험의 형이상학: 도덕적 사고의 세 가지 은유적 관점

내가 요약했던 해명은 도덕 이론의 본성과 목적에 관해 서양철학적 전통에서의 지배적 관점들 대부분과 근본적으로 다른 입장을 요구한다. 요구되는 입장 변화는 기존 도덕 이론들을 부분적으로 수선하는 것으로는 이루어질 수 없다. 대신 그것은 그 이론들의 일부 토대들에 대한 근원적인 검토를 요구한다. 특히 도덕철학이 인간 행동을 통제하는 절대적 기준을 제공해야 한다는 그릇된 생각을 포기하도록 요구한다.

여기에서 중요한 것은 단지 우리의 도덕 이론 개념의 문제가 아니라 전반적인 형이상학, 즉 세계에 대한 존재론적 구도의 문제다. 핵심적 물음은 이렇다. 과연 실재는 세계 안에서 스스로의 본유적 본성을 드러내는 사물이나 인격, 사건의 선결된 본질들로 구성된 닫힌 체계인가? 아니면 내가 주장하는 것처럼 경험은 유기체와 환경—변화와 새로운 조건의 창발로 특징지어지는—의 지속적 상호작용의 과정인가? 전자는 객관주의적 형이상학(objectivist metaphysics)이며, 후자는 실용주의적 과정 형이상학(pragmatist process metaphysics)이다.

객관주의를 지탱해 주는 은유는 도덕적 추론을 적용되어야 할 상황의 밖에 독립적으로 존립하는 무엇인가(도덕적 기준 등)를 발견하는 작용으로 본다. 이 형이상학적 구도 안에서 경험은 행위 유형 안에서 고정되고 미리 범주화되어 주어지는 것으로 가정되며, 도덕법칙이나 기준은 본질적으로 고정되어 있으며, 또한 유일한 추론 형식은 개별 사례를 선재하는 도덕적 유형이나 범주—고도로 확정적인 도덕법칙에 포섭될 수 있는—에 부합하는지를 식별하는 문제다. 여기에서는 지금까지 평가되거나 시도되지 않았던 해결책을 요구하는, 새롭게 발생하는 상황적 조건들에 대한 진지한 연결이 있을 수 없다.

계시나 이성, 느낌을 통해 발견할 수 있는 토대적인 도덕적 진리가 존재한다는 생각은 내가 주장했던 것처럼 인간의 개념화 방식, 가치, 이성에 대한 탐구에 의해 더 이상 지지되지 않는다. 불운하게도 「발견」(Discovery) 은유를 포기하는 것은 종종 우리를 반대편의 극단인 도덕적 가치나 법칙의 「발견」이 아닌, 「자의적인 만들기 또는 구성」(Arbitrary Making or Constructing) 은유로 몰아간다.[1] 인지과학의

---

1 나는 발견되는 것으로서의 진리와 만들어지는 것으로서의 진리라는 로티의 대비 —

관점에서 이것은 지나치게 단순하고 매우 부실한 이분법적 논리이며, 그 논리는 도덕 판단 과정에 대해 근본적으로 대립적이며 그만큼 잘못된 기술들을 제시할 뿐이다. 여기에서 도덕 판단은 (1) 외재적이며 초월적인 도덕의 제약의 발견이거나 (2) 무에서 가치의 자의적인 창조다. 바꾸어 말하면 우리는 세계 안에 객관적으로 존재하는 가치를 발견하거나 아니면 그것들을 만들어 낸다는 것이다!

이와는 대조적으로 실용주의적 입장은 경험에 대한 과정적이면서 사건 중심적인 형이상학을 받아들이는데, 그것은 우리 삶에서 변화와 함께 상대적 안정성을 동시에 인정한다. 이런 성격의 세계는 경험의 **창조적 변형**(creative transformation) — 경험의 예술적 재구성이라는 형태의 — 이라는 다른 은유를 요구한다. 그것은 옳으면서도 좋은 삶의 예술을 강조한다. 그것은 선재하는 진리의 발견보다는 예술작품을 만들고 평가하는 것에 더 가까운, 제약되면서도 창조적인 문제 해결 활동이라는 형태를 통해 이루어진다. 발견되는 가치/만들어지는 가치 이분법을 피하면서 우리는 우리의 가치에 모든 제약이나 근거를 부정하는 상대주의에 빠져들어서는 안 된다. 나는 2장에서 드러나는 것처럼 우리가 단순히 가치를 '만드는 것'이 아니며, 또한 3~5장의 논의에서 드러나는 것처럼 우리의 상상적 숙고가 제약 속에서 작동하며, 따라서 자의적이 아니라는 점이 분명해지기를 바란다. 도덕적 절대의 부재가 모든 것이 허용되는 황량한 도덕적 황무지로 몰아갈 것이라는 생각은 지나치게 단순화된 헛소리다.

실용주의적 견해를 따라 나는 우리가 도덕적 문제 상황에 직면할

그가 흔쾌히 도덕적 개념으로 확장시켰을 구분 — 를 염두에 두고 있다. Richard Rorty, *Contingency, Irony, and Solidarity* (Cambridge: Cambridge University Press, 1989), p. 3.

때 우리가 상황을 평가하는 초기 과정은 대부분 무의식적이며, 직관
적 궤도 수준에서 작동하는데, 이 수준에서 정서적 평가와 반응은 우
리가 의식적으로 고려할 만한 선택의 폭을 이미 선별적으로 좁히기
시작한다. 우리는 초기의 정서적 방향성과 선별을 토대로 우리 앞에
드러나는 가능한 행위 방향들의 폭이 갖는 의미와 함축을 상상적으로
탐색한다. 우리의 도덕적 반성이 의식적 탐구의 수준으로 상승할 때,
전형적으로 우리의 최선의 전략은 가능한 분야에서 수렴할 수 있는
모든 관련된 지식을 활용하는 것이다. 그렇게 함으로써 상이한 상상
된 경험의 경로들이 우리를 어디로 이끌어 가는지를 결정하고, 그 확
장된 결과들이 무엇이 될지를 결정한다.

　인간사와 세계에 관한 넓고 심화된 지식에 이처럼 의지하는 것은
모든 형태의 적절한 문제 해결에 공통적인 요건일 뿐이며, 소위 '도덕
적' 문제 해결은 그 한 사례일 뿐이다. 탐구를 통해서 상황을 실제로
개선하는지를 확인하기 위해서 우리는 우리가 거주하는 자연적·문
화적 세계 안에서 상황이 어떻게 전개되는지를 알아야 한다. 관련된
지식은 생물학이나 신경과학, 인류학, 심리학, 사회학, 정치학, 경제
학, 역사, 예술, 문학, 철학 등 세계와 인간 본성, 심리사회적이고 발
생적인 것, 문화에 관해 통찰을 주는 모든 탐구에서 주어질 수 있다.
따라서 지속적인 과학적 탐구는 적어도 다음과 같은 방식으로 우리의
도덕적 이해에 기여한다.

- 그것은 가치가 어디에서 오는지, 왜 우리와 같은 존재가 현재와 같은
  가치를 유지하는지를 보여 줄 수 있다.
- 교차 문화적, 역사적 탐구는 특정한 과학적, 정치적, 종교적, 철학적,
  경제적, 사회적 조건이나 발달 등에 대응하여 우리의 도덕적 입장이나

이론들이 어떻게 문화에 따라 다르며, 역사적으로 우연적인 상황 안에서 어떻게 발생하는지를 이해할 수 있게 도와준다. 따라서 우리의 가치는 어떤 근본적 의미에서도 절대적이거나 초역사적이지 않다.

- 인지과학은 인간의 개념체계의 작동을 이해할 수 있게 도와준다. 개념체계의 작동은 개념들이 어떻게 구조화되며, 추상적 사고가 대부분 개념적 은유들 안에서 어떻게 작용하는지, 우리의 추론이 어떻게 신체적 (감각 운동적) 경험에 근거하고 있으면서도 정서적 반응이나 느낌들과 연결되어 있는지를 포함한다.

- 경험적 탐구는 평가나 숙고, 판단 과정에 대해 통찰을 제공할 수 있다. 이것은 마음이나 사고, 가치에 대해 인지적으로 부적절한 가정들―흔히 상식적인 도덕적 이해와 정교한 도덕철학에 마찬가지로 스며들어 있는―로부터 비켜설 수 있게 도와준다. 철학과 대화를 유지하는 인지과학은 개념화와 추론, 정서적 평가, 반성적 판단에 대한 신뢰할 만한 지식의 주된 원천이다.

- 심리학이나 인류학, 사회학은 평안과 번영에 대한 어떤 개념이 어떤 문화에서 창발하는지를 밝혀 줄 수 있으며, 나아가 이 다양한 개념들이 신체적 활동과 인간 발달, 사회적 협력에 대한 현재의 과학적 이해에 의해 어떻게 반박되거나 지지되는지를 탐색할 수 있다.

- 사회과학은 어떤 실천이나 사회 구조, 삶의 양식이 행복이나 번영의 다양한 개념들에 기여하는지에 관한 통찰을 줄 수 있다.

이렇게 이해된 윤리적 자연주의는 지적인 도덕적 탐구에 안전한 근거를 제공해 준다. 내가 주장했던 것처럼 이런 형태의 윤리적 자연주의는 비절대주의적이며, 비상대적이며, 비환원적이며, 개량적(ameliorative)이다. 그것은 도덕적 가치나 원리의 비관점적이고, 초역사적

이며, 인식적으로 순수한 (또는 선험적인) 원천이 존재하지 않는다고
받아들인다는 점에서 비절대주의적이다. 그것은 특정한 상황에서 도
덕적 문제 해결과 관련해서 가능한 행위 방향 중 어떤 것들이 더 나으
며, 어떤 것들이 더 나쁘다는 생각에 대해 증거나 일반적 이유를 제시
할 수 있다고 믿는다는 점에서 비상대주의적이다. 그것은 어떤 단일한
방법이나 단일한 설명적 틀도 그 자체로 경험된 상황의 복잡성에 적
절하지 않다고 본다는 점에서 비환원적이다. 그것은 집단적인 인간 반
성과 행위성이 지적 문제 해결을 통해 상황을 더 낫게 만들 수 있다
는, 심리학적으로 현실적인 희망에 근거하고 있다는 점에서 개량적이
다. 그것이 도덕적 탐구의 최선의 기준을 유지하지 못할 때 상황을 더
나쁘게 만들 수 있는 것처럼.[2]

3. 어떤 자아를 함양해야 하는가?

도덕적 탐구는 평가, 사고, 행위의 습관에서 생겨난다는 점에서 현재

---

[2] 이것이 다음과 같은 듀이의 말의 의미다. "그러나 사실상 도덕은 모든 주제 중 가
장 인간적인 주제다. 그것은 인간의 본성에 가장 근접한 주제이기도 하다. 즉 그것
은 신학적이거나 형이상학적이거나 수학적인 것이 아니라 뿌리 깊게 경험적이다.
그것은 직접적으로 인간 본성을 다루기 때문에 생리학과 의학, 인류학, 심리학에
서 인간의 마음과 몸에 관해 알려진 모든 것은 도덕적 탐구와 상관이 있다. … 그
래서 물리학이나 화학, 역사 통계학, 공학은 우리가 살아가는 데 사용하는 조건들
과 기능들을 이해할 수 있게 해 주며, 동시에 우리가 그것에 의지해 자신의 계획을
수립하고 수행하는 한, 체계화된 도덕적 지식의 일부다. 도덕학은 독립적 영역을
갖는 어떤 것이 아니다. 도덕학은 인간적 맥락 안에 위치한 물리학적이고 생물학
적이며 역사적인 지식이며, 거기에서 그것은 인간의 활동을 조명해 주고 안내해
준다." John Dewey, *Human Nature and Conduct: The Middle Works, 1899-
1924*, Vol. 14, ed. Jo Ann Boydston (Carbondale, Ill.: Southern Illinois Uni-
versity, 1922/1988), pp. 204-205.

와 같이 발달해 가는 우리 자신이 누구인지를 드러내 주는 품성과 개성의 표현이다. 기계적이며 습관적으로 고착된 방식으로 행동할 때에는 실제적인 숙고나 반성의 여지가 거의 없다. 앞서 살펴보았던 것처럼 이것이 바로 듀이(J. Dewey)가 '직관적 평가하기'(intuitive valuing)라고 불렀던 것이다.[3] 즉 우리는 생물학적 체질이나 습득된 개인적 사고, 행위 습관, 학습된 문화적 가치나 실천의 결과로서 지금까지 가치 있게 받아들여 왔던 것을 가치 있게 받아들이며, 그에 따라 행위한다.

이와는 대비적으로 진정한 도덕적 숙고는 우리가 무의식적으로 행하는 것을 멈추고 이런저런 방식으로 갈등과 부조화로 변형된 상황을 탐구하기 시작할 때 생겨난다. 반성적으로 문제 상황에 접근할 때에만 우리는 환경과의 상호관계를 변형함으로써 우리 자신(또한 우리의 세계)을 재구성하는 기회를 갖게 된다. 주어진 상황에서 우리가 해야 하는 것에 대해 더 반성적으로 될 수 있을 때(예를 들어 듀이가 말하는 평가하기에 접어들 때) 우리는 현재의 우리 자신을 변형하는 방식으로 우리의 습관적 자아를 재구성할 기회를 갖게 된다. 듀이가 설명하는 것처럼, 경쟁적인 주장, 가치, 조망된 목표, 가능한 행위 방향 등의 긴장에 직면하고 있다는 것을 인지할 때 우리는 애당초 우리를 갈등 상황으로 이끌었던 경험과 사고의 습관을 넘어서야 한다. 이 숙고적 초월이 바로 자아의 개조(reformation)다.

---

3 John Dewey and James Tufts, *Ethics: The Later Works, 1925-1953*, Vol. 7, ed Jo Ann Boydston (Carbondale, Ill.: Southern Illinois University, 1932/1989), p. 266; Dewey, *Theory of Valuation: The Later Works, 1925-1953*, Vol. 13, ed. Jo Ann Boydston (Carbondale, Ill.: Southern Illinois University, 1939/1991) 참조.

두 가지 충돌하는 것들을 원할 때 우리가 어떤 것을 정말로 원하는지 마음의 결정을 해야 한다. 그것은 선택이다. 우리는 무의식적으로 선호하며, 의도적이고 의식적으로 선택한다.

그렇다면 그 모든 선택은 자아에 대해 이중적 관계를 유지한다. 그것은 현재의 자아를 드러내며, 미래의 자아를 형성한다. … 숙고는 이 과정에서 중요한 역할을 한다. 우리의 상상에 주어진 것으로서 각각의 가능성은 자아의 구성 안에서 각각 다른 요소에 의지하며, 따라서 최종적 선택에서 성격의 모든 측면들이 역할을 할 수 있는 기회를 제공한다. 그 결과적 선택 또한 어느 정도 새로운 자아를 구성하는 데 기여함으로서 자아를 형성한다.[4]

도덕적 문제 해결 과정에서 생겨나는 '새로운' 자아가 완전히 새롭게 만들어진 자아가 아니라는 것은 분명하다. 그것은 앞서 구성된 자아와 많은 연속성을 유지하는 창발적인 과정적 자아(self-in-process)다. 그것은 이전의 느낌이나 상상, 사고의 습관을 포함한다. 이상적으로 그것은 한편으로는 정체되고 쇠퇴하는 대신에, 또 한편으로는 파편화되고 분해되는 대신에 현재의 상황에서 직면하는 새로운 복잡성에 대한 인식을 통해 성장하고 확장하는 자아다. 듀이는 과정적 자아를 이렇게 요약한다.

정체된 발달의 결과를 제외하고는 고정되고 이미 만들어져서 완결된 자아 같은 것은 없다. 모든 살아 있는 자아는 행위를 촉발하며, 다시 그 행위에 의해서 촉발된다. 모든 자발적 행위는 자아의 재구성이다. 왜냐하면 그것이 새로운 욕구를 창출하고 새로운 형태의 노력을 촉진하고 새

---

4 Dewey and Tufts, *Ethics*, pp. 286-87.

로운 목표를 구성하는 새로운 조건들을 조망하기 때문이다. 우리의 개인
적 정체성은 이 변화들을 한데 묶어 주는 연속적인 발달의 줄거리 안에
서 발견된다. 엄격한 의미에서 자아가 정체되어 있다는 것은 불가능하
다. 자아는 변화하는데, 더 낫게 또는 더 나쁘게 변화한다. 덕(virtue)은
바로 이 변화의 질에서 결정된다. 우리는 이런저런 도달해야 할 목표를
설정하는데, 그 목표 자체가 성장(growth)이다.[5]

여기에서 실제로 급진적인 것은 자아가 과정적 자아라는 생각이 아
니라 경험의 반성적 변형의 '목표 자체'가 성장이라는 생각이다. 도
덕적 근본주의자는 '성장' 자체만으로는 목표가 될 수 없다고 반박할
것이다. 우리는 항상 "왜 성장인가, 성장은 무엇에 좋은가?"라고 물
을 수 있기 때문이다. 나아가 그들은 그 물음이 성장을 측정하기 위한
또 다른 추가적 가치를 요구한다고 주장할 것이다.

이제 "성장은 어떤 궁극적 목적에 기여하는가?"라는 물음이 우리
가 거부했던 객관주의적 형이상학(도덕적 절대주의 형태의)을 전제
하기 때문에 생겨나는 순환적이면서도 심각하게 잘못된 물음이라는
것이 분명해졌을 것이다. 그것은 성장 자체가 충분한 가치일 수 없으
며, 그것이 기여하는 다른 가치나 목적에 의해서만 정당화될 수 있다
는 그릇된 가정에 근거하고 있다.

듀이의 대안적 견해는 성장이 적절한 도덕적 탐구의 조망된 목표라
는 것이다. (포괄적인 인간의 목표로서의) 목적인, 절대적 가치, 최고
도덕법칙은 존재하지 않기 때문에 우리가 추구해야 할 것은 의미의
성장이다. 바꾸어 말해서 도덕적 근본주의—성장은 그것이 다른 어

---

5 같은 책, p. 306.

떤 (절대적) 고정된 최종적 목적이나 가치에 기여할 때에만 가치 있
는 것으로 정당화될 수 있다고 주장하는—의 객관주의적 형이상학을
포기하면, 우리는 성장 자체가 도덕적 평안에 핵심적이며, 유일한 도
덕적 삶, 즉 반성적 존재로서 통제할 수 있는 삶의 조건이라는 것을
깨닫게 될 것이다. 도덕적 근본주의가 스며드는 것을 막아 주는 유일
한 길은 성장 자체가 도덕적 숙고의 목표이며, 더 나은 것과 더 나쁜
것에 관한 상상적 추론 전 과정의 척도다.

4. 도덕성의 근거로서의 성장이란 무엇인가?

이제 중요한 물음은 다음과 같다. 과정적인 도덕 행위자로서 우리 자
신의 관점에서 성장의 의미는 무엇인가? 도덕적 성장의 적절한 정의
를 위해서는 우선 무엇이 주어진 상황에서 도덕적 반성의 필요성을
제기하는지에 관한 선행적 해명을 상기할 필요가 있다. 다시 한 번 상
기해 보면 도덕적 숙고의 필요성은 기존의 사고나 느낌, 행위의 습관
(선행 역사에 대한 반응으로 축적된)이 새로운 조건—그것들이 부합
하지 않거나 적절하게 해소할 수 없는—에 직면해서 무력해질 때에
만 생겨난다. 선행 상황에서 조건화된 습관이나 느낌은 새롭고 변화
된 조건들을 다루는 데 부적절한 것이 되며, 이 때문에 우리는 좌절,
갈등, 불확정성, 부조화 등을 경험하게 된다. 전형적으로 상황은 우리
가 예상했던 것보다 더 복잡하며, 그 결과 우리는 무엇이 더 나은 행
위 방향인지에 대해 확신을 잃게 된다. 우리의 선행 습관(기존의 느낌
과 대응 방식)은 현재 직면한 문제를 다루는 데 필요한 수단을 제시해
주지 않기 때문이다.

　우리에게 필요한 것은 현재 우리 상황의 복잡성에 대한 깊고 넓은

이해다. 그것은 현재 상황 안에서 작동하는 모든 충동, 정서, 조망된 목표(ends-in-view), 관심에 부합하는 이해의 깊이를 말한다. 적어도 우리 상황의 일부 측면들은 충돌이나 긴장 상태에 있으며, 따라서 느낌이나 사고, 행동의 선행 습관은 충돌한다. 우리가 앞으로 나아가려고 한다면 그 상황에서 작용하는 모든 요소들, 그리고 경쟁적 목표나 원리, 가치들을 조화시키기 위한 모든 열린 가능성에 대한 풍부한 이해가 필요하다. 매우 현실적인 의미에서 우리는 현재의 자기 정체성을 넘어서야 할 필요가 있다.

　　성장하고, 확장되며, 해방된 자아는 … 새로운 요구와 사태들에 대응해 나아가며, 그 과정에서 스스로를 재조정하고 재구성한다. 그런 자아는 미지의 상황을 반긴다. 과거 자아의 관심과 형성되고 움직이는 자아의 관심 사이의 선택의 필요성은 반복된다. … 자아가 과거에 작동했던 욕구, 감정, 습관의 결합체와 동일시된다면 과거의 '자신'을 넘어설 기회와 필요성은 항상 존재하기 때문이다. 사실상 우리는 좋은 사람이란 바로 대안을 잘 의식하는 사람이며, 새롭게 형성되고 성장하는 자아의 가능성을 발견하는 데 관심을 갖는 사람이라고 말할 수 있다. 그가 아무리 '좋은' 사람이라 하더라도 성장에 대한 요구에 대응하지 못하는 순간 (상당히 높은 성취 수준에서 행동한다 하더라도) '나쁘게' 된다. 자아의 도덕적 위상을 판단하는 다른 모든 근거들은 관습적이다. 실제로 성취나 휴식의 수준이 아니라 활동의 방향이 도덕적 질을 결정한다.[6]

도덕적 질의 결정소로서 활동의 방향이라는 생각의 결정적 중요성

6　같은 책, p. 307.

은 도덕철학에서 충분히 다루어지지 않았다.[7] 주장을 반복하자면 이렇다. 경험의 외부(나아가 그것에 영향을 미치는)에 존재하는 가치의 원천이 없다면, 우리는 가치의 자의적 창출에 멈추는 것이 아니라, 오히려 우리의 지침으로서 심층적 성장, 풍부함, 의미의 폭을 갖게 될 것이다. 그런 상황에서 가장 멀리해야 할 것은 단순히 어떤 선재하는 확정적 기준이나 원리가 현안에 적용되는지를 명확히 함으로써 도덕적 문제가 해결될 수 있을 것이라는 고착되고 무반성적인 재확인이다. 가장 먼저 포기해야 할 것은, 우리에게 충분한 통찰만 있으면 옳은 행동 규칙이 저 밖에서 발견될 것이라는 무비판적 고집이다. 간단히 말해서 가장 먼저 포기해야 할 것은 도덕적 근본주의다. 도덕적 근본주의는 지속적인 도덕적 불감증과 폐쇄성, 도덕적 탐구의 거부를 불러오는 처방이다. 경험이 실제로 변화하는 한(그것이 바로 애당초 도덕적 문제가 발생하는 이유이기도 하다), 우리에게 필요한 것은 상황의 관련된 모든 차원들을 탐색할 수 있게 해 주는 도덕적 탐구의 과정이다. 바꾸어 말하면 우리에게 필요한 것은 의미의 성장이다.

따라서 이 탐구 과정의 적절한 '방향'은 깊이와 폭, 그리고 상황이 지닌 의미의 복잡성이 증가하는 쪽을 향해 있다. 대상이나 사건의 의미는 그것이 불러오는 경험들이다.[8] 그 경험들은 이전 사건과의 관계

7　아마도 니체(F. Nietzsche)가 가장 주목할 만한 예외일 것이다. 그는 좋음의 근거로서 유기체의 힘의 성장에 일차적 초점을 맞추고 있기 때문이다. 그렇지만 니체는 듀이가 생각했던 정도의 섬세한 성장 개념을 갖지는 않았던 것으로 보인다. 그것은 니체가 자신만의 힘으로 자발적으로 자신의 좋음을 의욕하는 강한(덕과 인간성을 지닌) 인간을 선호하기 때문으로 보인다.

8　나는 듀이의 실용주의적 의미 이론을 이렇게 설명하려고 했다. "인간의 의미는 개인의 환경과의 상호작용의 특성과 중요성에 관한 것이다. 지속적 경험의 구체적 국면이나 층위의 의미는 그 국면이 과거와 현재, (가능한) 미래 경험의 다른 부분

로 구성되는 과거에 속할 수도, 지금 주어진 경험과 관련된 현재에 속
할 수도, 이후에 주어질 수 있는 가능한 경험을 포함하는 미래에 속할
수도 있다. 애당초 우리가 도덕적 문제에 직면하는 이유가 현재 상황
에서 지금까지 우리가 겪어 왔던 것보다 더 많은 충돌 요소들이 존재
하기 때문이라면 도덕적 탐구의 핵심은 이상적으로 말해서 현재의 갈
등적 경험을 구성하는 모든 연관된 층위들을 이해하는 일일 것이다.
이것이 도덕적 문제를 지성적으로 해결하기 위해 기대할 수 있는 최
선이다. 듀이는 그러한 사고의 이행에 관련된 유형의 진보를 이렇게
서술한다.

현재는 그 안에 다층적인 습관과 충동을 포함하는 방식으로 복합적이
다. 그것은 행위 방향, 즉 기억, 관찰과 예견, 전진하려는 압박, 과거에
대한 고려와 외부의 조망 등이 포함된 과정을 겪는다. 그것은 행위의 범
위와 명료성의 방향의 전이, 또는 사소함과 혼동의 방향의 전이를 뜻한
다는 점에서 도덕적 성격을 갖는다. 진보란 의미의 충만성과 명료성을 부
가해 주는 현재적 재구성이며, 퇴보란 중요성과 확실성, 이해의 현재적
상실이다.[9]

성장은 주어진 상황 안에서 관계의 복잡성을 인지하고 그러한 가능

들과의 연결이다. 의미는 관계적이다. 그것은 어떤 것이 다른 것들과 어떻게 관련
되거나 연결되는지의 문제다. 실용주의적 의미 이론은 한 사물의 의미는 그것이
불러오는 경험의 귀결, 즉 실제적 또는 가능적 경험을 통해 어떤 '결말에 이르는
지'의 문제다." Mark Johnson, *The Meaning of the Body: Aesthetics of Human
Understanding* (Chicago: University of Chicago Press, 2007), p. 10.

9 Dewey, *Human Nature and Conduct*, p. 195.

한 관계들을 조망된 행위 방향 안에서 상상적으로 추적함으로써 경험과 사고를 해방시키는 것이다. 그 목적은 충돌하는 충동이나 가치, 목표들을 조화시킬 수 있는지를 조망하고, 그렇게 함으로써 갈등적 상황 안에서 긴장을 부분적으로 해소하려는 것이다.

왜 많은 사람들은 이러한 도덕적 성장 개념이 부당하거나 또는 적어도 비고무적이라고 생각하는 것일까? 내가 제안했던 것처럼 그 이유는 사람들이 도덕적 추론이 하나의 정확한 원리(또는 일련의 원리)—우리가 현재의 사태를 정확히 범주화하거나 기술하기만 하면 적절히 적용할 수 있는—를 발견할 수 있거나 발견해야 한다는 공허한 희망에 사로잡혀 있기 때문이다. 추론의 선결된 기준 또는 귀결에 대한 희망을 비켜서는 적절한 대안은 추론 자체의 특성에 초점을 맞추는 일이다. 현재 우리 상황을 구성하는 다양한 의미나 가치, 정서, 의도를 더 잘 이해할수록 우리는 숙고를 통해 주어지는 모든 가능성 중에 적절한 행위의 방향을 더 잘 선택할 수 있게 된다. 도덕적 무감각(또는 불감증)의 잘못은 우리가 직면하고 있는 상황의 내막의 전부 또는 대부분을 이해하지 못한다는 점이다. 그것은 경쟁적 가치들, 충돌하는 습관들, 양립 불가능한 욕구들, 정서적 반응들, 동기적 성향들의 다양성에 대한 인식의 실패를 의미한다. 그것은 또한 현재 상황의 건설적 진전의 가능성에 대한 전망의 실패를 의미한다. 그러한 실패의 귀결로 나타나는 것은 느낌이나 사고, 반응의 선행적 습관에 대한 독단적 집착이며, 그것은 무엇보다도 상황에서 나타난 문제들을 강화할 뿐이다.

그렇다면 자아와 의미의 성장에서의 진보 이외의 적절한 기준이란 있을 수 없다. 이러한 성장 개념에 대한 듀이의 고전적 서술은 다음과 같다.

도덕은 의미의 차원에서 행동의 성장을 말한다. 그것은 적어도 행동의
조건과 귀결의 관찰에 수반되는 형태의 의미 확장을 말한다. … 넓은 의
미에서 도덕은 교육이다. 그것은 현재 우리에게 주어진 의미를 배우고,
행위에서 그 의미를 사용하는 것이다. 의미의 정도나 폭의 차원에서 현
재 행위의 좋음이나 만족, '목표', 성장은 우리가 통제할 수 있는 유일한
좋음이며, 따라서 책임이 따르는 유일한 좋음이다.[10]

듀이는 우리가 현재 상황에서 작동하는 구분이나 관계, 정서, 가치
에 대해 더 명석하고, 민감하고, 포괄적으로 의식할수록 더 나아질 수
있다고 말한다. 우리에게 가능한 모든 자유를 향한 열쇠는 상황의 의
미를 아는 것이며, 그렇게 함으로써 언제, 어디에서, 어느 정도로 그
것이 가능한지에 관해 더 나은 변화를 불러올 수 있다. 현재 상황에서
중심적으로 작동하는 요소들을 더 잘 파악할수록 우리는 발생하는 문
제들에 대해 더 지성적이고 지혜롭게 대처할 기회를 갖게 된다. 우리
는 경쟁적 가치나 목표들을 조화시키려고 하는데, 그렇지 않으면 우
리의 행위들은 그 자체로, 또는 다른 사람들의 목표들과 괴리되는 방
식으로 흐트러지며, 나아가 더 많은 어려움을 불러올 수 있다. 우리는
상황을 통합하려고 하는데 그것은, 바로 지금 인간적으로 가능한 한,
우리 안에서나 밖에서 충돌하는 모든 것을 해결하려는 것을 말한다.
경험의 통합은 단순히 부분들의 고정되고 완결된 통일을 말하는 것이
아니라 우리 상황에 대한 지속적이고 역동적인 질서짓기(즉 변형성)
를 말한다.

우리는 사고와 행위 능력을 발달시키고 확장하려고 한다. 그것이

---

10 같은 책, p. 194.

지성적 탐구와 경험적 변형을 가능하게 해 주기 때문이다. 듀이는 절대적 규칙을 거부하면서 칸트의 정언명령을 다음과 같은 실용주의적 정언명령으로 대체할 것을 신중하게 제안한다. "현재 경험의 의미를 확장할 수 있도록 행위하라."[11] 새로운 명령은 절대적인 도덕법칙이 아니라 지성적인 도덕적 탐구의 유용한 원리라는 사실을 상기할 때에만 적절한 것이 된다.

   인간의 조건 안에서 어떤 문제 '해결'도 어떤 절대적인 의미에서 최종적이지 않다. 우리는 행위 방향을 선택하며, 그렇게 함으로써 특정한 좋음을 실현한다. 그러나 그 좋음을 실현하는 데에는 그 시점에서 우리가 실현하지 않거나 실현할 수 없는 다른 대안적 좋음들이 있다. 더욱이 우리가 수행하는 행위의 결과나 우리가 의도적이거나 무의식적으로 초래하게 될 상황적 변화에 대해서 결코 완전하게 확신할 수 없기 때문에 모든 선택된 좋음은 잠재적으로 문제가 있는, 의외의 결과를 불러온다. 예를 들어 산업혁명은 인간 삶의 질을 높여 주는 수많은 기술과 좋음(식량 생산, 주거, 안전장치, 의료 기술 등의 발달)을 가져다주었다. 그렇지만 이 좋음들과 함께 심각한 새로운 문제들을 불러오는 의외의 결과들(자원 고갈, 오염, 현대적 무기, 작물의 유전자 조작 등)이 나타났다. 따라서 삶에는 지속적으로 새로운 조건, 새로운 장애, 새로운 문제가 나타난다.

   한 날의 괴로움은 그 날로 족하니라. 즉 괴로움은 우리에게 치유적 행동, 즉 분쟁에서 조화로, 단조로움에서 다채로운 상황으로, 제한에서 확장으로 바꾸려는 노력을 고무해 주는 것으로서만 의미가 있다. 그 전환

---

11   같은 책, p. 196.

은 진보, 인간이 생각할 수 있으며 도달할 수 있는 유일한 진보다. 따라서 모든 상황은 진보의 고유한 척도와 질을 가지며, 진보의 필요성은 반복적이고 지속적이다. … 진보는 현전하는 의미의 확장을 뜻하는데, 그것은 조화와 통일, 지각된 구분들의 증가를 포함한다.[12]

5. 듀이적인 도덕적 숙고의 사례

절대주의적 시각에서 전통적으로 해석된 가치나 기준을 거부하면 우리에게 남는 것은 신체화되고 조건화된 의미의 성장으로서의 문제 해결이다. 듀이의 자연주의적 시각에 따르면 우리는 경험적인 도덕적 탐구를 수행하게 되는데, 그것은 우리 자신과 세계에 관해 우리가 수합할 수 있는 모든 지식의 원천에 의존하게 된다. 나는 이 자연주의적이며, 경험적으로 근거지어진 도덕적 탐구를 최근 세계 여러 사회와 문화 안에서 격렬한 논쟁의 주제가 된 동성혼 문제에 적용하여 설명하려고 한다. 이 사례는 다음과 같은 것을 보여 준다. (1) 어떻게 경험적 상황의 변화의 결과로 핵심적 개념(결혼 등)에 대한 우리의 이해가 변화하며, 따라서 새로운 도덕적 숙고들을 낳는가? (2) 과학적 지식은 어떻게 도덕적 문제의 탐구와 관련되며, 나아가 핵심적인가? 물론 과학이 이야기의 전부는 아니다. 그러나 과학이 도덕적 숙고에 어떻게 기여하는지를 인식하는 것은 여전히 중요하다.

미국 사회뿐만 아니라 여러 곳에서 동성혼 문제가 부각된 것은 고작 20~30여 년 전의 일이다. 그 이전에 결혼은 전적으로 남성과 여성의 평생의 결합이어야 한다는 것이 대체로 당연한 것으로 받아들여졌

---

12 같은 책, pp. 195-96. (첫 문장은 마태복음, 6: 34의 인용—옮긴이 주.)

다. 대부분의 서구 사회에서 이 결혼 개념은 논란의 여지가 없는 도덕적 사실—초월적으로 명령되거나 '자연 질서'를 따라 각인된 도덕적 진리—로 간주되었다.

동성혼의 도덕성이 도대체 어떻게 과학적 탐구가 산출하는 경험적 지식에 의존할 수 있을까? 그것은 결혼이라는 개념의 의미를 분석하는 문제이며, 그 개념이 동성의 배우자를 '포함하거나 포괄하지' 않는다는 것을 즉각적으로 인식하는 문제가 아닐까? 그것은 단순히 도덕 이론가들이 정통한 것으로 생각되는 정확한 개념 분석의 문제가 아닐까? 그 답은 '아니오'이거나 적어도 그것이 이야기의 전부는 아니라는 것이다.

이 결정적인 문제를 이해하기 위해 우리는 잠시 물러서서 결혼의 의미가 무엇인지에 관해 더 넓은 역사적 조망을 할 필요가 있다. 어떤 개인이나 집단이 확립된 주류의 견해에 도전했기 때문에 동성혼에 대한 도덕적 숙고 문제가 생겨났다는 명백하고도 중요한 사실에서 출발해 보자. 바꾸어 말하면 누군가 이 문제와 관련된 현재 상황의 문제적 성격을 인식했다는 것이다. 그렇지 않다면 '동성혼 문제'는 애당초 생겨나지도 않는다. 어떤 개인이나 집단이 현재의 질서가 불공정이나 부정의를 낳는다고 주장했을 것이다. 탐구와 정당화를 요구하는 도덕적 문제를 불러오는 것은 바로 이 경쟁적 주장, 가치, 관심들 간의 긴장이다.

그렇다면 우리에게 필요한 것은 현재 제기되는 문제의 원천에 대해 탐구함으로써 왜, 어떻게 누군가 이것을 애당초 문제로 보게 되었는지를 밝히는 일이다. 우리는 견해들, 가치들, 원리들, 목표들 간의 갈등이 왜 생겨났는지를 추정해 보아야 한다. 이 물음, 즉 "우리가 수용하는 결혼 개념은 무엇이며, 또 그것은 역사적으로 어떻게(어떤 조건

하에서) 발생했는가?"라는 물음이 이미 경험적 탐구에 관련되어 있다는 사실에 주목하라. 역사적 탐구에 따르면 대부분의 문화가 이성혼이 신적 질서이거나 그것이 번식과 가족 부양의 '자연적' 조건이라고 가정한다. 그 외의 다른 제도들(혼외 출산, 동성혼, 일부다처, 일처다부 등)은 '신의 뜻에 반하는' 또는 '자연에 반하는' 것이다.

그렇지만 애당초 역사적 탐구는 동시에 이 특정한 결혼 개념에 어떤 보편적인 것도 없다는 것을 알려 준다! 과거에도 종종 그렇고 현재도 이 일부일처제의 이성혼 개념을 받아들이지 않는 문화들이 있다. 결혼제도의 역사를 통해 일부다처제, 일처다부제, 또는 매우 드물지만 (다수의 여성이 다수의 남성과 결혼하는) 다처다부제 등이 승인된 형태의 관계로 나타난다.

특정한 결혼 개념(일부일처의 이성혼 같은) 안에서도 남편은 아내에게 어떤 의무를 지는지, 아내는 어떤 대우를 받아야 하는지, 아내는 재산이나 개인적 자유와 관련해서 어떤 기대를 할 수 있는지, 허용 가능한 생활방식은 무엇인지 등 상이한 조건들이 있을 수 있다는 사실을 감안하면 상황은 훨씬 더 복잡해진다. 그 조합과 변형들은 일부일처의 이성혼 제도 안에서도 결혼 관계의 본성에 대해 일의적 합의를 찾을 수 없으리라는 것을 보여 준다.

그렇다면 그 첫 번째 경험적 귀결은 모든 시대에 모든 문화에 적용되는 초역사적이고 보편적인 결혼 개념은 없다는 것이다. 여기에서 미국의 주류적인 결혼 개념이 결코 자명한 사실이나 진리가 아니라는 점이 분명히 드러난다. 대신에 그것은 사회적, 문화적, 경제적, 정치적, 그리고 종종 종교적 고려를 따라 역사적으로 우연적인 상황 안에서 발생했다.

문제는 더 복잡해진다. 결혼 개념의 다양성은 유대교나 기독교 같은 특정한 종교적 전통 안에서도 나타난다. 유대 경전에서 일부다처제는 흔한 일이었으며 아내들은 남편의 소유물로 간주된 것으로 나타난다.[13] 아무튼 기독교라는 제한된 전통 안에서조차도 결혼의 본성에 대한 생각의 통일성을 찾을 수 없다. 예를 들어 가톨릭 안에서 결혼은 오늘날 성사(sacrament)로 간주되지만 항상 그랬던 것은 아니다. 그 이전에 결혼은 수백 년 동안 준성사로 간주되기는 했지만, 결혼이 공식적으로 성사로서 교회법에 규정된 것은 1545~1563년 기간에 열렸던 수차례의 트리엔트 종교회의(Council of Trent)에서의 일이다. 대조적으로 일부 신교 교단은 과거에도 그렇지만 지금도 여전히 그것을 받아들이지 않는다.[14]

이성혼을 도덕적 절대로 간주하는 신교 안에서도 초점을 좀 더 좁혀 보면 결혼이 갖추어야 할 구체적 형태에 관해 심각한 견해 차이가 있었으며, 지금도 그렇다. 일부다처제를 허용 가능한(또는 바람직한) 결혼 형태로 받아들이는 종교 교단이 있다. 그러나 그러한 '특수한' 교단들을 제쳐 둔다 하더라도 기독교인들 사이에서도 남편과 아내의 권리와 의무에 관해 근본적인 견해 차이가 있다는 것을 알 수 있다. 오늘날 많은 보수적 기독교인들은 성 바울의 논쟁적인 해석—"남편은 아내를 사랑해야 하며, 아내들이여 자기 남편에게 복종하기를 주께 하듯 하라"(에베소서, 5: 22)—을 받아들인다. 이것이 역사적으로

---

13 유대 경전 안에서 일부다처제를 가리키는 구절들은 너무나 많아서 일일이 열거하기 힘들다. 이러한 결혼 제도에 관한 구절들을 보려면 구글(Google)에서 '성경 속의 일부다처제'를 검색하면 된다.

14 예를 들어 캘빈(J. Calvin)은 『기독교 강요』(Institutes of Christian Religion, 1536)에서 결혼이 성사라는 것을 부정하며, 그것은 오늘날 주류적인 신교적 이해로 남아 있다.

우연적인 요건일 뿐이라는 사실은 기독교인이 아니라면 누구에게나 명백해 보일 것이다. 그러나 일부 기독교인들은 그것이 신이 정한 결혼의 절대적인 도덕적·영적 요건이라고 주장한다.

요약하면, 유대-기독교 전통에 국한한다 하더라도 결혼의 역사에 대한 간략한 서술은 결혼에 대한 매우 다른 개념들이 넓게 퍼져 있다는 것을 보여 준다. 오늘날 사람들이 선호하는 '죽음이 우리를 갈라놓을 때까지' 일부일처의 이성 간 결합으로서의 결혼 개념은 매우 특수한 역사적 조건을 따라서 생겨났으며, 그것도 지난 수백 년에 걸쳐 비교적 최근에 생겨났다. 많은 사람들이 주장하는 것처럼 결혼의 정확한 성격이 신적으로 규정된 것이라면 수많은 기독교인들이 신이 규정하는 것이 무엇인지에 관해 동의하지 않을 수도 있다는 것은 기이한 일이다.

결혼의 '본질적' 성격은 역사를 통해 종족이나 문화에 따라 다양한 것으로 보이며, 우리는 모든 정상적이고 도덕적인 인간이 결혼에 대해 이성 간의 일부일처라는, 소위 '하나의 참된 의미'를 받아들여야만 한다는 믿음에 빠져들지 않아야 한다. 내 주장은 이렇다. (1) 어떤 원리가 절대적이라고 주장하는 것이 사실을 그렇게 만드는 것은 아니다. (2) 일부 결혼 개념의 절대적 성격의 근거가 신의 명령을 따라 주어진 것이라는 사실에 있다면 경전에 나타나는 신의 의지가 비일관적이거나 양립 불가능한 주장들을 포함하지 않아야 한다. 그렇지만 유대-기독교적인 성경 해석의 전통에서 비일관적이거나 양립 불가능한 주장들은 매우 분명하게 드러난다.

신앙을 가진 사람은 이렇게 말하지도 모른다. "종교적·도덕적 전통들 사이에, 심지어 특정한 전통 안에서 결혼에 관한 다수의 양립 불가능한 견해들이 존재한다는 것이 무엇을 의미하는가? 여전한 사실은 그 중 하나를 제외하고는 모두 잘못된 것이라는 점이다. 신 또는 나에게 이식된 인간 이성은 결혼이 평생에 걸친, 이성 간의 일부일처라는 것을 말해 주며, 그것이 우리가 알아야 할 전부다." 나는 단적으로 이렇게 답하고 싶다. 물론 우리가 그런 견해를 지지할 수는 있지만 그 견해는 중요한 인물들이 여러 명의 아내와 첩을 가진 것으로 나타나는 구약과 신약의 수많은 사례들과 합치할 수 없다는 것이다.

그렇다면 이성 간의 일부일처 개념 안에서 결혼은 어떤 목적을 갖는 것일까? 전통적으로 확립된 이러한 결혼 개념은 다음과 같은 생각에 근거하고 있다. (1) 이성 간의 일부일처 결혼은 번식으로 이어지는 성적 결합의 도덕적(또는 영적) 맥락이다. (2) 결혼은 가족 부양을 위한 자연적이고 도덕적인 맥락이다. 많은 사람들은 이 역사적으로 진화한 결혼 개념을 자신들이 무조건적 구속력을 가지며 절대적이고 명확한 도덕원리로 간주하는 데까지 확장했다. 일단 이것을 절대적 기준으로 간주하면 남자는 남자와, 여자는 여자와 결혼할 수 없다는 함축이 따르게 된다. 더욱이 결혼이 자녀를 수태하는 적절한 도덕적·영적 시각이라면 동성연애자들은 동성의 배우자와 자녀를 양육하는 데 적절치 않다. 그들은 스스로 자녀를 낳을 수 없기 때문이다.

이제 결혼의 목적에 초점을 맞추어 보면, 결혼의 도덕성에 대한 경험적 탐구의 다음 단계는 통념적 개념을 형성했던 본래의 조건들이 여전히 적절한가에 대한 탐색을 포함하게 될 것이다. 아마도 결혼의 본성을 어떻게 보아야 할 것인지에 관해 중요한 함축을 갖는 새로운 조건들이 생겨났을 것이다. 이것은 경험적 물음이다. 간략한 탐색만으로도 표준적 견해가 의존하고 있는 조건이나 가정들이 더 이상 적절치 않으며, 새로운 조건이나 제약들이 그 자리에 들어섰다는 것을 알 수 있다. 예를 들어 결혼에 대한 특정한 성서적 개념이 어떻게 흔히 동성애—신의 눈에 혐오스러운—에 대한 절대적 금지와 잘 합치하는 것처럼 보이는지 살펴보기로 하자. 남자가 남자와 동거하는 것(레위기, 18: 22), 나아가 여자와 여자가 동거하는 것은 '비자연적'(unnatural)인 것(동시에 신의 뜻에 반하는 것)으로 간주되었다. 결과적으로 동성애 부부가 가족을 부양하고 양육하는 것은 동성애를 부도덕한 것으로 간주하는 문화적 시각에서는 일고의 가치가 없는 발상이다.

또한 내 추정으로는 남녀의 성교를 통해서만 아이를 가질 수 있다는 생각이 가족의 부양에 대한 자연적(또는 도덕적) 시각은 이성 간의 결혼 안에서만 가능하다는 믿음을 적극적으로 강화했던 것으로 보인다. 그렇지만 우리는 그것이 더 이상 사실이 아니라는 것을 알고 있다. 체외수정이나 대리모를 통해 성교 없이도 아이를 가질 수 있게 되었기 때문이다. 40여 년 전까지도 아이가 출생하여 생존하려면 여성은 출산예정일(또는 거의 유사한 시기)까지 아이를 임신하고 있어야 했다. 아이가 태어나려면 남자, 여자, 성교, 그리고 상당한 행운(또는 종종 불운한 하룻밤의 정사)이 있어야 했다.[15] 바로 이 제한적인 인식 구도 안에서만 결혼은 아이의 출산과 양육의 필요성에 부합한다. 동성애에 대한 금지와 맞물려 동성혼은 자연스럽게 도덕적으로 부당한 것으로 간주될 수 있다.

현대 과학과 새로운 의료기술이 수태, 임신, 출생의 가능성을 바꾸어 놓으면서 오늘날의 상황은 극적으로 달라졌다. 비용을 지불하면

---

15 여기에서 '행운'의 중요성을 이야기하는 것은 수많은 부부들에게 임신은 가장 어려운 숙제 중의 하나이기 때문이다.

체외수정이 가능하다. '부모'가 아닌 기증자들로부터 정자와 난자를 받을 수 있다. 다른 '엄마'가 수정된 난자를 이식받아 임신과 출산을 할 수 있다. 유전자 조작이라는 새롭게 떠오르는 기술이 있다. 바꾸어 말하면 아이를 세상으로 나아가게 하는 조건들은 초기 유대-기독교 시대 이래로 놀라울 정도로 바뀌었다. 기술이 발달하면서 그 조건들은 지속적으로 바뀔 것이라고 믿기에 충분한 근거가 있다. 남자와 여자의 성교는 더 이상 출산의 필수조건이 아니다. 이 사실만으로도 결혼과 이성혼의 연관성에 대해 의구심을 제기하기에 충분해 보인다.

결혼의 이러한 정당화의 다른 측면, 즉 '비자연적'이며 '자연적 질서에 반하기' 때문에 동성혼을 금지하는 믿음은 지난 수년 동안 강력한 반박에 직면하게 되었다. 수태와 임신에 관한 의료 기술의 변화에 덧붙여서 '자연적인 것'에 대한 과학적 이해에서 중요한 변화가 있었는데, 그 변화는 특히 소위 동성애의 '비자연성' 문제와 관련되어 있다. 과학적으로 불신 받는 자연적 합목적성 개념(사물의 존재론적 구조에 각인된 목적인을 가정하는)이 더 이상 유기체의 목적(아리스토텔레스적 목적인으로서)에 대한 과거의 절대주의적 주장을 뒷받침할 수 없게 되었다. 그것은 유기체가 의도성(물론 유기체는 의도적이다)을 결여하고 있다는 말이 아니라 자연이 목적인, 즉 개별적 사물이나 유기체가 향해 나아가야 할 궁극적인 자연적 목표를 갖지 않는다는 말이다. 목적인 이론은 그리스의 내재적 목적론의 전승물이며, 후일 존재하는 모든 것은 신―모든 사물로 하여금 어떤 본질을 발현하거나 실현하며, 신적 계획에 따라 특정한 목적에 기여하도록 의도했던―의 제작물이라는 중세의 신학적 구도의 전승물이다. 아리스토텔레스의 것처럼 목적인에 대한 비신학적 해석은 목적인을 어떤 목적의 달성이나 어떤 항구적 형상의 실현을 향한 자연적 과정으로 보았다.

이러한 본질주의적 목적론과 극단적으로 대비되는 현대 과학의 설명은 전통적으로 이해되어 온 목적인에 의지하는 것을 더 이상 용인하지 않는다. 생명체는 창조되면서 추구하거나 실현하도록 예정된 어떤 궁극적 목표나 목적의 표현으로서 존재하는 것이 아니다. 유기체는 영양의 충족이나 내적 환경 안에서 항상성(homeostasis) 유지와 같은 특정한 상태를 추구하고, 해악을 피하도록 진화했다는 점에서 목적적이다. 그러나 행위자로서 유기체는 예정된 궁극적 목표를 열망하는 것은 아니다.

중요한 것은 목적인이 없다고 해서 모든 것이 자의적으로 존립한다는 것이 아니라 우리에게 알려진 그러한 목적성이 선결된, 최고의 목표나 의도를 갖지 않는 진화적 과정의 산물이라는 것이다. 우리가 '목적'이라고 부르는 것은 살아 있는 유기체의 발달 과정에서 자연적이고 내재적으로 발생한다. 결과적으로 자연에 '목적인'이 존재하지 않는다면 동성애는 자연의 목적에 대립되는 것일 수 없다. 그 이유는 바로 대립되어야 할 궁극적인 자연적 목적이 없기 때문이다. 더욱이 동성애가 자연 안에서 (소위 인간 본성에서, 그리고 다른 동물들에서) 생겨난다면 그것은 다른 것과 마찬가지로 자연적이다. 여기에 '자연적인 것'과 '문화적인 것'이라는 낡은 구분에 반대하는 현대의 자연과학과 사회과학에서의 관심을 덧붙이면 '자연적인 것'에 관한 주장은 도덕적 평가의 근거로서의 힘을 잃게 된다. 인간은 자연적으로 문화적인 존재다. 문화적 체계 안에서 성장하고 발달하는 것이 인간에게 '자연적'이기 때문에 우리는 무엇이 한 사물에 (문화의 산물과 대비되는 것으로서) 자연적인지를 명료하고 무조건적인 방식으로 구분해 낼 수 없다. 적어도 특정한 성적 행동을 '비자연적'이라고 규정하

기 위해서 요구된다는 차원에서 그렇다.[16]

내가 여기에서 강조하려는 것은 경험적인 과학적 탐구가 모든 형태의 강한 형이상학적 목적론을 무너뜨렸다는 것이다. 동성애가 비자연적이라는 주장은 더 이상 유효하지 않다. 특정한 행위가 '자연에 반한다'는 주장은 스스로를 지탱해 주는 논증이나 과학적 근거 없이 도덕적 선호를 끼워 넣으려는 시도일 뿐이다. 따라서 동성혼을 허용하지 않는 이유 중의 하나가 동성애가 비자연적이며, 나아가 비도덕적인 것으로 가정되기 때문이라는 발상은 엄격한 의미에서 타당하게 성립되지 않는다.

간단히 말해서 오늘날 우리는 전통적인 일부일처의 이성혼 모형이 형성되었던 우연적 상황에 대해 훨씬 더 심층적으로 이해하게 되었다. 우리는 전통적인 결혼 개념이 형성되었던 초기 유대-기독교 시대에 상상할 수 없었던 놀랍고도 일면 두려운 새로운 세계에서 살고 있다. 과거의 도덕 개념 형성에 배경이 되었던 몇몇 믿음과 조건들이 바뀌었으며, 그에 따라 결혼 개념도 바뀌었다.

끝으로 인간의 성과 가족관계에 관한 지속적으로 성장하는 탐구처럼 또 다른 중요한 경험적 발견들 또한 결혼제도에 대한 도덕적 탐구와 관련된 것으로 드러난다. 한 가지 사례만 제시하자면, 동성 부부가 이성 부부에 비해 애정적이며 친절하고 자애로운 부모로서 덜 적절하

---

16 중요하게 고려해야 할 것은 '자연적'이라는 개념을 도덕적 평가의 근거로 사용하지 않는 것이 기술적 의미(한 집단이 통계적 의미에서 행위하거나 선호하는 성향이 있다는)에서나 평가적 의미(한 집단이 품위 있는 행동이나 사회적 기준으로 인정한)에서 규범(norms)에 대한 관심을 배제는 것은 아니라는 점이다. 따라서 집단적 규범을 산출하거나 지탱하기 위해 형이상학적인 자연적 근거가 필요치 않다.

다고 보아야 할 이유가 없다는 사회과학적 탐구가 있다.[17] 이 문제를
다룬 최근 연구에 대한 한 보고서는 이렇게 결론짓는다. "연구가 보여
주는 것은 양육 방식, 그리고 동성애 부모가 양육하는 가정의 자녀들
의 반응은 이런 가정에 대한 법적 차별과 불평등이 심각한 도전으로
지속되는 현실에도 불구하고 적어도 이성애 부모의 가정에서 자란 자
녀들의 반응과 마찬가지로 적정한 편이라는 것을 보여 준다."[18] 동성
애 부부는 이성애 부부가 그런 것처럼 나쁜 부모일 수도 있지만, 동성
애 부모 가정에 본래적으로 열악한 국면은 존재하지 않는다.

내가 제안하는 것은 경험적(심리학적, 인지과학적, 사회학적, 인류
학적, 역사학적) 탐구가 결혼의 본성에 대한 고려에 결정적인 관련성
을 갖는다는 것이다. 매우 피상적인 역사적 고찰에서조차도 보편적인
결혼 개념이 존재하지 않는다는 사실이 드러난다는 것을 살펴보았으
며, 그것은 특정한 종교적 전통 안에서도 마찬가지다. 나아가 우리는
다양한 분과들이 제공하는 경험적 증거들이 다음과 같은 전통적 주장
들을 무너뜨린다는 것을 살펴보았다. (1) 남성과 여성의 성교만이 아
이를 생산할 수 있으며, (2) 동성애는 비자연적이며, (3) 동성애자들
은 이성애 부부만큼 좋은(또는 나쁜) 부모일 수 없다.

성, 자녀 양육, 인간관계에 관한 이런 형태의 경험적 연구를 무시하
는 사람들은 결혼의 본성에 대한 근거 없는(또한 과학적으로 방어될

---

17 예를 들어 Maureen Sullivan, *The Family of Woman: Lesbian Mothers, Their
    Children, and the Undoing of Gender* (Berkeley, Cal.: University of Califor-
    nia Press, 2004) 참조.

18 Elizabeth Short et al., *Lesbian, Gay, Bisexual, and Transgender(LGBT) Par-
    ented Families: A Literature Review Prepared for the Australian Psychological
    Society* (Melbourne: Australian Psychological Society, 2007), p. 4.

수 없는) 주장에 묶여 있을 수밖에 없다. 진지한 과학적 탐구에 대한 우선적인 대안은 대부분 전지전능한 도덕적 신의 문자적 언어로 간주되는 성경 구절의 인용에 의존하고 있는 신학적 주장일 것이다. 그런 경로를 택하는 사람들은 경험적 탐구나 관련된 과학적 증거의 다발에 주목하지 않으리라는 것이 분명하다. 이제 가능한 유일한 유형의 논란은 성서의 권위—그 해석은 자명하며, 문자적이고, 해석적 논란의 여지가 없는—에 의존하는 것이다.

그렇지만 성서적 문자주의는 인지적 관점에서 아주 문제가 많다. 앞서 7장에서 보았던 것처럼 그것은 인간의 이해와 개념화, 추론에 대해 심각하게 부적절하고 잘못된 입장을 취하고 있다. 더욱이 그것은 인간 존중에 대한 오늘날의 감수성과 전적으로 대립되는 실천에 충실할 것을 요구하는 데 이른다는 점에서 도덕적으로 의심스럽다. 예를 들어 창세기 2장 21-24절을 이성혼에 대한 성서적 정당화로 인용하는 성서적 문자주의자를 보자. "이러므로 남자가 부모를 떠나 그의 아내와 합하여 둘이 한 몸을 이룰지로다"(창세기, 2: 21-24). 불운하게도 성서에 근거한 도덕적 견해의 옹호, 특히 성서의 모든 구절(특정한 교회가 역사적으로 공인한 성서)을 문자적이고 절대적인 신의 언어로 받아들이려는 것은 너무나 문제가 많은 관행이다. 그런 길로 접어들면 특정한 실천을 비난하고 특정한 실천을 명령하는 수많은 성서적 구절들 — 독실한 유대-기독교인조차도 선량한 양심에 비추어 도덕적 절대로 받아들일 수 없는—을 받아들여야만 한다.

만약 성서적 서사나 명령을 초역사적이고 절대적이며 신적이며 문자적인 것으로 받아들여야 한다면 우리는 레위기(Leviticus)나 신명기(Deuteronomy)에서의 구절들에서 쉽게 찾아낼 수 있는 유형의 매우 부당한 도덕적 명령을 신봉해야 한다. (다양한 성서들에서 찾을 수 있는 수많은 사례들 중) 네 가지 사례만 제시해 보자.

(1) 남자가 짐승과 교합하면 반드시 죽이고 너희는 그 짐승도 죽일 것이
    며(레위기, 20 : 15)

(2) 누구든지 월경 중의 여인과 동침하여 그의 하체를 범하면 남자는 그
    여인의 근원을 드러냈고 여인은 자기의 피의 근원을 드러내었음인
    즉 둘 다 백성 중에서 끊어지리라(레위기, 20 : 18).

(3) 여호와의 이름을 모독하면 그를 반드시 죽일지니 온 회중이 돌로 그
    를 칠 것이니라(레위기, 24 : 16).

(4) 그의 아버지의 말이나 그 어머니의 말을 순종하지 아니하고 부모가
    징계하여도 순종하지 아니하거든 그의 부모가 그를 끌고 성문에 이
    르러 그 성읍 장로들에게 나아가서 그 성읍 장로들에게 말하기를 우
    리의 이 자식은 완악하고 패역하여 우리 말을 듣지 아니하고 방탕하
    며 술에 잠긴 자라 하면 그 성읍의 모든 사람들이 그를 돌로 쳐 죽일
    지니 이같이 네가 너희 중에서 악을 제하라. 그리하면 온 이스라엘이
    듣고 두려워하리라(신명기, 21 : 18-21).

도덕적 악행이나 부정한 행위(월경이나 출산 등의 '행위')에 대한
정화의식으로서 번제물(burnt offerings)의 섬세한 준비를 위해 레위
기에 서술된 의무에 관한 구절들은 많은 것을 알려 준다. 이러한 사례
들은 물론 적당히 반성적인 사람이라면 오늘날 우리 시대에 전혀 부
합하지 않는다는 것을 알 수 있는 성서적 명령들의 역사적·문화적 조
건화, 그리고 우연성을 보여 준다. 이것들은 오늘날 대부분의 서구인
들이 초기 종교의 정화 의식에서 드러나는 과도성—월경이나 출산의
본성에 관한 잘못된 이해에 근거한—으로 간주할 만한 좋은 사례들

이다. 월경 중인 여성의 격리 또는 출산 후 정화를 위한 규정은 생물 학적 과정의 본성에 대해 무지한 동시에 영적 순결 개념에 대한 문화 적 정의를 강조하는 모든 종교에서 나타나는 종류의 정화 의식에 사 로잡힌 문화의 역사적 유물일 뿐이다.[19]

이런 사례들을 제시하는 것은 성서적이든 아니든 모든 문자주의와 근본주의의 위험성을 지적하기 위한 것이다. 물론 어떤 사람들은 실 제로 엄격한 성서적 문자주의라는 전략을 따르려고 한다. 그러나 그 것은 월경과 출산이 여성을 도덕적으로 불순하게 만든다는 믿음처럼 명백하게 그릇된 믿음을 신봉하도록 요구한다는 점에서 그 도덕적 대 가가 너무나 크다. 또 다른 고통스러운 대가는 하나의 도덕적 구속(반 항적인 아들을 돌로 쳐 죽이기 위해 원로에게 데려가야 한다는 의무) 을 준봉하기 위해 또 다른 구속(자녀를 사랑하고 양육해야 한다는 의 무 또는 살해하지 않아야 한다는 의무)을 위반해야 한다는 것이다. 나 는 수간하는 사람을 죽이려고 하는 광신자가 있을 수 있다고 상상할 수 있지만, 과연 그들이 불운하게도 그 죄인에 의해 선택되었던 가엾 은 짐승에게도 동일한 벌을 가해야 한다고 생각할 것인가?[20]

---

19 역사적으로 확립된 특정한 정화의 권리의 도덕적 정당성을 반박하면서 나는 그 때문에 전세계적인 종교나 문화 안에서, 그리고 역사적으로 (물리적, 도덕적, 영 적) 정화 조건의 중요성을 부정하는 것은 아니다. 나는 대부분 도덕체계의 기본 적 층위를 이루는 정화에 대한 하이트(J. Haidt)의 분석을 받아들이지만, 그렇다 고 해서 인간 발달이나 사회적 상호작용, 문화적 실천에 대한 현대의 과학적 이 해의 관점에서 특정한 실천에 대한 거부하지 못하게 하는 것은 아니다. Haidt, 2012 참조.
20 신이 계시한 진리나 명령을 문자적으로 신봉하는 것은 박약한 심성의 문제가 아 니라는 키르케고르(S. Kierkegaard)의 주장은 옳은 것이다. 유대-기독교적 신앙 이 자연스럽게 합리적인 것이 될 수 없다(예를 들어 자신의 아들 이삭을 신의 명 령에 따라 제물로 삼으려 했던 아브라함의 유명한 이야기에서 드러나는 것처럼)

이런 형태의 도덕적 근본주의는 도덕적 논쟁을 촉진하고 확장하기보다는 도덕적 논쟁을 끝내려는 의도를 갖고 있다. 적어도 그런 태도는 반성적인 도덕적 탐구에 대한 거부를 표현하고 있다. 더 나쁜 것은 그것이 모든 원리나 명령, 성서의 해석이 특정한 공동체나 문화 안에서 적절한 것으로 간주되는 해석학적 실천에 의해 제약된다는 사실을 부정한다는 점이다. 그것은 어떤 견해나 실천, 제도 등이 발생하는 역사적으로 우연적인 상황을 부정하며, 변화된 조건들이 종종 기존의 견해에 대한 재고를 요구한다는 사실을 인정하지 못한다.

요약하면, 나는 도덕적 숙고의 '성장'을 우리가 처한 상황에 대한 더 깊고, 더 풍부하며, 더 포괄적인 이해를 작동하는 문제로 특징지었다. 이 과정에서 핵심적인 것은 먼저 특정한 가치가 명시되고, 특정한 원리가 확립되고, 특정한 관습이 수립되고, 특정한 해석적 실천이 권위를 얻는 역사적 우연성에 대해 검토하는 일이다. 그다음에 우리는 현재 우리의 상황이 그 초기의 조건들과 다른지 — 또 어떻게 다른지 — 를 물어야 한다. 우리가 다루고 있는 사례, 즉 '동성혼 문제'는 초기 유대-기독교 시대와는 매우 다른 조건에서 생겨났다. 동성혼에 대한 전통적 금지는 역사적으로 동성애 금지와 궤를 같이 한다. 그것은 또한 자녀들의 출산과 양육을 위해 확립되었던 결혼에 대한 특정한 가정과 궤를 같이 한다. 내 주장은 동성애가 어떤 사람들에게는 '본래

는 그의 지적 또한 옳은 것이다. 그러나 아브라함에게 혹독한 희생을 요구하는 신의 음성이 사탄의 음성, 또는 어떤 기본적인 정신 병리에서 비롯된 것이 아니라는 것을 결정할 수 있는 확실한 길이 있을 수 없다는 키르케고르의 지적 또한 옳은 것이다. 고백하건대 사랑하는 아들의 목을 베고 (아들에게 지게 하여 산으로 운반한 나무로) 시신을 불태워 가혹한 신에게 제물로 바치려는 아브라함의 의도는 나에게 전율을 불러일으킨다.

적인' 인간 조건으로부터의 기이한 일탈이 아니라 '자연적' 조건이라는 사실을 깨닫기 위해 생물학과 성심리적 발달에 대한 더 나은 과학적 이해가 필요하다는 것이다. 이러한 사실을 깨닫게 되면 우리는 결혼에 대한 우리 개념에 대해 다음과 같이 재평가할 수 있다.

먼저, 동성애가 비자연적인 것이 아니라면 두 사람 사이의 동성혼은 온전히 합당하다.

둘째, 우리는 출산이 반드시 남성-여성 성교를 요구하지 않는다는 것을 인식할 필요가 있다. 따라서 자녀의 출산과 양육은 반드시 이성의 부부를 요구하는 것은 아니다.

셋째, 양육이 반드시 이성애의 기능은 아니라는 것을 이해해야 한다. 애정적인 양육과 부양, 보살핌, 책임은 적절하게 발달한, 반사회적 인격장애자가 아닌 모든 사람의 능력이다.

넷째, 애당초 도덕적 숙고의 수행을 요구하는 상황의 복잡성을 무시하는 방식으로 상황을 지나치게 단순화하는 것은 도덕적으로 무책임한 일이라는 것을 인식해야 한다.

이러한 조건들 아래에서만 우리는 결혼에 관한 기존의 도덕원리들이 고대에 존재하지 않았던, 새롭게 생겨난 조건들의 관점에서 재고되어야 한다는 사실을 인식할 수 있다. 변화하는 상황에 대한 탐색을 거부하는 것은 자기 스스로 자초한 도덕적 맹목이다. 더욱이 재고(듀이의 재평가)의 필요성을 인식하게 되면 자연과학이나 사회과학, 인문학이 제공하는 경험적 요소들의 연관성을 거부할 타당한 이유가 없다. 요약하면, 이러한 도덕적 숙고가 분명하게 경험적 사건—존재의 모든 국면에 대한 최선의 과학적 이해(통찰의 원천을 과학에만 국한하지 않고)에 의존하는—이라는 주장에는 어떤 이례적이거나 부적절한 것도 없다. 과학적 탐구에 덧붙여서 문학이나 예술 또한 명백하게 도덕적 통찰의 중요한 원천이다. 단편소설, 소설, 시 등도 자연과학이나 사회과학의 방법론적 제약을 넘어서는 방식으로 우리의 삶과 정체성의 서사적 구조를 포착할 수 있다.[21]

나는 결혼 개념의 본성에 대해 우리가 살펴보았던 것이 도덕의 영역을 어떻게 규정하든 거의 모든 도덕적 개념들에 적용된다는 제안과 함께 도덕적 숙고에서 경험적 탐구의 역할에 대한 탐색을 마무리하려고 한다. '결혼'은 일반적으로 우리의 도덕적 개념들이 작동하는 방식을 대변해 주는, 복잡다단한 도덕적 개념이다. 다른 모든 개념들처럼 결혼 개념 또한 실천이나 가치, 그 사회의 과거 개념체계와 연관되어 특정한 역사적 맥락 안에서 형성되었다. 그것은 방사상 범주(radial category) 구조를 갖는데, 그것은 중심적(원형적) 사례들, 그리고 원형의 기본적 특성들의 전부가 아닌 일부를 공유하는, 점차적으로 덜 중심적인 구성원들로 구성된다.[22] 따라서 그 범주는 적용 과정에서

---

21 서사가 우리가 직면하는 도덕적 상황의 핵심적 맥락과 세부사항을 제공하며, 우리 자신의 자기이해의 서사적 구조와 맞물려 있다는 점에서 문학작품이 도덕적으로 계몽적일 수 있는 방식들에 관한 수많은 탁월한 설명들이 있다. Richard Eldridge, *On Moral Personhood: Philosophy, Literature, Criticism, and Self-Understanding* (Chicago: University of Chicago Press, 1989); Paul Ricoeur, *Oneself as Another*, trans. Kathleen Blamey (Chicago: University of Chicago Press, 1992); Johnson, *Moral Imagination: Implications of Cognitive Science for Ethics* (Chicago: University of Chicago Press, 1993); Marshall Gregory, *Shaped by Stories: The Ethical Power of Narratives* (South Bend, Ind.: Notre Dame University Press, 2009) 참조.

22 George Lakoff, *Women, fire, and Dangerous Things: What Categories Reveal about the Mind* (Chicago: University of Chicago Press, 1987) 참조.

필요충분조건으로 정의할 수 없다. 더욱이 역사적 조건이 지속적으로 변화하기 때문에 우리의 일부 개념들도 변화하고 확장된다. 개념들은 항구적으로 존속하는 소위 확정적 구조를 통해 '그 자체로' 알려지는 것이 아니다. 개념들은 경험의 요구를 따라 탐색되고 수정될 수 있으며, 또 그래야 하는, 역사적으로 진화하는 기능적 관념들이다.

6. 양심의 확장

나는 우리의 도덕적 문제들에 대한 답이 그 자체로 우리의 도덕적 숙고에 앞서서 초시간적으로 적용되는 항구적 진리가 아니라고 주장했다. 도덕적 통찰은 도덕적 탐구의 선결조건이 아니라 그 산물이다. 우리는 형이상학적, 본체적, 초월적 암반에 새겨져 있어서 우리가 발견하거나 파악하게 되는 진리라는 은유를 포기해야 한다. 도덕적 숙고는 독립적으로 존재하는 진리나 가치, 사태의 수단이 아니라 탐구의 과정이다. 우리가 어떻게 숙고해야 하는지를 기술할 수는 있지만 그 숙고의 결과가 무엇이 되어야 하는지에 대해서는 미리 이야기할 수는 없다. 내가 제안하는 것은 그것이 도덕적 이해의 한계라는 것이다.

삶은 우리 경험을 넘어서서 주어지는 정연한 지침서가 제시하는 규칙들을 따라 이루어지는 게임이 아니다. 매킨타이어(A. MacIntyre)가 주장하듯이 우리에게 주어진 규칙들은 실천 안에서만 생겨나며, 진화하는 실천이 역사적으로 변화하는 조건에 의존한다. 인간의 삶과 도덕적 전통의 관점에서 이것이 의미하는 바는 유한하고 오류 가능한 존재인 우리가 가진 제약이나 지침은 현재와 같이 형성된 우리 자신의 우연적 성격과 우리의 신체적, 대인관계적, 문화적 환경의 변화하는 구조들에서 창발했다는 것이다.

그래서 우리는 결국 우리가 어떤 '도덕적 탐구자로서의 인격'을 함
양해야 하는가라는 핵심적 물음에 이르게 된다. 도덕적 평가는 환경
속의 현재 상황에서 문제 상황을 얼마나 잘 해결할 수 있는지와 관련
해서 평가되어야 하는 '실제적인' 활동이다. 『평가의 이론』에서 듀이
는 문제 해결의 적절한 과정을 이렇게 서술한다.

> 구체적 상황에서 제안된 해결책의 가치를 결정하는 선험적 기준은 없
> 다. 조망된 목표(end-in-view)로서 가설적인 가능한 해결책이 추가적
> 관찰과 실험을 이끌어 가는 방법론적 도구로 사용된다. 그것은 문제의
> 해결책—그 방법론적 도구가 사용되거나 시도된 목적인—으로서의 기
> 능을 수행하거나 그렇지 않거나이다.[23]

이어서 듀이는 건강을 유지하거나 회복하는 문제와 관련한 최선의
실천과 유비시킴으로써 이 과정을 예증한다.

> 자신이 건강한지 아픈지, 또 어떤 측면에서 아픈지를 결정하기 위해
> 인간의 실제 상태와 비교해야 할 건강의 선험적 척도는 없다. 반면에 새
> 롭게 발생하는 새로운 사례들에 조작적으로 적용할 수 있는 특정한 기준
> 들은 과거의 경험으로부터 발생한 것이다. 조망된 목표들은 결핍이나 갈
> 등 때문에 불쾌한 것으로 드러난 사태들에 대처하는 행동 방향에서의 유
> 용성에 근거해서 좋거나 나쁜 것으로 평가된다. 그것들은 이 목표를 달성
> 하는 데 요구되는가에 근거해서 맞거나 맞지 않은 것으로, 적절하거나 부

---

23 Dewey, *Theory of Evaluation*, p. 232.

적절한 것으로, 옳거나 그른 것으로 평가된다.[24]

따라서 도덕적 숙고는 목표 지향적이지만, 마치 궁극적 가치처럼 우리의 현재 상황을 넘어서서 존립하는 목표를 지향하는 것은 아니다. 대신에 그 '목표'는 문제 해결, 또는 불확실한 상황의 해결이다. 우리가 대체로 옳은 궤도에 있다는 것을 말해 주는 유일한 징후는 우리의 숙고가 긴장과 갈등, 부조화, 완고한 정체, 통제되지 않은 무작위 등을 해소하는 방식으로 우리 자신, 또 그와 관련된 세계의 개조로 이어진다는 사실이다. 그것이 과연 해결인지를 알려 주는 유일한 징후는 존재하지 않는 이상이나 미래 세계 안에서가 아니라 바로 여기에서 이전 상황에서 비롯된 압박이 완화되었다는 느낌이다.

만약 내가 도덕적 물음을 불러온 상황을 정확히 규정했다면 그런 상황들을 예상해서 함양해야 할 도덕적 인격성은 객관적이고 선결된 도덕적 기준을 발견한다고 주장하는 전통적인 서구의 도덕 이론들이 그렸던 자아와는 정반대의 것이 될 것이다! 전통적 이론들에 따르면 자아는 자아가 선택하는 행위들에 앞서 독립적으로 존립하는 본성을 갖는다. 그런 자아는 도덕적 진리(즉 가치나 목표, 원리에 관한 진리)의 주체이기 때문에 구체적 상황에서 무엇을 해야 할 것인지를 명시하는 문제와 관련된다. 내가 비판했던 「도덕법칙」 통속 이론에 따르면 자아의 소재는 인간 합리성의 본질에서 비롯되는(또는 신적 이성에서 비롯되며 따라서 이성으로 식별할 수 있는) 지배 원리 안에서 성립하는 합리적 행위성이다. 자아와 합리적 원리의 기본적 관계는 제약이다. 칸트의 말을 빌리면 "모든 명령은 당위(ought)로 표현되며,

---

24   같은 책, p. 233.

따라서 이성의 객관적 법칙과 주관적 특성 때문에 반드시 이 법칙에 의해 결정되지 않는 의지의 관계를 가리킨다. … 결과적으로 명령은 의지 일반의 객관적 법칙과 이런저런 합리적 존재의 의지, 즉 인간 의지의 주관적 불완전성의 관계를 표현하는 정식화일 뿐이다."[25]

이 객관주의적 견해에 따르면 의지는 도덕적으로 구속력 있는 행위의 원리와 직면하기에 앞서 행위의 자유로운 힘으로서 주어진 것이다. 그러한 자아는 추구할 목표를 선택하지만 그 목표에 의해 본질적으로 결정된 것은 아니다. 새롭게 만들어지는 자아란 존재하지 않는다. 대신에 세계를 선결된 지배적 가치와 원리—자아가 신적 계시나 이성, 감성, 또는 사회적 계산을 통해 식별한다고 가정되는—에 합치시키려고 하는 본질적 자아가 있을 뿐이다. 이 정적인 객관주의적 견해에 따르면 자아는 사실상 세계 안에서의 행위를 통해 문제를 해결하는 것이 아니다. 대신에 자아는 당면한 사례에 적용된다고 올바르게 인식되는 모든 가치나 목표, 원리에 대한 정확한 이해가 요구하는 것으로 가정되는 것을 명료화할 뿐이다. 이것이 판단의 논리이며, 앞에서 우리가 살펴보았던 것처럼 도너건(A. Donagan)은 그것을 주어진 도덕적 개념(예를 들어 인격에 대한 존중 개념)이 '그 자체로' 무엇을 의미하는지를 식별하는 문제로 서술했다.[26]

이 전통적 구도와는 완전히 대조적으로 듀이는 자아가 그 행위에 독립적으로 존재하는 것이 아니라 행위 안에서, 그리고 행위를 통해

---

25 Immanuel Kant, *Grounding for the Metaphysics of Morals*, trans. James Ellington, in Warner Wick, ed., Ethical Philosophy (Indianapolis, Ind.: Hackett, 1785/1983), pp. 413-14절.

26 Alan Donagan, *The Theory of Morality* (Chicago: University of Chicago Press, 1977) 참조.

서 드러나며, 따라서 지속적인 행위들은 자아 개조의 과정이라고 제
안했다. 듀이는 이렇게 결론짓는다.

옳은 도덕 이론의 열쇠가 자아와 그 행위(만약 그것이 어떤 도덕적 중
요성을 갖는다면)의 본질적 통합에 대한 인식이라고 말하는 것은 결코
지나치지 않다. 자아와 행위(그리고 그 귀결)가 서로 분리되는 순간 이
론적 오류가 생겨나며, 그 중 어떤 하나에 더 큰 도덕적 비중이 주어진
다.[27]

듀이가 말하는 도덕 행위자는 경험의 수행자인 동시에 개조자이며,
단순히 지도적 원리를 준봉하려고 하는 인식자(knower)가 아니다.
이런 행위자는 지속적으로 세계를 개조하며 그 과정에서 자신은 물론
자신의 성격, 자신의 정체성을 개조한다.

우리는 신이나 이성, 사회, 또는 세계가 결정하는 것으로 가정된 선
결된 기준에 스스로의 선택을 합치시키려는 선재하는 자아 개념을 포
기해야 한다. 그런 자아는 우리가 실제적인 도덕 문제에 직면했을 때
우리가 원하는 바로 그 자아가 아니다. 그 문제들은 사고, 느낌, 평가
하기, 행위의 선행적 습관이 새로운 상황의 복잡성에 부적절할 때에
만 발생하기 때문이다. 바꾸어 말하면 우리는 애당초 현재 주어진 우
리의 자아가 그 환경과의 균형을 유지하지 못하기 때문에 그 문제들
에 직면하게 된 것이다. 그런 상황에서 우리 자신의 자기정체성이 문
제시된다. 그것은 우리가 어떤 사람이 되어 가고 있는지의 문제이기
때문이다. 선결된 본질적 자아든 주어진 도덕 법칙이든 우리는 단순

---

27 Dewey and Tufts, *Ethics*, p. 288.

히 선재하는 것에 의존할 수 없기 때문이다. 다시 한 번 결정적인 구절을 인용하자면, 우리에게 필요한 것은 반성적 탐구를 통해 우리의 문제 상황을 변형시키는 일이다.

아마도 즉각적인 감수성, 즉 '직관'과 반성적 관심으로서의 '신중함'(conscientiousness) 사이의 가장 뚜렷한 차이는 전자가 획득된 좋음의 차원에 기울어 있는 반면, 후자는 더 나은 것에 대한 전망에 기울어 있다는 점일 것이다. 진정으로 신중한 사람은 판단에서 하나의 기준을 사용하는 데 그치지 않고 이 기준을 수정하고 개선하려고 한다. 그는 행위가 지닌 가치가 자신이 이미 이해했던 모든 것을 넘어서며, 따라서 확실하게 정식화되었던 모든 기준에 부적절한 점이 있다는 것을 깨닫는다. 그는 이미 획득되지 않은 좋음을 조망한다. 우리는 사려(thoughtfulness)를 통해서만 장기적인 함축에 민감할 수 있다. 지속적인 반성 없이 우리는 기껏해야 특수하고 제한적인 목표들의 가치에만 민감하게 된다.[28]

우리가 지향해야 할 인간은 신중한 인간이다. 이는 절대적 진리의 파악을 확신하며, 자아와 세계에 관한 확정된 형이상학이라는 환상에 묶여 있으며, 도덕적 사고를 규칙 다루기—구체적 사례들을 확정적인 도덕원리들에 포섭하는—로 간주하는 독단적 정신과 대립적이다. 반면에 신중함은 절박한 도덕적 문제들을 해결해 주는 새로운 해결책과 새로운 전진 방식을 상상하는 정신적·정서적 유연성을 요구한다.

---

28 같은 책, p. 273.

7. 우리는 작은 신이 아니다: 인간의 도덕

이 책의 핵심적 주제는 우리에게 실제 인간에게 부합하는 도덕이 필요하다는 것이다. 그 이야기의 중요한 부분은 인지과학적 탐구에서 오는데, 그것은 도덕적 가치가 어디에서 발생하며, 우리가 어떻게 도덕적 숙고의 상상적 과정을 통해 구체적인 도덕적 문제들을 다룰 수 있는지에 관한 현실적인 해명을 전개할 수 있게 해 준다. 『경험과 자연』의 끝 부분에서 듀이는 우리가 '작은 신'(little gods)이 아니라 자연적 인간—우리의 모든 경험이나 정체성, 가치, 판단, 관념이 세계와의 지속적인 자연적 참여를 통해 창발하는—이라는 사실을 환기함으로써 자신의 핵심적 주장을 요약한다.

> 그렇지만 만약 인간이 저 밖의 작은 신이 아니라 자연 안에, 다른 양식들과 불가분하게 연결된 에너지의 양식으로서 자연 안에 존재한다면, 상호작용은 모든 인간적 관심사의 부인할 수 없는 특성이다. 사고, 심지어 철학적 사고도 예외가 아니다. 이 상호작용은 부분성을 벗어날 수 없다. 인간적 요소는 굴곡과 편향을 갖기 때문이다. 그러나 부분성은 단지 부분적이라는 사실 때문에 거북한 것은 아니다. … 부분성이 거북하게 받아들여지는 이유는 상호작용적이지 않은 상태나 행위가 존재한다는 환상 때문이다. 생경하고 미숙한 시각은 구체적이고 분리된 존재에 근거나 연원을 두고 있으며, 거기에서 비롯된 행위들이 있다고 믿는다.[29]

---

[29] Dewey, *Experience and Nature: The Later Works, 1925-1953*, Vol. 1, ed Jo Ann Boydston (Carbondale, Ill.: southern Illinois University Press, 1925/1981), p. 324.

　사실상 나의 모든 비판적 논변들—도덕적 근본주의, 「도덕법칙」 통속 이론, 순수실천이성, 그리고 여타의 토대주의적이고 초월적인 관점들에 대한—은 우리의 가치나 의미, 사고, 행위의 근거로서 유기체-환경 상호작용의 거부할 수 없는 우선성에 근거하고 있다. 내가 강력하게 비판했던 「도덕법칙」 통속 이론은 도덕원리나 도덕법칙의 절대적이고 초월적인 원천인 초자연적 신에서 출발하지만, 그것이 비판에 직면하면 우리 자신을 도덕법칙의 절대적 원천을 스스로 입법하는 '작은 신'으로 전환하려고 시도함으로써 신을 (보편적인 도덕적 이성이나 양심이라는 명분으로) 우리 안으로 밀어 넣는다.

　우리는 작은 신이 아니라 인간적 동물이다. 우리 자신이 우리 안에 신적 섬광을 지녔다는 환상을 넘어서면 우리 자신이 동물적 기지와 인간적 지성, 상상력, 문화적 자원만으로 삶에 대처하고 있다는 사실을 깨닫게 될 것이다. 우리 자신을 의미와 자아, 세계를 구성하고 재구성하는 과정에서 실현되는 역동적 안정성으로 인식하게 될 때에만 뒤얽힌 생물학적·문화적 틀—자연을 지속적 과정, 또는 듀이가 '사건 중의 사건'이라고 부르는 것을 구성하는—에 묶인 우리의 조건에 부합하는 자기이해를 시작할 수 있다. 모든 현실적인 도덕적 이해는 우리의 신체적·정신적 조건화에서 생겨나야 한다.

　자신의 힘과 성취에서 자신이 작은 신이 아니라는 것을 깨닫게 될 때 … 자신이 자연 안에 존재하며, 또 그 상호작용의 일부라는 것을 명료하고 적절하게 인식할 때, 우리에게 중요한 것은 행위와 사고, 또는 행위와 평가의 구분이 아니라 맹목적이고 맹종적인 무의미한 행위와 자유롭고 유의미하며 지향적이고 책임 있는 행위의 구분이라는 것을 알

게 될 것이다.[30]

우리 자신이 어떤 존재인지, 우리의 마음이 어떻게 작동하는지, 가치는 어디에서 오는지, 우리는 경험을 어떻게 파악하고 평가하고 재구성하는지를 아는 것이 사고를 해방시켜 지성적인 것으로 만드는 열쇠다. 인간적인 동물로서 우리의 마음은 비켜설 수 없이 신체화되어 있으며, 따라서 세계와의 물리적 관계로 묶여 있다. 우리의 개인적 정체성이 다른 무엇으로 이루어졌든, 그것은 활동적이고 살아 있는 몸 안에서 작동하는 두뇌로부터 분리될 수 없으며, 그 몸은 우리의 물질적, 대인관계적, 문화적 세계에 개입하고 있다. 우리 자신의 정체성은 수세기에 걸친 역사적·문화적 변화(중간 규모의)를 거쳐 개인적인 발달 과정(소규모의) — 여기에서 유기체는 복합적이고 변화하는 환경에 개입하고, 그 환경이 제공하는 형세와 가치, 가능성에 대응하는 방식으로 스스로를 형성한다 — 을 통해 지속적인 진화적 과정(큰 규모의) 안에서 창발했다. 따라서 자아는 우리가 죽는 순간까지 과정적 자아(self-in-process)다. 전형적으로 시간의 흐름 속에서 정체성에는 상당한 정도의 안정성이 있지만 그것은 우리가 환경에 대응하면서 역동적 변화의 과정을 통해 지속되는 패턴일 뿐이다. 우리의 도덕적 자아는 살덩어리를 넘어서서 두뇌나 몸, 세계, 또는 사회·문화적 실재 안에 있는 것이 아니라 경험의 이 네 가지 층위의 지속적인 상호작용 안에 있다.

　신체화된 자아의 중요한 귀결은 우리의 인간적 조건이 유한하고, 연약하고, 틀릴 수 있으며, 두려움으로 차 있다는 것이다. 그러나 그

것은 동시에 종종 열정적이고, 자신만만하며, 유쾌하고, 영광스럽고, 유의미하며, 개방적이다. 반복적으로 지적했던 것처럼 우리는 생물학적 삶, 대인관계, 문화적 제도, 의미와 평안에 대한 인식을 유지하기 위해 특정한 조건들을 필요로 하는 존재다. 이 조건들이 우리에게 주어질 가치들의 지표가 된다. 이 가치들은 초자연적이거나 소위 초월적 원천에서 비롯되는 것이 아니라 자연적(문화가 자연적이라는 점을 감안할 때)이다. 가치들은 우리의 유기체적 복합성의 다양한 차원에서 신체적, 대인관계적, 문화적 개입을 통해 창발한다.

　아마도 내가 제안하는 시각을 받아들이는 데 가장 큰 장애가 되는 것은 그것을 받아들이기 위해 '행해야 할 옳은 일'이 도덕적 추론을 통해서 발견될 수 있는 플라톤적인 도덕적 영역 안에 선재한다는 생각을 포기해야 한다는 점일 것이다. 우리의 구체적인 행위에 합치하도록 가정된 그러한 선재하는 도덕적 본질 또는 이상은 존재하지 않는다. 도덕적 근본주의가 부도덕하다고 결론지었을 때 내가 말하는 것은 근본주의가 도덕적 탐구―더 나은 세계에 대한 심리학적으로 현실적인 유일한 희망인―의 형식들 자체를 봉쇄한다는 것이었다. 우리에게 절대적이고 유일무이한 도덕적 진리가 주어져 있다면 풍부한 이해를 추구하거나 문제 해결에 개입하는 문제에 관해 고민해야 할 이유가 어디에 있겠는가? 도덕적 근본주의는 인간의 유한성과 오류 가능성을 넘어서려는 절망적이고 잘못된 시도다. 그것은 옳게 잘 살기 위한 항구적이고 불변하며 확고한 토대를 발견하려는 탐구를 대변한다. 그것은 우리의 인간적 조건으로부터 벗어나려는 시도다.

　내가 전개하고 있는 대안적 입장은 도덕성이 사실상 문제 해결의 한 형태인 도덕적 탐구의 문제라는 것이다. 그렇다. 도덕적 평가 작업의 많은 부분을 수행하는 직관인, 대부분 무의식적인 평가, 즉 듀이가 말하는 평가하기(valuings)가 있다. 또한 우리의 평가하기의 반성적 정당화라는 사후적(after-the-fact) 작용이 있으며, 우리는 그것을 통해 직관적 판단을 다듬으며, 우리 자신과 타인에게 우리의 행위를 정당화하려고 한다. 이 두 과정에 덧붙여 나는 문제 해결의 지속적 활동으로서 도덕적 숙고를 제시했는데, 그것은 경험의 다층적 영역과 다층적 관점에서 가치들을 조화시키고 고양시켜 준다. 이 반성적 가치평가(reflective valuation)의 과정은 평가의 직관적 과정과 상황에 대한 판단을 통합해 준다. 그러나 이 두 국면은 일차적으로 우리에게 열려 있는 가능한 행위 방향에 관한 상상적인 드라마적 리허설 과정의 출발점이다. 그러한 숙고적 탐구의 결과는 그것이 애당초 우리의 도덕적 문제의식을 불러왔던 장애나 긴장을 얼마나 성공적으로 해결했는지에 따라 어느 정도 적절한 것일 수 있다.

　양심은 도덕적 탐구에서 일차적 덕목이다. 그것은 충돌하는 목표나 가치, 원리들에 대한 가장 포괄적인 개관을 시도한 다음, 우리가 현재 이해하고 있는 상황 안에서 가능한 가장 포괄적인 해결책을 탐색하기 때문이다. 이것을 토대로 우리가 현재의 문제 상황을 이해하는 데 관련되는 모든 지식과 이해를 이용해야 한다고 추론할 수 있다. 여기에서 우리는 우리가 전통적으로 '도덕적' 지식이라고 간주해 왔던 것을 넘어서서 우리에게 주어진 모든 이해에 이르기 위한 모든 방법을 사용해야 할 필요가 있다. 이것은 자연과학(물리학, 화학, 생물학, 신경과학 등), 사회과학(심리학, 사회학, 인류학, 언어학, 역사 등)뿐만 아니라 다양한 철학적 관점(현상학, 실존주의, 해석학, 실용주의 등), 나아가 비인간과 인간의 세계에 대한 통찰을 주는 예술과 인문학을 포괄한다. 바로 이런 의미에서 도덕은 경험적이고 실험적이며 체험적이어야 한다.

　도덕적 문제 해결에서의 성공은 감수성, 통찰력, 사고의 포괄성, 감정이입, 선의지, 협력적 정신, 상상력, 그리고 종종 다소간의 우연한 행운을 요구한다. 유머 감각도 마찬가지로 도움이 된다. 도덕적 문제 해결은 세계의 변형이다. 그것은 경험을 개조하기 때문이다. 동시에 그것은 자기 변형, 즉 그것이 우리의 습관, 그리고 환경과의 물리적·사회적 관계를 재조정한다는 점에서 정체성의 재구성이다. 우리 모두에게 이러한 과정은 죽는 순간까지 완결되지 않는다. 변화는 경험의 본성이기 때문이다. 우리가 살아 있는 한 삶은 현재의 고착된 습관이나 성향, 가치, 실천으로는 적절히 대처될 수 없는 새로운 숙제들을 제기할 것이다. 그래서 우리는 도덕적 탐구의 덕을 함양하고, 사고의 유연성을 발달시키고, 도덕적 상상력을 훈련할 필요가 있다.

　이 지속적인 상상적 탐험과 재구성의 구도는 우리가 결코 신이나 실천이성, 사회, 도덕법칙이 요구하는 것에 따라 살 수 없다는 사실을 받아들임으로써 생겨나는 좌절감이나 우울감으로 이끌어 가는 것만은 아니다. 도덕성은 그러한 초월적 이상들에 따라 사는 문제가 아니다. 오히려 그것은 공동체적 경험에서 생겨나는 인간적으로 현실적인 이상들의 문제다. 듀이는 이러한 희망의 본성을 이렇게 서술한다.

　지성은 믿음이나 판단, 행위의 좋음에 적용되어 동의나 주장을 공유 가능한 의미들의 자유로운 소통으로 바꾸고, 느낌을 질서 있고 개방적인 인식으로 바꾸고, 반작용을 대응으로 바꿈으로써 더 자유롭고 더 안전한 좋음을 구성하기 위한 비판적 방법이다. 그래서 지성은 우리의 뿌리 깊은 믿음과 신뢰의 대상, 즉 모든 합당한 희망의 버팀줄이자 지지대다.[31]

31　같은 책, p. 325.

도덕적 성장에서 중요한 것은 도덕성이 더 좋거나 더 나쁜 것의 문제 — 절대적 옳음이나 절대적 좋음의 문제가 아니라 — 라는 사실을 이해하고, 실제적인 인간적 상황에서 더 좋거나 더 나쁜 것을 결정하는 성향과 기술을 함양하는 일이다. 실제로 일들은 종종 더 나은 쪽으로 전개되는 것이 사실이기 때문이다. 우리는 종종 특정한 상황에서 중요한 많은 것을 포괄하는 폭넓은 관점을 취하는 데 충분한 통찰력과 감수성을 갖기도 하며, 나아가 사람들이 과거보다 더 자유롭고, 더 결속되고, 더 존중받고, 더 성공적이고, 더 배려되며, 더 이해된다고 느낄 수 있도록 충돌하는 관심사들과 관점들을 조화시키는 방식으로 이해하게 된다. 도덕적 숙고의 결과가 그렇게 나타나면 그것이 바로 우리가 항상 기대하는 하나의 완결(consummation)이며, 그것은 흔히 어떤 은총 — 전지전능한 신의 은총이 아니라 과정적 세계(world-in-process)의 다양한 요소들의 조화로운 수렴 — 이 작용했다는 느낌을 수반한다.

감사의 말

 5~6년 전쯤 오리건대학교의 학부철학클럽은 윤리학에 대한 자연주의적 접근에 대해 나와 내 동료인 라이언(C. Ryan)이 함께 토론해 줄 것을 요청했다. 그 고무적 행사가 이 책에 대한 영감을 주었다. 다음해에 나는 오리건인문학연구소(Oregon Humanities Center)로부터 이 기획의 연구에 필요한 지원을 받았으며, 그것은 나에게 이 문제에 관해 확장되는 관심 영역의 방대한 문헌들에 집중할 수 있는 기회가 되었다.

 그 이후로 나는 프랫(S. Pratt)과의 섬세한 대화, 특히 하이케스케이드(High Cascades) 호수까지 긴 여행을 하면서 실용주의적 가치 개념에 대해 우리가 공유하고 있는 관심으로부터 큰 도움을 받았다. 나는 또 맥콜리(R. McCauley)에게 빚을 졌는데, 그는 오리건해안에서 보냈던 한 주 동안 나누었던 몇 차례의 대화를 통해 내 기획의 기본 구조를 다듬을 수 있게 해 주었다. 친절한 여러 사람들이 다양한 형태의 원고를 읽고 큰 도움이 되는 조언을 해 주었다. 특히 나는 플래너건(O. Flanagan), 카그(J. Kaag), 쿠프먼(C. Koopman), 모스(Don Morse), 패파스(G. Pappas), 슐킨(J. Schulkin), 슈스터만(R.

Shusterman)에게 감사드리고 싶다.

이들 모두가 내 원고에서 드러나는 심각한 결함들을 넘어서서 인간의 가치와 숙고의 자연적 원천에 대해 내가 탐색하려고 했던 것을 더 명확하고, 바르고, 정확하게 표현할 수 있도록 도와주었다. 또 이 책을 펴내는 데 값진 전문적 도움을 준 슈워츠(J. Swartz)와 찾아보기 목록을 정돈하는 데 수고해 준 런키스트(C. Lundquist)에게도 감사드린다.

참고문헌

Aziz-Zedeh, Lisa. "Congruent Embodied Representations for Visually Pre-
sented Actions and Linguistic Phrases Describing Actions." *Current
Biology*, 16 (2006): 1818-23.

Baier, Annette. *A Progress of the Sentiments: Reflections on Hume's "Trea-
tise."* Cambridge: Cambridge University Press, 1991.

Barsalou, Lawrence. "Perceptual Symbol Systems." *Behavioral and Brain Sci-
ence*, 22 (1999): 577-660.

_____, "Situated Simulation in the Human Conceptual System." *Language
and Cognitive Processes*, 18-5/6 (2003): 513-62.

Bechtel, William. *Mental Mechanisms: Philosophical Perspectives on Cognitive
Neuroscience*. New York: Psychology Press, 2009.

Bergen, Benjamin. *Louder than Words: The New Science of How the Mind
Makes Meaning*. New York: Basic Books, 2012.

Casebeer, William. *Natural Ethical Facts: Evolution, Connectionism, and
Moral Cognition*. Cambridge, Mass.: MIT Press, 2003.

Churchland, Patricia. *Braintrust: What Neuroscience Tells Us about Morality.*

Princeton, N.J.: Princeton University Press, 2011.

Churchland, Paul. "Toward a Cognitive Neurobiology of the Moral Virtues." In his *Neurobiology at Work*. Cambridge: Cambridge University Press, 2007.

Cohon, Rachel. *Hume's Morality*. Oxford: Oxford University Press, 2008.

Damasio, Antonio. *Descartes' Error: Emotion, Reason, and the Human Brain*. New York: G. P. Putnam's Sons, 1994.

_____. *The Feeling of What Happens: Body and Emotion in the Making of Consciousness*. New York: Harcourt Brace, 1999.

_____. *Looking for Spinoza: Joy, Sorrow, and the Feeling Brain*. Orlando, Fla.: Harcourt, 2003.

_____. *Self Comes to Mind: Constructing the Conscious Brain*. New York: Pantheon, 2010.

de Waal, Frans. *Good Natured: The Origins of Right and Wrong in Humans and Other Animals*. Cambridge, Mass.: Harvard University Press, 1996.

_____. "Putting the Altruism Back in Altruism: The Evolution of Empathy." *Annual Review of Psychology*, 59 (2008): 279-300.

Decety, Jean and Julie Grezes. "The Power of Simulation: Imagining One's Own and Other's Behavior." *Brain Research*, 1709 (2006): 4-14.

Decety, Jean and Philip Jackson. "The Functional Architecture of Human Empathy." *Behavioral and Cognitive Neuroscience Reviews*, 3 (2004): 71-100.

Dewey, John. *Human Nature and Conduct: The Middle Works, 1899-1924*. Vol. 14. Ed. Jo Ann Boydston. Carbondale, Ill.: Southern Illinois

University Press, 1922/1988.

_____, *Experience and Nature: The Later Works, 1925–1953*. Vol. 1. Ed. Jo Ann Boydston. Carbondale, Ill.: Southern Illinois University Press, 1925/1981.

_____, "Qualitative Thought." In The Later Works, 1925–1953. Vol. 5. Ed. Jo Ann Boydston. Carbondale, Ill.: Southern Illinois University Press, 1930a/ 1988.

_____, "What I Believe." In *The Later Works, 1925–1853*. Vol. 5. Ed. Jo Ann Boydston. Carbondale, Ill.: Southern Illinois University Press, 1930b/1988.

_____, *Art as Experience: The Later Works, 1925–1953*. Vol. 10. Ed. Jo Ann Boydston. Carbondale, Ill.: Southern Illinois University Press, 1934/1987.

_____, *Logic: The Theory of Inquiry: The Later Works, 1925–1953*. Vol. 12. Ed. Jo Ann Boydston. Carbondale, Ill.: Southern Illinois University Press, 1938/1991.

_____, *Theory of Valuation: The Later Works, 1925–1953*. Vol. 13. Ed. Jo Ann Boydston. Carbondale, Ill.: Southern Illinois University, 1939/1991.

Dewey, John and James Tufts. *Ethics: The Later Works, 1925–1953*. Vol. 7. Ed. Jo Ann Boydston. Carbondale, Ill.: Southern Illinois University Press, 1932/1989.

Donagan, Alan. *The Theory of Morality*. Chicago: University of Chicago Press, 1977.

Dwyer, Susan, Bryce Huebner, and Marc Hauser. "The Linguistic Analogy:

Motivations, Results, and Speculations." *Topics in Cognitive Science*, 2 (2010): 486–510.

Eagleton, David. *Incognito: The Secret Lives of the Brain*. New York: Random, 2001.

Edel, Abraham. "Nature and Ethics." In Lawrence Becker and Charlotte Becker, eds. *Encyclopedia of Ethics*. 2nd ed. London: Routledge, 2001.

Edelman, Gerald. *Bright Air, Brilliant Fire: On the Matter of Mind*. New York: Basic Books, 1992.

_____, *Wider than the Sky: The Phenomenal Gift of Consciousness*. New Haven, Conn.: Yale University Press, 2004.

Edelman, Gerald and Giulio Tononi. *A Universe of Consciousness: How Matter Becomes Imagination*. New York: Basic Books, 2000.

Eldridge, Richard. *On Moral Personhood: Philosophy, Literature, Criticism, and Self-Understanding*. Chciago: University of Chicago Press, 1989.

Feldman, Jerome. *From Molecule to Metaphor: A Neural Theory of Language*. Cambridge, Mass.: MIT Press, 2006.

Fesmire, Steven. *John Dewey and Moral Imagination: Pragmatism in Ethics*. Bloomington, Ind.: Indiana University Press, 2003.

Feyerabend, Paul. *Against Method*. London: New Left Books, 1975.

Fillmore, Charles. "Frames and the Semantics of Understanding." *Quaderni di Semantica*, 6 (1985): 222–53.

Flanagan, Owen. *Varieties of Moral Personality: Ethics and Psychological Realism*. Cambridge, Mass.: Harvard University Press, 1991.

_____, "Ethics Naturalized: Ethics as Human Ecology." In Larry May et al. eds. *Mind and Morals: Essays on Ethics and Cognitive Science*. Cambridge, Mass.: MIT Press, 1996.

_____, *The Problem of the Soul: Two Visions of Mind and How to Reconcile Them*. New York: Basic Books, 2002.

_____, *The Really Hard Problem: Meaning in a Material World*. Cambridge, Mass.: MIT Press, 2007.

Flanagan, Owen and Robert Williams. "What Does the Modularity of Morals Have to Do with Ethics?: Four Moral Sprouts Plus or Minus a Few." *Topics in Cognitive Science*, 2 (2010): 430-53.

Forceville, Charles and Eduardo Urios-Aparisi. *Multimodal Metaphor*. Berlin: Mouton de Gruyter, 2009.

Frankl, Viktor. *Man's Search for Meaning*. Boston, Mass.: Beacon Press, 1946/2006.

Freud, Sigmund. *The Future of an Illusion, in The Standard Edition of the Complete Psychological Works of Sigmund Freud*. Ed. James Strachey. London: Hogarth Press, 1927/1968.

Gable, Shelly and Jonathan Haidt. "What (and Why) Is Positive Psychology?" *Review of General Psychology*, 9-2 (2005): 103-110.

Gallagher, Shaun and Daniel Hutto. "Understanding Others through Primary Interaction and Narrative Practice." In Jordan Zlatev et al., eds. *The Shared Mind: Perspectives on Intersubjectivity*. Amsterdam: John Benjamins, 2008.

Gallese, Vittorio. "The Shared Manifold Hypothesis: From Mirror Neurons to Empathy." *Journal of Consciousness Studies*, 8 (2001): 33-50.

Gallese, Vittorio et al. "Action Recognition in the Premotor Cortex." *Brain*, 119-2 (1996): 593-609.

Geertz, Clifford. "Religion as a Cultural System." In Michael Banton, ed. *Anthropological Approaches to the Study of Religion*. London: Tavistock, 1966.

Gendlin, Eugene. "How Philosophy Cannot Appeal to Experience, and How It Can." In David Levin, ed. *Language beyond Postmodernism: Saying and Thinking in Gendlin's Philosophy*. Evanston, Ill.: Northwestern University Press, 1997.

Gibbs, Raymond. *The Poetics of Mind: Figurative Thought, Language, and Understanding*. Cambridge: Cambridge University Press, 1994.

_____, *Embodiment and Cognitive Science*. Cambridge: Cambridge University Press, 2006.

Gibson, James. *The Ecological Approach to Visual Perception*. Boston, Mass.: Houghton Mifflin, 1979.

Gilligan, Carol. *In a Different Voice: Psychological Theory and Women's Development*. Cambridge, Mass.: Harvard University Press, 1982.

Goldberg, Adele. *Constructions: A Construction Grammar Approach to Argument Structure*. Chicago: University of Chicago Press, 1995.

_____, *Constructions at Work: The Nature of Generalizations in Language*. Oxford: Oxford University Press, 2006.

Goldman, Alvin. "Interpretation Psychologized." *Mind and Language*, 4 (1989): 161-85.

Gopnik, Alison and Andrew Meltzoff. *Words, Thoughts, and Theories*. Cambridge, Mass.: MIT Press, 1997.

Gordon, Robert. "Folk Psychology as Simulation." *Mind and Language*, 1 (1986): 158-71.

Gregor, Mary. *Laws of Freedom: A Study of Kant's Method of Applying the Categorical Imperative in the "Metaphysik der Sitten."* Oxford: Basil Blackwell, 1963.

Gregory, Marshall. *Shaped by Stories: The Ethical Power of Narratives.* South Bend, Ind.: Notre Dame University Press, 2009.

Haidt, Jonathan. "The Emotional Dog and Its Rational Tail: A Social Intuitionist Approach to Moral Judgment." *Psychological Review,* 108 (2001): 814–34.

_____, *The Happiness Hypothesis: Finding Modern Truth in Ancient Wisdom.* New York: Basic Books, 2006.

_____, "The New Synthesis in Moral Psychology." *Science,* 316 (2007): 998–1002.

_____, *The Righteous Mind: Why Good People Are Divided by Politics and Religion.* New York: Pantheon, 2012.

Haidt, Jonathan and Craig Joseph. "Intuitive Ethics: How Innately Prepared Intuitions Generate Culturally Variable Virtues." *Daedalus* (Fall 2004): 55–66.

Haidt, Jonathan and Selin Kesebir. "Morality." In Susan Fiske et al., eds. *Handbook of Social Psychology.* 5th ed. Hoboken, N.J.: Wiley, 2010.

Hampton, Jean. "Feminist Contractarianism." In Louise Anthony and Charlotte Witt, eds. *A Mind of One's Own: Feminist Essays in Reason and Objectivity.* Boulder, Colo.: Westview, 1993.

Harman, Gilbert. "Using a Linguistic Analogy to Study Morality." In Walter Sinnott-Armstrong, ed. *Moral Psychology, Vol. 1: The Evolution of Morality: Adaptations and Innateness.* Cambridge, Mass.: MIT Press,

2008.

Hauser, Marc. *Moral Minds: How Nature Designed Our Universal Sense of Right and Wrong*. New York: HarperCollins, 2006.

Hauser, Marc, Liane Young, and Fiery Cushman. "Reviving Rawls's Linguistic Analogy: Operative Principles and the Causal Structure of Moral Actions." In Walter Sinnott-Armstrong, ed. *Moral Psychology, Vol. 2: The Cognitive Science of Morality: Intuition and Diversity*. Cambridge, Mass.: MIT Press, 2008.

Held, Virginia. *The Ethics of Care*. Oxford: Oxford University Press, 2005.

Henrich, Joe, Steve Heine, and Ara Norenzayan. "The Weirdest People in the World." *Behavioral and Brain Sciences*, 33 (2010): 61-83.

Hickman, Larry. *John Dewey's Pragmatic Technology*. Bloomington, Ind.: Indiana University Press, 1990.

Hill, Thomas, Jr. "Humanity as an End in Itself." *Ethics*, 91-1 (1980): 84-99.

Hinde, Robert. *Why Good is Good: The Sources of Morality*. London: Routledge, 2002.

Hoffman, Martin. "The Contribution of Empathy to Justice and Moral Judgment." In Nancy Eisenberg and Janet Strayer, eds., *Empathy and Its Development*. New York: Cambridge University Press, 1987.

_____, *Empathy and Moral Development: Implications for Caring and Justice*. Cambridge: Cambridge University Press, 2000.

Hume, David. *A Treatise of Human Nature*. Ed. L. A. Selby-Bigge. Oxford: Clarendon Press, 1739/1888.

_____, *An Enquiry concerning the Principles of Morals*. La Salle, Ill.: Open

Court, 1777/1966.

James, William. *The Principles of Psychology*. Vols. 1-2. New York: Dover, 1890/1950.

Johnson, Mark. *The Body in the Mind: The Bodily Basis of Meaning, Imagination, and Reason*. Chicago: University of Chicago Press, 1987.

_____, *Moral Imagimation: Implications of Cognitive Science for Ethics*. Chicago: University of Chicago Press, 1993.

_____, *The Meaning of the Body: Aesthetics of Human Understanding*. Chicago: University of Chicago Press, 2007.

_____, "There Is No Moral Faculty." *Philosophical Psychology*, 25-3 (2012): 409-32.

Kaag, John and Sarah Kreps. "The Use of Unmanned Aerial Vehicles in Asymmetric Conflict: Legal and Moral Implications." *Polity*, 44-2 (2012): 260-85.

Kant, Immanuel. *Critique of Pure Reason*. Trans. N. K. Smith. New York: St. Martin's Press, 1781/1968.

_____, *Grounding for the Metaphysics of Morals*. Trans. James Ellington. In Warner Wick, ed. *Ethical Philosophy*. Indianapolis, Ind.: Hackett, 1785/1983)

_____, *Critique of Practical Reason*. Trans. L. Werner. Beck. Indianapolis, Ind.: Bobbs-Merrill, 1787/1956.

_____, *Critique of Judgment*. Trans. Werner Pluhar. Indianapolis, Ind.: Hackett, 1790/1987.

_____, *Metaphysics of Morals*. Trans. James Ellington. In Warner Wick, ed. *Ethical Philosophy*. Indianapolis, Ind.: Hackett, 1797/1983.

_____, *Lectures on Ethics*. Trans. Louis Infield. Indianapolis, Ind.: Hackett, 1930/1963.

Kitcher, Philip. *The Ethical Project*. Cambridge, Mass.: Harvard University Press, 2011.

Kittay, Eva. *Love's Labor: Essays on Women, Equality and Dependency*. New York: Routledge, 1999.

Kohlberg, Lawrence. *Essays on Moral Development, Vol. 1: The Philosophy of Moral Development*. New York: Harper & Row, 1981.

_____, *Essays on Moral Development, Vol. 2: The Psychology of Moral Development*. New York: Harper & Row, 1984.

Koopman, Colin. *Pragmatism as Transition: Historicity and Hope in James, Dewey, and Rorty*. New York: Columbia University Press, 2009.

Kovecses, Zoltan. *Metaphor: A Practical Introduction*. 2nd ed. Oxford: Oxford University Press, 2010.

Kuhn, Thomas. *The Structure of Scientific Revolutions*. 2nd ed. Chicago: University of Chicago Press, 1970.

LaChance Adams. "The Ethics of Ambivalence: Maternity, Intersubjectivity, and Ethics in Levinas, Merleau-Ponty, and Beauvoir." Doctoral Dissertation, University of Oregon, 2011.

Lakoff, George. *Women, Fire, and Dangerous Things: What Categories Reveal about the Mind*. Chicago: University of Chicago Press, 1987.

_____, *Moral Politics: What Conservatives Know that Liberals Don't*. Chicago: University of Chicago Press, 1992.

_____, *Don't Think of an Elephant: Know Your Values and Frame the Debate*. White River Junction, Vt.: Chelsea Green Publishing, 2004.

_____, *Whose Freedom?: The Battle over America's Most Important Idea*. New York: Farrar, Straus and Giroux, 2006.

_____, *The Political Mind: Why You Can't Understand 21st-Century Politics with an 18th-Century Brain*. New York: Viking, 2008.

Lakoff, George and Mark Johnson. *Metaphors We Live By*. Chicago: University of Chicago Press, 1980.

_____, *Philosophy in the Flesh: The Embodied Mind and Its Challenge to Western Thought*. New York: Basic Books, 1999.

Lakoff, George and Rafael Núñez. *Where Mathematics Comes From: How the Embodied Mind Brings Mathematics into Being*. New York: Basic Books, 2000.

Langacker, Ronald. *Foundations of Cognitive Grammar*. Vol. 1-2. Stanford, Cal.: Stanford University Press, 1987/1991.

LeDoux, Joseph. *Synaptic Self: How Our Brains Become Who We Are*. New York: Viking, 2002.

Levinas, Emmanuel. *Totality and Infinity: An Essay on Exteriority*. Trans. Alphonso Lingis. Pittsburgh, Penn.: Duquesne University Press, 1969.

Lewis, Clive. *Mere Christianity*. New York: HarperCollins, 1952/2001.

Louden, Robert. *Kant's Impure Ethics: From Rational Beings to Human Beings*. Oxford: Oxford University Press, 2000.

Luu, Phan and Don Tucker. "Self-Regulation by the Media Frontal Cortex: Limbic Representation of Motive Set-Points." In Mario Beauregard, ed. *Consciousness, Emotional Self-Regulation and the Brain*. Amsterdam: John Benjamins, 2003.

Lyotard, Jean François. *The Postmodern Condition: A Report on Knowledge*. Trans. Geoff Bennington and Brian Massumi. Minneapolis, Minn.: University of Minnesota Press, 1979.

MacIntyre, Alsdair. *After Virtue*. 2nd ed. Notre Dame, Ind.: University of Notre Dame Press, 1984.

Mahlmann, Matthias and John Mikhail. "Cognitive Science, Ethics, and Law." *Epistemology and Ontology* (2005): 95-102.

Mallon, Ron. "Reviving Rawls's Linguistic Analogy Inside and Out." In Sinnott-Armstrong, ed. *Moral Psychology, Vol. 2: The Cognitive Science of Morality, Intuition, and Diversity*. Cambridge, Mass.: MIT Press, 2008.

McCauley, Robert. *Why Religion Is Natural and Science Is Not*. Oxford: Oxford University Press, 2011.

Mernissi, Fatima. *Dreams of Trespass: Tales of a Harem Childhood*. Reading, Mass.: Addison-Wesley, 1994.

Mikhail, John. "Rawls' Linguistic Analogy: A Study of the 'Generative Grammar' Model for Moral Theory Described by John Rawls in 'A Theory of Justice'." Doctoral Dissertation, Cornell University (2000).

_____, "Universal Moral Grammar: Theory, Evidence and the Future." *Trends in Cognitive Science*, 11-4 (2007): 143-52.

_____, "The Poverty of the Moral Stimulus." In Walter Sinnott-Armstrong, ed. *Moral Psychology, Vol. 1: The Evolution of Morality: Adaptations and Innateness*. Cambridge, Mass.: MIT Press, 2008.

Moore, G. E. *Principia Ethica*. Cambridge: Cambridge University Press, 1903/1968.

Noddings, Nell. *Caring: A Feminist Approach to Ethics and Moral Education*. Berkeley, Cal.: University of California Press, 1984.

Nussbaum, Martha. *The Fragility of Goodness: Luck and Ethics in Greek Tragedy and Philosophy*. Cambridge: Cambridge University Press, 1986.

_____, *Women and Human Development: The Capabilities Approach*. Cambridge: Cambridge University Press, 2000.

Pappas, Gregory. *John Dewey's Ethics: Democracy as Experience*. Bloomington, Ind.: Indiana University Press, 2008.

Pincoffs, Edmund. *Quandaries and Virtues: Against Reductionism in Ethics*. Lawrence, Kan.: University Press of Kansas, 1986.

Prinz, Jesse. *Gut Reactions: A Perceptual Theory of Emotion*. Oxford: Oxford University Press, 2004.

_____, "Is Morality Innate?" In Walter Sinnott-Armstrong, ed. *Moral Psychology, Vol. 1: The Evolution of Morality: Adaptations and Innateness*. Cambridge, Mass.: MIT Press, 2008.

Putanm, Hilary. *Reason, Truth and History*. Cambridge: Cambridge University Press, 1981.

_____, *The Many Faces of Realism*. La Salle, Ill.: Open Court, 1987.

_____, *Ethics without Ontology*. Cambridge, Mass.: Harvard University Press, 2004.

Quine, Willard V. O. *Word and Object*. Cambridge, Mass.: MIT Press, 1960.

Rawls, John. *A Theory of Justice*. Cambridge, Mass.: Harvard University Press, 1971.

_____, "Kantian Constructivism in Moral Theory." *Journal of Philosophy*, 77-9 (1980): 515-72.

Ricoeur, Paul. *Oneself as Another*. Trans. Kathleen Blamey. Chicago: University of Chicago Press, 1992.

Rizzolatti, Giacomo and Laila Craighero. "The Mirror-Neuron System." *Annual Review of Neuroscience*, 27 (2004): 169-92.

Rorty, Richard. *Philosophy and the Mirror of Nature*. Princeton, N.J.: Princeton University Press, 1979.

_____, *Consequences of Pragmatism*. Minneapolis, Minn.: University of Minnesota Press, 1982.

_____, *Contingency, Irony, and Solidarity*. Cambridge: Cambridge University Press, 1989.

Rosch, Eleanor. "Natural Categories." *Cognitive Psychology*, 4 (1973): 328-50.

_____, "Human Categorization." In Neil Warren, ed. *Studies in Cross-Cultural Psychology*, Vol. 1. London: Academic Press, 1977.

Royce, Josiah. *The Philosophy of Loyalty*. New York: Macmillan, 1908.

Rozin, Paul, Jonathan Haidt, and Clark McCauley. "Disgust." In Micahel Lewis and Jeannette Haviland, eds., *Handbook of Emotions* (New York: Guilford, 2008)

Sandel, Michael. *Liberalism and the Limits of Justice*. Cambridge: Cambridge University Press, 1998.

Sartre, Jean-Paul. "Existentialism Is a Humanism." Trans. Philip Mairet. In Walter Kaufmann, ed. *Existentialism from Dostoevsky to Sartre*. New York: Meridian Books, 1946/1956.

Schulkin, Jay. *Adaptation and Well-Being: Social Allostasis*. Cambridge: Cambridge University Press, 2011.

Seligman, Martin and Mihaly Chikszentmihalyi. "Positive Psychology: An Introduction." *American Psychologist*, 55-1 (2000): 5-14.

Shafer-Landau, Russ. *Moral Realism: A Defense*. Oxford: oxford University Press, 2003.

Sheets-Johnstone, Maxine. *The Roots of Morality*. University Park, Penn.: Pennsylvania State University Press, 2008.

Short, Elizabeth, Damien Riggs, Amaryll Perlesz, Rhonda Brown, and Graeme Kane. *Lesbian, Gay, Bisexual, and Transgender(LGBT) Parented Families: A Literature Review Prepared for the Australian Psychological Society*. Melbourne: Australian Psychological Society, 2007.

Shusterman, Richard. *Pragmatist Aesthetics: Living Beauty, Rethinking Art*. Lanham, Md.: Rowman & Littlefield, 2000.

Shweder, Richard and Edmund Bourne, "Does the Concept of the Person Vary Cross-Culturally?" In Richard Shweder and Robert Levine, eds. *Cultural Theory*. Cambridge: Cambridge University Press, 1984.

Shweder, Richard, Manamohan Mahapatra, and Joan Miller. "Culture and Moral Development." In Jerome Kagan and Sharon Lamb, eds. *The Emergence of Morality in Young Children*. Chicago: University of Chicago Press, 1987.

Shweder, Richard, Nancy Much, Manamohan Mahapatra, and Lawrence Park. "The 'Big Three' of Morality (Autonomy, Community, and Divinity), and the 'Big Three' Explanations of Suffering." In Allan Brandt and Paul Rozin, eds. *Morality and Health*. New York: Routledge, 1997.

Singer, Peter. *The Expanding Circle*. New York: Farrar, Straus, Giroux, 1981.

Sripada, Chandra. "Nativism and Moral Psychology: Three Models of the Innate Structure That Shapes the Content of Moral Norms." In Walter Sinnott-Armstrong, ed. *Moral Psychology, Vol. 1: The Evolution of Morality: Adaptations and Innateness*. Cambridge, Mass.: MIT Press, 2008.

Stern, Daniel. *The Interpersonal World of the Infant: A View from Psychoanalysis and Psychological Development*. New York: Basic Books, 1985.

Stuhr, John. *Genealogical Pragmatism: Philosophy, Experience, and Community*. Albany, N.Y.: SUNY Press, 1997.

Sullivan, Maureen. *The Family of Woman: Lesbian Mothers, Their Children, and the Undoing of Gender*. Berkeley, Cal.: University of California Press, 2004.

Thagard, Paul. *The Brain and the Meaning of Life*. Princeton, N.J.: Princeton University Press, 2010.

Trevarthen, Colwyn. "Communication and Cooperation in Early Infancy: A Description of Primary Intersubjectivity." In Martha Bullow, ed. *Before Speech: The Beginning of Interpersonal Communication*. Cambridge: Cambridge University Press, 1979.

Tucker, Don. *Mind from Body: Experience from Neural Structure*. Oxford: Oxford University Press, 2007.

Turiel, Elliot. *The Culture of Morality*. Cambridge: Cambridge University

Press, 2002.

Warnock, G. J. *Contemporary Moral Philosophy*. Oxford: Oxford University Press, 1967.

Williams, Bernard. *Ethics and the Limits of Philosophy*. Cambridge, Mass.: Harvard University Press, 1985.

Wilson, Edward. *On Human Nature*. Cambridge, Mass.: Haravrd University Press, 1978.

Winter, Steven. "*Bull Durham* and the Uses of Theory." *Stanford Law Review*, 42-3 (1990): 639-93.

_____, *A Clearing in the Forest: Law, Life, and Mind*. Chicago: University of Chicago Press, 2001.

Wittgenstein, Ludwig. *Philosophical Investigations*. Trans. G. E. M. Anscombe. Oxford: Blackwell, 1953.

Wright, H. G. *Means, Ends and Medical Care*. Dordrecht: Springer, 2007.

찾아보기